PAYS & POPULATIONS

Collection dirigée par Yves Suaudeau

Dans les ouvrages de la collection *Pays et Populations,* les noms d'ethnies, à moins qu'ils ne soient passés dans la langue française usuelle, ne sont accordés ni en genre, ni en nombre.

Empruntés à la langue d'origine, ils ont tout lieu de rester neutres, soulignant ainsi par l'écrit la spécificité de la population à laquelle ils se rapportent.

© by Editions Complexe 1977

Sprl. Diffusion Promotion Information
8b, rue du Châtelain, 1050 Bruxelles

D / 1638 / 1977 / 4

ISBN : 2-87027-009-7

ISRAEL
ET SES POPULATIONS
D. BENSIMON & E. ERRERA

Inv.-Nr. A28156

Geographisches Institut
der Universität Kiel
Neue Universität

Geographisches Institut
der Universität Kiel
ausgesonderte Dublette

Distribution :
Presses Universitaires de France

INTRODUCTION	11
Juifs et Arabes en Israël	11

le nom : Israël... - ... ou Palestine ? -
la terre - le relief - les frontières -
l'intelligence de l'espace - la politique -
les traditions et les rêves

PREMIÈRE PARTIE :

POPULATIONS JUIVES (Doris Bensimon)	19
HISTOIRE D'ERETZ ISRAËL	21
de l'antiquité à la naissance du sionisme	22

la période biblique - Rome... - ... et
la Palestine - la conquête arabe - période
ottomane

les Juifs de la Diaspora	28

émancipation

le sionisme	32

les précurseurs - Théodore Herzl et
le sionisme politique

la population juive avant 1917 : le yichouv	39

l'ancien yichouv - l'immigration pendant la
période ottomane : 1880-1918 - renaissance
de l'hébreu - réactions du gouvernement
ottoman - de la première guerre mondiale
au Mandat britannique

le Mandat britannique	49

l'immigration - l'intégration sociale des
immigrants - politique d'immigration de la
puissance mandataire - vers l'Indépendance -
1880 à 1948 : un bilan

LA POPULATION JUIVE DE L'ÉTAT D'ISRAËL	63
l'immigration en Israël depuis 1948	63

politique de l'immigration - origine ethnique :
des hommes venus des quatre coins du
monde - motivation de l'immigration -
principales caractéristiques de l'immigration
de masse

accueil des immigrants	73

structures d'accueil - l'organisation
administrative : la bureaucratie israélienne -
difficultés d'adaptation - l'émigration

population juive d'Israël aujourd'hui	83

immigrés et Sabarim - un premier bilan :
les transformations de la société israélienne
sous l'effet de l'immigration de masse

PARTIS POLITIQUES	85
complexité	86

la gauche et le socialisme israélien -
histoire : sionisme et socialisme avant 1948 -
mouvements et organisations sionistes - la
Histadrouth - le M.A.P.A.I. - M.A.P.A.M. et
ahdouth ha-avoda - évolution de la gauche
israélienne depuis 1948 - pouvoir syndical et
coalitions politiques - le R.A.F.I. contre le
ma'arakh - 1967-1976 : gauche unie et

scissions - situation particulière du
M.A.P.A.M. - parti communiste, partis
dissidents et extrême-gauche
          la droite israélienne   104
histoire jusqu'en 1948 - évolution de la droite
israélienne depuis 1948
          les partis religieux   110
histoire jusqu'en 1948 - évolution des partis
religieux depuis 1948

TENSIONS DE LA SOCIÉTÉ JUIVE D'ISRAËL   119
        Orientaux et Occidentaux   119
diversité du passé : Juifs « occidentaux »... -
... et Juifs « orientaux » - les sépharades -
diversité culturelle - univers d'originaires -
politique d'intégration et différences
subsistantes - inégalités entre communautés :
niveaux d'instruction... emplois... -revenu
personnel et logement - stéréotypes et
discrimination
        révoltes des Orientaux   138
émeute de 1959 et efforts de scolarisation -
panthères noires, revendications et identité
culturelle des Orientaux - facteurs
d'intégration : l'école... - ... l'armée -
... le mariage
tensions entre les pouvoirs religieux et civils   144
religion et survie des Juifs en Diaspora :
l'identité juive - le pouvoir des instances
religieuses en Israël - principaux conflits :
l'éducation - observances religieuses et vie
publique - identité juive et loi du retour -
mariages mixtes et définition de qui est juif -
complexité
        conflit des générations   159

        UNE SOCIÉTÉ EN MUTATION   165
facteurs de changement - mutation des
structures socio-économiques - mutations
culturelles : l'hébreu, langue vivante... -
littérature et autres formes d'expression
culturelle - ... et mass média - mutations
idéologiques et sociales - les chocs de la
guerre - conflit israélo-arabe et l'O.L.P. -
conséquences de la guerre d'octobre 1973 -
pour le dialogue israélo-arabe

DEUXIÈME PARTIE :

POPULATIONS NON-JUIVES (Eglal Errera)   191

    HISTOIRE ARABE DE LA PALESTINE   193
        la Palestine musulmane   194
naissance d'une civilisation
        islamisation de la Palestine   195
la calife 'Omar - les Abbassides - six
dynasties musulmanes - les Croisés -
Saladin -les Croisés à nouveau - les
Ayyoubides - hégémonie ottomane - Fakhr
El Din le Druze - Zahir le bédouin - les
Capitulations - Bonaparte - Ibrahim 'Ali - le

nationalisme arabe - le sionisme et la Palestine - la première guerre mondiale - les promesses européennes - la logique de la politique britannique - les mandats - le Mandat britannique - le premier Livre blanc - le refus arabe - la révolte arabe - le Livre blanc pro-arabe et le projet d'un état bi-national - 1948, création de l'État d'Israël

1948 — 220

les conséquences de la guerre - nationalité et législation nationale

la langue — 224

l'hébreu - ... et l'arabe - politique d'administration militaire - travail juif et travail arabe - mutations sociales et mentalités - répartition démographiques

LES MUSULMANS — 235

situation religieuse et juridique - données démographiques

LES RURAUX — 238

la société traditionnelle — 239

la hamoula - intermédiaires des administrations ottomane et britannique - le village - moukhtar... - ...manzul... - ...et diwan - la diyya ou prix du sang... - ...et la solha

la famille patriarcale — 244

les frères... - ...et l'oncle paternel - vie quotidienne - statut de la femme : la mère - belles-mères... - ...et belles-filles - la maison paternelle - héritage, succession... - ...et dot - mariage et règles coutumières - le badal - polygamie

le système économique avant 1948 — 253

les formes de propriété foncière... - ...et de fermage

1948 — 256

1948 et l'appropriation israélienne des terres arabes - 1953-1977, les terres - agriculture arabe... - ...et villages dortoirs - les mutations : travail... - statuts professionnels... - ...et communautaires - mentalité et mutation - transformation de la hamoula - le conseil municipal

modification des pratiques matrimoniales et villageoises — 270

le badal - accroissement récent de la polygamie - anciens et jeunes

les coutumes — 273

coutumes arabes et influence juive : circoncision... - ...mariage, fiançailles... - ...et henné - les autres coutumes

statut actuel de la femme — 276

scolarisée, donc soupçonnée - mariée, donc contrainte - honneur, réputation et respectabilité

les citadins — 279

situation - Nazareth

les bédouins	283
« le début du monde »	
la société bédouine	285
la ruba' - le chameau - razzia	
les valeurs de la société bédouine	286
virilité (muruwa) - hospitalité... - ...honneur... - ...et esprit de famille - Islam - superstitions - le sacré	
les bédouins du Néguev et du Sinaï	290
domination ottomane... - ...et Mandat britannique - 1948 : Israël... - ...et l'administration militaire - l'eau - l'agriculture et l'élevage - les chefs tribaux	
les bédouins de Galilée	296
la sédentarisation	
LES CHRÉTIENS	**299**
l'Église de Jérusalem - le statut de Jérusalem	
les Orientaux non rattachés à Rome :	
les Orthodoxes	301
Grecs orthodoxes - Russes orthodoxes - Monophysites	
les Catholiques orientaux	302
les Melkites - l'affaire Capucci - les autres Catholiques orientaux - les Catholiques latins	
confessions issues de la Réforme	305
les sectes	305
statut juridique des communautés chrétiennes - organisation sociale et politique - la famille - l'éducation - 'Ikrit et Bir'am	
LES DRUZES	**313**
histoire et doctrine	314
origine du mouvement - la doctrine de Hamza - El Muktana	
organisation communautaire	316
'ukhal et djuhhal - sheikhs	
les Druzes en Israël	319
les villages druzes - histoire - le statut juridique - les Druzes en Israël... - ...et les pays arabes - l'armée - la vie économique - société traditionnelle et pouvoir local - relations avec le gouvernement israélien	
LE RÊVE BAHA'I	**327**
origine - devoirs - principes religieux et éthique générale - le gouvernement mondial	
LA MINORITÉ	**331**
minorité et partis politiques	**331**
électoralisme - situation particulière de Nazareth - audience du M.A.P.A.I.... - ...du M.A.P.A.M.... et du parti communiste M.A.K.I. - le R.A.K.A.H. - El Ard	
la minorité : situation économique et sociale	341
politique sanitaire, situation démographique... - ...et problèmes de population majoritaire en Israël - le rapport Koenig - l'agriculture arabe... - ...et les industries nouvelles - travail en secteur juif - la Histadrouth - les « Anciens » et les	

« modernes » - éducation... - ... et déculturation - les intellectuels

PERSPECTIVES 359

ARABE ISRAÉLIEN OU ARABE EN ISRAËL
(Eglal Errera) 361
relations asymétriques entre Juifs et Arabes - dilemme - nationalismes - et l'état palestinien ?

ISRAËL... DEMAIN
(Doris Bensimon) 370
les deux faces de la médaille - perspectives démographiques - perspectives sociales et politiques - perspectives culturelles - Israël et la Diaspora - relations internationales - vers la paix - le rêve

NOTES

CARTES
I - Xème-XVIème siècle avant J.-C.
Période du Premier Temple
II - VIème-Ier siècle avant J.-C.
Période du Second Temple
III - Ier-VIIème siècle Provinces romaines et byzantines
IV - VIIème siècle la conquête arabe
V - XIème-XIIIème siècle les Croisés
VI - XIIIème-XXème siècle
Domination mamelouk et ottomane
VII - 1919 propositions de Paris faites par le mouvement sioniste
VIII - 1920 le Mandat britannique tel qu'il est défini par le S.D.N.
1922 frontières de la Palestine sous Mandat britannique entre 1922 et 1948
1947 plan de partage de l'O.N.U.
1949 Accords d'armistice
1967 lignes du cessez-le-feu

ANNEXES
Annexe n° 1 - Histoire d'Eretz Israël : repères chronologiques
Annexe n° 2 - Accord Fayçal-Weizmann du 3 janvier 1919
Annexe n° 3 - Proclamation d'Indépendance de l'État d'Israël
Annexe n° 4 - Langues sémitiques
Annexe n° 5 - Rapport entre la population juive en Israël et la population juive dans le monde (1882-1973)
Annexe n° 6 - Population juive dans le monde (estimation 1973)
Annexe n° 7 - Les partis politiques israéliens et leurs ramifications
Annexe n° 8 - Résolution 242 votée par le Conseil de Sécurité de l'O.N.U. le 22 novembre 1967

GLOSSAIRE

ORIENTATIONS BIBLIOGRAPHIQUES

INDEX

A CHACUN SA VÉRITÉ

(ou pour une histoire plurielle)

Populations juives et non juives d'Israël, une terre, deux peuples, deux mentalités, deux histoires, tel est le propos de ce livre.

Deux auteurs, deux textes, deux vérités, — en aucun cas cependant un débat contradictoire. Trop conscients de la vanité d'une joute, les deux auteurs refusent délibérément de se livrer à une discussion stérile.

Au-delà d'une vision sommaire des antagonismes, les deux textes analysent selon leur angle de vue respectif la réalité interne d'Israël : ses populations. L'objectif des auteurs étant, par delà les faits de l'histoire, de restituer à chacun son vécu, on trouvera ici une approche de la personnalité des populations, de leur mentalité propre et de leurs spécificités. Leurs coutumes, ainsi que leurs traditions sociales et religieuses sont évoquées, leur mode de vie décrit, leur existence quotidienne racontée.

Les auteurs enfin tentent de faire comprendre les relations existant entre les communautés ainsi que leurs rapports à l'autorité étatique. C'est dans cet esprit que tous les partis politiques — de l'extrême droite sioniste à l'extrême gauche antisioniste — avec leurs ramifications, sont systématiquement analysés, compte tenu des positions spécifiques respectivement prises vis-à-vis des minorités. Par « minorité », il ne s'agit pas seulement des populations non juives, mais également les groupes juifs économiquement défavorisés tels que les Juifs orientaux.

Les populations présentées sont celles incluses à l'intérieur des frontières d'avant juin 1967.

Depuis la guerre des Six-jours, Israël occupe des terres plus vastes que sa propre surface, délimitée en 1949. Ces nouveaux territoires sont aujourd'hui peuplés d'un million d'Arabes. Le sort de ces régions n'est pas réglé et ces terres ne sont pas organiquement liées à Israël. C'est donc de propos délibéré qu'il ne sera pas fait mention des populations qui y vivent.

Ce livre se compose de deux parties : la première consacrée aux populations juives est due à Doris Bensimon. La seconde, décrivant l'expérience vécue par les minorités non juives (musulmanes, chrétiennes, et druzes) est traitée par Eglal Errera.

Complémentaires, les deux textes sont indépendants l'un de l'autre et reflètent l'opinion de leur auteur respectif.

Les Editeurs.

INTRODUCTION

juifs et arabes en israël

Une réflexion concernant la réalité d'Israël se rapporte d'une façon de plus en plus essentielle à celle des Juifs et des Arabes, ou plus généralement des populations non-juives du pays. Nul, depuis 1948, ne peut évoquer les noms même d'Israël ou de Palestine, la question du sol national et celle des frontières, sans considérer chacune des communautés qui y voient présentement lier leur destin. Depuis près de 30 ans, les populations juives, musulmanes, chrétiennes et druzes cohabitent au sein d'un même Etat, à l'intérieur de mêmes frontières. Avec les institutions et la situation politique qui lui sont propres, l'Etat d'Israël, caisse de résonnance de la région moyen-orientale toute entière, voit l'émergence de nouvelles formes de relations intercommunautaires et une transformation certaine de l'organisation sociale de chacune d'elles.

Les questions primordiales, « vitales » pourrait-on dire, s'expriment dès lors avec une force et une netteté peu communes.

le nom : Israël...

« Israël » (*le combattant de Dieu*), ainsi fut appelé Jacob le patriarche après son combat avec l'Ange. Ses descendants, Béné Israël, les « Fils d'Israël » ou Hébreux, vivaient dans la région depuis le XVIIme siècle avant J.-C. Ils étaient organisés en douze tribus dont l'une, celle des Béné Yehouda, « fils de Juda » ou « Yehoudim » (Juifs) donna son nom à l'ensemble des populations qui se réclamaient d'Abraham, l'ancêtre commun.

Eretz Israël, pays d'Israël, est le nom que la tradition juive a conservé à travers les siècles. Israël est enfin, depuis le 15 mai 1948, le nom de l'Etat juif où vit, depuis plus d'un quart de siècle, une population juive majoritaire aux côtés des populations arabes, musulmanes et chrétiennes et druzes, demeurées dans cette région au moment de la création de l'Etat.

... ou Palestine ?

Si Israël est le nom qui se rapporte maintenant officiellement à cette région du monde et à l'Etat qui y est établi, et Israéliens le nom de ses citoyens, quelle que soit leur origine ethnique ou religieuse, il est un autre nom que nul n'oublie, même s'il possède aujourd'hui une connotation plus idéologique que réelle, c'est le nom qui a historiquement désigné pendant des siècles la région entière ou l'une de ses parties : Palestine, ou pays des Philistins. Les Hébreux la nommèrent *Pelescheth*, et les Assyriens, *Palastou* ou *Pilistha*.

Peuples de la mer, vaincus au XIIme siècle avant notre ère par le pharaon Ramsès III, les Philistins s'établissent à cette époque au sud-ouest du pays, sur la plaine côtière méditerranéenne. Les peuples (Hébreux, Grecs) qui, à partir de cette date, entretiennent des relations avec eux auront tendance à étendre cette appellation à l'ensemble de la région.

Que la Palestine ait constitué ou non une entité géographique indépendante et de quelque importance, cela n'est pas l'essentiel. En fait, elle a le plus souvent été considérée comme la région la plus méridionale de la Syrie. Hérodote (env. 485-425 av. J.-C.) parle de la « Syrie palestine » (« palestine » est ici un adjectif), sans préciser son extension géographique.

Après la défaite juive de Bar-Kokhba (cf. Première partie : *Histoire d'Eretz Israël*) devant les Romains en 135 de notre ère, tout le pays est rebaptisé. Jérusalem devient Aelia Capitolina et la province de Judée, Syria Palaestina.

la terre

Si le nom d'un pays n'est pas neutre, l'organisation de l'espace que ce nom recouvre est tout aussi significatif de l'enjeu des pratiques et des rapports sociaux.

Plus que pour d'autres pays, les éléments de la géographie d'Israël doivent être appréhendés en terme de logique et de stratégie politique. Cela dans une dimension internationale, régionale, et bien sûr, intérieure.

Pont entre l'Asie et l'Afrique, entre le désert arabique et la Mer Méditerranée, Israël est un pays moyen-oriental.

Quatre pays arabes sont les voisins d'Israël : au nord, le Liban ; au nord-est, la Syrie et le plateau du Golan, un des enjeux stratégiques des guerres israélo-arabes. A l'est, le royaume hachémite de Jordanie, au sud-ouest, la frontière égyptienne et le désert du Sinaï. Au sud enfin, le golfe d'Eilat sur la Mer Rouge dont le blocus par Gamal 'Abdel Nasser, alors président de la R.A.U., a entraîné l'affrontement israélo-arabe de juin 1967.

le relief

L'importance du relief pour un pays en guerre est évidente. Débouchés maritimes, montagnes, plaines accessibles et facilement praticables lui sont d'un précieux intérêt. Israël jouit d'une large ouverture maritime : à l'ouest le littoral méditerranéen s'étend sur près de 200 km.

Haïfa, au nord, est le port principal du pays. Au centre, Tel Aviv, *la Colline du Printemps*, et son faubourg, Jaffa, ancienne ville arabe. A l'est du pays, la Mer Morte, dans la dépression du Jourdain et de l'Araba qui la situe à 392 mètres au-dessous du niveau de la mer. Enfin, à l'extrême sud du pays, le port d'Eilat, unique débouché d'Israël sur la Mer Rouge avant 1967 ; son importance est capitale.

Les principales hauteurs du pays se trouvent au nord, en Galilée, où le Mont Hermon culmine à 2.760 mètres.

les frontières   L'état de guerre dans lequel se trouve la région entraîne une dramatisation ou une banalisation de la question des territoires et des frontières selon le côté des lignes de cessez-le-feu où l'on se trouve. Les Israéliens vivent une véritable « psychose » des frontières et de leur sécurité.

En 1949, au moment des accords d'armistice, la superficie d'Israël était de 20.700 km^2. Depuis, en 1967 et 1973, au cours des deux guerres qui l'opposèrent aux pays arabes, Israël a occupé des territoires deux fois plus importants que sa superficie initiale en 1949. Les frontières de l'Etat se sont transformées et elles ne sont toujours pas fixées. La controverse autour des frontières et du sort des territoires occupés par Israël reste à la « une » de la politique étrangère et des préoccupations gouvernementales.

l'intelligence de l'espace   Un paysage n'est pas un spectacle, et la géographie physique d'un pays est avant tout sa géographie humaine. Les rapports sociaux sont inscrits dans le paysage et l'ordre spacial, tout comme l'ordre social est politique.

Du désert du Neguev aux montagnes de la « verte Galilée », de la Côte méditerranéenne aux rivages noirs de la Mer Morte, Israël modifie chaque jour son aspect. Les transformations de l'espace sont le résultat d'une politique de développement et de contrôle des relations sociales et économiques : urbanisation, développement agricole, expansion commerciale, exploitation du sous-sol, sont ici le résultat d'une logique politique et économique.

De même, et d'une façon encore plus manifeste, la répartition des populations, la mobilité de certaines communautés ou l'immobilité de quelques autres, la sédentarisation des nomades, l'isolement géographique de certains groupes par rapport à d'autres, sont, comme nous tenterons de le montrer, les conséquences de volontés politiques diverses.

la politique   Volontés politiques particulièrement diverses, en effet, puisque les Israéliens partagent leurs opinions à travers les votes d'un nombre impressionnant de partis politiques, allant de l'extrême droite sioniste à l'extrême gauche antisioniste.

Une analyse systématique de chacun des partis, avec leurs ramifications et leurs prises de position spécifiques vis-à-vis des diverses minorités, est présentée ici.

Lorsque nous parlons de minorités, nous n'entendons pas seulement les groupes arabes ou plus généralement les populations non-juives, mais également les populations juives économiquement défavorisées, comme les Juifs orientaux. Si la difficulté des rapports entre les communautés juives et non-juives conditionnent profondément la vie quotidienne israélienne, les tensions régnant entre Juifs « occidentaux » et « orientaux » se développant elles aussi, hypothèquent lourdement l'avenir de l'Etat d'Israël. Et cette détérioration menace d'autant plus de s'accélérer dans le cadre d'un Etat d'Israël en paix avec ses voisins arabes.

les traditions et les rêves

Parmi les composantes de la réalité israélienne, il en est une qui marque profondément les relations entre les populations et nourrit leur rêve. Plurielle et complexe pour l'observateur, unique et singulière pour qui la vit et la pratique, certains la nomme « Culture », et d'autres, « Tradition ».

La tradition religieuse et la tradition laïque, déjà si confondues pour l'Islam et le Judaïsme, s'expriment avec force et contradictions dans les institutions de l'Etat comme dans la conscience de l'homme de la rue. Juifs venus d'Orient ou d'Occident, *Sabarim*, Arabes musulmans ou chrétiens, Druzes et Baha'is constituent les populations de l'Etat d'Israël. Toujours profondément enracinés dans les anciennes cultures, les modes de comportement sociaux respectifs survivent, agonisent ou renaissent dans le patchwork de la société israélienne.

Ainsi, l'université de Jérusalem, le *kibboutznik* et le bédouin suivront ensemble un cours d'histoire du Moyen-Orient. Quelle histoire leur enseigne-t-on ?

Pays d'options radicales, Israël est aussi celui de choix vitaux, puisqu'ils concernent la tradition profonde de 3.500.000 personnes, leur survie et leurs rêves.

Terre des Hébreux et territoire palestinien, nouvel Etat et jeune nation, Israël nourrit depuis des millénaires les rêves des communautés qui l'ont habité et de tous ceux dont elle a suscité, voire focalisé l'intérêt. Rêves de pouvoir et rêves des *grands*, rêves de l'Occident, des Croisés du haut Moyen Age, rêves aussi des grandes puissances du XXme siècle dans leur lutte pour l'hégémonie politique et économique dans leur course à l'énergie. Il y a aussi les rêves des *petits*, des peuples menacés. Celui du peuple palestinien, du droit à l'existence intègre et à une dignité retrouvée, celui du peuple juif en Israël à une reconnaissance totale et à une vie pacifique, et celui enfin de la minorité non-juive d'Israël de voir advenir la fin de ses tiraillements et le recouvrement de sa personnalité.

Ces rêves se rattachent profondément à la personnalité sociale et politique, à l'histoire lointaine et récente de chacune de ces communautés. Décrire et tenter d'expliquer leur évolution respective et les rapports qu'elles entretiennent constitue peut-être une première et indispensable étape vers une redéfinition des relations judéo-arabes.

A qui appartient la Palestine ?

Première partie :

POPULATIONS JUIVES

HISTOIRE D'ERETZ ISRAEL

Eretz Israël, pays d'Israël, est le nom juif d'une contrée que d'autres appellent la Palestine. C'est le pays où est né le peuple juif et sa religion : le Judaïsme. Ce terme, dérivé d'une racine hébraïque qui signifie « rendre grâces à Dieu », se réfère à la fois à un lieu géographique, la Judée, et à ses habitants, les Juifs. Le Judaïsme n'est pas seulement une conception théologique du monde. La religion juive est l'affirmation d'une Alliance à triple dimensions : elle définit les liens qui unissent Dieu à son peuple et la Terre promise par Dieu à ce peuple.

Aussi, l'histoire du peuple juif se déroule en trois étapes : sa naissance, à l'époque biblique, en Eretz Israël, sa dispersion parmi les Nations, son retour au pays des ancêtres.

Unique, cette histoire suscite l'étonnement, l'interrogation, la contestation. Pourquoi, comment un groupe humain chassé de sa Terre et dispersé parmi les peuples du monde, a-t-il conservé, pendant vingt siècles, le souvenir du pays d'origine et l'espoir de s'y établir de nouveau ? Pourquoi et comment des Juifs du monde entier ont-ils amorcé ce retour à l'aube du XXe siècle, retour qui se poursuit de nos jours ? Les pages qui suivent apporteront des éléments de réponse à ces questions.

de l'antiquité à la naissance du sionisme

la période biblique

Un passé plusieurs fois millénaire lie les Juifs du monde entier à la Terre d'Israël. Vers 1900 avant notre ère, un berger d'Ur en Chaldée entend une voix mystérieuse :

« *Quitte ton pays et la maison de ton père et va vers la terre que je te montrerai* » (Genèse XII/1).

Et Abraham, le père des croyants, quitte Ur en Chaldée avec sa famille et ses troupeaux. Après une longue marche, il arrive dans la terre promise par Dieu, la terre de Canaan... Abraham et son clan prennent le nom de Ivrim - ceux qui passent : ils sont les Hébreux.

Abraham eut deux fils : Ismaël, né d'Agar, la servante, l'ancêtre des Arabes ; Isaac, l'enfant de la promesse, né de Sarah, père de Jacob. Jacob eut une vie mouvementée et difficile. Durant une nuit passée au bord d'un torrent, il lutte contre une force inconnue. Au petit matin, une voix lui dit : « *Ton nom ne seras plus Jacob, mais Israël,* (Israël, en hébreu, signifie : Celui qui lutte avec Dieu), *car tu as lutté avec Dieu et avec les Hommes et tu l'as emporté* » (Genèse XXXII/28). Jacob-Israël engendre douze fils dont chacun donnera son nom à l'une des douze tribus des Hébreux.

Poussés par la famine, Jacob et ses fils se rendent en Egypte. Réduites en esclavage, les douze tribus y demeurent pendant plusieurs générations, jusqu'à ce que, conduites par Moïse, elles repartent vers la terre de Canaan. Dans le Sinaï, Dieu conclut une alliance avec le peuple d'Israël et lui donne sa loi. Après quarante ans d'errance, les douze tribus menées par Josué conquièrent la Terre Promise, et s'installent sur les deux rives du Jourdain.

Des découvertes archéologiques récen-

La Bible et Israël.

La Bible est le livre du peuple juif, appelé aussi le PEUPLE DU LIVRE. Pour les Juifs, la partie de la Bible que les Chrétiens appellent l'Ancien Testament, est d'abord source de la foi et des pratiques juives. Pendant les deux millénaires de l'exil, rabbins et érudits ont scruté et interprété le message divin qui s'exprime dans le Livre Sacré. Cette tradition religieuse se perpétue encore dans les écoles talmudiques d'Israël et de la Diaspora.

L'orthodoxie juive refuse toute interprétation de la Bible qui s'éloigne de la tradition religieuse. Cependant, depuis le début du XXéme siècle, des universitaires pratiquent une lecture différente du Livre. A leur suite, la Bible est enseignée dans les écoles laïques, comme source de la littérature et de l'histoire nationale du peuple juif. Elle est aussi l'ouvrage classique à partir duquel l'enfant s'initie aux valeurs morales universelles. Pour le jeune Israélien, la Bible est un livre vivant et actuel : ses sites et ses personnages lui sont familiers.

L'archéologie biblique est une passion en Israël. De nombreuses fouilles ont confirmé le récit biblique. Patiemment, savants et techniciens scrutent l'expérience des Hébreux ; leurs systèmes d'irrigation, leurs cultures, leurs industries sont transposés, avec succès, dans l'Etat moderne.

Des sources, des minéraux, voire du pétrole ont été trouvés sur des sites désignés par la Bible. Les choix de l'agriculture israélienne s'inspirent souvent du récit biblique qui décrit avec précision les régions où poussaient autrefois le blé, la vigne, l'olivier. En suivant les traces des Hébreux, les pionniers d'Eretz Israël ont fait refleurir le désert.

Ainsi, des puits vieux comme le monde ont été redécouverts sous le sable (cf. Gen. XXVI/15-16 ; XXI/14-19). Abraham, dit la Bible (Gen. XXI/33), plante un tamaris à Beercheva. Or le tamaris est un des seuls arbres qui poussent dans le Neguev — désert où ne tombent que 150 mm d'eau par an. Une cité ouvrière est construite à l'endroit même où les esclaves du Roi Salomon extrayaient du cuivre. Et, en 1953, le premier puits de pétrole a été foré sur les bords de la Mer Morte : un homme d'affaires, Xiel Friedmann, avait longtemps médité cette phrase : « Il vit monter de la terre une fumée semblable à celle d'une fournaise » (Gen. XIX/28). On pourrait multiplier les exemples.

tes confirment l'historicité de nombreux traits décrits par la Bible.

Légende ou histoire, le récit biblique est vécu, dans la conscience juive, comme une réalité et l'Israël moderne s'enracine dans ce passé lointain, peut-être pas tout à fait imaginaire.

Gouvernées d'abord par les Juges, puis par les Rois, les tribus d'Israël forment, au cours des siècles, un peuple dont le fondement national et culturel est la fidélité à l'Alliance conclue avec Dieu dans le Sinaï. Le message d'Israël, seul peuple monothéiste, est alors essentiellement spirituel et religieux. Son haut-lieu est le Temple de Jérusalem, ville fondée vers l'an 1000 av. J.-C., par le Roi David sur la colline de Sion. Les descendants de Salomon divisent le royaume : Juda, capitale Jérusalem ; Israël, capitale Samarie. A la même époque, des empires naissent dans la région et partent en guerre contre leurs voisins. Les conflits du Proche-Orient s'enracinent, eux aussi, dans un lointain passé.

En 722 av. J.-C., le royaume d'Israël est détruit par les Assyriens ; sa population dispersée. En 586 av. J.-C., le royaume de Juda est conquis par les Babyloniens, le Temple de Jérusalem détruit, les habitants déportés. C'est le début de la Diaspora. En exil, le caractère religieux du peuple d'Israël s'accentue. Sa fidélité au Dieu unique et à la loi religieuse lui semble devenir le gage de sa survie. L'Empire de Babylone est bientôt conquis par les Perses. Cyrus autorise le retour des Juifs dans leur pays ; le Temple de Jérusalem est reconstruit. Sous tutelle perse d'abord, hellène par la suite, la Judée jouit, pendant près de quatre siècles, d'une certaine autonomie.

Rome

Mais un nouvel empire naît à l'Occident : en 63 av. notre ère, le royaume de Juda est conquis par Rome. Sous le règne des Iduméens convertis au Judaïsme, les Juifs jouissent encore d'une certaine autonomie.

A la mort du roi Hérode, des troubles éclatent : l'emprise de l'administration romaine devient plus pesante. Les armées de Titus (70 ap. J.-C.) écrasent la révolte, conquièrent Jérusalem, incendient le Temple ; nombreux sont les Juifs exilés. Soixante ans plus tard, le peuple se soulève de nouveau ; mais la révolte de Bar-Kokhba (132-135 ap. J.-C.) est, elle aussi, réprimée dans le sang.

A travers les siècles, le souvenir de cette histoire lointaine demeure vivant dans la conscience juive.

Nul ne saurait affirmer que les Juifs du monde sont tous aujourd'hui effectivement les descendants des exilés du premier siècle de notre ère. La Diaspora juive s'étendait alors de la Perse à l'Espagne, de la Haute-Egypte aux rives de la Mer Noire.

Précédant l'affrontement entre le monde païen et les disciples de Jésus de Nazareth, le Monothéisme juif fit de nombreux adeptes parmi les non-Juifs. Selon un recensement ordonné en 43 de notre ère par l'Empereur Claude, 6.944.000 Juifs vivaient dans l'Empire Romain. L'historien S.W. Baron estime qu'à ce moment 2 millions de Juifs vivaient en Palestine, 4 millions dans le reste de l'Empire Romain, 2 millions en Babylonie et autres grands centres de la Diaspora. Déjà alors, du point de vue numérique, la Diaspora est plus importante qu'Eretz Israël.

Là, comme en Judée, les Juifs se distinguent des autres peuples par leur fidélité au Dieu unique et à leur loi religieuse. L'identité ethnique, sociale, culturelle se confond avec l'iden-

---

Bar Kokhba.

En 130 de notre ère, l'Empereur romain Hadrien se rend en Judée. Il ordonne la reconstruction de Jérusalem : elle s'appellera Aelia Capitolina et sera dédiée à Jupiter. De plus, Hadrien promulgue un décret valable dans tout l'Empire Romain, interdisant la circoncision.

Devant ces menaces, les Juifs de Palestine se révoltent. Leur chef spirituel, Rabbi Akiba, âgé alors de 80 ans, désigne comme chef militaire, Siméon, natif de Koziba. Rabbi Akiba lui impose un nom à signification messianique : Bar Kokhba (Fils de l'Etoile) (cf. Nombres XXIV/17). Sous sa conduite, des dizaines de milliers d'insurgés juifs harcèlent les Romains et s'emparent de Jérusalem. Prince d'Israël, Bar Kokhba frappe des monnaies portant l'inscription : AN I DE LA LIBERTE DE JERUSALEM. Le dernier Etat juif de l'Antiquité durera de 132 à 135. La répression romaine est impitoyable : obligé de s'enfermer avec son armée dans la ville forte de Betar au sud-ouest de Jérusalem, trahi par des espions, Bar Kokhba périt dans la bataille que lui livre le général romain Sévère.

En 1953, dans les grottes de Murabba'at, en 1960-61, dans celles du Nahal Hever et du Nahal Séelim, on découvre une partie de la correspondance administrative de Bar Kokhba. Ces documents sont, contrairement aux assertions qui prétendent que l'araméen était alors la langue du pays, rédigés en hébreu, couramment utilisé par les Juifs de Palestine au IIme siècle de notre ère.

tité religieuse. Après la chute de Jérusalem, l'hostilité des peuples d'accueil, les persécutions et les exils deviennent les thèmes majeurs de l'histoire événementielle juive.

Nombreux sont ceux qui abandonnent leur foi ; mais un « reste » survit dans l'adversité grâce au message religieux transmis de génération en génération. Or, ce message spirituel est étroitement lié à une espérance temporelle : celle du retour dans le pays des ancêtres.

...et la Palestine

Après la prise de Jérusalem par Titus, les Romains donnent au pays le nom de Palaestina. Mais Rome va s'affaiblir, et Byzance s'imposer.

Les premiers disciples de Jésus de Nazareth étaient Juifs. Cependant, les apôtres prêchent l'Evangile du Christ aux Nations païennes. Au début du IVme siècle, l'Empereur Constantin se convertit au Christianisme : peu à peu la nouvelle religion issue du Judaïsme se détache de ses racines et se tourne contre les Juifs.

En même temps, la Terre d'Israël devient la Terre Sainte des Chrétiens. Berceau du Judaïsme et du Christianisme, Terre Promise des Juifs, Terre Sainte des Chrétiens, le pays est conquis, au VIIme siècle de notre ère, par les Arabes récemment islamisés.

la conquête arabe

Après avoir assiégé Jérusalem, le Calife Omar entre, victorieux, dans la ville (636 ap. J.-C.). Désormais, Jérusalem est un haut-lieu de l'Islam. Tous les protagonistes sont en place. Juifs, Chrétiens, Musulmans se réclament d'Abraham, le père des croyants. Mais les sensibilités religieuses divergent, s'opposent, se combattent.

la période ottomane

Au XIme siècle, les Califes arabes sont remplacés en Palestine par des Turcs Seldjoukides : leur règne est bref car, à partir de 1099, les Croisés prennent possession de la Terre Sainte et l'appellent le royaume de Jérusalem (cf. 2me Partie : *Histoire arabe de la Palestine*). Pendant deux siècles, le pays d'Israël ou Palestine est au cœur des luttes entre Chrétiens et Musulmans. Ces derniers triomphent : de 1291 à 1918, le pays vivra sous la domination des Mamelouks d'abord, des Ottomans ensuite. Il n'est plus, dès lors, qu'une province de l'immense Empire turc qui s'étend de la Perse au Maroc, de la Mer Noire à l'Adriatique.

Cependant, malgré les revers de l'histoire, la présence juive en Palestine n'a jamais cessé (cf. 2me Partie : *Histoire arabe de la Palestine*, et Annexe n° 1 : *Repères chronologiques*). Après la défaite de Bar-Kokhba, la vie juive se transporte de la Judée dévastée en Galilée moins touchée par la guerre. Les Romains acceptent la reconstitution du Sanhédrin et l'élection d'un patriarche, chef spirituel dont le pouvoir s'étend à la Diaspora. Mais surtout, des centres intellectuels où l'on étudie et interprète la loi religieuse, survivent et rayonnent bien au-delà des limites de la Galilée. On y élabore, parmi d'autres textes, le *Talmud* de Jérusalem.

Des communautés relativement importantes survivent à Tibériade, à Safed et dans d'autres villes jusqu'à l'arrivée des Arabes : ceux-ci sont accueillis *favorablement* par les Juifs alors en conflit avec le pouvoir byzantin. Mais cette ancienne communauté sera décimée par les Croisés au XIme siècle. Cependant, tout au long du Moyen Age, des pèlerins juifs visitent les Lieux Saints du pays d'Israël ; certains s'y fixent.

Après l'expulsion des Juifs d'Espagne et la conquête de la Palestine par les Ottomans

---

Le Sanhédrin et le Talmud.

Le Sanhédrin (du terme grec synédrion : conseil) est une assemblée de sages. Avant la destruction de Jérusalem par Titus, le Grand Sanhédrin siégeait au Temple de Jérusalem. Il était présidé par le Grand Prêtre et avait des pouvoirs législatifs, juridiques et politiques. Après l'an 70 de notre ère, le Sanhédrin est clandestinement transféré à Yavné, puis en Galilée. Il perd ses prérogatives politiques, mais maintient ses pouvoirs juridiques et législatifs. Vers la fin du IIème siècle de notre ère, les Romains reconnaissent le Chef du Sanhédrin (en hébreu : Nassi, en latin : Patriarche, en grec : Ethnarque) comme le représentant politique des Juifs de l'Empire.

Pendant la période du Sanhédrin est rédigé le Talmud (terme hébraïque : étude) ; c'est un vaste commentaire des livres législatifs de la Bible et de la tradition orale.

Il existe deux rédactions du Talmud : celle de Jérusalem, élaborée depuis le 2me siècle avant notre ère dans les centres d'étude d'Eretz Israël et achevée vers le milieu du IVème siècle ap. J.-C. ; celle de Babylone, achevée vers 500 ap. J.-C. Pour les Juifs pratiquants, le Talmud est encore aujourd'hui le principal guide de l'interprétation de la législation religieuse dont la source est le Pentateuque (en hébreu : la Thora).

au XVIme siècle, des réfugiés s'établissent dans le pays où ils bénéficient de la protection des Sultans. Intellectuels et rabbins, artisans et commerçants sépharades font revivre les communautés de Tibériade, de Safed, d'Hébron et de Jérusalem.

Joseph Caro, Moïse Cordovero, Isaac Louria renouvellent à Safed, l'enseignement de la Kabbale, fondement de la mystique juive, dont le rayonnement dépasse de loin les limites de la Palestine.

Les communautés *achkénazes* d'Europe Centrale et Orientale envoient elles aussi, à partir du XVIIIme siècle, des Juifs pieux en Terre Sainte : ils y venaient pour étudier la loi religieuse, prier et mourir. Aussi, en 1880, lors du début de l'immigration sioniste, environ 25.000 Juifs vivaient en Palestine au milieu de 500.000 à 600.000 Arabes (cf. Annexe n° 1).

les juifs de la diaspora

Comment résumer en quelques lignes, vingt siècles de vie en Diaspora ? A la fin de l'Antiquité et du haut Moyen Age, des communautés juives sont implantées dans tous les pays alors connus de l'Europe, aux Proche et Moyen-Orient, en Afrique du Nord. Les Juifs parlent la langue de leurs peuples d'accueil et adoptent leurs coutumes.

L'histoire des Juifs se confond avec celle des peuples d'accueil qui, trop souvent, les rendent responsables des désastres et cataclysmes qui surviennent. En pays de chrétienté, l'histoire événementielle des Juifs est une longue suite de persécutions, de massacres, d'expulsions, entrecoupée de brèves périodes de répit. Dans la plupart des pays, il leur est interdit de se mêler aux populations chrétiennes : ils sont relégués dans des quartiers spéciaux appelés *ghettos*.

Leur situation est meilleure en pays d'Islam. Certes, comme *dhimmis* leurs droits sont moins étendus que ceux des Musulmans, mais les persécutions et surtout les expulsions sont moins fréquentes.

Arabes et Juifs ont connu des collaborations étroites : la civilisation hispano-mauresque est sans doute le témoignage le mieux connu des riches échanges entre ces deux communautés ethnico-religieuses. Cependant, quels que soient les contacts, amicaux ou hostiles, avec le monde

---

La Kabbale.

Le terme « Kabbala » (tradition), désigne, à l'origine, toute tradition doctrinale, même biblique, à l'exception du Pentateuque, et plus particulièrement la transmission écrite et orale d'enseignements concernant la pratique religieuse. A partir du XIIIme siècle de notre ère, ce terme désigne un système doctrinal particulier.

L'apparition de la mystique juive coïncide avec la naissance des grands courants théosophiques et gnostiques des premiers siècles de l'ère chrétienne. On peut suivre son développement du IIme siècle à nos jours. Comme toute autre forme de mystique religieuse, elle cherche à réinterpréter les données de la Révélation afin d'atteindre la connaissance du monde divin. La Thora et la langue hébraïque sont les principaux instruments de l'investigation mystique dans le Judaïsme. Pour les kabbalistes, la Thora est la manifestation de la Sagesse divine dont aucune interprétation en langage humain ne peut exprimer le sens intégral. Ses commandements sont l'expression de lois universelles. Leur accomplissement permet une participation à l'harmonie cosmique.

La langue hébraïque reflète la nature spirituelle de l'univers. Les lettres hébraïques sont les éléments de la création : la connaissance de leurs lois donne accès à celle du monde divin.

On distingue plusieurs courants dans la mystique juive : l'ésotérisme de la période talmudique (IIme-Vme siècles) qui se prolonge dans les spéculations mystiques sur le « Char Divin », la Merkaba (IIIme-VIIme siècles) ; le mouvement des Hassidim (hommes pieux) d'Allemagne (XIIme-XIVme siècles) ; la Kabbale espagnole (XIIme-XVme siècles) ; l'école d'Isaac Louria (à partir de 1530). Enfin, en relation à l'orthodoxie austère, se développe en Europe occidentale à partir du milieu du XVIIIme siècle la mystique populaire du Baal Chem Tov, appelée aussi Hassidisme. Des groupes relativement importants de ces Hassidim vivent aujourd'hui à Anvers, aux Etats-Unis et en Israël.

Chaque courant a produit une littérature abondante. Les ouvrages les plus connus sont : le Sefer Ha-Bahir, le Zohar et le Pardes Rimonim (Jardin des grenades), œuvre de Moïse Cordovero. (1)

environnant, et malgré de nombreuses conversions au Christianisme et à l'Islam, les Juifs demeurent attachés au message biblique, aux coutumes ancestrales inscrites dans la loi reçue au Sinaï (la *Thora*), qui règle leur existence dans les détails. Certes, cette loi est adaptée aux circonstances, mais l'essentiel est sauvegardé. Aussi, dispersés à travers le monde, en dépit de certaines variations liturgiques, à Varsovie comme à Fès, ils célèbrent les mêmes fêtes, observent les mêmes règles alimentaires ou interdits sexuels, répètent de génération en génération, en commémorant la sortie d'Egypte — la Pâque — le vœu millénaire : *L'an prochain à Jérusalem.*

Néanmoins, pendant de longs siècles, l'idée même d'une renaissance nationale en pays d'Israël a perdu toute probabilité.

émancipation

L'idée du retour, en effet, ne pouvait prendre corps que dans le contexte idéologique et historique de la renaissance des nationalismes de la fin du XIXme siècle et au début du XXme siècle. En effet, dans l'histoire du peuple juif, la fin du XVIIIme et le XIXme siècles constituent un tournant capital. Les idées des « philosophes » du siècle des Lumières préparent la voie à l'émancipation politique qui s'inscrit dans la logique des idéologies défendues par la Révolution Française. En 1791, l'Assemblée Constituante accorde aux Juifs l'égalité des droits civiques. L'exemple français est suivi, au cours du XIXme siècle, par la plupart des pays occidentaux.

Le statut du Dhimmi.

L'enseignement religieux de l'Islam prescrit le respect des « Gens du Livre », c'est-à-dire, des Juifs et des Chrétiens. Cependant, dans la cité musulmane, l'Islam est reconnu comme la seule religion vraie. Etre Musulman, c'est être soumis aux préceptes de l'Islam. Le refus de l'Islam exige tout au moins la soumission aux Musulmans. Ces principes inspirent le statut du Dhimmi, chrétien ou juif dans la législation islamique. L'auteur de la convention qui fixa pour la première fois les obligations du Dhimmi est probablement Omar II (VIIIme siècle ap. J.-C.). Le code précis a été rédigé au XIme siècle par Al Mawardi. D'après ce théologien musulman, les rapports entre les fidèles de Mohammed et les Dhimmis doivent être conformes à six conditions nécessaires et six autres plus ou moins facultatives :

a) **Devoirs absolus du Dhimmi**

1° Ne pas se servir du Livre de Dieu (le Coran) par raillerie, ni en fausser le texte ;

2° Ne pas parler de l'envoyé de Dieu (Mohammed) en termes mensongers ou méprisants ;

3° Ne pas parler du culte de l'Islam avec irrévérence ;

4° Ne pas toucher à une femme musulmane, même dans le mariage qui demeure absolument interdit entre Dhimmis et Musulmanes ;

5° Ne pas essayer de détourner un Musulman de la foi et ne rien tenter contre ses possessions ou sa vie ;

6° Ne pas secourir l'ennemi, ni héberger les espions.

La transgression d'une seule de ces conditions font du Dhimmi un hors-la-loi et, de ce fait, il est passible de la peine de mort.

b) Six autres conditions sont indispensables au traité de protection qui lie Musulmans et Dhimmis. Leur violation est punie d'amendes :

1° Les Dhimmis auront un vêtement distinctif et porteront le « zunnar » (ceinture) et le « ghiyar », pièce d'étoffe qu'ils devaient coudre sur leurs habits ; elle est ordinairement jaune pour les Israélites et bleue pour les Chrétiens.

2° Les Dhimmis ne bâtiront point de maisons plus hautes que celles des Musulmans ; leurs synagogues surtout ne devront point s'élever au-dessus des minarets et des mosquées.

3° Les Dhimmis ne devront point faire entendre dans les villes musulmanes leurs cloches et leurs trompettes ; ils ne liront pas à haute voix leurs livres religieux ni leurs prières.

4° Ils ne boiront pas de vin en public. Les Chrétiens sont astreints, par surcroît, à l'obligation de ne pas montrer leur croix et de ne pas élever au grand jour leurs pourceaux.

5° Les Dhimmis, Israélites ou Chrétiens, devront ensevelir leurs morts en silence, sans faire entendre leurs cris de deuil ou leurs lamentations.

6° Les Dhimmis ne se serviront pas de chevaux ; seule leur est laissée l'autorisation de monter sur des mulets ou des ânes.

Ce code a été appliqué avec plus ou moins de rigueur, selon les régions et les périodes de l'histoire, aux Juifs et Chrétiens en pays musulman. A notre connaissance, les théologiens contemporains de l'Islam ne l'ont pas aboli. ([2])

L'émancipation a pour conséquence une profonde transformation des structures sociales et culturelles du monde juif. Elle supprime le ghetto et, avec lui, les structures traditionnelles des communautés.

Mais en même temps naît l'antisémitisme moderne, plus économique que religieux. Celui-ci est cependant plus virulent en Europe Orientale, et surtout en Russie tsariste. Les Juifs de ce pays ne sont pas émancipés et sont l'objet, tout au long du XIXme siècle, de nombreuses mesures vexatoires et de *pogroms.*

Avec les communautés juives des pays de l'Islam, celles d'Europe Orientale demeurent de type traditionnel. Cependant, des courants de modernité y pénètrent et les travaillent en profondeur. Aussi, le XIXme siècle marque pour la plupart des communautés juives dans le monde la fin d'une période presque deux fois millénaire. En Europe Centrale et Occidentale, l'émancipation civique et l'assimilation sous toutes ses formes, se traduisent par une rupture avec les traditions culturelles, sociales et religieuses du passé. Celles-ci sont moins prononcées en Europe Orientale et surtout dans les pays d'Islam, malgré certains signes d'évolution. Des Juifs participent aux transformations économiques et sociales qui marquent ce siècle. Ils sont présents, sinon à l'origine des principaux mouvements d'idées, qu'il s'agisse du Socialisme, ou dans une moindre mesure, du Nationalisme de l'époque. C'est dans ce contexte que se situe la naissance du Mouvement Sioniste qui jettera les fondements de l'Etat d'Israël (cf. annexe n° 1).

le sionisme

Le Sionisme est une idéologie complexe : Messianisme juif, Socialisme et Nationalisme en sont les trois éléments constitutifs essentiels. Dans la perception vécue par les masses juives, ces trois aspects de l'idéologie sioniste forment un tout.

Théodore Herzl

◀ **Weizmann prête serment**

David Ben Gourion

Déclaration de l'indépendance par David Ben Gourion

La Réforme et la Renaissance avaient favorisé l'étude de l'hébreu et la lecture du texte original de la Bible. Dès le XVIIme siècle, des penseurs chrétiens s'expriment en faveur d'un retour des Juifs dans la Terre Promise. Pendant la campagne d'Egypte, Napoléon Ier lance un appel aux Juifs d'Asie et d'Afrique, leur demandant de « *se ranger sous ses drapeaux pour rétablir l'ancienne Jérusalem* ». Cet appel n'eut pas de suite, mais tout au long du XIXme siècle, brochures et mémoires proposant la réinstallation des Juifs dans leur ancienne patrie se multiplient.

les précurseurs

En Angleterre, des écrivains tels que Byron, George Eliot, des hommes politiques, tels que Palmerstone, Shaftesbury et Disraëli, suggèrent l'établissement des Juifs en Palestine. En France, des Saint-Simoniens s'y intéressent ainsi qu'Ernest Laharanne, secrétaire particulier de Napoléon III. Aussi, dans la deuxième moitié du XIXme siècle, l'idée d'une renaissance juive au Proche-Orient est lancée.

Les Chrétiens l'envisagent dans la perspective des promesses bibliques ; les hommes politiques, anglais ou français, précipitant le déclin de l'Empire Ottoman, prévoient déjà la « succession ».

Dans leur grande majorité, les Juifs des pays occidentaux ne montrent alors guère d'intérêt pour une renaissance nationale du peuple juif. Leurs luttes politiques visent à obtenir l'application effective des décrets d'émancipation civique, leur principal objectif étant, pour chaque communauté, d'obtenir son intégration dans la société environnante. C'est pourtant parmi ces Juifs « assimilés » que surgissent des intellectuels qui, dans la deuxième moitié du XIXme siècle, lanceront des appels en faveur de la renaissance nationale juive.

Ainsi, en 1862, Moses Hess, militant communiste de la première heure, mais séparé de Marx depuis plusieurs années, publie à Leipzig, *Rom und Jerusalem*. Selon lui, les luttes d'indépendance et de réunification nationales, surtout celles de l'Italie, sont autant de modèles. Comme les autres peuples, les Juifs doivent pouvoir réaliser leurs aspirations à la renaissance nationale ; cette nouvelle nation juive sera socialiste. *Rome et Jérusalem* reçoit un accueil mitigé et tombe dans l'oubli pendant plus de trente ans. Mais, dès le premier Congrès Sioniste réuni à Bâle en 1897, Hess est présenté comme un précurseur du Sionisme socialiste. Certaines de ses idées survivent encore dans les partis ouvriers israéliens.

Vingt ans plus tard, toujours en Allemagne, paraît *L'Auto-émancipation* de Léo Pinsker. L'auteur, médecin, appartient à la bourgeoisie juive russe, qui, malgré les pogroms, avait acquis une certaine position sociale. Pour lui, l'antisémitisme a sa racine dans l'absence d'une patrie. Aussi Pinsker propose-t-il un projet de création d'un Etat juif qui, estime-t-il, pourrait se situer ailleurs qu'en Palestine.

La brochure est accueillie avec enthousiasme par la presse juive de Russie. Mais le peuple, attaché par sa longue tradition religieuse à l'idée d'un retour en Terre Sainte, n'accepte pas l'indifférence de Pinsker quant au choix du territoire. L'écrit est suivi d'initiatives concrètes : les groupes des « Amants de Sion » s'organisent et se multiplient sous la direction de Pinsker : ils créeront en Palestine les premières exploitations agricoles juives. Cependant, le rayonnement de *L'Auto-émancipation* reste limité. Quinze ans plus tard, Théodore Herzl n'a pas connaissance de cet appel.

Théodore Herzl et le sionisme politique

Rien ne semble avoir préparé Théodore Herzl à devenir le fondateur du Sionisme politique. Né à Budapest en 1860, il fait des études de droit à Vienne. Détaché des traditions culturelles et religieuses du Judaïsme, journaliste et dramaturge, il devient en 1891, le correspondant du quotidien autrichien *Neue Freie Presse* à Paris. Il est chargé d'y suivre, pour son journal, l'Affaire Dreyfus ; la vague d'antisémitisme qui accompagne le procès, provoque chez lui un choc psychologique profond. Admirateur de la France, il ne pouvait comprendre ce déferlement de la haine dans le pays de la Révolution de 1789. Sous l'effet de l'émotion, il rédige un pamphlet, *L'Etat Juif*, qui paraît à Vienne, le 14 février 1896. Selon Herzl, l'antisémitisme de son époque est une conséquence de l'émancipation : les Juifs des classes moyennes sont des concurrents redoutables pour leurs concitoyens chrétiens appartenant à la même classe sociale. Et l'hostilité même des nations force les Juifs à prendre conscience du fait qu'ils forment un peuple capable de créer un Etat.

Pour y parvenir, Herzl propose la constitution de deux organisations : la *Society of Jews* sera chargée de la préparation politique de la création de cet Etat ; elle deviendra le Mouvement Sioniste et l'Organisation Sioniste Mondiale. La *Jewish Company* sera, quant à elle, chargée des réalisations pratiques ; ce sera l'Agence Juive. Peu importe que cet Etat soit fondé en Argentine ou en Palestine, mais il devra être reconnu légalement par les Nations. Enfin, ce devra être un Etat modèle : les questions sociales y seront résolues grâce aux progrès techniques. Par sa foi dans les bienfaits de la science et du progrès technique (3), Théodore Herzl est bien un homme de son temps, de ce XIXme siècle finissant.

Assimilation, antisémitisme, sionisme.

Les principaux protagonistes de la création d'un Etat juif de la fin du XIXme siècle sont trois Juifs assimilés. Moses Hess (1812-1875) est né à Bonn dans une famille juive orthodoxe. Mais à l'âge de 20 ans, il se détache de ce milieu et poursuit des études de philosophie. De 1841 à 1848, il collabore avec Marx et Engels. Cependant, Hess s'oppose à l'interprétation marxiste du Judaïsme (cf. Karl Marx : La Question juive) selon laquelle le Juif est considéré comme un produit de la société bourgeoise qui est elle-même un produit de la société chrétienne. Malgré ces divergences, Hess continue pendant toute sa vie à fréquenter les milieux socialistes et communistes.

Léo Pinsker (1821-1891), né à Lubelski, est le fils d'un écrivain de la Haskala. Il fait des études de médecine, s'installe à Odessa et préconise l'assimilation des Juifs à la culture russe. Le pogrom d'Odessa de 1871 ne brise pas sa foi dans la possibilité de l'assimilation des Juifs russes. Mais dix ans plus tard, un nouveau pogrom l'incite à écrire « L'Auto-émancipation ». A partir de ce moment, il joue un rôle actif dans l'organisation des « Hoveve Sion » qui fondent les premiers villages juifs en Eretz Israël.

Théodore Herzl (1860-1904) appartenait, par ses origines, à la bourgeoisie juive déjà très assimilée de l'empire austro-hongrois. L'antisémitisme ambiant de la société viennoise ne l'avait pas gêné dans sa carrière. Mais il ne pouvait comprendre le déferlement de la haine anti-juive en France, le pays de la Révolution de 1789 et des droits de l'homme, provoquée par l'affaire Dreyfus.

La bourgeoisie et l'intelligentsia juive, allemande, austro-hongroise, française de la fin du XIXme siècle préconisent, en grande majorité, l'assimilation. Dans ces milieux, l'antisémitisme est considéré comme une survivance du passé, appelée à disparaître avec les progrès moraux de la société et sa laïcisation progressive.

Ni Pinsker ni Herzl ne situaient l'Etat juif en Eretz Israël, mais ils sont immédiatement débordés par les masses juives attachées aux traditions et au vieux rêve messianique.

La petite brochure suscite immédiatement des discussions dans les milieux juifs et non-juifs. Des amis de Herzl le croient devenu fou. A l'exception de quelques intellectuels, les Juifs occidentaux attachés à l'idée d'assimilation, critiquent vivement son projet. Les Juifs d'Europe Centrale et Occidentale, plus proches des traditions religieuses et culturelles, plus exposés aux manifestations violentes de l'antisémitisme, le défendent.

En 1897, Théodore Herzl et ses amis convoquent à Bâle un congrès réunissant 200 délégués des principales communautés de la Diaspora. A l'issue du Congrès, l'Organisation Sioniste est fondée, et un programme préconisant l'élaboration d'un foyer juif en Palestine adopté. Dès ce premier Congrès Sioniste, les représentants des communautés juives récusent l'indifférence qu'a manifesté Herzl comme Pinsker quant au choix du *morceau de la surface terrestre* sur lequel doit être créé l'Etat Juif : comme Pinsker, Herzl est immédiatement débordé par les éléments attachés au vieux rêve messianique. Leur choix se fixe sur Eretz Israël.

De 1897 à sa mort, Théodore Herzl devient le commis voyageur du Sionisme politique. Il multiplie ses démarches auprès de tous les hommes politiques influents de son temps. Le projet d'un établissement juif en Palestine est soumis au sultan Abdul-Hamid : mais les négociations n'aboutissent point. Or, dans les premières années du XIXme siècle, les pogroms se multiplient en Russie. Pour des milliers de persécutés, il faut trouver de toute urgence une solution. Le gouvernement britannique offre alors un territoire situé en Afrique Orientale : l'Ouganda. Le projet est soumis au VIme Congrès Sioniste, réuni à Bâle en 1903. Les Juifs russes, pourtant les plus menacés par les persécutions, s'y opposent avec violence.

En 1904, Herzl meurt. Au soir du premier Congrès Sioniste, Théodore Herzl avait noté dans son journal intime : « *Si je devais résumer le Congrès de Bâle en une phrase — je me garderais bien de la prononcer publiquement — ce serait celle-ci : A Bâle, j'ai créé l'Etat Juif. Si je disais cela aujourd'hui, publiquement, un rire universel serait la réponse. Dans cinq ans peut-être, mais dans cinquante ans sûrement, tout le monde comprendra* ». Il ne se trompait que de quelques mois.

Théodore Herzl lance son idée de la création d'un Etat Juif au moment précis où de nombreux peuples en Europe luttent pour leur indépendance nationale : les empires austro-hongrois et ottoman se décomposent de l'intérieur. La renaissance nationale du peuple juif s'insère dans ce courant. Mais alors que les autres peuples intéressés n'ont pas quitté leur territoire, les Juifs, eux, doivent d'abord retrouver le leur. La vision de Herzl est optimiste jusqu'à la naïveté : la renaissance d'Israël dans sa terre doit être bien accueillie par les Arabes qui s'y sont installés et auxquels les Juifs apportent les « bienfaits » du progrès social et technique. Les deux peuples sémites doivent tisser des liens entre

Projets de création d'un Etat juif.

Lors de ses entretiens avec les représentants des Grandes Puissances de son époque, Théodore Herzl reçut plusieurs propositions de création d'un Etat juif ailleurs qu'en Eretz Israël :
— en 1901-1902, Théodore Herzl est plusieurs fois reçu par le Sultan Abdul Hamid : celui-ci se déclare disposé à accueillir des Juifs dans son empire, à condition qu'ils deviennent sujets ottomans et s'établissent ailleurs qu'en Palestine. En échange, l'Organisation Sioniste devait verser une somme considérable au trésor turc, alors fort endetté. Cette proposition était inacceptable et Herzl se tourna vers les Anglais. Dès octobre 1902, Herzl discute avec Joseph Chamberlain alors ministre des Colonies de la création d'un Etat juif à Chypre : mais la Grande-Bretagne refuse d'évincer les Grecs et les Musulmans au profit des Juifs. Toutefois, Chamberlain et Lord Lansdowne se prononcent en faveur de la création d'un établissement juif à El Arich, possession égyptienne, alors sous domination britannique. Ils ménagent à Herzl une rencontre avec Lord Cromer, Vice-Roi d'Egypte. El Arich, situé en bordure du Sinaï, était un désert. Une commission d'experts estime qu'il n'est pas possible de prélever l'eau du Nil nécessaire pour irriguer ce territoire.

— Londres propose aussitôt un « nouveau morceau de la surface terrestre » : le plateau de Guas Ngishu, près de Naïrobi, c'est-à-dire l'Ouganda. Chamberlain l'avait visité quelques mois plus tôt et avait pensé : « Voilà un pays pour le Dr Herzl ». Le climat était bon ; on pouvait y cultiver la canne à sucre et le coton. Aussi, le gouvernement britannique propose la création d'une commission sioniste chargée de l'étude de l'installation d'une colonie juive sous l'autorité d'un fonctionnaire juif qui serait le chef de l'administration locale. Ce projet est rejeté avec indignation par les délégués russes du XIme Congrès Sioniste réuni en 1903.

l'Orient et l'Occident. Sur ce point jusqu'à présent, Théodore Herzl a manqué de lucidité.

A sa mort, le Mouvement Sioniste se scinde en deux tendances. D'une part, les sionistes « politiques » qui poursuivent leurs démarches auprès des grandes puissances afin d'obtenir la reconnaissance officielle du retour du peuple juif en Eretz Israël. Leurs efforts devaient aboutir, en 1917, à la déclaration Balfour, à la création d'un Foyer National Juif en Palestine, dont le mandat était confié, par la Société des Nations, au gouvernement britannique et, enfin, à la reconnaissance de l'Etat d'Israël par l'O.N.U. Les sionistes « pratiques », par contre, préconisaient une lente infiltration d'immigrants juifs dans le pays et la création d'une société moderne en Palestine. Les premières vagues d'immigrants réalisent ce projet et créent les structures économiques, sociales, culturelles et administratives qui permettront l'accession à l'indépendance de l'Etat d'Israël. Au sein du Mouvement Sioniste et lors des Congrès, ces deux tendances s'affrontent. Elles convergent cependant vers la réalisation d'un même projet : la renaissance nationale indépendante du peuple juif en Eretz Israël.

L'Organisation Sioniste Mondiale.

L'Organisation Sioniste Mondiale a été fondée en 1897 par Théodore Herzl, lors du premier Congrès Sioniste réuni à Bâle. Elle devait créer, en Eretz Israël, « un foyer pour le peuple juif garanti par le droit international ».

L'Organisation Sioniste Mondiale et le Mouvement Sioniste qui en émane ont joué un rôle essentiel dans la sensibilisation des populations juives dispersées dans le monde, au problème de la renaissance nationale. Elle a dirigé toutes les actions politiques qui ont abouti à la création de l'Etat d'Israël.

Depuis 1948, l'Organisation Sioniste Mondiale continue à jouer un rôle important dans le domaine de l'éducation juive en Diaspora, de la diffusion de l'information sur Israël et dans la collecte des fonds. L'organe suprême de l'Organisation Sioniste Mondiale est le Congrès qui se réunit tous les trois ans à Jérusalem. Les délégués au Congrès sont élus ou désignés, en Diaspora, par les membres du Mouvement Sioniste.

la population juive avant 1917 : le yichouv

l'ancien yichouv

Les premiers immigrants épris de l'idée de la restauration nationale du peuple juif en Palestine, arrivent vers 1880. Ils y trouvent quelques communautés juives, surtout à Jérusalem, Tibériade et Safed. Se consacrant essentiellement à l'étude des textes religieux et à la prière, ces Juifs palestiniens, anciennement établis ou immigrés depuis le XVIIIme siècle, vivaient, dans un état proche de la misère, de collectes faites en Diaspora. Parmi eux les *Sépharades* étaient à cette époque aussi, nombreux, voire plus que les *Achkénazes*. Si personne n'était riche, déjà les *Sépharades* étaient les moins nantis. Il y avait aussi quelques Juifs orientaux, originaires des pays voisins ou d'implantation très ancienne. Les *Sépharades* parlaient le *ladino*, les Orientaux l'arabe et les *Achkénazes* le *yiddich*. Pour tous l'hébreu était la langue sacrée, mais *Sépharades* et *Achkénazes* l'utilisaient pour communiquer entre eux sans le prononcer de la même façon. De plus, chaque groupe interprétait certaines traditions à sa manière. L'ancien *yichouv* était une société hétérogène sur les plans économique et surtout culturel, dans laquelle se dessinaient déjà certains clivages qui se retrouveront plus tard au sein de la société israélienne. Les structures des communautés *sépharades* et *achkénazes* étaient cependant traditionnelles : on y exaltait les valeurs religieuses du Judaïsme. Aussi, l'ancien *yichouv* opposera des résistances farouches aux idéologies nouvelles et aux tendances modernistes qui caractérisent les vagues d'immigration après 1880.

l'immigration pendant la période ottomane : 1880-1918

Sous le régime ottoman, deux groupes d'immigrants arrivent en Palestine (cf. le tableau n° 1). Le premier (1880-1903), composé de vingt mille à trente mille personnes originaires d'Europe Orientale a reçu une formation idéologique dans les groupes des *Hovévé Sion* et des *Bilouim*. Fidèles à leur idéal, ces nouveaux agriculteurs désirent travailler les terres qu'ils achètent aux propriétaires arabes, mais ils manquent d'expérience et se heurtent à de nombreuses difficultés : prix parfois élevés des terres, conditions climatiques défavorables, insécurité. Les maigres ressources des immigrants s'épuisent rapidement. Aussi lancent-ils des appels auxquels répond le Baron Edmond de Rothschild. Cette intervention sauve l'entreprise de l'échec. Le Baron avance des fonds et, surtout, envoie des techniciens capables d'encadrer les apprentis-agriculteurs. La première *aliyah* crée ainsi les premiers villages juifs qui s'appelleront Petah-Tikva, Re'hovoth, Richon-Le-Sion. Elle plante des vignes et commence la culture systématique des agrumes. Mais l'intervention du Baron transforme aussi ce premier retour du pionnier juif à la terre en une entreprise philanthropique et paternaliste : les immigrants deviennent des contremaîtres, voire des propriétaires fonciers employant des ouvriers arabes à bon marché. Aussi le deuxième groupe d'immigrants (1904-1914) s'opposera fermement au type de colonisation amorcé par les *mochavoth* du Baron.

La deuxième *aliyah* est une conséquence directe des pogroms de 1903-1905 et de la révolution russe manquée de 1905. Elle se recrute parmi les jeunes fortement influencés par les doctrines de Tolstoï et les théories socialistes dites « populistes » russes. Alors que les pionniers de la première *aliyah* précèdent la création du Mouvement Sioniste par Théodore Herzl, les membres de cette seconde vague d'immigration, ont souvent milité, avant leur arrivée en Eretz Israël, dans des groupements sionistes : sur le plan idéologique leur préparation est nettement meilleure que celle de l'*aliyah* précédente. Des personnalités qui marqueront pendant des décennies le destin du *yichouv* et de l'Etat d'Israël arrivent à cette époque dans le pays : David Ben-Gourion, Itzkhak Ben-Zvi. Fidèles à l'idéal du travail physique régénérateur, ils jettent les fondements du mouvement ouvrier juif en Eretz Israël. Dans une première étape, ils essaient de travailler chez les propriétaires de la première *aliyah* qui leur préfèrent cependant les ouvriers arabes,

Tableau 1
L'IMMIGRATION DANS LE YICHOUV ([4])

Période	Vague d'immigration	Nombre	Principaux pays d'origine	Principales caractéristiques
Administration ottomane				
1882-1903	1ère aliyah	20.000 à 30.000	Russie tsariste	Membres des « Amants de Sion » et Bilouim
1904-1914	2ème aliyah	35.000 à 40.000	Russie tsariste	Travailleurs-pionniers socialistes
Mandat britannique				
1919-1923	3ème aliyah	35.000	U.R.S.S., Pologne, Pays baltes	Travailleurs-pionniers socialistes
1924-1931	4ème aliyah	82.000	U.R.S.S., Pologne, Balkans, Moyen-Orient	Classes moyennes
1932-1938	5ème aliyah	217.000	Pologne, Allemagne	Cadres techniques et scientifiques
1939-1948	6ème aliyah	153.000	Europe centrale et orientale, Balkans	Rescapés de la persécution hitlérienne. Immigration en grande partie clandestine

La terre, propriété nationale.

« Les Juifs du monde entier devront constituer un Fonds pour le rachat du sol de la Palestine. Tout Juif, jeune ou vieux, pauvre ou riche, devra contribuer à ce Fonds National Juif... La terre rédimée sera la propriété inaliénable du Keren Kayemeth (Fonds national)... et ne sera pas revendue à des particuliers, mais affermée à ceux qui la mettront en valeur pour une période n'excédant pas 49 ans. » Ce projet, présenté au premier Congrès Sioniste de Bâle en 1897, s'est au moins partiellement réalisé.

Pendant les périodes ottomane et britannique, les terres ont été achetées aux propriétaires arabes par le Keren Kayemeth le Israël (Fonds National pour Israël) avec l'argent collecté dans toutes les communautés juives de la Diaspora. Le plan de partage de la Palestine, voté le 29 novembre 1947 par l'O.N.U., suit les frontières tracées par les agglomérations juives établies sur les terrains achetés par le Keren Kayemeth.

De 1949 à 1951, la Knesseth vote plusieurs mesures relatives à la propriété foncière. Elle crée un « custodium » chargé de la gestion des terres abandonnées par les Arabes réfugiés à l'étranger : les revenus de ces terres louées à des exploitants juifs sont bloqués dans un fonds de compensation réservé au règlement du contentieux des réfugiés. Les terres domaniales qui relevaient du gouvernement mandataire, deviennent propriété de l'Etat d'Israël.

En 1960, la Knesseth modifie ce régime foncier. Selon cette nouvelle législation, le Keren Kayemeth et le « Custodium » fusionnent dans le Service Foncier National (Minhal Karkaé Israël). La loi foncière qui concerne « la terre, les maisons, les immeubles et toute chose qui adhère au sol d'une façon permanente », confirme la propriété nationale. Les possessions du Service Foncier National ne peuvent être ni vendues ni cédées par tout autre moyen. Les terres destinées à l'agriculture sont louées par un bail renouvelable de 49 ans (conformément à la tradition biblique) aux agriculteurs juifs qui paient un fermage symbolique (environ 1 % de la production). Les terrains destinés à la construction urbaine sont loués pour 99 ans aux municipalités ou aux organismes chargés de la construction des logements destinés aux immigrants.

Dans ces conditions, environ 95 % des terres juives sont nationalisées. Seuls quelques terrains, situés surtout dans les grandes villes et acquis avant l'indépendance de l'Etat d'Israël, sont propriété privée. Par contre, les Arabes sont individuellement propriétaires de leurs terres. (Voir 2ᵐᵉ partie : Les populations non juives d'Israël.)

moins exigeants. Mais les nouveaux immigrants s'organisent et partent à la « conquête du travail juif » qui devait finalement concurrencer celui des Arabes. Le *Keren Kayemeth le'Israël* est créé à la même époque : il est chargé de l'achat des terres avec les fonds collectés dans la Diaspora. Les terrains ainsi acquis sont propriété nationale : la propriété privée devient rare. Sur des terres allouées par le *Keren Kayemeth le'Israël*, des pionniers créent, en 1911, sur les bords du Jourdain, une ferme autogérée, collectiviste. Ce sera l'origine de Degania, la première *kvoutza* ou *kibboutz*.

Le kibboutz.

Le kibboutz est une communauté fondée sur les principes de l'égalité et de l'autogestion. L'assemblée générale des membres possède tous les pouvoirs de décision. La production et la consommation sont collectives. L'éducation des enfants du kibboutz est prise en charge par la communauté, qui assume le rôle économique et social joué traditionnellement par la famille.

Le premier kibboutz, Degania, a été fondé en 1911. Aujourd'hui, 94.000 personnes représentant 3 % de la population juive vivent dans 228 kibboutzim.

Les kibboutzim sont surtout d'inspiration socialiste. Ils sont regroupés en trois fédérations entretenant d'étroites relations avec les partis ouvriers : le kibboutz Ha'Artzi est affilié au M.A.P.A.M. (75 villages en 1974) ; le kibboutz Ha'Meouhad dépend de l'Ahdouth Ha'Avoda (55 villages en 1974) ; l'Ihoud Ha'Kibboutzim Ve Hakvoutzoth du M.A.P.A.I. (77 villages). 14 kibboutzim ont été, par ailleurs, fondés par les partis religieux.

Les kibboutzim ont joué un rôle très important dans le développement de l'agriculture : aujourd'hui encore, ils fournissent 35 % de la production agricole d'Israël ; mais depuis les années soixante, les kibboutzim développent une industrie dont ils tirent aujourd'hui environ un tiers de leurs revenus.

Le kibboutz est l'une des créations les plus originales du socialisme israélien. Aujourd'hui encore, ses membres sont particulièrement nombreux parmi les dirigeants des partis ouvriers et les députés du Parlement Israélien. Les officiers de l'armée israélienne se recrutent en grande partie dans les kibboutzim.

Aujourd'hui les kibboutzim, îlots de l'idéologie pionnière, rappellent les principes qui ont inspiré les fondateurs de l'Etat d'Israël. Mais leur insertion dans la société de consommation pose de nombreux problèmes (cf. chapitre : Une société en mutation).

La *kvoutza* est basée sur le principe fondamental : « *De chacun selon ses moyens à chacun selon ses besoins* ». A la veille de la Première Guerre mondiale, on compte déjà 14 communes agricoles de ce type. Mais le pays se développe aussi dans le secteur urbain : à partir de 1909, est édifiée à côté de Jaffa, la première ville juive : Tel Aviv, la « Colline du Printemps ». Les nouveaux quartiers juifs de Jérusalem et de Haïfa s'étendent également.

Dès 1908 arrivent aussi des immigrants originaires du Yemen. Leur niveau de vie est semblable à celui du *Fellah* autochtone. S'adaptant facilement aux conditions du travail agricole, ils sont rapidement absorbés dans les exploitations d'agrumes de la première *aliyah*.

Les idéologies qui inspirent les premières réalisations du mouvement ouvrier juif, telles qu'elles sont formulées par la seconde *aliyah* joueront un rôle capital dans la construction du *yichouv* et de l'Etat d'Israël. Valorisation du travail manuel et surtout du travail agricole, collectivisme ou coopératisme, refus de la propriété privée en sont les principales caractéristiques. Cette idéologie préconise la « renaissance du peuple par la terre et de la terre par le peuple ».

La seconde *aliyah* est franchement moderniste : s'inspirant des tendances laïques et socialisantes, elle préconise volontiers une rupture avec la vie traditionnelle des communautés juives d'Europe Orientale rythmée par les prescriptions de la loi religieuse.

renaissance de l'hébreu

Les nouvelles agglomérations fondées par les immigrants de la première et de la deuxième *aliyah* jouent aussi un rôle important dans la renaissance de l'hébreu comme langue vivante.

Dès la fin du XVIIIme siècle, en Europe orientale, des adeptes de la *haskala* l'emploient, dans leurs écrits, de préférence au *yiddich*. Une presse hébraïque est créée dès le milieu du XIXme siècle. Mais le principal artisan de la renaissance de l'hébreu sera Eliezer Ben-Yehouda (1857-1922). Arrivé en Eretz Israël avec les immigrants de la première *aliyah* (1881), il s'installe à Jérusalem où il travaille comme journaliste et comme professeur d'hébreu dans l'école moderne de l'Alliance Israélite Universelle. L'orthodoxie *achkénaze* de Jérusalem est farouchement hostile à l'emploi de l'hébreu comme langue profane. Les *Sépharades* sont plus accueillants : d'ailleurs, Ben Yehouda opte pour leur prononciation de l'hébreu, l'estimant plus conforme à la langue parlée par les ancêtres. Par contre, l'hébreu s'impose peu à peu comme la langue parlée parmi les jeunes immigrants : il devient, dès cette époque, la langue d'enseignement dans les écoles modernes de la communauté juive. Renaissance de l'hébreu et restauration nationale sont deux aspects complémentaires de la volonté de résurrection des Juifs en tant que nation.

Le gouvernement turc ne reconnaît pas officiellement cet établissement juif en Palestine, mais l'administration locale ne s'y oppose guère. De plus, les immigrés conservent leurs passeports étrangers. Or, en Terre Sainte, les consuls représentant les grandes puissances « protégeaient » leurs nationaux et ceux-ci jouissaient d'un régime de faveur pour le paiement des impôts à l'autorité ottomane.

réactions du gouvernement ottoman

Pendant la Première Guerre mondiale, la Turquie combat aux côtés des Allemands et des Austro-Hongrois. Soupçonnés de sympathie avec l'ennemi, des Juifs sont internés, expulsés ou subissent des contraintes économiques. Famines et épidémies sévissent dans le pays.

En 1913, la population du *yichouv* est estimée à 80.000 personnes ; en 1919, il n'en reste plus que 56.000.

Cependant la guerre de 1914-18 est une période capitale pour la création d'un foyer national juif en Palestine. Dès 1916, la Grande-Bretagne, la France et la Russie tsariste élaborèrent un plan de partage (l'accord Sykes-Picot) de l'Empire Ottoman. En vertu de cet accord, la Palestine doit être divisée en trois parties : le nord va à la France (y compris l'actuel Liban), Haïfa et Acre à l'Angleterre, la partie sud et les lieux saints devant être placés sous un régime de contrôle international.

de la première guerre mondiale au mandat britannique

L'Alliance Israélite Universelle.

L'Alliance Israélite Universelle a été fondée en 1860 par un groupe de Juifs français. Elle a pour objectif la promotion culturelle et sociale des Juifs dans le monde. Parmi d'autres activités, elle gère dès la fin du XIXᵐᵉ siècle, un important réseau scolaire dans les pays méditerranéens, au Proche-Orient, au Moyen-Orient.

La première institution de l'Alliance Israélite Universelle en Palestine est l'école agricole Mikveh Israël, fondée en 1870.

En effet, en même temps, le Mouvement Sioniste représenté par Haïm Weizmann engage des négociations avec la Grande-Bretagne qui aboutissent, le 2 novembre 1917, à la promesse Balfour relative à la création d'un Foyer National Juif en Palestine. Le 8 décembre de la même année, le Général Allenby entre à Jérusalem. Des bataillons juifs luttent avec les Anglais contre les Turcs qui abandonnent le pays en septembre 1918. En 1919, la Conférence de la Paix réunie à Versailles accepte le principe de la création d'un Foyer National Juif en Palestine sous mandat britannique. En 1922, la Société des Nations confie ce mandat à la Grande-Bretagne. Celle-ci est chargée de préparer en collaboration avec l'Organisation Sioniste, et plus particulièrement l'Agence Juive, l'établissement d'un Foyer National en Palestine pour le peuple juif. L'Emir Fayçal, représentant le royaume arabe du Hedjaz accepte, en 1919, l'immigration juive en Palestine, à condition que soient respectés les droits des Arabes (cf. annexe n° 2). Mais la plupart des nationalistes arabes ne sont pas du même avis :

Les accords Sykes-Picot.

Dès 1915, la Russie, la France et l'Angleterre se préoccupent du partage de l'Empire ottoman. Les accords franco-anglais négociés en 1916 par Mark Sykes pour le gouvernement britannique et Georges Picot pour le gouvernement français avec l'assentiment du Tsar, comportent les principales dispositions suivantes :

a) **L'Arménie et une partie du Kurdistan reviendraient à la Russie.**

b) **La France obtiendrait la Syrie et le Liban.**

c) **La Grande-Bretagne s'établirait en Mésopotamie et dans les ports de Haïfa et de St-Jean-d'Acre.**

d) **Une confédération d'Etats arabes ou un seul Etat arabe indépendant serait créé sur les territoires situés entre les possessions françaises et britanniques, mais Français et Britanniques s'y partageraient des zones d'influence.**

e) **Les lieux saints de la Palestine seraient placés sous contrôle international.**

Tout d'abord tenus secrets, les accords Sykes-Picot ne furent connus qu'en 1917. Arabes et Juifs en furent scandalisés. Aux premiers, les Britanniques avaient fait des promesses beaucoup plus importantes afin de les entraîner à se révolter contre les Turcs (cf. 2me partie : Histoire arabe de la Palestine) ; avec les seconds, les mêmes Britanniques avaient négocié la création d'un Foyer National en Palestine.

dès 1920, on assiste à des heurts entre Juifs et Arabes. Toute la période du mandat britannique sera marquée par des affrontements plus ou moins violents entre les deux communautés (cf. 2me Partie : *Histoire arabe de la Palestine*). Néanmoins, le *yichouv* se développe et l'on assiste pendant cette période à la mise en place des principales institutions et structures qui permettront le passage du Foyer à un Etat juif indépendant.

Haïm Weizmann (1874-1951).

Né à Motol (Russie) d'une famille de modestes marchands, Weizmann, à l'âge de vingt ans, quitte la Russie pour l'Allemagne. Il se rend bientôt en Suisse et fait des études de sciences. Il enseigne par la suite la bio-chimie à l'Université de Manchester.

Dès 1898, Haïm Weizmann rejoint le Mouvement Sioniste dont il deviendra l'un des principaux dirigeants. En 1917, il est déjà à l'origine de la Déclaration Balfour. Comme président de l'Organisation Mondiale (1920-1931 ; 1935-1946), il est le principal interlocuteur du gouvernement britannique en Palestine. En 1946-47, il défend le projet de l'indépendance de l'Etat juif aux Etats-Unis et devant l'O.N.U.

Président du gouvernement provisoire en 1948, élu président de l'Etat d'Israël en 1949, il meurt en 1951.

Haïm Weizmann est l'un des fondateurs de l'Université Hébraïque de Jérusalem. L'institut de recherches en sciences naturelles de Rehovoth qui porte son nom, jouit d'une réputation internationale.

Haïm Weizmann désirait ardemment arriver à un accord avec les Arabes. Dès la fin de la Première Guerre mondiale, il entretient de bonnes relations avec l'Emir Fayçal. En novembre 1947, il note : « Je suis certain que le monde jugera » l'Etat juif d'après son attitude envers les Arabes... » Nous devons envisager la tâche ardue de com- » pléter notre compréhension et notre coopération » avec les Arabes du Moyen-Orient. Son succès » dépend de deux facteurs importants : d'abord, » donner aux Arabes le sentiment que la décision » des Nations-Unies est irrévocable et que les Juifs » ne s'introduiront dans aucun territoire situé en » dehors des limites qui leur sont assignées... En- » suite... ils doivent voir dès l'origine que leurs » frères sont traités à l'intérieur de l'Etat Juif » exactement comme des citoyens juifs. » (Haïm Weizmann, NAISSANCE D'ISRAEL, Paris, Gallimard, 1957, pp. 520-523).

Déclaration Balfour.

2 novembre 1917

Ministère des
Affaires Etrangères

Cher Lord Rothschild,

J'ai le grand plaisir de vous adresser, de la part du Gouvernement de sa Majesté, la déclaration de sympathie suivante pour les aspirations sionistes des Juifs, qui a été soumise au Cabinet et approuvée par lui :

Le Gouvernement de sa Majesté envisage favorablement l'établissement en Palestine d'un Foyer national pour le peuple juif et emploiera tous ses efforts pour faciliter la réalisation de cet objectif, étant clairement entendu que rien ne sera fait qui puisse porter préjudice aux droits civils et religieux des communautés non-juives en Palestine, ainsi qu'aux droits et au statut politique dont les Juifs pourraient jouir dans tout autre pays.

Je vous serais reconnaissant de porter cette Déclaration à la connaissance de la Fédération Sioniste.

Sincèrement à vous,

Arthur-James Balfour.

Délégation du Hedjaz

Paris, le 3 mars 1919.

Cher Monsieur Frankfurter, (*)

Je tiens à vous dire à l'occasion de mon premier contact avec les Sionistes américains ce que j'ai souvent eu l'occasion d'exprimer au Dr Weizmann en Arabie et en Europe.

Nous sentons qu'au point de vue racial Arabes et Juifs sont cousins ; ils subissent le même genre d'oppression entre les mains de nations plus puissantes et, par une heureuse coïncidence, ils ont fait ensemble un premier pas vers l'acquisition de leurs idéaux nationaux.

Nous autres Arabes, surtout ceux d'entre nous qui sont cultivés, considérons avec la plus grande sympathie le mouvement sioniste. Notre députation de Paris est pleinement au courant des propositions soumises par l'Organisation sioniste à la conférence de la paix et nous estimons qu'elles sont modérées et opportunes. Nous ferons de notre mieux pour aider à leur accomplissement ; nous souhaiterons cordialement la bienvenue aux Juifs lors du « retour ».

Nous avons eu et nous continuons à avoir avec les chefs de votre mouvement, en particulier le Dr Weizmann, les rapports les plus

---

(*) Félix Frankfurter était membre de la délégation juive qui défendait, à la Conférence de la Paix de Versailles (1919) la création du Foyer National Juif.

étroits. Il a été l'un des grands défenseurs de notre cause et j'espère que les Arabes seront bientôt en mesure de rendre aux Juifs leurs bienfaits. Nous travaillons ensemble pour réformer et faire revivre le Proche-Orient et nos deux mouvements se complètent. Le mouvement juif est nationaliste et non pas impérialiste. Notre mouvement est aussi nationaliste et non pas impérialiste ; et il y a place pour nous deux en Syrie. En effet, je ne crois pas que l'un puisse réussir sans l'autre.

Des gens moins renseignés et moins responsables que nos dirigeants, ignorant le besoin d'une coopération entre Arabes et Sionistes, ont essayé d'exploiter les différends qui doivent fatalement s'élever en Palestine dans les débuts. Certains, j'en ai peur, ont mal défini nos buts aux paysans arabes et juifs et ils en ont profité pour tirer parti de ce qu'ils appellent nos différends.

Je désire vous assurer de ma ferme conviction que ceux-ci ne reposent pas sur des questions de principes mais sur des détails, ainsi qu'il arrive inévitablement dans tous contacts entre deux peuples voisins et qui sont facilement dissipés par une bonne volonté mutuelle. En effet, presque tous les malentendus disparaîtront avec de plus amples connaissances.

Je me réjouis, ainsi que mon peuple, d'un avenir dans lequel nous nous aiderons mutuellement, afin que les pays qui nous intéressent puissent un jour reprendre leurs places dans la communauté des peuples civilisés du monde.

Sincèrement à vous,

Fayçal. (⁵)

le mandat britannique

Dès la fin de la Première Guerre mondiale, l'immigration reprend. La troisième *aliyah* (1919-1923), comme les précédentes, est originaire d'Europe Orientale (cf. tableau n° 1, p. 41). Le Sionisme socialiste a maintenant ses théoriciens : il s'organise en Diaspora et en Eretz Israël. Les immigrants militent dans des mouvements de jeunesse sioniste et se préparent dans leur pays

l'immigration

d'origine, à la vie agricole. Comme leurs aînés de la deuxième *aliyah*, les membres de cette troisième vague de migration jouent un rôle capital dans le développement social, politique, économique et culturel du pays.

Dans ces groupes, l'idéal de la renaissance de l'homme juif par le travail manuel, de préférence celui de la terre, dans la patrie ancestrale devient peu à peu réalité. En 1920, la fondation de la Confédération Générale des Travailleurs (*Histadrouth*) et en 1921 celle du *Gdoud Avoda* (Légion du Travail) favorisent le développement du secteur coopératif, la création des *kibboutzim* et des *mochavim*. La troisième *aliyah* valorise l'idéologie du Sionisme socialiste selon laquelle la rénovation sociale et la résurrection nationale doivent aller de pair.

Mochav.

Le premier mochav, Nahalal, a été fondé en 1921.

Au mochav, l'exploitation de la ferme familiale est incorporée dans les institutions coopératives du village : moyens de production, achat et vente des produits, éducation des enfants, activités culturelles et services sociaux. La communauté villageoise est gouvernée selon les principes de l'autogestion : l'assemblée générale des membres élit un conseil exécutif.

La formule mochav maintient l'unité de la cellule familiale. Elle connaît un grand essor depuis 1948. Les immigrants orientaux, surtout, s'y adaptent mieux qu'à la vie collective du kibboutz.

En 1974, 377 mochavim regroupent 135.000 personnes, représentant 4,5 % de la population juive d'Israël. Le Mouvement des mochavim, proche de la Histadrouth et des partis ouvriers, regroupe 227 villages coopératifs. Les autres mochavim sont fédérés dans des organisations relevant des partis religieux ou des partis de droite.

La plupart des immigrants orientés vers les mochavim dans les années 1950-55 n'étaient pas des paysans : ils ont été formés aux méthodes de l'agriculture moderne et à l'autogestion par des moniteurs, membres de mochavim ou de kibboutzim anciens. Le mochav est aujourd'hui une expérience réussie. Comme les kibboutzim, certains mochavim s'orientent aujourd'hui vers des activités industrielles, centrées surtout sur la transformation des produits agricoles.

De 1924 à 1931, une nouvelle vague d'immigration lui succède. Numériquement, elle est très importante : 82.000 personnes, en majorité originaires d'Europe Orientale, mais aussi du Proche-Orient. A partir de 1924, les Etats-Unis, principal pays d'accueil des Juifs d'Europe Orientale, règlementent strictement l'immigration. Or la situation économique des Juifs de Pologne est précaire : l'antisémitisme y est virulent. Boutiquiers et artisans dans leurs pays d'origine, les immigrants préfèrent s'établir dans les villes. Les motivations idéologiques de ces immigrants sont moins évidentes que celles des groupes précédents. Aussi ne rejoignent-ils guère le secteur des coopératives agricoles.

Par contre, le dévoloppement urbain progresse, le réseau routier s'améliore et les capitaux privés, dont l'apport est plus important que pendant les périodes précédentes, sont investis dans le bâtiment, comme dans les exploitations d'agrumes et la création des premières industries privées. D'après les statistiques déjà relativement précises dont on dispose pour cette période, la grande majorité des immigrants a changé de profession après l'immigration. Bien que l'esprit *pionnier* soit moins vif dans cette période d'immigration que dans la précédente, nombreux sont les immigrants qui acceptent le travail manuel dans les secteurs des travaux publics, du bâtiment ou de l'agriculture. La population rurale est d'ailleurs en constante augmentation, passant parmi les Juifs, de 18,1 % en 1922 à 26,4 % en 1931.

Mais l'accroissement de la population est trop rapide et provoque une crise économique. Dès 1925, le chômage fait son apparition. Aussi le mouvement migratoire est instable. Parmi les nouveaux immigrants quelques milliers quittent le pays un ou deux ans après leur arrivée. La situation s'améliore toutefois au début des années trente, grâce surtout à l'arrivée de la cinquième *aliyah* qui donne un nouvel élan à la mise en valeur du pays.

La montée du nazisme en Europe, la Deuxième Guerre mondiale et ses conséquences sont les principales causes du plus important mouvement d'immigration du *yichouv*. De 1932 à 1938, 217.000 immigrants originaires de Pologne et d'Europe Centrale arrivent dans le pays ; à cette époque, les réfugiés d'Allemagne et d'autres pays d'Europe Centrale (Autriche, Hongrie, Tchécoslovaquie) peuvent emporter, au moins partiellement, leurs capitaux. De plus cette *aliyah* comprend un grand nombre d'industriels, d'entrepreneurs, de techniciens qualifiés et de membres des professions libérales. Les immigrants de la cinquième *aliyah* sont moins marqués par le Sionisme socialiste que ceux des deuxième et troisième *aliyah*, mais leur compétence technique et leurs capitaux permettent le démarrage de l'industrie du *yichouv*. Ils jouent également un rôle important dans le développement scientifique et culturel du pays.

De 1932 à 1945, la Palestine connaît une période de prospérité, troublée cependant, de 1936 à 1939, par les conflits avec la population arabe (cf. 2me Partie : *Histoire arabe de la Palestine*). Cependant, la guerre favorise le développement économique, car la puissance mandataire a tout intérêt à soutenir, dans cette région éloignée du front, toutes les potentialités agricoles et industrielles. A partir de 1939, le gouvernement mandataire restreint les possibilités d'immigration. Toutefois, pendant la Deuxième Guerre mondiale, 92.000 rescapés des persécutions hitlériennes arrivent, complètement démunis, après de longs périples, en Eretz Israël. Une partie de cette immigration est illégale. Ce mouvement se poursuit au lendemain de la guerre : 61.000 immigrants entrent encore dans le pays, le plus souvent comme clandestins.

l'intégration sociale des immigrants

Chaque vague d'immigration a ses caractéristiques particulières, facilitant ou, au contraire, compliquant l'intégration sociale des nouveaux arrivants. L'idéologie joue un rôle important dans l'intégration sociale. Très motivés par la poursuite des objectifs du mouvement ouvrier, les immigrants de la deuxième et de la troisième *aliyah*, originaires d'Europe orientale, sont socialement peu différenciés. Ils préconisent le renversement des valeurs de la société juive petite-bourgeoise traditionnelle, dont ils sont issus. Ils incarnent l'image du « pionnier », paysan ou travailleur urbain voué à la renaissance sociale et nationale ; l'éventail des salaires est peu ouvert, même dans le secteur privé. Leur mode de vie est fruste. Les privations sont acceptées comme conditions nécessaires de la régénération sociale et nationale. Les immigrants de la deuxième et de la troisième *aliyah* forgent l'image et le modèle d'une société socialiste juive. Leur idéologie devient dominante dans le *yichouv* et bien au-delà dans la première décennie de l'Etat d'Israël.

Mais les motivations idéologiques des vagues d'immigrants suivantes sont moins fortes ou différentes. Déjà, la quatrième *aliyah* s'éloigne quelque peu de ce modèle. L'origine sociale des immigrants est plus diversifiée et la crise économique, même passagère, complique leur situation. L'intégration sociale de la cinquième *aliyah* pose des problèmes plus sérieux. Les originaires d'Allemagne, d'Autriche, de Hongrie ou de Tchécoslovaquie y prédominent. Ils représentent des judaïcités éloignées, depuis une ou plusieurs générations, de la vie juive traditionnelle. Dans la Diaspora, les relations entre les Juifs d'Europe orientale et ceux d'Europe centrale n'étaient pas excellentes. Et les Juifs allemands, malgré les persécutions hitlériennes, n'ont pas renoncé à leur « germanité ». De plus, cette immigration, au moins dans sa première étape, était plus aisée que les vagues qui l'avaient précédée. Elle n'avait guère de sympathie pour le Socialisme sioniste, et était désireuse de transformer les structures socialistes de la société du *yichouv* en celles d'une société capitaliste.

On constate donc, même dans le *yichouv*, certaines tensions entre les différents groupes d'immigrants en fonction de la période d'arrivée dans le pays et de leur origine. Mais ces tensions restent mineures, au moins par rapport à celles que connaîtra la société israélienne. Elles sont marquées par la situation politique précaire, l'opposition des Arabes, les conflits avec la puissance mandataire et la guerre de 1939-45. Bien que l'on ne puisse caractériser toutes les vagues d'immigration du *yichouv* comme pionnières, les immigrants arrivés pendant cette période sont, dans leur grande majorité, disposés à changer leur mode de vie et leurs occupations professionnelles : ces dispositions facilitent leur adaptation au pays. De plus, la contagion de l'idéologie pionnière est forte. Même si tous ne partagent pas toutes ses implications, elle contribue à leur prise de conscience collective : la fierté d'être appelés à créer une nation nouvelle. Aussi, de nombreux services dans le *yichouv* fonctionnent grâce au volontariat : l'institutionalisation est encore à ses débuts. La bureaucratie, l'un des maux de la société israélienne contemporaine, comme de nombreuses autres sociétés, n'a pas atteint alors le développement que l'on lui connaît aujourd'hui.

Dans leur grande majorité, les immigrants du *yichouv* sont des Européens. Mais chaque vague comporte aussi des Juifs yéménites, irakiens, turcs, syriens, égyptiens ou maghrébins. A la fin du mandat britannique, cette immigration orientale représente 10 % de la population juive du pays. Et déjà s'amorce l'un des clivages majeurs de la société israélienne contemporaine : les Orientaux ne participent guère à l'évolution générale. Ils constituent la couche la plus pauvre et la moins éduquée du *yichouv*. Dans les années quarante, on prend conscience de ce phénomène. Mais face aux difficultés de tous ordres que le *yichouv* doit affronter dans sa lutte contre la puissance mandataire, ce problème paraît mineur.

politique d'immigration de la puissance mandataire

Selon les termes du mandat confié par la Société des Nations à la Grande-Bretagne, celle-ci doit favoriser l'immigration juive en Palestine, ainsi que la mise en valeur économique du pays. L'administration britannique doit être aidée et conseillée dans cette tâche par l'Agence Juive pour la Palestine, qui dépend de l'Organisation Sioniste Mondiale. De 1922 à 1939, le critère de *capacité d'absorption économique du pays,* énoncé en 1922 dans le *Livre Blanc* de Winston Churchill, alors Ministre des Colonies, va inspirer la politique d'immigration des autorités mandataires. Mais l'interprétation du concept « capacité d'absorp-

---

L'Agence Juive.

L'Agence pour la Palestine a été créée en 1929, conformément à l'article 4 du mandat pour la Palestine qui prévoyait un organisme juif officiellement reconnu, devant collaborer avec l'administration britannique à la mise en valeur du pays.

Pendant la période mandataire, l'Agence Juive, organe exécutif de l'Organisation Sioniste Mondiale, était chargée du recrutement et de l'intégration des immigrants. Interlocuteur officiel du yichouv face au gouvernement britannique, elle joue un rôle politique de plus en plus important dans la lutte pour l'indépendance.

Après la création de l'Etat d'Israël, les activités de l'Agence Juive ont été définies par la législation israélienne.

L'Agence Juive représente les Juifs de la Diaspora. Elle assume des responsabilités dans le recrutement des immigrants en Diaspora, et dans leur intégration sociale et économique en Israël. Elle a joué un rôle particulièrement important dans le développement du secteur agricole. Les fonds dont dispose l'Agence Juive proviennent des collectes effectuées dans les communautés juives de la Diaspora. Plusieurs organismes collaborent avec l'Agence Juive : citons seulement le Keren Kayemeth le-Israël (Fonds National Juif) chargé du développement foncier et le Keren Hayessod (Fonds de construction), organisme de collecte.

tion » est une source constante de controverses et de conflits entre les instances juives et le gouvernement britannique.

Dans la pratique, le nombre maximum d'immigrants pouvant être admis est fixé périodiquement par les autorités mandataires qui allouent des certificats d'immigration à l'Agence Juive. Celle-ci entretient des bureaux dans les pays d'origine des candidats à l'immigration. Les services de l'Agence Juive à l'étranger sont chargés de la sélection des immigrants d'après les quotas fixés d'avance pour chacune des catégories prévues par les ordonnances prises par la puissance mandataire. Ces quotas tiennent compte des capitaux dont disposent les candidats, de leurs qualifications professionnelles, de leur utilité pour le développement du pays, des personnes à charge, etc... De plus, l'Agence Juive insiste dans toute la mesure du possible, sur la préparation morale et idéologique dispensée dans les groupements sionistes implantés dans les pays d'origine des immigrants. Aussi, pendant cette période, l'immigration juive en Palestine est-elle sélective.

Mais les Arabes de Palestine ne cessent de protester contre l'immigration juive (cf. 2me Partie : *Histoire arabe de la Palestine*). Leur pression provoque en 1939, un changement radical de la politique d'immigration du gouvernement britannique avec la publication d'un nouveau *Livre Blanc*. Le critère économique de *capacité d'absorption* est remplacé par le critère politique du maintien de l'équilibre numérique entre les communautés juive et arabe. Aux termes de ce *Livre Blanc*, la population juive de Palestine ne peut excéder le tiers de la population totale du pays. Sur cette base, 75.000 Juifs peuvent être admis dans les cinq années à venir, alors que 150.000 Juifs ont immigré pendant les cinq années précédentes.

En 1940, un nouveau règlement foncier limite les ventes de terres aux Juifs, désormais interdits dans 65 % du territoire de la Palestine. Ces mesures interviennent au moment précis où les Juifs d'Europe fuyant la progression des armées hitlériennes ont plus que jamais besoin d'un Foyer National, d'un refuge.

En effet, par la déclaration Balfour et le mandat confié par la Société des Nations, le gouvernement britannique a accepté la création d'un Foyer National juif en Palestine. Mais la Grande-Bretagne s'aperçoit rapidement que la création de ce Foyer Juif est contraire à ses intérêts dans la région. Pendant trente ans de présence coloniale au Proche-Orient, elle multiplie les promesses contradictoires aux Juifs et aux Arabes (cf. 2me Partie : *Histoire arabe de la Palestine*). Les dispositions du *Livre Blanc* de 1939 portent un coup mortel aux espoirs des sionistes. Ce document est publié à la veille de la Deuxième Guerre mondiale, au moment précis où des centaines de milliers de Juifs fuient les persécutions hitlériennes. Le *yichouv* réplique aux dispositions du *Livre Blanc* en organisant l'immigration illégale. Certaines de ses opérations réussissent mais le plus souvent, les Anglais interceptent les bateaux affrétés par la *Haganah* et l'*Irgoun*, empêchent le débarquement des passagers, les internent dans des camps en Palestine ou les déportent.

D'innombrables drames jalonnent l'immigration illégale. Ainsi, en novembre 1940, trois navires chargés de réfugiés allemands entrent dans le port de Haïfa. Le gouvernement britannique décide de ne pas les laisser débarquer et de les déporter à l'île Maurice (Océan Indien). Pour ce voyage, on entasse les passagers sur le *Patria*. Des militants de la *Haganah* sont chargés d'empêcher de lever l'ancre. Ils posent une bombe à retardement dans la cale du bateau : la charge est trop forte, le navire coule et 250 réfugiés périssent.

En décembre 1941, un vieux rafiot, le *Struma*, amène 769 réfugiés de Roumanie à Istanbul. Les autorités turques empêchent leur débarquement, le gouvernement mandataire refusant les visas pour la Palestine. Le *Struma* doit reprendre la mer et sombre ; à l'exception d'un seul, tous les passagers se noient.

Au lendemain de la guerre en 1947, l'*Exodus* transportait quelque 4.200 rescapés des camps de concentration hitlériens. Les Anglais empêchent leur débarquement à Haïfa, et renvoient le bateau à Port-de-Bouc près de Marseille. De là, le navire est acheminé à Hambourg où les passagers sont forcés de descendre à terre.

Nous avons cité quelques cas typiques : mais la liste des bateaux échoués, des personnes emprisonnées ou déportées par les Anglais est beaucoup plus longue.

Six millions de Juifs ont péri, de 1939 à 1945, dans les camps de concentration allemands. Des dizaines de milliers d'entre eux auraient pu être sauvés, si les Britanniques n'avaient pas limité, en 1939, l'immigration juive en Palestine. Il est probable que dès le milieu de l'année 1942 les gouvernements alliés étaient informés de l'existence des camps d'extermination. Dans une lettre adressée en avril 1943 à Lord Moyne, Haut Commissaire britannique au Proche-Orient, Winston Churchill dénonçait le *Livre Blanc* comme un *grossier manquement à la parole donnée*. Cependant les dispositions de ce document demeurent en vigueur. Le refus britannique d'accueillir en Palestine des réfugiés juifs fait échouer plusieurs plans de sauvetage. Au procès de Nuremberg, en 1945, les Britanniques ont participé au jugement des criminels de guerre nazis. La Communauté internationale a alors totalement oublié les graves responsabilités des Anglais dans l'extermination des Juifs d'Europe. Selon les intentions des fondateurs du Mouvement Sioniste, le Foyer National juif devait être un refuge pour les Juifs persécutés. Sous la pression des Arabes, ne songeant qu'à leurs intérêts coloniaux, les Britanniques ont trahi la mission qui leur avait été confiée par la Société des Nations.

vers l'indépendance

Cependant, les responsables travaillistes du *yichouv* comprennent que le principal ennemi du peuple juif est l'Allemagne hitlérienne. Aussi, pendant la Deuxième Guerre mondiale, les Juifs de Palestine s'engagent dans l'armée britannique : une brigade juive se bat contre les Allemands en Afrique du Nord, puis en Europe.

Mais en même temps le *yichouv* et le Mouvement Sioniste Mondial décident d'engager la lutte pour l'indépendance. En mai 1942, une conférence réunit à l'Hôtel Biltmore de New York quelque 600 délégués représentant le *yichouv*, la judaïcité américaine et les communautés juives des pays alors libérés du joug nazi. Les résolutions prises lors de cette conférence exigent la libre immigration dans ce qui doit devenir Eretz Israël ainsi que la transformation de la Palestine en Etat juif. Ce programme sera confirmé lors de la première Conférence Sioniste Mondiale réunie après la fin de la guerre en 1945. Désormais le Mouvement Sioniste lutte non seulement pour l'établissement en Palestine d'un Foyer National pour le peuple juif, mais pour la création d'un Etat juif indépendant.

Dans le *yichouv*, dès la fin de guerre, la résistance au régime colonial britannique s'intensifie. Cette lutte est menée par la *Haganah* (en hébreu : défense) et par des groupes extrémistes comme l'*Irgoun* et le *L.E.H.I.*

La *Haganah* a été organisée à partir de 1920 pour la défense des villages juifs contre les attaques arabes. Elle se recrute essentiellement dans les *kibboutzim* et parmi les membres du Mouvement Ouvrier. D'abord tolérée puis interdite par les Britanniques, elle sort de la clandestinité en 1947 pour combattre ouvertement la puissance mandataire. Contrôlées par l'Agence Juive ses actions se sont, pendant longtemps limitées à la défense des agglomérations juives contre les attaques arabes. Cette modération est contestée par des organisations militaires de la Droite : l'*Irgoun Zvai Leoumi* (Organisation Militaire Nationale), le groupe Stern (d'après le nom de son fondateur), le L.E.H.I. (*Lokhamé Herouth Israël* : Combattants de la Liberté d'Israël), qui pratiquent le harcèlement des Britanniques par des actions terroristes dont certaines sont spectaculaires, comme l'assassinat du Haut Commissaire britannique, Lord Moyne, ou l'attaque de l'hôtel King David, siège des autorités mandataires.

Ce terrorisme encore relativement timide, si on le compare au terrorisme actuel — les personnalités et les responsables des institutions étaient généralement prévenus d'avance du danger qui les menaçait — est sévèrement critiqué par la majorité de la population juive du *yichouv* et surtout par les Travaillistes (cf. chapitre *Partis politiques*).

La *Haganah* et l'*Irgoun* ne mènent que de rares actions en commun. Cependant, toutes les organisations militantes combattent pour le même objectif : mettre fin au mandat britannique ; permettre aux rescapés des camps d'extermination d'immigrer en Palestine. Sur le plan politique, l'Agence Juive poursuit des actions analogues. Dès mai 1945, elle demande l'octroi immédiat de certificats d'immigration. Cette demande est appuyée par les Etats-Unis, mais la Grande-Bretagne n'offre que 15.000 certificats, reliquat du contingent du *Livre Blanc* de 1939.

En novembre 1945, une commission anglo-américaine est chargée d'examiner le problème des « personnes déplacées » qui végètent dans des camps en Europe, dans l'attente d'un lieu de refuge. Elle doit déterminer le nombre des personnes déplacées désireuses de s'installer en Palestine, ainsi que celui que le pays peut absorber. Elle propose la délivrance, sans délai, des 100.000 certificats demandés par l'Agence Juive, l'abolition des dispositions du *Livre Blanc* et des restrictions relatives aux achats des terres. La Grande-Bretagne refuse, mais soumet le problème de la Palestine aux Nations Unies.

L'O.N.U. désigne une nouvelle commission d'enquête composée d'hommes d'Etat et de juristes appartenant à onze Etats-membres. Cette commission recommande le partage de la Palestine en vue de créer deux Etats indépendants, l'un arabe, l'autre juif, liés par une union économique avec un statut international pour Jérusalem. Le 29 novembre 1947, l'Assemblée Générale de l'O.N.U. approuve cette recommandation à une majorité excédant les deux tiers requis. En pleine guerre froide, les Etats-Unis et l'Union Soviétique votent pour cette résolution. Les Sionistes et les Juifs américains avaient exercé de multiples pressions sur le Président Truman et son administration : le Pentagone et le Département d'Etat s'op-

---

Extraits du discours prononcé par Andreï Gromyko, chef de la délégation soviétique à l'Assemblée générale de l'O.N.U. le 26 novembre 1946.

« Le peuple juif a souffert une extrême
» misère pendant la Deuxième Guerre mondiale.
» Sans exagérer, ses souffrances dépassent la pos-
» sibilité de les décrire. Les chiffres ne peuvent dire
» les pertes et les sacrifices du peuple juif du fait
» des occupants fascistes.

» Un grand nombre de Juifs survivants
» en Europe se sont retrouvés sans pays et sans
» moyens d'existence. Des centaines de milliers
» de Juifs errent à travers l'Europe, cherchant abri
» et pain. Beaucoup végètent dans des camps de
» personnes déplacées, continuant d'y souffrir de
» lourdes privations.

» Il faut nous demander si les Nations-
» Unies ne doivent pas se préoccuper de la situa-
» tion de ces hommes qui ont été arrachés à leur
» pays et à leur foyer. Le temps est venu de les
» aider, non par des paroles mais par des actes.

» L'expérience du passé a montré, en
» particulier pendant la Seconde Guerre mondiale,
» qu'aucun Etat d'Europe occidentale n'a été en
» mesure d'aider efficacement le peuple juif et de
» défendre ses intérêts, ou son existence même,
» contre les violences exercées sur lui par les hitlé-
» riens et leurs alliés. C'est un fait très grave et
» comme tous les faits il faut le regarder en face.
» Qu'aucun pays d'Europe Occidentale n'ait été en
» mesure d'assurer la défense élémentaire des
» droits du peuple juif ni de le dédommager des
» violences qu'il a subies explique les aspirations
» des Juifs à la création de leur propre Etat.

» Il est impossible de justifier un refus
» de ce droit au peuple juif, en particulier si l'on
» tient compte des souffrances de ce peuple pen-
» dant la Seconde Guerre mondiale. »

posaient à toute diminution de l'influence britannique au Moyen-Orient. Les trusts pétroliers, craignant les réactions arabes, déployaient toute leur influence à Washington.

Aussi, ce n'est qu'après de longues hésitations que le gouvernement américain approuva la résolution du partage. Par contre, l'U.R.S.S. qui avait toujours condamné le Sionisme comme bourgeois et contre-révolutionnaire soutient vigoureusement le projet de partage.

Au-delà des discours humanitaires, l'objectif des Soviétiques était la réduction de l'influence occidentale en Méditerranée orientale. A une époque où les régimes égyptiens, irakiens, jordaniens, étaient encore liés à la Grande-Bretagne, ils espéraient faire progresser leurs intérêts au Proche-Orient grâce au vide qu'y créerait le retrait des troupes britanniques de la Palestine.

L'Agence Juive, représentant le *yichouv*, accepte la résolution de l'O.N.U. Les gouvernements arabes et les dirigeants arabes palestiniens la repoussent. Mais le mandat britannique prend fin. Les troupes britanniques évacuent le pays le 14 mai 1948. Un conseil national reflétant toutes les tendances du Mouvement Sioniste, représentant le peuple juif d'Eretz Israël et l'Organisation Sioniste Mondiale, proclame la création de l'Etat d'Israël (cf. annexe n° 3).

1880 à 1948 : un bilan

L'Etat d'Israël n'est pas une création *ex nihilo*, résultat d'un vote des Nations Unies. Il est né de la volonté persévérante et systématique de milliers d'hommes et de femmes qui, dans la

---

Vote de l'Assemblée Générale de l'O.N.U. du 29 novembre 1947.

33 pays ont voté pour le partage de la Palestine en deux Etats, l'un arabe, l'autre juif : Afrique du Sud, Australie, Belgique, Bolivie, Brésil, Biélorussie, Canada, Costa-Rica, Danemark, République Dominicaine, Equateur, Etats-Unis, France, Guatémala, Haïti, Irlande, Libéria, Luxembourg, Pays-Bas, Nouvelle-Zélande, Nicaragua, Norvège, Panama, Paraguay, Pérou, Philippines, Pologne, Suisse, Tchécoslovaquie, Ukraine.

13 pays ont voté contre : Afghanistan, Arabie Séoudite, Cuba, Egypte, Grèce, Inde, Iran, Irak, Liban, Pakistan, Syrie, Turquie, Yemen.

10 pays se sont abstenus : Argentine, Chili, Chine, Colombie, Ethiopie, Grande-Bretagne, Honduras, Mexique, San Salvador, Yougoslavie.

sueur et le sang, ont poursuivi la réalisation de leur idéal : la régénération sociale et culturelle du peuple juif sur la terre d'Eretz Israël.

Certes, des circonstances historiques et surtout la plus meurtrière de toutes, les persécutions, ont hâté son avènement. Mais dans un monde où chaque peuple affirme son droit à l'existence nationale indépendante, les Juifs ne pouvaient rester les seuls en dehors de ce courant de l'histoire. Tôt ou tard, ils auraient créé leur Etat. Peu importe, en définitive, qu'au XXme siècle, les Juifs soient ou non, selon la chair, les descendants de lointains ancêtres qui ont peuplé la Terre de Canaan. Ils le sont, en tout cas, selon l'esprit. Malgré les vicissitudes de l'histoire, la fidélité aux traditions religieuses et culturelles de la Bible a permis la survie des Juifs en Diaspora. Dans ces mêmes traditions, vivifiées par des courants de la pensée moderne, le socialisme et la prise de conscience nationale, les pionniers du retour en Eretz Israël ont puisé les forces nécessaires pour la construction de l'Etat juif.

L'historien contemporain, surtout s'il est Israélien, a l'habitude de porter des jugements sévères sur les occupations ottomane et britannique de la Palestine. Or, l'administration ottomane permettait aux communautés religieuses de s'auto-gouverner selon leurs propres législations. La communauté juive de Palestine a largement usé de ces dispositions en créant des institutions religieuses et culturelles dont certaines survivent encore aujourd'hui. De même, malgré sa politique ambiguë, le mandat britannique a laissé aux Juifs de Palestine une large autonomie interne qui a permis non seulement la mise en valeur économique du pays, mais encore la création de réseaux scolaires et d'assistance sociale, la fondation de partis politiques, et d'une armée, l'organisation de services administratifs. L'Etat d'Israël héritera de ces structures : le fonctionnement de ses institutions, facilité en un premier temps par ce passé récent, en est encore aujourd'hui, par conséquent, largement marqué, sinon hypothéqué.

LA POPULATION JUIVE DE L'ETAT D'ISRAEL

l'immigration en israël depuis 1948

politique de l'immigration

Le mandat britannique a pris fin parce que le gouvernement anglais refusait d'accorder un refuge en Palestine aux rescapés des camps de concentration. Aussi le principe de rassemblement des exilés est-il clairement affirmé dans la déclaration d'indépendance de l'Etat d'Israël (cf. annexe n° 3).

Le premier programme du premier gouvernement officiel d'Israël présenté au parlement élu en 1949, comprend un article sur le rassemblement des exilés (*Kibboutz Galouyoth*). L'une des premières lois votées par ce parlement est celle du Retour. Tout Juif, d'où qu'il provienne, a le droit de s'établir dans le pays comme immigrant. Ces principes constituent les lignes essentielles de la politique d'immigration de l'Etat d'Israël.

La loi du Retour.

1. Tout Juif a le droit d'immigrer en Israël.
2. Le visa d'immigration est accordé à tout Juif qui exprime le désir de s'établir en Israël, sauf si le Ministre de l'Immigration prouve que le candidat :
   a) a été engagé dans des activités dirigées contre le peuple juif,
   b) peut mettre en danger la santé publique ou la sécurité de l'Etat.
3. Tout Juif qui après son arrivée en Israël exprime le désir de s'y établir, peut recevoir un certificat d'immigration.
4. Tout Juif qui a immigré en Israël avant l'entrée en vigueur de cette loi et tout Juif né dans le pays avant ou après l'entrée en vigueur de cette loi, est assimilé à une personne considérée comme immigrant par la présente loi.
5. Le Ministre de l'Immigration est chargé de l'exécution de cette loi ; il peut prendre toutes les mesures nécessaires pour l'exécution de cette loi et accorder les visas et certificats d'immigration aux mineurs âgés de moins de dix-huit ans.

Cette loi du Retour a été votée par la Knesseth le 5 juillet 1950. Un amendement voté en 1954, autorise le Ministre de l'Intérieur (qui remplace le Ministre de l'Immigration) à refuser le visa d'immigrant aux candidats « au passé criminel susceptible de porter atteinte à la moralité publique ». Ce fut le cas, entre autres, de Meyer Lansky, trésorier de la Maffia aux Etats-Unis, et de Claude Lipsky, recherché pour escroquerie en France.

En 1952, la loi sur la nationalité israélienne précise les modalités d'acquisition de cette nationalité. Elle confirme les dispositions de la loi du Retour et décrit les autres modalités d'acquisition (résidence, naissance, naturalisation) concernant les Juifs et les non-Juifs.

Pour l'application de la loi du Retour et l'inscription sur le registre de l'état civil, un amendement voté en 1970 précise qui est Juif. Cette nouvelle législation est un compromis entre la définition religieuse selon laquelle est Juif toute personne née d'une mère juive ou convertie au Judaïsme et les exigences civiles de l'immigration : les avantages de la loi du Retour s'appliquent au partenaire non-juif d'un immigrant et à ses enfants.

Jérusalem

Bien plus, le *Kibboutz Galouyoth* est la raison d'être de l'Etat hébreu. Mais ce rassemblement des « exilés » est un processus de longue haleine et leur fusion (*mizoug galouyoth*) pose de nombreux problèmes. En effet les Juifs de la Diaspora ne se reconnaissent pas tous en « exil » ; certains ne se hâtent pas de rejoindre la « patrie retrouvée ». Pour de nombreux Israéliens, c'est une déception.

Néanmoins, même lente, la progression est déjà importante : lors de la création de l'Etat, en 1948, au lendemain de la persécution hitlérienne, à peine 6 % du Judaïsme mondial était établi dans le pays. Vingt-cinq ans plus tard, un Juif sur cinq dans le monde est Israélien (cf. annexes n° 5 et n° 6).

La liberté d'immigration pour tous les Juifs du monde est un principe fondamental de l'Etat d'Israël. On distingue cependant deux cas. Le premier caractérise une immigration originaire des pays où les Juifs jouissent effectivement de tous les droits civiques, immigration que l'on pourrait qualifier d'individuelle et volontaire. Aucune judaïcité établie dans les démocraties occidentales ne s'est jusqu'à présent mise en route pour immigrer, dans sa totalité, en Israël. Bien au contraire, les immigrants d'Europe occidentale et d'Amérique ne représentent qu'une faible proportion (11 %) des *olim*. Ce fait est souvent ressenti comme un échec par les Israéliens et leurs dirigeants. Le deuxième cas est celui des communautés juives qui vivent dans des conditions de sécurité précaires, dont la situation s'est détériorée à la suite du conflit israélo-arabe ou de la décolonisation. Certaines judaïcités des pays arabes ont immigré dans leur presque totalité en Israël. D'autres ont sensiblement suivi le même chemin : les rescapés de la persécution hitlérienne de Pologne, et dans une moindre mesure, de Roumanie. D'autres encore attendent leur visa de sortie : c'est le cas aujourd'hui de Juifs d'U.R.S.S.

origine ethnique : des hommes venus des quatre coins de la terre

Dans les premières années qui ont suivi la création de l'Etat d'Israël, l'immigration est spectaculaire. Du 15 mai 1948 au 31 décembre 1951, la population juive dans le pays passe de 650.000 personnes à 1.400.000. Cette première vague d'immigration dans l'Etat d'Israël est tout d'abord composée des rescapés des camps de concentration et de personnes désireuses de quitter les démocraties populaires ; dans les deux cas, cette population n'a reçu aucune préparation idéologique. Un troisième groupe se joint très rapidement aux immigrés d'origine européenne : la guerre avec les pays arabes a rendu précaire la situation des Juifs en pays d'Islam. Dans tous ces pays, les relations millénaires entre Juifs et Arabes se détériorent : au Yemen, en Irak, en Syrie, au Maroc, les foules musulmanes attaquent les quartier juifs, pillent les magasins, assassinent les passants. Aussi, dans tous les pays d'Islam, les Juifs sont physiquement menacés. Lorsque le colonisateur est encore présent, ces incidents restent limités. Mais dans les pays déjà indépendants en 1948, la situation est plus grave : les Juifs y redeviennent les *dhimmi*, les citoyens de seconde zone, de la période pré-coloniale.

Cette détérioration des relations entre Juifs et Arabes n'explique cependant pas, à elle seule, le départ massif des Juifs des pays d'Islam. Dans toutes les communautés juives de la Diaspora, la création de l'Etat d'Israël est accueillie avec une joie débordante et enthousiaste. Les couches populaires, encore proches des traditions religieuses ancestrales, interprètent la création de l'Etat d'Israël et la possibilité du retour en Terre Sainte comme la réalisation des promesses messianiques. Les élites dites « évoluées » des judaïcités du Tiers-Monde, sensibilisées par les luttes d'indépendance des peuples parmi lesquels elles vivent, désirent rejoindre, dans les plus brefs délais, l'Etat hébreu, seul pays au monde leur garantissant leur propre indépendance nationale.

Aussi, le gouvernement du jeune Etat d'Israël ne peut rester inactif. Il se soucie tout d'abord des communautés physiquement les plus menacées et aussi spirituellement les plus disposées à rejoindre, dans leur quasi-totalité, Eretz Israël : celles du Yemen et d'Irak. De décembre 1948 à septembre 1950, par l'opération *Tapis magique*, l'ancienne communauté du Yémen est transférée en Israël. Serrés dans les avions qui assurent la navette, les Yéménites croient que les temps messianiques sont arrivés : transportés sur des *ailes d'aigle* ils rejoignent le pays des ancêtres. Les autorités irakiennes, après de longues négociations, accordent aux antiques com-

---

 Importance numérique actuelle des communautés juives en pays d'Islam. ([1])

En 1973, le nombre des Juifs vivant dans ces pays était le suivant : Iran : 80.000 - Irak : 500 - Liban : 1.800 - Syrie : 4.500 - Yémen : 500 - Egypte : 500 - Lybie : 40 - Maroc : 31.000 - Tunisie : 8.000 - Algérie : 1.000.

munautés de Babylone un bref délai pour le départ : de mai 1950 à juin 1951, l'opération *Ali-Baba* amène la grande majorité des Juifs de ce pays en Israël. Des groupes moins importants arrivent de Libye, de Syrie, d'Egypte... L'immigration connaît par la suite un certain arrêt, mais reprend à partir de 1955 avec l'arrivée massive des Marocains, des Polonais, des Roumains. On constate un ralentissement du mouvement migratoire en 1965-66 ; mais celui-ci accuse une reprise accélérée depuis 1967 : cette fois-ci le groupe le plus important est russe.

En moyenne, depuis 1948, 50.000 à 60.000 Juifs arrivent chaque année en Israël. De 1948 à 1974, un immigrant sur deux est originaire des pays du Tiers-Monde. Les Marocains sont de loin les plus nombreux (225.000), suivis des Irakiens (114.000), des Yéménites (58.000), des Tunisiens et Algériens (55.000) et des Iraniens (53.000). Parmi les immigrants dits « Orientaux », on trouve aussi des Juifs turcs (49.000), égyptiens (34.000), libyens (30.000), syro-libanais (16.500) et enfin les Bné Israël des Indes (18.000). Encore cette énumération n'est-elle pas complète : elle reflète cependant déjà l'extraordinaire diversité de l'immigration d'Afrique et d'Asie.

A l'exception du Maroc et de l'Iran où vivent encore des communautés juives relativement importantes, les Juifs ont quitté dans leur grande majorité les pays de l'Islam dans lesquels, pourtant, ils avaient vécu pendant plus de deux millénaires. La plus grande fraction de ces judaïcités a aujourd'hui rejoint Israël. Une seule exception : après l'indépendance de l'Algérie, 90 % des Juifs, très francisés de ce pays, ont choisi la France. Par le décret Crémieux — 1870 — les Juifs d'Algérie ont acquis la nationalité française. Les Israéliens ont perçu cette orientation comme un cuisant échec de leur politique d'immigration. Parmi les Juifs d'Europe, comme aux temps du *yichouv*, les immigrants originaires de Pologne (209.000), de Roumanie (204.000), d'U.R.S.S. (102.000) constituent les groupes les plus importants suivis par les Allemands et les Autrichiens (53.000), les Hongrois (29.000), les Tchèques (25.000), les Bulgares et les Grecs (42.000). L'immigration venant des démocraties occidentales est faible (41.000) : mais le nombre des immigrants de ces pays augmente depuis la guerre des Six-jours. Les Amériques (Etats-Unis, Canada et surtout les pays d'Amérique Latine) ont fourni à Israël un contingent d'immigrants identique (41.400) (cf. tableau n° 1). On constate d'ailleurs,

Tableau 1

L'IMMIGRATION JUIVE EN ISRAEL : 1948-1974 (2)

Immigrants et périodes d'immigration	Principaux pays d'origine	Proportion des originaires des pays d'Asie et d'Afrique parmi les immigrants
1948-1951		
686.739	Europe centrale et orientale, Yémen, Irak, Afrique du nord	50 %
1952-1954		
54.065	Afrique du nord (Maroc, Tunisie), Roumanie	76 %
1955-1957		
164.936	Maroc, Tunisie, Egypte, Pologne, Hongrie	68 %
1958-1960		
75.487	Roumanie, Tunisie	36 %
1961-1964		
228.046	Maroc	60 %
1965-1968		
81.337	Maroc, Tunisie, Europe occidentale, Amérique latine	54 %
1969-1971		
116.484	Europe occidentale, Etats-Unis, Amérique latine	34 %
1972-1974		
142.753	U.R.S.S.	11 %
Total 1948-1974		
1.549.847	U.R.S.S., Pologne, Roumanie, Maroc, Irak	49 %

depuis 1967-68, un changement important dans la composition ethnique de l'immigration : le groupe le plus important est maintenant originaire de l'Union Soviétique, considéré comme « Occidental » en Israël (cf. chapitre *Tensions de la société juive d'Israël*). De 1969 à 1971, 34 % seulement des immigrants sont Orientaux (cf. *Tensions de la société juive d'Israël*) ; cette proportion tombe à 11 % de 1972 à 1974. Les sources d'immigration des pays d'Afrique et d'Asie sont virtuellement taries : les spécialistes de l'analyse démographique envisagent un tassement net de l'apport oriental au profit de l'immigration occidentale accélérée ; ils prévoient surtout l'augmentation de la population juive née dans le pays (cf. tableaux n°s 2 et 3).

Tableau 2

POPULATION JUIVE D'ISRAEL SELON L'ORIGINE ([3])

	1948 ([1])	Années 1964	1974
— **Sabarim : total**	35,4 %	39,4 %	49,3 %
— Père né en Israël	—	6,0 %	9,7 %
— Père né en Afrique, Asie	—	17 %	23,3 %
— Père né en Europe, Amérique	—	16,4 %	16,3 %
— **Immigrants : total**	64,6 %	60,6 %	50,7 %
— Originaires d'Afrique, Asie	9,8 %	28,7 %	23,2 %
— Originaires d'Europe ou d'Amérique	54,8 %	31,9 %	27,5 %
Total	100 %	100 %	100 %
	716.700	2.239.200	2.890.300

motivation de l'immigration

On peut s'interroger sur les motifs qui, en un quart de siècle, ont déterminé plus d'un million et demi d'hommes et de femmes de quitter des pays où ils étaient implantés, souvent depuis de nombreuses générations. La prise de conscience de l'identité juive motive, en général, ce mouvement migratoire vers l'Etat d'Israël. Dans toutes les communautés juives de la Diaspora, même dans celles qui sont les plus assimilées, comme les judaïcités d'Europe occidentale, des Etats-Unis, voire de l'U.R.S.S., l'existence même de l'Etat d'Israël et sa lutte pour la survie (cf. chapitre *Mutations de la société juive d'Israël*) ont provoqué une remise en question de la vie juive en Diaspora. Partout, en Union Soviétique comme au Maroc, en France comme aux Etats-Unis, des individus ou des groupes plus importants arrivent à la conclusion que l'identité juive dans ses dimensions culturelles, nationales et même religieuses ne peut s'épanouir que dans l'Etat Juif. La seule existence de cet Etat transforme la mentalité des Juifs du monde entier : il leur est impossible, aujourd'hui, de rester neutres face aux passions et controverses que suscite l'Etat d'Israël. A l'exception d'une faible minorité, ils se prononcent en sa faveur, même s'ils ne prennent pas, *hic et nunc,* la décision de s'y établir. En tout cas, ils affirment avec plus de fierté qu'autrefois leur identité juive.

Sans doute, dans certains pays, et notamment dans les pays arabes comme dans les démocraties populaires d'Europe orientale, le conflit israélo-arabe, les manifestations plus ou moins virulentes d'antisémitisme qui en sont la conséquence, ont accéléré ce mouvement migratoire. La décolonisation et la dégradation de la situation économique dont les Juifs ont été les premières victimes, joue également, surtout pour les immigrants originaires des pays du Tiers-Monde, un rôle dans la décision du départ. Cependant, le motif essentiel de l'émigration vers Israël est idéologique : pour la grande majorité des Juifs, c'est le seul pays du monde où peuvent s'épanouir librement toutes les dimensions de la judéité.

A cette idéologie de la Diaspora répondent les mesures prises par l'Etat d'Israël : l'immigration n'y est pas sélective. Certes, la loi du Retour comporte quelques restrictions : les règlements d'application mettent parfois en avant certaines dispositions limitant l'arrivée des malades, des personnes âgées. Toutefois, chaque fois qu'une communauté juive de la Diaspora est en difficulté, ces règles ne sont pas observées. Le gouvernement israélien opère une distinction : il y a, d'une part, les communautés pour lesquelles un sauvetage immédiat doit être organisé (celles en danger), et d'autre part, les communautés libres qui peuvent échelonner leur immigration, et cela afin de permettre une meilleure intégration économique et sociale en Israël.

principales caractéristiques de l'immigration de masse

Cette immigration non sélective se distingue profondément de l'immigration sélective pratiquée sous le mandat britannique. L'intégration d'un contingent d'immigrants est d'autant plus facile et son apport au développement de l'économie nationale d'autant plus grand, que la part des économiquement actifs est plus élevée et le nombre des personnes à charge plus faible. L'impact de l'immigration sur la croissance de la population dépend de l'âge, de la situation économique et familiale des immigrants, ainsi que des taux de natalité et de mortalité qu'ils accusent. Dans les migrations internationales qui obéissent généralement à des impératifs d'ordre économique, on note la prédominance d'hommes jeunes et un effectif masculin supérieur à l'effectif féminin. Ceci est vrai, surtout au début des grands mouvements migratoires, car dans les phases ultérieures, les hommes font venir leurs familles, lorsqu'ils envisagent l'établissement définitif.

Or, sur tous ces plans, l'immigration de masse dans l'Etat d'Israël se distingue à la fois des migrations internationales et de celle qui était pratiquée pendant la période mandataire. A l'époque du mandat, le flux des immigrants était relativement proche de celui que l'on constate dans les migrations internationales. Il était composé d'un léger excédent masculin ; en tout cas, hommes et femmes étaient relativement jeunes, souvent célibataires et le nombre d'enfants par famille peu élevé. Cette situation change tout à fait avec l'immigration de masse. Désormais, des familles entières arrivent avec leurs enfants en bas âge, les malades, les vieillards.

Les cas sociaux sont donc nombreux parmi les nouveaux arrivés. De plus, la composition socio-culturelle des immigrants a totalement changé. Les membres des différentes *aliyoth* dans le *yichouv* appartenaient dans leur grande majorité, à la bourgeoisie moyenne. Certaines *aliyoth*, comme celles d'Europe centrale, comportaient de nombreux intellectuels. Le niveau d'instruction de l'ensemble des immigrants, à l'exception de ceux

Tableau 3
PRÉVISIONS DE L'ACCROISSEMENT DE LA POPULATION JUIVE
1978-1983 (⁴)

Hypothèses/années	Nés en Europe Amérique		Nés en Afrique Asie		Nés en Israël		Total	
	N.	%	N.	%	N.	%	N.	%
Hypothèse I								
25.000 immigrants/an								
1978	789.600	25 %	664.700	21 %	1.689.200	54 %	3.143.000	100 %
1983	794.800	23 %	651.000	19 %	2.027.100	58 %	3.473.000	100 %
1988	789.600	20 %	632.000	16 %	2.369.000	64 %	3.790.600	100 %
1993	781.100	19 %	608.100	14 %	2.721.200	67 %	4.110.300	100 %
Hypothèse II								
50.000 immigrants/an								
1978	908.200	27 %	664.700	20 %	1.696.300	53 %	3.269.200	100 %
1983	1.023.000	27 %	651.000	17 %	2.056.800	56 %	3.730.800	100 %
1988	1.118.300	28 %	632.000	15 %	2.435.400	57 %	4.185.700	100 %
1993	1.201.500	25 %	608.100	13 %	2.835.900	62 %	4.645.500	100 %

venant des pays d'Islam, était relativement élevé. De plus, nous l'avons vu, les immigrants étaient sélectionnés en fonction de leurs professions : ils devaient constituer un apport au développement économique du pays. Or, dans le mouvement d'immigration de masse, tous ces critères sont abandonnés. Parmi les rescapés des camps de concentration, nombreux sont les jeunes à peine scolarisés. Chez les immigrants orientaux les illettrés sont nombreux ; bien peu d'entre eux ont reçu une instruction secondaire ou supérieure. La formation professionnelle des immigrants est pratiquement inexistante. En tout cas, elle est inadaptée aux exigences d'un pays techniquement développé.

Enfin, les structures socio-démographiques ont évolué. On constate, d'une part, un rajeunissement de la population juive dû aux familles nombreuses chargées d'enfants en bas âge, et à l'autre extrémité, un certain vieillissement, peut-être moins sensible dans une première étape : les immigrants ne voulaient pas abandonner leurs ascendants dans leurs pays d'origine.

L'immigration de masse a créé en Israël un problème de pauvreté. Chaque groupe d'immigrants pose d'ailleurs des problèmes particuliers sur lesquels nous reviendrons plus tard (cf. chapitre *Tensions de la société juive d'Israël*).

accueil des immigrants

L'accueil des immigrants dans l'Etat d'Israël a varié depuis 1948 à nos jours. Dans une première étape, les immigrants étaient accueillis dans des centres où ils étaient nourris et logés. Certains centres fonctionnaient déjà pendant la période mandataire ; d'autres sont des camps évacués par les militaires britanniques ; de nouvelles installations sont également créées. Mais dès la fin de l'année 1948, des immigrants arrivent à quitter ces centres ; ils s'installent, sans

structures d'accueil

aucun plan préétabli dans les demeures abandonnées par les Arabes ayant quitté le pays (cf. 2me Partie : *1948*), à Jaffa, Haïfa, Jérusalem, Lod, Ramieh, Yavné, Acco et Beercheva. Dans toutes ces villes, ils trouvent logement et travail. Mais ces quartiers anciens se transforment peu à peu en taudis. Aussi, les immigrants les plus heureux sont souvent les Européens, aidés par leurs relations avec des amis ou des parents des *aliyoth* plus anciennes ; ils abandonnent ces vieux quartiers pour s'installer dans des constructions nouvelles. Des immigrants orientaux, dont l'intégration avait échoué ailleurs, les remplacent. Aussi, ces secteurs anciens des villes israéliennes ont-ils aujourd'hui l'aspect des quartiers miséreux.

La vie inactive dans les centres d'accueil a des effets démoralisants sur les nouveaux arrivés. C'est aussi dans ces camps que le sentiment de différence entre les groupes ethniques obligés à la cohabitation se cristallise (cf. chapitre *Tensions de la société juive d'Israël*).

Une deuxième étape commence en 1950. Elle est constituée par le transfert des immigrants dans de nouveaux camps de transit appelés *ma'averoth*. Chaque famille dispose d'une tente ou d'une baraque en bois ou en tôle ondulée. La *ma'avera* est située à proximité des villes ou dans les régions planifiées pour le développement. Ses habitants peuvent chercher du travail ; ils participent aux travaux de défrichement, d'irrigation, de reboisement et d'une manière générale, à la mise en place des infrastructures nécessaires pour la création de nouvelles agglomérations agricoles ou urbaines. Mais l'emploi dépend souvent des crédits affectés par le gouvernement et l'Agence Juive à ces travaux. Aussi, parmi les habitants de la *ma'avera* la mobilité est importante, et, en définitive, les conditions de vie y sont précaires. Les immigrants qui, grâce à leurs relations peuvent s'en échapper, le font le plus rapidement possible. Les autres y demeurent et ce n'est que vers la fin des années soixante que les dernières *ma'averoth* ont été résorbées. Elles étaient, elles aussi, des quartiers miséreux. Toutefois, chaque fois qu'une nouvelle vague importante d'immigrants arrive, on l'installe dans des *ma'averoth* proches des villes, aujourd'hui mieux aménagées que dans les débuts héroïques de la création de l'Etat.

Une troisième opération commence dès cette époque. Elle est caractérisée par la construction d'habitations permanentes en dur. Une société nationale gérée par l'Etat et l'Agence

Juive, *Amidar*, commence, à partir de 1950, la construction de maisons et d'appartements à surface limitée. Cette action prépare le terrain pour l'opération appelée du *bateau au village ou à la ville de développement*, amorcée à partir de l'été 1954. Dans les premières années, les immigrants étaient logés dans les habitations temporaires. Ils construisent eux-mêmes le village ou la ville qu'ils doivent par la suite habiter et développer. Mais, à la fin des années cinquante, ces conditions changent. Les immigrants reçoivent, dès leur arrivée, des appartements assez spacieux, équipés de tout le confort moderne. L'opération *du bateau au village ou à la ville de développement* a pour conséquence le peuplement des zones à développer, mais aussi le regroupement géographique des immigrants selon l'origine ethnique. En effet, lorsqu'un groupe d'immigrants d'un même pays arrive, il est dirigé vers une même région de développement. Cette procédure posait et pose encore de nos jours, de nombreux problèmes d'ordre économique, car la planification est défectueuse ; trop souvent des logements attendent les immigrants dans des endroits où les possibilités d'emploi n'ont pas suivi l'expansion urbaine. Les premiers plans de zones de développement remontent au début des années 1950. Leur démarrage était difficile et leur réussite très inégale.

Tableau 4

EVOLUTION DE LA REPARTITION GEOGRAPHIQUE DE LA POPULATION JUIVE D'ISRAEL : 1948-1974 ([5])

Régions	1948	1961	1974
Région de Jérusalem	12 %	9,7 %	9,8 %
Région septentrionale (Galilée)	7,6 %	10 %	9,6 %
Région de Haïfa	21,1 %	16,7 %	14,9 %
Région centrale	15,2 %	19,7 %	20,4 %
Région de Tel-Aviv	43,2 %	35,9 %	32,5 %
Région méridionale (Néguev)	0,9 %	8 %	12,8 %
Total	**100 %**	**100 %**	**100 %**

Le manque de coordination entre le nombre de logements disponibles et les possibilités d'emploi, le manque d'équipement sur le plan culturel entraînent une mobilité très importante. Certaines agglomérations sont sans cesse repeuplées grâce à l'arrivée de nouveaux immigrants. Cette politique est aussi à l'origine du peuplement de certaines régions par les Orientaux et surtout par les Maghrébins. Mais cette dispersion des immigrants correspond à des principes idéologiques et politiques. Les dirigeants israéliens voulaient éviter la création de métropoles géantes et le surpeuplement des riches zones côtières. Cette politique correspondait aux plans de la mise en valeur du pays tout entier ainsi qu'à des impératifs de sécurité : toutes les régions frontalières devaient être peuplées.

La répartition géographique des immigrants est donc nettement dirigée. Cette planification est couronnée de succès (cf. tableau n° 4) : la population juive habitant les régions de Tel-Aviv, de Haïfa, voire de Jérusalem est aujourd'hui proportionnellement moins importante qu'en 1948. Par contre, en Galilée et dans le Néguev, de nombreuses agglomérations juives ont été fondées. Dans une première étape, une fraction importante des immigrants est dirigée vers le secteur rural. De 1948 à 1957, la population rurale a presque quadruplé passant de 110.000 à 387.000 personnes. De 1948 à aujourd'hui, 93 *kibboutzim* et 291 *mochavim* ont été créés. Le mode de vie du *mochav*, coopératif certes, mais garantissant l'intégrité de la vie familiale est mieux accepté par les immigrants orientaux que le collectivisme du *kibboutz*.

Dans une première étape du développement économique, le gouvernement israélien désirait parvenir à l'autonomie alimentaire. Aussi mettait-on l'accent sur la mise en valeur des terres, leur irrigation et la production de tous les produits indispensables pour l'alimentation de la population. En 1957, 22,5 % de la population juive habitent et travaillent en zone rurale.

Mais dès la fin des années 1950, le développement économique connaît de nouveaux impératifs : l'industrialisation du pays s'accélère et avec elle, le développement du secteur urbain : de 1948 à nos jours, 43 villes nouvelles ont été créées. Certaines, il est vrai, comme Rehovoth, Hadéra et d'autres, étaient déjà de gros villages avant la création de l'Etat : ils ont donc seulement accédé au statut urbain. Mais des villes ont surgi dans le désert du Néguev (Dimona, Arad et Kyriath-Gath) ou en Galilée (Kyriath Chemona,

Tableau 5

REPARTITION GEOGRAPHIQUE DE LA POPULATION JUIVE : SECTEUR RURAL ET URBAIN ([6])

	1948	1961	1974
Secteur rural	16 %	15 %	9 %
Secteur urbain	84 %	85 %	91 %
Total	100 %	100 %	100 %
Secteur rural			
Kibboutzim	48 %	26 %	35 %
Mochavim	27 %	42 %	49 %
Autres agglomérations rurales	25 %	32 %	16 %
Total	100 %	100 %	100 %
Secteur urbain			
Jérusalem, Haïfa, Tel-Aviv	71 %	44 %	31 %
Autres villes	29 %	56 %	69 %
Total	100 %	100 %	100 %

Ma'aloth). Aussi, la population rurale diminue : en 1974, elle ne représente plus que 9 % de la population juive. Cependant, la planification israélienne a su éviter la création de centres urbains géants : la proportion des habitants de Jérusalem, Haïfa et Tel-Aviv dans la population urbaine est même en régression passant de 44 % en 1961 à 31 % en 1974. Sept villes d'Israël seulement comptent plus de 100.000 habitants : Jérusalem, Haïfa, Petah-Tikva, Tel-Aviv qui s'étend vers le sud avec Bath-am et Holon et vers le nord avec Ramat-Gan (cf. tableau n° 5). Ce développement économique du pays permet l'amélioration constante des conditions d'accueil des immigrants. L'expérience des années précédentes est analysée. On s'efforce aujourd'hui de créer des conditions susceptibles d'attirer des immigrants venant des pays occidentaux aisés, notamment des intellectuels, des techniciens et des personnes pouvant investir des capitaux. Les nouveaux immigrants jouissent de nombreux avantages : exonération des droits de douane et des impôts pendant les premières années, facilités pour l'acquisition d'un logement, cours intensifs d'hébreu et de recyclage professionnel, certaines priorités dans l'embauche...

l'organisation administrative : la bureaucratie israélienne

Depuis la création de l'Etat d'Israël, tous les services gouvernementaux sont impliqués plus ou moins directement dans les tâches d'intégration des immigrants. Dans les premières années, fonctionnait un Ministère de l'Immigration qui a transféré en 1951 ses attributions au Ministère de l'Intérieur. Il s'occupait essentiellement des problèmes de nationalité et d'enregistrement de la population. Cependant, en 1967, un nouveau Ministère de l'Intégration des Immigrants a été créé.

Dans le *yichouv*, tous les problèmes concernant l'intégration économique et sociale des immigrants étaient confiés à l'Agence Juive. Lors de la création de l'Etat, le fonctionnement de cet organisme a suscité de vives discussions. Mais l'Agence Juive jouissait d'un certain prestige dû au rôle qu'elle avait joué pendant les années difficiles de la lutte pour l'indépendance. Aussi, une loi votée en 1952 maintient ses prérogatives dans le recrutement des immigrants (*Makhleketh Aliyah*) ; elle continue à jouer un rôle important dans l'intégration économique des immigrants pendant leurs premières années en Israël (*Makhleketh Klita*). En principe, la collaboration entre les services gouvernementaux et l'Agence Juive est étroite ; mais dans la pratique de nombreuses rivalités nées d'influences politiques divergentes les opposent. Et, souvent, l'immigrant a été la victime de cette lutte intestine entre les pouvoirs. Aussi en 1967, une partie importante des tâches autrefois confiées à l'Agence Juive a-t-elle été transférée au Ministère de l'Intégration.

Par ailleurs, de nombreuses organisations semi-publiques interviennent dans l'accueil des immigrants. La plus importante est la *Histadrouth,* qui gère une section spécialement chargée de l'intégration sociale, économique et culturelle des nouveaux immigrants.

difficultés d'adaptation

L'intégration économique des immigrants rencontre, elle aussi, de nombreuses difficultés : objectives, si l'immigration coïncide avec une période de récession, mais généralement plus subjectives. En effet, l'un des principes fondamentaux des fondateurs de l'Etat d'Israël était la transformation des structures socio-professionnelles des communautés juives. L'idéologie du travail juif, manuel de préférence, (cf. chapitre *Histoire d'Eretz Israël*) demeure vivace chez certains dirigeants qui voudraient l'imposer aux nouveaux immigrants. Or, dans la Diaspora le Juif ne pratiquait pas n'importe quel métier. Ses aspirations de mobilité sociale diffèrent de celles proposées par l'idéologie pionnière. C'est notamment le cas des Juifs du Maroc (cf. chapitre *Tensions ethniques*).

Les Juifs des pays occidentaux, et surtout ceux d'Amérique, critiquent eux aussi Israël dont le niveau de technicité ne répond pas à leur attente. Dans la vie quotidienne, les Israéliens ne sont pas aussi efficaces qu'on l'imagine. Les écarts énormes entre les modes de vie de différents groupes de la population se traduisent en fait dans chaque geste de la vie quotidienne. Autre problème particulièrement grave, l'absence d'équivalence entre les diplômes et le fait que souvent, ils ne correspondent pas aux besoins du pays. Cette difficulté concerne aujourd'hui plus particulièrement l'immigration récente de l'Union Soviétique. Il y a donc une sorte d'inadaptation structurelle que, seule, la disponibilité à changer de mode de vie et de profession permet de résoudre.

De plus, des motifs d'ordre plus psychologique sont la cause de nombreuses déceptions et d'un certain sentiment de frustration. Tout immigrant est un déraciné. Mais ce déracinement peut être plus ou moins ressenti. En effet, toute émigration est un arrachement à un monde connu, comportant une rupture avec les traditions sociales et familiales. Dans la nouvelle patrie, la culture d'origine ou d'emprunt est souvent valorisée. Ce fut notamment le cas des Juifs allemands, dont certains ne se sont jamais détachés de leur « germanité ». De même, depuis 1948, les Juifs orientaux ont importé en Israël un mode de vie fortement marqué par la civilisation de leur pays d'origine, civilisation totalement ignorée par les anciens du *yichouv*.

Après cet arrachement au passé, tout immigrant doit ensuite accepter les valeurs de sa nouvelle patrie. Or, Israël est une société en train de se faire ; une culture spécifique s'y crée.

Les nombreux services qui interviennent dans l'intégration économique, sociale et culturelle des immigrants, jouent un rôle important dans l'adaptation des nouveaux venus à la vie du pays. Les premiers contacts ne sont pas toujours excellents. Dans les pays où l'émigration est libre, la première rencontre avec la bureaucratie israélienne a lieu dans les offices de l'Agence Juive installés à l'étranger. Dans les pays où l'émigration est illégale ou simplement tolérée, les premiers contacts se font sur le bateau qui amène les immigrants ou bien à la descente de l'avion. On constate de nombreuses frictions dues aux comportements des représentants israéliens. Trop souvent, ils ignorent la langue des immigrants, leur mentalité, leurs coutumes et modes de vie. L'intervention des parents déjà installés en Israël ne facilite d'ailleurs pas leur tâche. Ceux-ci ne disposent que d'informations partielles ; ils suggèrent aux arrivants des lieux d'implantation dépourvus de logements et de travail. De plus, de nombreux documents doivent être signés : ils sont rédigés en hébreu, langue que l'immigrant souvent ne connaît pas. Enfin, pendant les premières années, de nombreuses difficultés d'adaptation objectives ou subjectives sont une conséquence du manque de préparation des candidats à l'immigration.

Ceux-ci sont d'autant plus mal informés de la réalité de la vie israélienne, qu'ils viennent d'un pays qui n'entretient pas des relations avec Israël ; ce fut le cas, dans le passé, des originaires du Maroc. Aujourd'hui, les Juifs soviétiques se trouvent dans une situation analogue. Pour eux, l'*aliyah*, c'est la sortie d'Egypte, c'est la libération. Leur image d'Israël est mythique. Or on sait combien sont grandes les déceptions, les frustrations, lorsque l'image du pays d'immigration est idéalisée.

Lorsque l'immigrant est originaire d'un pays occidental, son information est souvent meilleure. Sa décision a été prise librement : il avait le choix de rester dans son pays d'origine ou de s'établir en Israël. En général, il a visité le pays avant de prendre la décision d'immigrer. Mais il y a un monde entre le fait de vivre pendant quelques temps en touriste dans un pays que l'on admire, et la rencontre effective avec la dure réalité israélienne. Son image du pays, en définitive, n'est pas moins mythique que celle des autres immigrants. De plus, les employés des services à l'étranger de l'Agence Juive font parfois des promesses qui ne sont pas tenues lors de l'arrivée en Israël.

Cette transformation entraîne des changements constants, causes de multiples heurts et tensions. Dans le cas israélien, les attentes mythiques jouent également un rôle important. On vient en Israël pour y retrouver ses frères juifs. Or, ces frères viennent des quatre coins de la terre et c'est à leur contact que l'on découvre les différences ethniques, culturelles, sociales et historiques qui séparent le Juif des Etats-Unis de celui du Yémen.

De plus, dans les premières années tout au moins, l'immigrant qui avait parfois une bonne situation en Diaspora, doit mener une lutte quotidienne pour assurer sa survie matérielle ; recherche de travail et parfois de logement. Aussi, toute adaptation réussie est-elle une acceptation volontaire de ces difficultés, leur intériorisation plus ou moins longue. Des difficultés surgissent aussi du côté des Israéliens. Parmi eux, il y a les immigrés et ceux qui sont nés dans le pays. Certes, le droit à l'immigration pour chaque Juif est en principe reconnu par tous, mais certains groupes d'immigrants leur paraissent bien étrangers à tout ce qu'ils ont eux-mêmes connu dans la Diaspora. Aussi de la perception des différences naît peu à peu un sentiment de discrimination entre les divers groupes ethniques juifs. Des jalousies s'y greffent aujourd'hui. Les conditions d'accueil étaient fort précaires pendant la première décennie de l'existence de l'Etat d'Israël. Le développement du pays a permis leur nette amélioration. Or, les plus anciens ne comprennent pas toujours que les derniers arrivés jouissent de conditions matérielles nettement meilleures : appartements plus vastes, secours pécuniaires plus importants que ceux qu'ils avaient eux-mêmes connus et parfois connaissent encore. Chaque groupe d'immigrants arrive en Israël chargé d'un lourd passé. Mais ces souffrances différentes dont le souvenir est valorisé, ne favorisent guère la rencontre et la fusion des immigrants.

l'émigration

Dans ces conditions, il n'est pas étonnant que certains immigrants repartent. Cette émigration existe : elle est plus accentuée à certaines époques qu'à d'autres. Toutefois, par rapport à tous ceux qui restent, l'émigration constitue un problème mineur. Elle est nettement moins importante que dans d'autres pays à forte immigration, comme les Etats-Unis, par exemple.

Emigration.

L'émigrant ne déclare pas toujours, lors du départ, son intention de quitter définitivement Israël. Aussi, les statistiques dont on dispose sont des estimations calculées sur le nombre des déclarations d'émigration et celui des citoyens absents du pays depuis plus de deux ans.

Du 15 mai 1948 au 31 décembre 1971, 106.000 Juifs sont considérés comme ayant quitté Israël, représentant à peine 4 % de la population juive du pays en 1971.

Le mouvement d'émigration est fortement déterminé par les conditions économiques. Ainsi, pour la seule année de 1952, on relève 10.700 départs définitifs. Par contre, au lendemain de la guerre des Six-jours, l'émigration est tout à fait insignifiante : 1.600 départs définitifs en 1968, 1.200 en 1969.

A partir de 1971, les estimations sont moins nettes : elles ne concernent que les résidents absents depuis plus de deux ans : fin 1973, environ 10.000 personnes ne sont pas retournées en Israël après une absence de quatre ans et 11.600 après un séjour de deux ans à l'étranger. Il est difficile d'interpréter ces chiffres, car ils comprennent les étudiants qui poursuivent parfois pendant plusieurs années des études dans les universités d'Europe Occidentale et des Etats-Unis.

Or, un tiers des personnes absentes depuis deux ou quatre ans sont âgées de 15 à 29 ans. Les principaux pays d'accueil de ces émigrants potentiels sont les Etats-Unis et la France.

Par ailleurs, on dispose de quelques indications relatives aux immigrants récents, 1969-1971, ayant quitté Israël après un à trois ans de séjour. Ce taux est important : fin 1974, environ un immigrant sur cinq est reparti. Il est très élevé parmi les immigrants originaires d'Europe Occidentale (65 %) et d'Amérique (45 %), mais très faible parmi les Orientaux (9 %) et les originaires d'Europe orientale (11 %).

Ce phénomène atteste les difficultés que rencontre Israël dans la promotion de l'immigration parmi les Juifs des pays riches des démocraties occidentales. [7]

population juive d'israël aujourd'hui

immigrés et sabarim

En fait, il ne faut pas perdre de vue que l'immigration juive ayant pour objectif la création d'un Etat Juif, est aujourd'hui vieille d'un siècle à peine. De nouvelles générations sont nées dans le pays : ce sont elles qui peu à peu donneront le ton. Aujourd'hui 49 % de la population juive est née en Israël. On appelle *Sabarim* les personnes nées dans le pays. Le *Sabar*, c'est le fruit du cactus, piquant à l'extérieur, doux à l'intérieur. Cette appellation doit caractériser la mentalité du *Sabar*, mentalité neuve et jeune, différente de celle de la Diaspora. C'est le *Sabar* qui construit aujourd'hui le pays, le défend, crée une culture nouvelle, différente de la culture juive traditionnelle. Aussi les heurts entre les *Sabarim*, peu compréhensifs pour le passé juif vécu en Diaspora, et les nouveaux immigrants sont-ils fréquents. Ils constituent aujourd'hui l'une des tensions majeures de la société israélienne.

un premier bilan : les transformations de la société israélienne sous l'effet de l'immigration de masse

La société du *yichouv* fonctionnait grâce à une multitude d'organisations plus ou moins volontaires : mouvements de jeunesse, organisations féministes, *Haganah* y jouaient un rôle important pour la cohésion et l'intégration sociale des immigrants déjà venus de nombreux pays. La société du *yichouv* se construisait à partir d'un certain consensus de la population, consensus qui ne signifiait pas unité politique, mais, idéal commun. Tous, plus ou moins, étaient conscients du but à atteindre : la création d'un Etat juif. Un système législatif avait été introduit par les régimes ottoman et britannique. Mais la société juive de Palestine n'avait d'autre législation civile que le bon vouloir de chaque citoyen : la collecte des impôts permettant le fonctionnement des institutions de la communauté juive, la scolarisation des enfants de 6 à 14 ans, la vie communautaire dans les *kibboutzim* et les *mochavim*.

En 1948, le Foyer National Juif devient un Etat. Sa population s'augmente d'une masse d'immigrants qui n'est plus animée d'un idéal aussi précis. La construction de l'Etat veut dire ici organisation de l'administration, élaboration d'une législation qui peu à peu touche à tous les domaines de la vie du citoyen. Aussi, l'obligation remplace-t-elle le volontariat ; en même temps, le consensus entre les différents groupes de la population régresse. C'est l'exemple type du passage d'une communauté à un Etat.

Pourquoi cette mutation ? L'immigration de masse, à quelques exceptions près, n'a pas reçu de formation idéologique. Elle est conditionnée par la politique des pays d'origine à l'égard de l'émigration juive, les conditions économiques dans les pays d'origine. Certes, l'idéal n'a pas disparu. Mais il est souvent différent de celui qui animait les fondateurs de la société du *yichouv*. Certains perçoivent l'*aliyah* comme la réalisation des promesses messianiques. D'autres affirment par l'immigration leur volonté de vivre comme Juifs entre Juifs. Pour d'autres encore, c'est le désir de liberté, ou la simple espérance d'une amélioration de leur situation économique. Mais les conditions d'existence qu'ils rencontrent en Israël sont souvent subies à contre-cœur. Le développement même du pays est à l'origine des très fortes aspirations à une vie matérielle plus confortable. La société de consommation s'implante en Israël, prônant le changement des valeurs, à l'exemple de toutes les sociétés techniquement développées. Dès lors, l'idéologie du Sionisme pionnier n'est plus comprise par les nouveaux venus, par les jeunes, les *Sabarim*. Que signifie aujourd'hui *la régénération de l'homme juif par le travail manuel* ? On appelle cela, en Israël, *medaberim sionouth* — parler de Sionisme — c'est-à-dire d'une idéologie qui n'a plus de sens. Israël, par ailleurs se veut être un pays moderne, avec toutes les exigences d'une société technicienne : mécanisation, automatisation, rendement. Israël veut être un Etat comme les autres, un peuple comme les autres. La guerre, sans doute, est un frein à cette course vers tous les mythes de la société de consommation, mais l'idéologie pionnière est, elle aussi, dépassée. En fait, nous assistons en Israël au passage d'une société qui prônait fortement les valeurs socialistes à une société de type capitaliste.

PARTIS POLITIQUES

complexité...

Tous les quatre ans, le peuple israélien, c'est-à-dire tous les citoyens âgés de plus de dix-huit ans, Juifs et Arabes, hommes et femmes, élisent, parmi les candidats présentés par une vingtaine de partis, les cent-vingt députés du Parlement Israélien, la *Knesseth*. Dans la démocratie israélienne, les partis politiques jouent un rôle très important : par leurs nombreuses ramifications, ils interviennent à de multiples occasions dans la vie quotidienne de chaque citoyen. La Gauche, au gouvernement, la Droite dans l'opposition, et entre les deux, le front religieux, se partagent l'échiquier politique israélien. Mais cette répartition ne correspond guère à l'image des démocraties occidentales, telle que la France, par exemple.

Depuis la création de l'Etat, une partie de la Gauche israélienne a glissé vers le centre et une fraction de la Droite a rejoint, sur certaines questions, la politique gouvernementale. A l'intérieur de chaque grand bloc, de nombreuses divergences idéologiques opposent les dirigeants et leurs sympathisants. Chaque grande formation politique se caractérise non seulement par son idéologie, mais encore par sa conception de la construction même de l'Etat Juif ; elle propose à ses militants un mode de vie, une philosophie existentielle. Aussi, chaque parti se considère-t-il comme un Etat dans l'Etat, estimant détenir seul la vérité. Les oppositions souvent violentes, sont marquées par la forte personnalité de leurs dirigeants, incarnations vivantes des idéologies divergentes. Or, certains leaders politiques israéliens assument ce rôle depuis quatre ou cinq décennies. En effet, comme la plupart des institutions israéliennes, les partis ne sont pas nés en 1948 avec la création de l'Etat. Bien au contraire, toutes les grandes formations exprimant les tendances fondamentales de l'échiquier politique, plongent leurs racines dans la Diaspora et le Mouvement Sioniste.

Le Mouvement Ouvrier, la Droite, et les partis religieux sont nés parce que des hommes et des femmes avaient des conceptions différentes de la construction de l'Etat Juif ; mais, en outre, l'histoire de chaque bloc est marquée par de multiples scissions et fusions. Il est impossible de retracer en détail, dans les limites de notre propos, l'évolution fort compliquée des partis politiques israéliens. Aussi, nous nous contenterons de situer les principales tendances et leurs orientations essentielles. Dans ce chapitre, nous nous limiterons à l'analyse globale des partis politiques israéliens. Le lecteur trouvera des précisions relatives aux positions spécifiques des différentes formations à l'égard des populations non-juives dans la section de cet ouvrage qui leur est consacrée.

La gauche et le socialisme israélien

histoire :
sionisme et
socialisme
avant 1948

Sous l'influence de ferments révolutionnaires diffusés par les intellectuels russes, le Mouvement Ouvrier Juif naît, à la fin du XIXme siècle, au sein des cercles socialistes qui se forment dans les grands centres juifs de l'Europe orientale. Dès cette époque, des penseurs et des intellectuels analysent, en termes marxistes, la situation des Juifs dans le monde.

Le Judaïsme *achkénaze*, tout au moins, se répartit alors en deux groupes. Le premier, proportionnellement peu nombreux par rapport aux populations d'accueil, vit dans les pays d'Europe centrale et occidentale, ainsi qu'aux Etats-Unis, pays marqués par l'expansion du capitalisme. Les Juifs y jouent un rôle, dont l'importance est parfois exagérée, dans l'organisation de la société capitaliste ; en tout cas, ils s'assimilent, dès que possible, à une bourgeoisie, plus souvent moyenne que dirigeante.

A la différence, les masses juives vivent en majorité dans une Europe orientale au développement capitaliste plus lent, mais où l'antisémitisme plus virulent rend leur intégration dans la société environnante plus difficile. En Pologne — alors sous domination autrichienne —, en Russie, on assiste à cette époque à la naissance d'un prolétariat juif, plus proche en fait de l'artisanat que du prolétariat de l'industrie naissante. Cependant, une première organisation juive ouvrière marxiste, le *Bund,* est créée en 1897. Le *Bund* joue un rôle important dans la prise de conscience de classe de l'ouvrier juif. Il favorise le développement de la culture yiddich, mais préconise la participation des ouvriers juifs aux luttes du prolétariat d'Europe orientale. Il s'oppose à la création d'un Etat juif.

mouvements et organisations sionistes

A la même époque, d'autres intellectuels juifs soulignent l'importance de l'éveil national pour le combat socialiste, révolutionnaire. En 1898, Nahman Syrkin publie son ouvrage : *La Question Juive et l'Etat Socialiste Juif.* Il s'adresse au public sioniste progressiste et dès le deuxième Congrès Sioniste (Bâle 1898), il rassemble, autour des conceptions du Sionisme socialiste, un groupe de délégués. Parmi eux, Bernard Lazare, journaliste socialiste français, qui mène alors campagne pour la réhabilitation du Capitaine Dreyfus.

Toujours en Europe orientale naissent, à cette même époque, des sociétés préconisant l'association du Sionisme et du Socialisme : les Poalé Sion (Ouvriers de Sion). Dans une première période (1899-1904), cette dénomination n'implique aucune affiliation ni de programme prévoyant la manière dont Sionisme et Socialisme peuvent être associés. Des marxistes convaincus, mais aussi des populistes participent aux discussions de ces groupes, divisés d'ailleurs sur de multiples problèmes. Faut-il, s'y demande-t-on, promouvoir le *yiddich* ou l'hébreu comme langue nationale ? Doit-on préparer, *hic et nunc*, la Révolution ou repousser la lutte des classes après la réalisation du projet sioniste ?

Dès l'origine, les *Poalé Sion* ont été traversés par de multiples courants : les populistes se détachent des groupes marxistes pour former le mouvement des *Zeiré Sion* (Jeunes de Sion) : ils réclament l'immigration immédiate en Eretz Israël, la renaissance de la langue et de la culture hébraïques, la construction d'une nouvelle société juive, démocratique, ouvrière, progressiste.

Mais le principal historien du Mouvement Ouvrier Juif Sioniste est Beer Borokhov (1881-1917). Par ses écrits (*La Lutte des Classes et la Question Nationale*, 1905 ; *La Plateforme*, 1906), il établit les bases scientifiques d'un mouvement unissant les aspirations à l'émancipation nationale et les convictions socialistes. Selon Borokhov, la concentration territoriale juive est la condition essentielle du succès du Mouvement Ouvrier Juif. Eretz Israël sera la base stratégique qui permettra la construction d'une société juive saine, dans laquelle les travailleurs juifs accompliront leur propre révolution.

Beer Borokhov analyse les anomalies des structures économiques des communautés juives de la Diaspora : les comparant à une pyramide renversée, il y dénonce l'absence de paysannerie et de prolétariat ouvrier. Seule la concentration territoriale des masses juives permettra, pense-t-il, la normalisation de cette situation. Le Mouvement Ouvrier Juif en Palestine d'abord, dans l'Etat d'Israël par la suite, s'est inspiré des théories borokhoviennes.

Nous sommes à l'époque de la deuxième *aliyah*, au début du XXme siècle. Elle se recrute parmi les *Zeiré Sion* et les *Poalé Sion.* Dès 1905, lors d'une réunion à Petakh-Tikva, les *Poalé Sion* s'efforcent d'unifier le Mouvement Ouvrier Juif en Palestine. Mais leur tentative échoue, et deux organisations voient le jour : les *Poalé Sion,* regroupant les marxistes convaincus et leurs sympathisants ; le *Hapoël Hatzaïr* (Jeunes Ouvriers), apolitique, refusant la lutte des classes. Dès cette époque, le Mouvement Ouvrier Juif Palestinien d'abord, Israélien ensuite, est donc traversé par des courants marxistes et non-marxistes. Ces divergences ne seront jamais résorbées. De plus, devant les conditions d'existence dans ce pays sous-développé qu'est alors Eretz Israël, l'essentiel est de faire face aux difficultés de chaque jour : le pragmatisme l'emporte souvent sur les exigences idéologiques. Ce pragmatisme est l'un des traits caractéristiques du Mouvement Ouvrier Juif de Palestine puis de l'Etat d'Israël. En d'autres termes, la construction d'un Foyer National Juif puis de l'Etat passe avant la lutte des classes.

Dès l'époque de la deuxième *aliyah*, les *Poalé Sion* sont actifs. Ils favorisent la renaissance de l'hébreu comme langue nationale, fondent le *Hachomer Hatzaïr* (le Jeune Gardien) pour la défense des villages juifs, participent aux activités du *Hachorech* (la Racine), organisation chargée de l'embauche d'ouvriers juifs dans le secteur agricole, et aux Congrès Sionistes. Ils créent le Fonds des Ouvriers d'Eretz Israël, association ouverte à tous les ouvriers juifs et non aux seuls membres des *Poalé Sion*. En même temps, ils s'efforcent d'éveiller la prise de conscience de classe parmi les ouvriers juifs d'Eretz Israël. Le *Hapoël Hatzaïr*, moins doctrinaire, joue lui aussi un rôle important pour l'intégration des ouvriers dans le mouvement qui devait aboutir, en 1920, à la fondation de la Confédération Générale des Travailleurs Juifs (*Histadrouth*). Un certain sens pratique de la réalité vécue, la nécessité de fonder en Eretz Israël un mouvement ouvrier fort, capable de défendre ses revendications, unit ces différents groupes, et masque les oppositions théoriques relatives au principe de la lutte des classes. Aussi, en 1919, *Poalé Sion* et *Hapoël Hatzaïr* fusionnent et forment un mouvement unifié appelé *Le-Ahdouth Ha'Avoda* (Vers l'Union des Travailleurs). Les *Poalé Sion* et le *Hapoël Hatzaïr* donneront naissance, plus tard, aux trois partis politiques ouvriers israéliens : le M.A.P.A.I., le M.A.P.A.M. et l'*Ahdouth Ha'Avoda*.

la histadrouth

A partir de 1919, la troisième *aliyah* arrive en Palestine : ces immigrants ont reçu, en Diaspora, une formation idéologique et pratique dans les groupes pionniers (*Hehaloutz*) ou *Hachomer Hatzaïr*, de tendance marxiste. Ils ne comprennent pas les querelles de leurs aînés. Cependant, ils rejoignent les rangs du Mouvement Ouvrier et, de cette union, naît en 1920, la Confédération Générale des Travailleurs, la *Histadrouth*.

Au sein du Mouvement Ouvrier d'Eretz Israël d'abord, dans l'Etat hébreu par la suite, la *Histadrouth* joue un rôle primordial. Elle a pour mission de « *s'occuper de tous les intérêts so-*

ciaux, culturels, économiques et syndicaux des travailleurs ». Pendant la période du mandat britannique, la *Histadrouth* se structure et crée de nombreux organismes coopératifs au service des travailleurs ; elle gère, dès cette époque, la plus importante caisse de maladie du pays. La *Histadrouth* est à la fois un syndicat, et une entreprise aux multiples ramifications. Bientôt, la *Histadrouth* est reconnue comme le porte-parole des travailleurs. Elle prépare les voies à une législation sociale du travail. A la fin du mandat britannique, la *Histadrouth* impose au nouvel Etat de nombreuses dispositions fondamentales du futur code du travail : allocation de vie chère, semaine de travail de quarante-sept heures, congés payés, indemnisation des licenciements, avantages assurés par des fonds de prévoyance auxquels les employeurs contribuent.

La Histadrouth.

Créée en 1921, la Histadrouth Ha'ovdim le'Eretz Israël (la Confédération Générale des Travailleurs d'Eretz Israël) compte en 1976, un million et demi d'adhérents, représentant environ 75 % de la population active du pays et leurs familles. Des travailleurs arabes y adhèrent depuis 1959.

Elle a mission de défendre les intérêts des travailleurs. Les syndiqués sont automatiquement membres de la plus grande organisation d'assurance sociale, la Koupath Holim (Caisse des Malades).

L'Assemblée Générale de la Histadrouth est élue au suffrage universel : à l'exception de l'Agoudath Israël, tous les partis politiques y sont représentés. Cette assemblée élit le Conseil général et le Comité exécutif chargé de la gestion du syndicat. Les partis ouvriers y sont majoritaires.

L'action syndicale se concrétise dans les comités de travail élus dans les entreprises, les conseils ouvriers locaux et quelque 40 syndicats nationaux représentant différentes branches d'activité. En effet, la Histadrouth est, à la fois, une association d'individus qui y adhèrent à titre personnel et la Confédération Syndicale qui regroupe des organismes professionnels.

De la Histadrouth dépend la Hevrat Ovdim (Société de Travailleurs) qui coordonne le secteur coopératif de l'économie israélienne. Par la Hevrat Ovdim, la Histadrouth joue un rôle considérable dans le développement des secteurs agricoles (70 % des mochavim et de kibboutzim y sont affiliés), des entreprises industrielles, des travaux publics et des transports collectifs. La Histadrouth est membre de la Confédération Internationale des Syndicats Libres et la Hevrat Ovdim de l'Alliance Coopérative Internationale.

De 1920 à 1948, la *Histadrouth* est la plus vaste association volontaire dans une communauté qui n'est pas encore autonome. Son influence, déjà, était considérable, non seulement parmi ses propres membres, mais dans toute la population juive du pays. Par sa caisse de maladie, ses bureaux de placement, ses coopératives, son important réseau scolaire, la *Histadrouth* rend, dès cette époque, de multiples services et atteint un public de plus en plus nombreux. Aussi, le contrôle politique de la *Histadrouth* devient-il l'un des enjeux des luttes qui opposent les partis de la Gauche israélienne.

le m.a.p.a.i.

A partir de 1930, ces partis se structurent avec la création du M.A.P.A.I. né de l'union entre les marxistes des groupes *Poalé Sion* et les non-marxistes du *Hapoël Hatzaïr*. Le M.A.P.A.I., grâce à l'influence qu'il exerce au sein de la *Histadrouth*, joue un rôle important dans la vie politique du *yichouv* et du Mouvement Sioniste. En 1935, l'un de ses principaux dirigeants, David Ben-Gourion, devient le Chef de l'Exécutif de l'Agence Juive. De plus, les groupes de défense, la *Haganah* et ses compagnies de choc, le *Palmakh*, qui formeront en 1948, les noyaux de l'armée israélienne, entretiennent d'étroites relations avec le Mouvement Ouvrier représenté, sur le plan politique par le M.A.P.A.I., sur le plan syndical par la *Histadrouth*. Aussi, dans les principales institutions représentatives du *yichouv*, le M.A.P.A.I. devient-il peu à peu la force prédominante.

Cependant, au sein même du Mouvement Ouvrier, les divergences entre marxistes et non-marxistes persistent : les premiers se détachent en 1944 du M.A.P.A.I. pour former l'*Ahdouth Ha'Avoda*, puis en 1948, d'une nouvelle scission, le M.A.P.A.M. Le départ des éléments marxistes permet au M.A.P.A.I. d'élargir ses bases parmi des travailleurs moins convaincus de l'immédiate nécessité de la lutte des classes en Eretz Israël,

---

David Ben Gourion : 1886-1973.

Né à Plonsk (Pologne), David Ben Gourion incarne la lutte pour la création de l'Etat d'Israël dont il dirige le destin pendant une vingtaine d'années.

A l'âge de dix-neuf ans, David Gryn im-

migre en Palestine. Il y échange bientôt son nom contre celui de Ben Gourion (Fils du Lion).

Ouvrier agricole, militant syndicaliste, soldat, il est l'un des principaux fondateurs et animateur du Mouvement Ouvrier, de la Histadrouth, de la Haganah, du M.A.P.A.I. Président de l'Agence Juive, il joue un rôle important dans les luttes qui précèdent le départ des Britanniques. Le 15 mai 1948, c'est lui qui lira la proclamation de la création de l'Etat d'Israël. Orateur passionné, Ben Gourion galvanise les masses. De 1948 à 1953 et de 1955 à 1963, il exerce les fonctions de Premier Ministre. Son destin se confond alors avec celui de l'Etat d'Israël.

Cependant, son action est de plus en plus contestée : en 1963, il démissionne du gouvernement et se retire au kibboutz Sdé Boker dans le Néguev. Tout en écrivant ses mémoires, Ben Gourion continue à exercer son influence sur la vie politique israélienne.

En 1965, il quitte le M.A.P.A.I., qui s'allie à l'Ahdouth Ha'Avoda, pour fonder son propre parti, le R.A.F.I.

Personnalité complexe, cet homme politique est aussi un autodidacte érudit : il parle une dizaine de langues, se passionne pour les doctrines philosophiques et religieuses les plus diverses. Malgré les vives oppositions politiques qu'il suscite à la fin de sa vie, Ben Gourion est respecté de tous. Sa mort, le premier décembre 1973, au lendemain de la guerre du Kippour, est un deuil national. Elle marque la fin d'une longue période de l'histoire d'Israël.

En tant que responsable de la politique du Yichouv et de l'Etat d'Israël, Ben Gourion a eu de nombreuses rencontres et discussions avec des dirigeants arabes. Mais Arabes et Juifs sont restés sur leurs positions respectives. En 1969, Ben Gourion livre ces réflexions à un groupe de journalistes anglais : « Le désespoir ne mène à rien. A travers » des milliers d'années de persécutions, les Juifs... » n'ont jamais cessé de croire que la justice, la » paix, l'égalité entre les hommes prévaudraient un » jour... Néanmoins, sur le plan politique, je crois » que l'hostilité qui nous entoure aujourd'hui durera » encore et que nous devons nous habituer au » statu quo actuel... Je ne doute pas qu'un jour » les problèmes que nous avons avec nos voisins » seront résolus. De nouvelles générations grandis- » sent en Israël comme dans les pays arabes. Les » jeunes se comprendront entre eux mieux que ne » l'ont fait leurs parents ou leurs grands-parents, » parce qu'ils auront beaucoup de choses en com- » mun, en particulier des racines dans une même » partie du globe » (BEN GOURION PARLE, Paris, Stock, 1971, p. 179).

ou du matérialisme historique. Il gagne même des adhérents dans les milieux religieux.

Dès les années quarante, les principes idéologiques du M.A.P.A.I. s'affaiblissent : sa ligne directrice est pragmatique. Il s'adapte aux circonstances et prétend représenter les masses. Le M.A.P.A.I. propose un Socialisme modéré, de type travailliste, social-démocrate. Cette tendance s'accentue après la création de l'Etat. Depuis 1946, le M.A.P.A.I. est membre de l'Internationale Socialiste dans laquelle certains de ses dirigeants occupent parfois des postes importants. En 1973 encore, Golda Meïr était la Vice-Présidente de l'Internationale Socialiste.

Plus à gauche du M.A.P.A.I. se situent l'*Ahdouth Ha'Avoda* et surtout le M.A.P.A.M. : ce dernier était jusqu'en 1954 franchement pro-soviétique. Jusqu'à cette date, le marxisme du M.A.P.A.M. relativement *orthodoxe* l'opposait à l'*Ahdouth Ha'Avoda*. La fidélité des marxistes au modèle soviétique sera d'ailleurs à l'origine de la scission entre les deux mouvements qui, de 1944 à 1948, constituent un seul parti.

m.a.p.a.m. et ahdouth ha'avoda

Le M.A.P.A.M. et l'*Ahdouth Ha'Avoda* jouent un rôle important dans le milieu kibboutzique. Leurs exigences idéologiques rappellent sans cesse l'idéal socialiste qui devait inspirer le Mouvement Ouvrier de l'Etat d'Israël. Aussi, dans la *Histadrouth*, leur influence fut et demeure importante.

L'extrême-Gauche israélienne était représentée jusqu'à une période récente, par le Parti Communiste — le M.A.K.I. — fondé en Palestine en 1919. Seul parti non-Sioniste de la Gauche, le Parti Communiste n'a guère exercé d'influence sur la population juive. Le M.A.P.A.M. et l'*Ahdouth Ha'Avoda* se réclament, eux aussi, de l'idéologie marxiste tout en participant activement à la construction nationale.

Avec la création de l'Etat d'Israël, le M.A.P.A.I. devient le parti dominant. Son pragmatisme lui permet de s'adapter aux conditions nouvelles : il recrute des électeurs parmi les nouveaux immigrants de toutes origines. De 1949 à 1961, il occupe au moins un tiers des sièges au Parlement (cf. annexe n° 7). Ces succès électoraux lui confèrent une position privilégiée dans le gouvernement : depuis 1948, tous les premiers ministres, ainsi que les détenteurs des porte-

évolution de la gauche israélienne depuis 1948

93

feuilles les plus importants appartiennent au M.A.P.A.I.

En politique intérieure, le M.A.P.A.I., jusqu'à une période récente, a fait face aux problèmes nés de l'afflux massif des immigrants. Il encourage à la fois l'économie collectiviste, coopérative et l'initiative privée. Cependant, depuis une quinzaine d'années, le secteur privé prend des dimensions qui n'étaient pas prévues dans le modèle socialiste de l'Etat Juif. Sous la direction du M.A.P.A.I., la transformation des principales institutions du *yichouv* en rouages de l'administration publique s'est opérée sans trop de heurts, sinon sans conflits.

Quant aux principaux dirigeants du M.A.P.A.I. ce sont des personnalités aimées ou haïes avec passion : parmi elles, citons seulement David Ben Gourion, le combattant infatigable, le père fondateur de l'Etat d'Israël ; Golda Meïr, la mère du Peuple, toujours présente aux heures les plus dramatiques. Originaires des couches populaires des judaïcités d'Europe orientale, ils sont arrivés en Eretz Israël avec la deuxième et la troisième *aliyah*. Leur milieu familial ne les a guère préparés au rôle qu'ils ont joué dans la naissance de cette nation nouvelle. Dans le dénuement des temps héroïques de la période pionnière (cf. chapitre *Histoire d'Eretz Israël*), ils ont forgé les idéologies et les structures qui ont permis la création de l'Etat d'Israël. Et depuis 1948, ils luttent pour sa survie. Mais aujourd'hui, ces leaders s'éteignent les uns après les autres ou quittent l'avant-scène politique. Leur relève s'avère difficile.

En politique extérieure, le M.A.P.A.I. a recherché la paix avec les voisins d'Israël, sans succès... On lui reproche aujourd'hui de nombreuses occasions manquées. Dans le parti, les désaccords sont flagrants : on y rencontre des « colombes » et des « faucons ». D'ailleurs, sur de nombreuses questions les militants du M.A.P.A.I. s'opposent : de fortes personnalités s'y livrent

---

Golda Meïr (1898-   ).

Née à Kiev (Russie) Golda Meïr émigre avec ses parents en 1908 vers les Etats-Unis. Attirée par le Sionisme socialiste dès son enfance, elle immigre en Palestine en 1921. Militante active, elle occupe des postes importants au M.A.P.A.I. et à la Histadrouth.

En 1948, Golda Meïr est envoyée à Moscou comme première ambassadrice de l'Etat d'Israël. De 1949 à 1966, elle est d'abord Ministre du Travail puis Ministre des Affaires Etrangères. Proche de David Ben Gourion, elle démissionne du gouvernement Echkol, mais devient secrétaire générale du M.A.P.A.I. Après la mort subite de Lévy Echkol en février 1969, Golda Meïr apparaît comme la seule personnalité capable d'éviter une grave crise du Mouvement Ouvrier et du gouvernement.

Comme Premier Ministre, elle sait faire face avec fermeté aux multiples problèmes qui surgissent à l'intérieur et à l'extérieur. Mais la guerre du Kippour lui est fatale. Après avoir conduit les élections de 1973 et formé le gouvernement en février 1974, elle abandonne le pouvoir. Femme d'une grande sensibilité, Golda Meïr incarne la militante de la vieille génération qui a créé l'Etat. En 1976, devant les nouvelles tensions de la Gauche israélienne, elle a accepté de nouveau de jouer un rôle officiel dans les instances du Mouvement Travailliste.

Au cours de sa longue carrière, Golda Meïr a rencontré des dirigeants arabes. Comme chef du gouvernement israélien elle désirait le dialogue avec Nasser, puis Sadate...

A travers les pages de son autobiographie rédigée pendant les mois qui ont suivi sa retraite de la vie publique, Golda Meïr apparaît comme une femme déchirée par les souffrances de son peuple et le conflit qui l'oppose à ses voisins. « Depuis l'époque où, jeune femme, j'arrivai » en Palestine », écrit-elle... « nous avons toujours » été confrontés par la question : "Où est le dan-» ger le plus grand ?". Et nous en sommes toujours » là, ou peut-être même la situation est-elle plus » grave encore. Notre monde est dur, égoïste, ma-» térialiste. Il est insensible aux souffrances des » petites nations... A une époque où les grandes » nations sont capables de plier le genou devant le » chantage et où les décisions sont prises en fonc-» tion de la politique des grandes puissances, on » ne peut pas toujours attendre de nous que nous » prenions leur avis... Pour ceux qui demandent » "Et l'avenir ?", je n'ai toujours qu'une seule » réponse : je crois que nous trouverons la paix » avec nos voisins, mais je suis sûre que personne » ne fera la paix avec un Etat d'Israël faible... Ma » vision de notre avenir ? Un Etat juif où des mas-» ses juives venant du monde entier continueront » à s'installer et à bâtir. Un Israël lié dans un effort » commun avec ses voisins, dans l'intérêt de tous » les peuples de cette région du globe. Un Israël » restant une démocratie florissante une société » solidement fondée sur la justice et l'égalité so-» ciales » (Golda Meïr : MA VIE, Paris, Robert Laffont, 1975, pp. 487-488).

parfois à des querelles qui paraissent byzantines à l'observateur de l'extérieur, mais qui peuvent provoquer la naissance de factions dont certaines se détachent pour former de nouveaux partis. Ainsi l'affaire Lavon a empoisonné pendant une bonne dizaine d'années la vie politique à l'intérieur du M.A.P.A.I. L'accord n'est pas plus facile sur les rapports entre les exigences religieuses et celles de la laïcité, les problèmes ethniques et bien d'autres.

pouvoir syndical et coalitions politiques

Des divergences importantes opposent les vétérans aux jeunes loups. Mais surtout, le M.A.P.A.I. est au pouvoir depuis un demi-siècle : or, le pouvoir s'use et de nombreuses réalisations du M.A.P.A.I., autrefois acceptées et admirées, sont aujourd'hui vivement critiquées. En fait, le pouvoir du M.A.P.A.I. vient de son lien étroit avec la *Histadrouth*. Tant que le M.A.P.A.I. disposait de la majorité absolue à la *Histadrouth*, il pouvait contrôler la nation. Or, en Israël, les élections législatives sont toujours précédées d'élections à la *Histadrouth* qui servent de test. En 1965, le M.A.P.A.I. perd les élections à la *Histadrouth* et à partir de ce moment, il recherche l'alliance avec les autres partis ouvriers, qui jusqu'alors s'étaient présentés seuls aux élections, pour entrer ensuite, à maintes reprises, dans l'opposition.

En fait, à l'exception des premières élections législatives de 1949, M.A.P.A.I., M.A.P.A.M. et *Ahdouth Ha'Avoda* réunis n'ont jamais obtenu la majorité à la *Knesseth* (cf. tableau n°

L'affaire Lavon.

Pinhas Lavon était ministre de la Défense lors de la découverte, en juin 1954, d'un réseau d'espionnage israélien qui s'était livré à des actions violentes contre des services secrets américains en vue de détériorer les relations égypto-américaines qui s'étaient alors améliorées. Les auteurs des attentats sont pris, ce qui entraîne une tension entre Washington et Jérusalem. Lavon doit démissionner de son poste ministériel, mais il affirme ne pas avoir signé les ordres.

Une longue procédure est engagée en vue d'établir la culpabilité ou l'innocence de Lavon. L'affaire passionne pendant des années, l'opinion publique et surtout le M.A.P.A.I., dont les militants se scindent en plusieurs factions. La réhabilitation de Lavon est l'une des causes de la démission définitive, en 1963, de David Ben Gourion qui était son principal antagoniste.

Soldate israélienne

Bergère au Kibboutz

Mur des Lamentations

La Menora

1). Aussi, tous les gouvernements israéliens reposent-ils sur des coalitions auxquelles participent toujours depuis 1948, certains partis de la Droite et surtout des formations religieuses. L'obligation de pactiser avec la Droite et les religieux limite singulièrement la liberté d'action du Mouvement Ouvrier, tant sur le plan intérieur, qu'en politique étrangère.

Depuis 1965, les alliances électorales entre le M.A.P.A.I. et les autres formations de la Gauche ont aussi pour objectif l'obtention de la majorité absolue au gouvernement, ce qui permettrait d'échapper au système des coalitions. Or, jusqu'à présent, le succès n'a pas été au rendez-vous. Quoi qu'il en soit, le M.A.P.A.I. et l'*Ahdouth Ha'Avoda* se présentent comme « Front Uni » (*Ma'Arakh*) aux élections législatives de 1965. Les deux partis soutiennent le même programme, mais ne fusionnent pas. Aussitôt, une nouvelle scission se produit.

le r.a.f.i. contre le ma'arakh

Un groupe conduit par David Ben Gourion, qui d'ailleurs depuis 1963 s'était retiré du gouvernement, se détache du Ma'Arakh, et devient le R.A.F.I. En réalité, des incompatibilités entre Levy Echkol, alors Premier Ministre, et Ben Gourion sont à l'origine de cette scission. Mais Ben Gourion et les personnalités qui se joignent à lui — parmi eux Moche Dayan — s'efforcent

---

Levy Echkol (1895-1969).

Né à Oratova dans la province de Kiev (Russie), Levy Echkol immigre en Eretz Israël à l'âge de dix-huit ans.

Manœuvre agricole, il adhère au Hapoel Hatzair en 1918, participe à la création de la Histadrouth, du M.A.P.A.I., de la Haganah. Ministre de la Défense dans le gouvernement provisoire, puis Ministre de l'Agriculture en 1951 et Ministre des Finances en 1952, Levy Echkol joue un rôle plus effacé, mais non moins important, que Ben Gourion dans la mise en valeur du pays.

D'un tempérament réfléchi, il pesait parfois longtemps le pour et le contre d'une décision. En mai 1967, devant la menace de guerre, son hésitation provoque une grave crise de confiance dans le pays. Il réussit cependant la constitution d'un gouvernement national regroupant la majorité des partis politiques. Après la guerre des Six-jours, Levy Echkol obtient l'unification des partis ouvriers. Il meurt en février 1969, subitement, terrassé par une crise cardiaque.

de donner une coloration idéologique à cette scission. Le R.A.F.I. dénonce l'autocratie du M.A.P.A.I. et l'accuse de jouer au dictateur à la *Histadrouth*. Il prétend revenir aux sources idéologiques du M.A.P.A.I., que celui-ci aurait abandonnées en formant le Ma'Arakh avec l'Ahdouth Ha'Avoda.

Autres points de dissentions, l'affaire Lavon : le Ma'arakh prouvait l'innocence de Lavon, tandis que le R.A.F.I. la refusait. De plus, le R.A.F.I. préconisait une nouvelle loi électorale : le système en vigueur, hérité de l'Organisation Sioniste, basé sur des listes proportionnelles, nationales, établies par les partis, ne tenait pas assez compte des représentations locales. Aux élections de 1965, le R.A.F.I. obtient dix sièges et passe dans l'opposition, au moins jusqu'à la guerre des Six-jours : fin mai 1967, Moché Dayan rejoint le gouvernement d'union nationale comme Ministre de la Défense.

1967-1976 : gauche unie et scissions

Au lendemain de la guerre, après d'épuisantes discussions, le M.A.P.A.I., l'Ahdouth Ha' Avoda et le R.A.F.I. parviennent à un accord et créent un nouveau parti travailliste (Miflegeth Ha' Avoda Ha'Israelith). Le M.A.P.A.M. se joint pour la première fois à cette union de la Gauche. Mais les résultats sont décevants : aux élections de

---

Moché Dayan (1915-).

Moché Dayan est l'une des personnalités les plus connues et les plus controversées du leadership israélien.

Né au kibboutz Degania, il participe, dès l'âge de 15 ans, aux activités de la Haganah. En 1939, les Anglais l'emprisonnent pour sa participation à la lutte armée contre la puissance mandataire, mais le libèrent en 1941 : il prend part à la campagne des forces britanniques et françaises libres contre la Syrie alors contrôlée par le gouvernement de Vichy. Dans ce combat, il perd son œil gauche.

Après la Deuxième Guerre mondiale, Moché Dayan rejoint de nouveau la Haganah. Pendant la première guerre israélo-arabe, il commande la région de Jérusalem. En 1949, il participe aux négociations d'armistice à Rhodes. Nommé chef d'Etat-Major en 1953, le Général Dayan dirige, en 1956, la campagne du Sinaï : en quelques jours, il défait l'armée égyptienne.

Ayant atteint la limite d'âge des officiers actifs, le Général Dayan quitte l'armée en 1957.

Archéologue passionné, il poursuit des études orientalistes à l'Université hébraïque de Jérusalem. En même temps, il se lance dans la vie politique. Au sein du M.A.P.A.I., il devient un fervent partisan de David Ben Gourion. Nommé Ministre de l'Agriculture en 1959, il démissionne de ce poste en 1964 : en effet, il ne s'entend guère avec le nouveau chef du gouvernement, Levy Echkol, et rejoint David Ben Gourion qui rompt à la même époque avec le M.A.P.A.I. En 1965, Moché Dayan est élu sur la liste du R.A.F.I. alors dans l'opposition.

Fin mai 1967, Moché Dayan entre, comme Ministre de la Défense, dans le Gouvernement d'Union Nationale formé à la veille de la guerre des Six-jours. A ce titre, il dirige les opérations militaires. Les opinions publiques, nationales et internationales lui attribuent, en grande partie, les mérites de la victoire. Après la mort de Levy Echkol, Moché Dayan est toujours Ministre de la Défense dans le gouvernement formé par Golda Meïr en 1969.

En tant que tel, il est responsable de l'administration des territoires occupés par l'armée israélienne en 1967. Arabophone, il entretient de fréquentes relations avec les notables de ces territoires. Mais sa politique est ambiguë. D'une part, il favorise les échanges entre les populations de ces territoires et Israël : des milliers de travailleurs de Cisjordanie et de Gaza trouvent des emplois dans les usines et sur les chantiers israéliens. S'inspirant des exemples de l'agriculture israélienne, les paysans cisjordaniens améliorent considérablement leurs méthodes d'exploitation. La pratique des « ponts ouverts » (sur le Jourdain), permettant des échanges économiques ainsi que la circulation des personnes entre Israël et la Jordanie est une idée chère à Moché Dayan. Il tolère aussi une certaine liberté d'expression : dans la presse, dans les discours, dans les conversations, les habitants de Cisjordanie, de Gaza, du Golan peuvent critiquer, à volonté, l'occupant israélien. Mais toute velléité de passer aux actes, toute manifestation sont sévèrement réprimées. D'autre part, Moché Dayan est un fervent partisan d'une implantation israélienne étendue dans les territoires occupés. Il y a déjà autorisé la création de nombreux kibboutzim et mochavim.

Dans les premiers jours d'octobre 1973, Moché Dayan, toujours Ministre de la Défense, refuse de prendre au sérieux les informations relatives aux importants préparatifs militaires égyptiens et syriens que lui communiquent ses services de renseignements. Aussi, l'opinion publique le rend responsable des échecs de l'armée israélienne pendant la guerre de Kippour. Il se maintient cependant au gouvernement jusqu'en avril 1974. Aujourd'hui, en Israël, sa carrière politique semble compromise. Mais ses déclarations suscitent toujours, au moins à l'étranger, un vif intérêt.

1969, l'ensemble des partis ouvriers n'obtient que 46 % des voix et 56 sièges. Les résultats des élections de 1973 sont encore plus désastreux : 40 % des voix, et 51 sièges pour toute la Gauche Sioniste.

Chaque rapprochement des partis ouvriers sionistes s'accompagne d'ailleurs de nouvelles scissions. En 1969, quelques dirigeants de l'ex-R.A.F.I. et parmi eux David Ben Gourion, présentent une liste de soutien à Moché Dayan, dont la personnalité inquiète les Travaillistes, mais qui se joint à eux. Cette faction appelée Liste d'Etat préconise une réforme électorale accentuant les représentations régionales, une politique libérale dans les territoires occupés et le développement de l'initiative privée dans l'économie. Cette dernière tendance est plus proche des objectifs poursuivis par la Droite, que par les Travaillistes. La Liste d'Etat n'obtient que 3 % des voix : elle passera dans la coalition de Droite aux élections de 1973. Dans l'histoire politique de l'Etat d'Israël, c'est le seul exemple du passage à Droite d'une faction née au sein du Mouvement Ouvrier. Ce franchissement des barrières traduit un malaise significatif et grave : David Ben Gourion, principal fondateur du Mouvement Ouvrier, soutenait la Liste d'Etat en 1969.

Une nouvelle scission se produit d'ailleurs en 1973 : Madame Choulamit Alloni, ex-Travailliste, crée sa propre formation appelée *Mouvement des Droits des Citoyens.* Ce nouveau parti obtient trois sièges aux élections législatives de 1973. Il a sans doute recueilli de nombreux votes hostiles à l'establishment qui s'était portés jusque-là sur le M.E.R.I., parti de Uri Avneri. Choulamit Alloni proclame ses sentiments antireligieux et soutient le Mouvement de Libération de la Femme.

situation particulière du m.a.p.a.m.

Mais au sein même de la Gauche Sioniste « unie », des divergences persistent. L'enfant terrible est ici, le M.A.P.A.M. Pendant vingt ans, ce parti a rejoint à maintes reprises les rangs de l'opposition. Mieux que tous les autres partis ouvriers israéliens, le M.A.P.A.M. incarne les thèses de Beer Borokhov. Le mouvement kibboutzique du M.A.P.A.M., le kibboutz *Ha'artzi* et son organisation de jeunesse, le *Hachomer Hatzaïr*, restent fidèles à l'idéologie marxiste. Mais au début des années cinquante, les procès antijuifs de la fin de l'ère stalinienne ont provoqué parmi ses militants une grave crise de conscience. Le M.A.P.

A.M. abandonne ses sympathies prosoviétiques : l'attitude de plus en plus hostile de l'U.R.S.S. à l'égard de l'Etat d'Israël est ressentie comme une profonde déception.

Depuis la guerre de juin 1967, des membres du M.A.P.A.M. siègent au gouvernement. Avant 1948, le M.A.P.A.M. préconisait la création d'un Etat bi-national, juif et arabe en Palestine. Il cherchait et recherche toujours — non sans succès — à créer des liens entre les populations juives et arabes de l'Etat d'Israël. Il soutient aujourd'hui l'autodétermination des populations des territoires occupés depuis 1967, la création d'un Etat palestinien à côté de l'Etat d'Israël et prévoit une fédération entre ces deux Etats, pour un avenir plus ou moins lointain. Mais dans sa grande majorité le M.A.P.A.M. refuse, comme d'autres militants de la Gauche israélienne, le dialogue officiel avec l'O.L.P. de Yasser Arafat.

L'évolution du M.A.P.A.M. est significative du drame vécu par la Gauche israélienne. Dans certains secteurs de son économie — et nous pensons ici plus particulièrement aux kibboutzim, — Israël est un exemple de l'autogestion réussie et de l'incarnation de l'idéologie collectiviste. Les socialistes israéliens se sentent authentiquement de Gauche, mais la Gauche internationale — à l'exception de l'Internationale Socialiste — rejette aujourd'hui Israël. La rupture avec l'Union Soviétique est ressentie, aujourd'hui encore, par de nombreux Israéliens, comme la fin, peut-être provisoire, d'un amour malheureux.

Procès antijuifs des années 1950.

En 1952, Mordekhaï Oren, dirigeant du Hachomer Hatzaïr et du M.A.P.A.M., a été arrêté à Prague, impliqué dans le procès Slansky et accusé d'espionnage en faveur des services occidentaux. Au cours du procès, l'Organisation Sioniste Mondiale, l'Etat d'Israël et le M.A.P.A.M. ont été vivement attaqués.

En février 1953, des médecins juifs ont été accusés d'un complot contre la vie de Staline. Deux d'entre eux périssent sous la torture. Staline meurt en mars 1953 et un mois plus tard, les médecins bénéficient d'un non-lieu. Au XXème Congrès du Parti Communiste de l'U.R.S.S., en 1959, Krouchtchev dénonce l'affaire des assassins en blouses blanches parmi les crimes de Staline.

parti communiste, partis dissidents et extrême-gauche

La Gauche sioniste a un passé mouvementé, mais le Parti Communiste est, lui aussi, déchiré. Jusqu'en 1965, le M.A.K.I. (Miflagah Ha Kommunistith Haisraëlith : Parti Communiste Israélien) regroupait des Juifs et des Arabes : son électorat se recrutait dans l'extrême-Gauche juive et parmi les Arabes qui refusaient leur vote aux partis arabes collaborant avec le gouvernement ou avec les Sionistes. Aux élections de 1965, les Communistes arabes se séparent du M.A.K.I. pour former le R.A.K.A.H. (Rechimah Kommunistit Khadachah : Nouvelle Liste Communiste) présidé par un dirigeant juif, Meir Vilner, et un leader arabe, Tewfik Toubi. Le R.A.K.A.H. connaît le succès en 1973 après la guerre, non seulement aux législatives (4 sièges), mais surtout aux élections municipales où il obtient la mairie de Nazareth (cf. 2me Partie : *La « Minorité »*).

Le M.A.K.I. survit jusqu'à la mort de son principal dirigeant Moché Sneh, qui survient en 1972. Il fusionne alors avec un groupuscule d'extrême-Gauche, Tekhelet Adom (Drapeau Rouge) et s'appelle maintenant Moked (Bûcher). Il n'obtient qu'un siège à la *Knesseth* en 1973.

Le R.A.K.A.H., le M.A.K.I. et le Moked sont pro-soviétiques. Mais dès 1962, une faction pro-chinoise, le Matzpen fait scission. Le Matzpen ne siège pas à la *Knesseth,* mais son influence dans le pays n'est pas négligeable. Il est violemment anti-sioniste, et préconise des négociations avec l'O.L.P. En politique intérieure, il cherche à exploiter toutes les failles du système social et notamment les tensions ethniques. Dans les années 1970, il a essayé d'encadrer les *Panthères Noires* israéliennes, mouvement fondé en 1971, par des jeunes Juifs orientaux (cf. chapitre *Tensions de la société juive d'Israël*). Ceux-ci ont présenté, sans succès, leurs propres listes aux élections de 1973 ; mais en politique extérieure, ils seraient plutôt « faucons ». En effet, la position politique des Juifs orientaux à l'égard des Arabes est souvent ambiguë. Certains se considèrent comme interlocuteurs privilégiés, car ils ont vécu pendant de longs siècles parmi des populations arabes dont ils connaissent, mieux que les Juifs originaires d'Europe, les coutumes et la mentalité (cf. chapitre *Tensions de la société juive d'Israël*). D'autres, plus nombreux, se souviennent de leur condition humiliante de *dhimmi* (cf. chapitre *Histoire d'Eretz Israël*). Ils se méfient des Arabes qui incarnent pour eux l'ennemi héréditaire. Les *Panthères Noires* semblent plutôt représenter cette dernière tendance.

Dans les courants d'extrême-Gauche, il faut aussi situer le S.I.A.H. (Smol Israël He'khadach : nouvelle Gauche israélienne). Créé en 1968 par d'anciens membres du M.A.P.A.M. et du M.A.K.I., le S.I.A.H. se recrute parmi les jeunes intellectuels et les *kibboutznikim*. Mouvement de protestation contre le glissement à Droite des partis ouvriers, le S.I.A.H. se fait remarquer par des manifestations de rues contre la politique gouvernementale dans le conflit israélo-arabe. Le S.I.A.H. revendique des négociations avec les Palestiniens, et la création d'un Etat palestinien à côté d'un Etat Juif indépendant. A l'intérieur, le

---

Moché Snéh (1909-1972).

Né à Radzyn (Pologne), Moché Snéh assume, très jeune, des responsabilités dans le groupe des Sionistes généraux. Il rejoint la Palestine au début de la Deuxième Guerre mondiale. Dès 1941, il joue un rôle important dans la Haganah. Partisan de la lutte violente contre la politique de l'administration britannique, il dirige le département de l'immigration illégale de l'Agence Juive. En 1945, il est élu à l'exécutif du Mouvement Sioniste Mondial : cependant, convaincu de la nécessité de gagner l'amitié de l'Union soviétique pour le futur Etat Juif, il rejoint le M.A.P.A.M. en 1948 et passe dans l'opposition. Marxiste convaincu, il est exclu de ce parti en 1954, après l'affaire Slansky. Moché Snéh crée alors le Parti Socialiste de Gauche qui fusionne avec le Parti Communiste Israélien, le M.A.K.I.

De 1949 à sa mort, Moché Snéh est député : à la Knesseth, il défend des positions de la gauche à la fois favorables à l'U.R.S.S. et aux Arabes. Cependant, comme les Sionistes socialistes, il place le Nationalisme juif au-dessus des luttes de classe : sa fidélité aux principes sionistes provoque la scission du Parti Communiste Israélien en 1965. Moché Snéh continue à diriger le M.A.K.I., parti des Communistes juifs, alors que le R.A.K.A.H. regroupe surtout les Communistes arabes.

La carrière politique de Moché Snéh illustre les contradictions de la Gauche israélienne. Elle est marquée par le glissement de la Droite vers la Gauche, puis au sein de la Gauche par le triple attachement à l'existence de l'Etat d'Israël, à la coexistence pacifique avec les Arabes et aux principes du Marxisme. Mais dans les conditions actuelles, cette triple fidélité est irréalisable. Aussi, Moché Snéh a été acculé à des choix qui, en définitive, le situent dans le camp des Sionistes socialistes. A la fin de sa vie, ses positions étaient plus proches de celles du M.A.P.A.M. que du Parti Communiste Israélien.

S.I.A.H. refuse de participer aux élections dans une démocratie bourgeoise. Certains membres du S.I.A.H. sont objecteurs de conscience.

Avec le Matzpen et le S.I.A.H. des courants Gauchistes existent aujourd'hui en Israël. Ils s'expriment dans les écrits de jeunes intellectuels, dans l'opposition à l'establishment, dans les sympathies pour l'O.L.P. Ces tendances sont multiples et complexes : elles traduisent un malaise certain, mais leur influence réelle reste limitée dans ce pays entouré d'ennemis.

D'autres failles, plus importantes viennent de la base : les grèves en Israël doivent être soutenues par la *Histadrouth,* chargée officiellement de la défense des intérêts des travailleurs. Or, depuis le milieu des années soixante, éclatent de nombreuses grèves dites « sauvages », ne jouissant pas de l'appui de la Centrale syndicale. Ces révoltes, en marge du Mouvement Ouvrier traditionnel, sont sans doute les signes avant-coureurs de changements qui seraient plus rapides si les frontières d'Israël étaient moins menacées.

la droite israélienne

histoire jusqu'en 1948

Les origines de la Droite israélienne remontent également au Mouvement Sioniste. Ses fractions sont aussi diversifiées que celles de la Gauche travailliste et elle connaît, elle aussi, de nombreuses scissions et fusions.

Deux partis constituent essentiellement la Droite sioniste. Les Sionistes Généraux d'abord. Il est né, en 1897, de l'opposition aux marxistes et aux religieux. Ses membres appartiennent aux couches moyennes : ils préconisent l'entreprise privée, s'élèvent contre la prédominance de la *Histadrouth,* et préfèrent le contrôle des institutions par l'Etat, notamment pour ce qui est du système de sécurité sociale. Dès le *yichouv*, mais surtout dans les premières années de l'Etat, les Libéraux défendent le système éducatif unique, demandent une constitution écrite, et s'opposent à l'ingérence des religieux dans la législation civile.

Le principal parti de Droite et d'opposition est le *Herouth* (Liberté). Au lendemain de la Première Guerre mondiale, Zeev Jabotinsky crée le Mouvement Révisionniste, qui abandonne en 1935 l'Organisation Sioniste Mondiale. Dès la période du mandat britannique, les Révisionnistes réclament l'immigration de masse immédiate, s'opposent aux Arabes et aux Anglais, et revendiquent les deux rives du Jourdain. Ils critiquent la politique à longue échéance de l'Agence Juive et de l'Organisation Sioniste Mondiale dominées par les Travaillistes qui préfèrent négocier avec la puissance mandataire. Pendant la Deuxième Guerre mondiale, des Révisionnistes participent aux actions terroristes de l'*Irgoun Zvai Leoumi* et du L.E.H.I. (cf. chapitre *Histoire d'Eretz Israël*). Ces actions sont vivement critiquées par la *Haganah* patronnée par le Mouvement Ouvrier : les membres de ces deux armées se haïssent et aujourd'hui encore, l'opposition radicale entre ces groupes n'est pas résorbée.

Menahem Beguin était le chef de l'*Irgoun*. Sa forte personnalité s'opposait à celle de David Ben-Gourion : les deux hommes étaient des ennemis passionnés. Après le départ des Britanniques, Menahem Beguin sort de la clandestinité

Vladimir, Zeev Jabotinsky (1880-1940) et le Révisionnisme.

Né à Odessa (Russie), le journaliste Vladimir, Zeev Jabotinsky rejoint, en 1903, le Mouvement Sioniste.

Pendant la Première Guerre mondiale, il organise, avec Joseph Trumpledor, un régiment juif qui combat, dans les rangs de l'armée britannique, les Ottomans en Palestine. Ce régiment participe à la prise de Jérusalem, en 1917, par le Général anglais, Allenby.

En 1920, des Arabes attaquent des quartiers juifs de Jérusalem. Jabotinsky organise la défense juive, mais est arrêté par les Anglais et condamné à 15 ans de travaux forcés. Cette condamnation provoque un tollé de protestations dans les milieux sionistes. Jabotinsky est promptement libéré et entre, en 1921, dans l'Exécutif du Mouvement Sioniste Mondial. Jugeant trop anglophile et trop lente la politique de H. Weizmann, alors président de ce Mouvement, Jabotinsky quitte, en 1925, son poste et fonde son propre parti : le Sionisme Révisionniste.

A la tête du Mouvement Sioniste Révisionniste, Jabotinsky réclame, dès cette époque, la création d'un Etat Juif indépendant situé sur les deux rives du Jourdain (c'est-à-dire également en Transjordanie), ainsi que l'accueil de 50.000 à 60.000 immigrants juifs par an. Il préconise aussi la création immédiate d'une armée juive.

Pendant une dizaine d'années, les Révisionnistes contestent, au sein même du Mouvement Sioniste Mondial, les autres courants politiques alors favorables à la lente construction préconisée par la puissance mandataire du Foyer National Juif, limité aux régions situées à l'Ouest du Jourdain. Mais dès 1934, les Révisionnistes refusent de collaborer avec l'administration britannique en Palestine. En 1935, Jabotinsky et les Révisionnistes quittent l'Organisation Sioniste Mondiale.

Jabotinsky considérait comme normale l'hostilité des Arabes au Sionisme et à l'établissement des Juifs en Palestine. Il estimait cependant que la cause juive était la plus solide sur le plan moral, car les Juifs étaient persécutés, alors que les Arabes vivaient en sécurité au Proche-Orient. Cependant, il envisage la coexistence entre Juifs et Arabes en Eretz Israël, exigeant l'égalité absolue pour les deux populations, car le dénuement d'une d'entre elles aurait des conséquences graves pour le bien-être du pays tout entier.

Jabotinsky est sans doute l'une des personnalités les plus contestées du Mouvement Sioniste. Les Socialistes sionistes, ses ennemis jurés, lui reprochent son militarisme et le traitent de « fasciste ». Le Révisionnisme croyait à la force ; cependant les mouvements terroristes issus du Révisionnisme, tel que l'Irgoun ou le L.E.H.I. dépassaient les intentions de Jabotinsky qui, à la fin de sa vie, ne les contrôlait plus. On reproche aussi à Jabotinsky ses contacts avec Mussolini. Le contenu même de ces relations n'a pas encore été entièrement éclairci par les historiens. Il semble que Jabotinsky était désireux d'inquiéter les Anglais dont il contestait avec violence la politique en Eretz Israël.

Le meilleur historien contemporain du Mouvement Sioniste, Walter Laqueur, le qualifie comme un anarchiste libéral, en citant sa pensée : « Je suis tout le contraire d'un fasciste : je hais par instinct toutes sortes d'Etat policier, je suis absolument sceptique quant à la valeur de la discipline, de la force et du châtiment et ainsi de suite jusqu'à l'économie planifiée ». ([1])

Comme d'autres fondateurs de l'Etat d'Israël, Jabotinsky était profondément angoissé de l'avenir du peuple juif. Dès le début des années 1930, il prévoyait la catastrophe hitlérienne et cherchait les moyens qui pouvaient en circonscrire les conséquences. Ses prétendus disciples incarnent mieux que lui-même une Droite autoritaire et militariste.

et se lance dans la vie politique : dès 1948, il fonde le *Herouth*.

Enfin, une troisième fraction de la Droite israélienne s'enracine dans l'immigration allemande des années 1933-39. Elle préconise le développement des initiatives et des investissements privés tout en reconnaissant certains mérites à la *Histadrouth*. Cette tendance donnera naissance au parti progressiste.

évolution de la droite israélienne depuis 1948

Si la Gauche israélienne est dominée par le M.A.P.A.I., la Droite l'est par le *Herouth*. Depuis la création de l'Etat, le *Herouth* est le principal parti d'opposition : seconde formation politique, il occupe à la *Knesseth* autant de sièges que l'*Ahdouth Ha'Avoda* et le M.A.P.A.M. réunis. Son programme est nationaliste : dès 1948, il réclame les frontières historiques d'Eretz Israël ; depuis 1967, il s'oppose à toute restitution des territoires conquis pendant la guerre des Six-jours. Les révisionnistes, et à leur suite le *Herouth*, préconisent l'alliance avec la France de préférence aux influences britanniques puis américaines. Avec passion, Menahem Beguin attaque les compromis que les Travaillistes estiment nécessaires pour la consolidation de l'Etat. Ainsi, dans les années 1950, il critique avec violence les négociations engagées par le gouvernement israélien avec l'Allemagne Fédérale en vue du paiement de compensations pour les dommages subis par les Juifs pendant la persécution hitlérienne. Il dénonce le manque d'empressement des instances gouvernementales pour assurer le transfert des Juifs marocains en Israël. Sur le plan économique, il s'oppose violemment à la *Histadrouth*, préconise l'initiative privée et la création d'une société de type capitaliste. L'électorat du *Herouth* se recrute dans la partie la plus nationaliste de la population juive d'Israël, mais aussi parmi tous les mécontents et plus particulièrement chez les immigrants orientaux.

Cependant, malgré ses succès électoraux, le *Herouth* ne parvient pas à se constituer en alternative crédible à l'équipe travailliste au pouvoir. Il est trop marqué par ses affinités avec l'*Irgoun* récusé par la grande majorité des Israéliens. Aussi, recherche-t-il l'alliance avec les autres partis de la Droite israélienne : ceux-ci ne sont pas aussi nationalistes que le *Herouth*, mais plus franchement laïcs que lui. De plus, certaines fractions de cette Droite ne s'opposent pas à la

Histadrouth et acceptent la participation aux coalitions gouvernementales. La formation du G.A.H. A.L., née de la fusion, en 1965, entre le *Herouth* et le Parti Libéral, est une première étape vers l'unification de la Droite israélienne.

Le Parti Libéral était lui-même le résultat d'une union, en 1961, entre les Sionistes Généraux et le Parti Progressiste qui, de 1949 à 1959, avaient présenté des listes séparées aux élections. Cependant, l'aile progressiste du Parti Libéral conteste la création du G.A.H.A.L. et fonde le Parti Libéral Indépendant. Tout en préconisant le développement du secteur privé de l'économie,

---

Menahem Beguin (1913-   ).

Né à Brest-Litovsk (Russie), Menahem Beguin adhère au B.E.T.A.R., mouvement de jeunesse des Sionistes révisionnistes. Il en est le principal dirigeant à la veille de la Deuxième Guerre mondiale. Arrêté par les autorités soviétiques en 1940 et envoyé en Sibérie, mais libéré en 1941, il arrive en Palestine avec le régiment polonais du Général Anders, armée combattant avec les Britanniques.

En 1943, Menahem Beguin dirige l'IRGOUN ZVAI LEOUMI qui, refusant dès cette époque toute collaboration avec les autorités mandataires, se signale par des actions terroristes dirigées contre les Arabes (par exemple le massacre du village Deir Yassin) et les Anglais (par exemple l'attentat contre l'Hôtel King David, siège de l'administration britannique). L'IRGOUN, dont les actions sont vivement critiquées par la grande majorité de la population juive du yichouv, s'oppose aussi à la Haganah contrôlée par les partis ouvriers.

En 1948, Menahem Beguin fonde le HEROUTH et devient le principal dirigeant de la Droite israélienne. Dès 1949, il réclame la réalisation du « Grand Israël » dont la frontière occidentale sera le Jourdain.

Depuis la guerre des Six-jours, Menahem Beguin défend, au sein des formations de la Droite israélienne, les tendances les plus dures : il s'oppose à tout retrait d'Israël des territoires occupés et préconise la création de nombreuses agglomérations juives dans ces territoires.

Les déclarations et les prises de position toujours excessives de Menahem Beguin sont vivement combattues par les Travaillistes ; elles suscitent aussi la méfiance dans les rangs des formations de la Droite israélienne dont les analyses politiques sont souvent plus modérées que celles de son chef.

le Parti Libéral Indépendant défend en de nombreuses occasions des positions proches de celles du gouvernement auquel participent ses représentants.

A la veille de la guerre de juin 1967, le G.A.H.A.L. rejoint le Gouvernement d'Union Nationale, mais il en démissionne en 1970, lors de l'acceptation du plan Rogers de cessez-le-feu mettant fin à la guerre d'usure. Dès 1967, une fraction extrémiste du *Herouth,* le Centre Libre, avait refusé de rejoindre le Gouvernement d'Union Nationale.

Les revers essuyés par l'armée israélienne pendant la guerre de 1973 sont la grande chance de la Droite israélienne. Le Général Sharon, commandant des troupes qui ont traversé le Canal de Suez donnant ainsi de sérieux avantages aux Israéliens, prête son charisme militaire à la nouvelle Droite israélienne unifiée : le *Likoud* (L'Union) formé du *Herouth,* du Parti Libéral, du Centre Libre et de la Liste d'Etat. Seul le Parti Libéral Indépendant, modéré et habitué à la collaboration avec les Travaillistes, refuse de s'associer au *Likoud.* Le programme du *Likoud* s'oppose à la bureaucratie de l'establishment et affirme la volonté de conserver la totalité des territoires occupés par Israël en 1967, à l'exception du Sinaï. Aux élections législatives de décembre 1973, le *Likoud* obtient 30 % des votes, et 39 sièges à la *Knesseth.* Il inflige une sérieuse défaite aux Travaillistes dont l'équipe gouvernementale a de trop graves responsabilités dans l'échec essuyé lors de la dernière guerre. Mais cette victoire considérable du *Likoud* ne change pas, en définitive, la composition de l'échiquier politique israélien. Elle est la conséquence du choc psychologique de la guerre et réduit seulement la marge de manœuvre des Travaillistes qui restent au pouvoir.

En fait, dans la vie politique israélienne, avant et après 1973, les partis religieux jouent un rôle plus important que la Droite. En effet, le fonctionnement des coalitions gouvernementales dépend de leur bon vouloir.

les partis religieux

histoire jusqu'en 1948

Comme tous les partis israéliens, les partis religieux ont leur origine dans le Mouvement Sioniste et dans le *yichouv*. Dès les premiers Congrès Sionistes, des délégués religieux s'opposent aux tendances marxistes des *Poalé Sion* et aux conceptions laïques des Sionistes Généraux. A leurs yeux, l'Etat juif doit rester fidèle aux traditions religieuses et devenir le centre de rayonnement spirituel du Judaïsme mondial.

En 1902, des Juifs orthodoxes russes fondent à Vilna le M.I.Z.R.A.H.I. (abréviation de Merkaz Rouhani : centre spirituel). Ce parti rallie rapidement des adhérents dans différents pays et réunit sa première conférence générale en 1904, à Bratislava. Dans une première étape, le M.I.Z.R.A.H.I., tout en acceptant une certaine modernisation du système scolaire juif traditionnel, s'occupe surtout de l'éducation religieuse des jeunes. Il accepte cependant de collaborer avec les Sionistes des courants laïcs, voire antireligieux, et cherche à diffuser, au sein du Mouvement Sioniste, sa conception de l'Etat Juif. Mais le M.I.Z.R.A.H.I. ne satisfait pas les exigences des ultra-orthodoxes, qui combattent l'idée même d'une renaissance nationale juive en Eretz Israël (selon eux, Dieu seul peut accomplir les promesses messianiques). En 1913, les ultra-orthodoxes créent, en Galicie, l'*Agoudath Israël* farouchement opposé aux efforts de renaissance nationale relevant des initiatives laïques ou religieuses modérées.

Dans les années 1920, naissent dans le *yichouv*, les ailes ouvrières de ces deux partis religieux. Le *Hapoël Hamizrahi* (l'Ouvrier du M.I.Z.R.A.H.I.) recherche une synthèse entre les idéologies socialistes et les principes religieux juifs. Dans le *yichouv*, il coopère avec les Travaillistes, fonde des *kibboutzim* et des *mochavim*. Les *Poalé Agoudath Israël* (ouvriers de l'Agoudath Israël) s'efforcent de répandre l'idéal religieux juif parmi les travailleurs. Leur conception de l'Etat Juif est théocratique. Mais ils veulent fonder des villages et le *Keren Kayemeth Le'Israël* leur attribue des terres. Cette action est aussitôt dénoncée comme collaboration avec les « impies » par l'intransigeante *Agoudath Israël*.

A la veille de l'indépendance, l'*Agoudath Israël* adopte une attitude plus positive à l'égard de l'Etat d'Israël. L'un de ses membres, le Rabbin Itzkhak Meïr Levine, siège dans le gouvernement provisoire. Un petit groupe ultra-orthodoxe, les *Nétoure Karta* (Gardiens de la Cité), refuse cependant de reconnaître la création de l'Etat d'Israël.

évolution des partis religieux depuis 1948

Aux élections de 1949, les quatre partis religieux présentent une liste commune et obtiennent 16 sièges à la *Knesseth*. Mais les exigences de l'*Agoudath Israël* rendent toute collaboration entre les formations religieuses difficiles, toute fusion impossible. Aussi, dès 1951, le M.I.Z.R.A.H.I. et le *Hapoël Hamizrahi* prennent leurs distances à l'égard de l'*Agoudath Israël*. En 1955, ces deux fractions fusionnent dans le M.A.F.D.A.L. (Miflegeth Datit Leoumith : Parti National Religieux). Le M.A.F.D.A.L. récuse la théocratie, mais réclame le respect des principales prescriptions religieuses par la législation civile de l'Etat d'Israël. Pour lui l'héritage religieux a permis la survie du peuple juif : l'Etat Juif a donc une dette envers la *Thora* et doit la préserver.

Parmi les lois considérées comme particulièrement importantes pour le maintien de la spécificité juive de l'Etat d'Israël figurent la législation relative à la famille (mariages, divorces, successions), à l'observance du repos sabbatique et des règles de la *cacherouth* dans les établissements publics (cf. chapitre *Tensions de la société juive d'Israël*). Le M.A.F.D.A.L. recrute ses électeurs dans toutes les couches de la société israélienne et même parmi les Arabes, mais surtout parmi les immigrants orientaux restés très proches des traditions ancestrales. Son succès électoral est limité (8 % des votes, 10 à 12 sièges à la *Knesseth*), mais suffisant pour constituer l'appoint nécessaire aux Travaillistes dans la formation du gouvernement. Aussi, le M.I.Z.R.A.H.I. et le *Hapoël Hamizrahi* d'abord, le M.A.F.D.A.L. ensuite participent à toutes les coalitions gouvernementales depuis 1948. L'action des ministres du M.A.F.D.A.L. s'est longtemps limitée à la défense des principes religieux, s'efforçant de les faire respecter par l'ensemble de la population juive croyante et laïque. L'intransigeance de ces religieux « modérés » est à l'origine de nombreuses crises gouvernementales.

Mais le M.A.F.D.A.L. lui-même est traversé aujourd'hui par de nombreux courants. Tout d'abord, sur les problèmes sociaux, les militants de l'ancien *Hapoël Hamizrahi* sont plus proches des Travaillistes que les ex-M.I.Z.R.A.H.I.. Mais surtout, depuis le milieu des années soixante, naissent au sein du parti de nouvelles fractions conduites par des hommes jeunes. Depuis la victoire de juin 1967, les prises de position sur l'avenir des territoires occupés se multiplient. Depuis la guerre du Kippour, des membres du M.A.F.D.A.L. refusent leur soutien à un gouvernement qui ne serait pas engagé à garder la Judée et la Samarie. Certains militants passent à l'action : le *Gouch Emonim* (Bloc des Croyants) cherche à fonder des localités juives dans les territoires occupés et ne recule pas devant l'affrontement avec l'armée israélienne chargée d'empêcher cette installation. Le regroupement des ultraorthodoxes s'avère encore plus difficile. En effet, l'aile ouvrière de l'*Agoudath Israël* est relativement proche du *Hapoël Hamizrahi*. Par ailleurs, dans la vie politique israélienne, l'*Agoudath Israël* et le *Poalé Agoudath Israël* jouent un rôle moins important.

La Gauche, la Droite et les partis religieux dominent la scène politique israélienne. Cependant, malgré leurs nombreuses ramifications internes, l'éventail des listes présentant des candidats aux élections est encore plus complexe.

Tout d'abord, les Arabes israéliens présentent généralement une ou plusieurs listes affiliées plus ou moins ouvertement aux Travaillistes. Mais des candidats arabes figurent aussi sur des listes du M.A.P.A.M. ou du Ma'Arakh. Les votes des Arabes israéliens ne se portent pas seulement sur leurs listes, mais se partagent principalement entre le R.A.K.A.H., le Ma'Arakh, le M.A.P.A.M. et le M.A.F.D.A.L. (cf. 2me Partie : *La Minorité*).

Par ailleurs, les Juifs orientaux présentent souvent leurs propres listes. Cependant, sauf en 1949, les divers regroupements politiques opérés sur une base ethnique n'ont jamais recueilli le nombre de votes suffisants pour l'obtention d'un siège à la *Knesseth*. Aux élections de 1973, Le Mouvement des Panthères Noires (cf. chapitre *Tensions de la société juive d'Israël*) avait quelques chances : mais il présentait deux listes différentes et n'a obtenu aucun siège.

L'observateur étranger de la vie politique israélienne est frappé par deux tendances contradictoires : la grande complexité des courants et des opinions d'une part, la stabilité de l'électorat et des partis au pouvoir, d'autre part.

Ce même observateur pourrait aussi s'imaginer que le conflit israélo-arabe monopolise l'attention des citoyens et du gouvernement. Or, à l'exception des périodes de crise, les problèmes économiques, sociaux voire religieux constituent des préoccupations majeures. L'intégration sociale et économique des immigrants, la mise en place des rouages de l'Etat et leur efficacité, le développement économique, scientifique et technologique, les querelles entre religieux et laïques, le malaise croissant des Juifs orientaux, sont l'objet d'innombrables discussions et conflits. Certes, les exigences de la sécurité des frontières pèsent : depuis 1967 et surtout depuis 1973, la défense du pays absorbe une part de plus en plus exorbitante du revenu national, et mobilise des forces qui trouveraient, sans aucun doute, un meilleur emploi dans une économie de paix.

La démocratie israélienne permet non seulement aux partis officiellement constitués, mais encore à toutes les tendances de l'opinion de s'exprimer avec une liberté particulièrement remarquable dans un pays en guerre : seuls les problèmes concernant directement la sécurité militaire sont soumis à une certaine censure. Les divergences d'opinions s'étalent dans la presse tout d'abord. Chaque grand parti politique a son quotidien et gère des publications périodiques. Mais depuis une quinzaine d'années, les oppositions débordent largement ce cadre institutionnel et descendent dans la rue. Les manifestations qui se multiplient depuis la guerre du Kippour traduisent des malaises dont l'expression est freinée par la situation de guerre latente. Celle-ci, cependant, ne supprime ni les revendications de justice sociale, ni les multiples tensions de la société israélienne, qui éclatent au grand jour, parfois avec violence.

Cependant, malgré toutes ces divergences, malgré la perte relative de la prédominance des Travaillistes, l'électorat israélien est demeuré stable depuis la création de l'Etat. Ce phénomène est d'autant plus étonnant que d'une élection à l'autre, le nombre de votants augmente considérablement : tous les quatre ans, un nouveau groupe d'immigrants participe aux élections ; des *Sabarim* de plus en plus nombreux atteignent l'âge du droit de vote. Or, ces nombreux électeurs se répartissent entre la Gauche, la Droite et les partis religieux dans des proportions semblables aux électorats anciens. Cette stabilité de l'électorat s'explique, au moins partiellement, par le fait que la coalition gouvernementale formée essentiellement par les Travaillistes et le M.A.F.D.A.L., occupe, depuis 1948, les positions-clés dont dépend la vie quotidienne de très nombreux citoyens. Les Travaillistes détiennent non seulement le pouvoir dans la *Histadrouth* mais encore dans les services ministériels chargés de l'attribution des emplois, de logements, ainsi que de l'intégration économique et culturelle des immigrants. Les représentants du M.A.F.D.A.L. prédominent au Ministère des Affaires sociales comme au Ministère des Cultes. Ainsi chaque parti au pouvoir draine sa clientèle électorale composée de citoyens juifs et non-juifs (cf. 2me Partie : *La Minorité*) auxquels des militants politiques ont rendu service ou sont susceptibles d'en rendre.

De plus, la Gauche israélienne, mais aussi les autres partis politiques, exercent une influence permanente sur la population juive et — quoique dans une moindre mesure — sur les populations non-juives (cf. 2me Partie : *La Minorité*) grâce à leurs multiples ramifications dans les mouvements de jeunesse, les organisations féminines, les réseaux des *kibboutzim* et des *mochavim* (cf. annexe n° 7). L'activité politique, en Israël, ne se limite pas aux campagnes électorales toujours très passionnées. Chaque grande formation dispose d'implantations populaires, solides et nombreuses. Chaque parti cherche à encadrer le nouvel immigrant dès son arrivée dans le pays ainsi que le *Sabar* dès l'adolescence. Jusqu'à présent cette tactique est couronnée de succès. En tout cas, elle rend particulièrement difficile la consolidation de nouveaux groupements politiques, surtout si ceux-ci s'opposent à la coalition gouvernementale.

Cependant, en politique intérieure, le corps électoral israélien n'a jamais pris de position franche pour ou contre une économie de type capitaliste ; il n'a pas non plus tranché la querelle entre laïcs et religieux. En politique extérieure, même les élections de 1973 dominées par les conséquences de la guerre du Kippour n'ont donné de mandat indiscutable ni aux *Colombes*, ni

---

La presse israélienne.

La presse israélienne est aussi diverse que les populations de ce pays : 23 quotidiens et plus de 550 périodiques paraissent en une douzaine de langues. Les différents courants d'opinion s'y expriment librement ; seules les nouvelles intéressant la Défense Nationale sont censurées. Cepen-

dant, la plupart des quotidiens sont l'expression d'une tendance politique. En voici la liste.

a) quotidiens en langue hébraïque :

HA'ARETZ (fondé en 1917) : Journal considéré comme le plus sérieux. Il se dit indépendant, mais Moché Dayan y jouit d'une large audience.

DAVAR (fondé en 1925) : L'organe de la Histadrouth.

OMER (fondé en 1950) : Journal des nouveaux immigrants en hébreu simplifié, relevant également de la Histadrouth.

AL HAMICHMAR (fondé en 1943) : Organe du M.A.P.A.M.

HATZOFEH (fondé en 1938) : Organe du M.A.F.D.A.L.

HAMODIAH (fondé en 1950) : Organe de l'Agoudath Israël.

CHEARIM (fondé en 1951) : Organe des Poalé Agoudath Israël.

YEDIOTH AKHARONOTH (fondé en 1939) : Quotidien du soir ; se dit indépendant, mais exprime plutôt les opinions de la Droite.

MA'ARIV (fondé en 1948) : Quotidien du soir ; se dit indépendant, mais exprime plutôt les opinions de la Gauche.

YOM-YOM (fondé en 1964) : Informations économiques.

KHADACHOTH SPORT (fondé en 1960) : Informations sportives.

b) quotidiens en langue arabe (cf. Populations non-juives, Chapitre : La Minorité).

c) quotidiens en langues étrangères :

JERUSALEM POST (fondé en 1932), en anglais, tendance : Droite libérale.

Les autres quotidiens de langue étrangère sont de tendance travailliste. Ils sont surtout destinés aux nouveaux immigrants. En voici la liste :

KHADACHOTH ISRAEL (fondé en 1936), en allemand.

UJKLET (fondé en 1948), en hongrois.

LE JOURNAL D'ISRAEL (fondé en 1957), en français (anciennement L'INFORMATION D'ISRAEL).

ISRAELSKI FAR (fondé en 1959), en bulgare.

VIATA NOSTRA (fondé en 1959), en roumain.

En semaine, les principaux quotidiens du matin tirent de 40.000 à 50.000 exemplaires, les autres entre 5.000 et 35.000. Les deux quotidiens du soir tirent de 130.000 à 160.000 exemplaires. Les éditions du vendredi, comportant d'importants compléments politiques et littéraires, tirent à 70.000 exemplaires pour les quotidiens du matin et 290.000 pour les quotidiens du soir.

aux *Faucons*. L'électorat israélien est indécis, ou plutôt il recherche le juste milieu, refusant les solutions des extrémistes. De plus, la société israélienne connaît, nous le verrons dans les chapitres suivants, de multiples tensions qui s'expriment à l'intérieur de chaque formation politique traditionnelle, sans parvenir pour autant à un regroupement dans un nouveau parti. Pourtant, dans la vie quotidienne de chaque citoyen israélien, les inégalités entre Orientaux et Occidentaux, l'opposition entre religieux et laïcs, les tensions entre les générations (cf. chapitre *Tensions de la société juive d'Israël*) ont aujourd'hui plus d'importance que les idéologies d'autrefois, qui s'expriment encore dans les programmes des partis politiques constitués.

Pendant plus de quarante ans, les **équipes politiques israéliennes ont été dominées** par les mêmes personnalités. Immigrés avec la deuxième ou la troisième *aliyah*, ces dirigeants sont aujourd'hui usés. Les plus âgés disparaissent. Aux survivants, surtout aux Travaillistes, la guerre du Kippour a été fatale, et la relève s'avère difficile.

En mars 1974, Golda Meïr démissionne et pour la première fois dans l'histoire de l'Etat d'Israël, un *Sabar*, Itzkhak Rabin, devient Premier Ministre. Mais sa gestion est contestée et son prestige n'égale point celui des chefs historiques, issus de la deuxième ou de la troisième *aliyah*. La disparition progressive de la vieille élite dirigeante du pays, l'affaiblissement des idéologies d'autrefois laissent prévoir des changements. Ceux-ci s'accéléreraient sans doute, si la paix régnait au Proche-Orient.

Itzkhak Rabin (1922-   ).

Né à Jérusalem, Itzkhak Rabin est le premier sabar auquel a été confié le poste de Premier Ministre.

Membre d'un kibboutz, il entre dans les troupes de choc de la Haganah, le Palmakh. Il participe activement à la lutte armée pour l'indépendance d'Israël et devient officier de carrière. Nommé chef d'Etat-Major général en 1964, il est le vainqueur de la guerre des Six-jours.

Ayant atteint la limite d'âge des officiers actifs de l'armée israélienne, Itzkhak Rabin est nommé ambassadeur à Washington en 1968. Il y

joue un rôle important dans le rapprochement entre Israël et les Etats-Unis. A son retour en Israël, Itzkhak Rabin désire s'engager dans la vie politique, mais les instances du Parti Travailliste ne lui sont qu'à peine favorables. De ce fait, il n'a joué aucun rôle dans la guerre du Kippour. Golda Meïr lui confie, dans le gouvernement éphémère qu'elle constitue en janvier 1974, le Ministère du Travail. Un mois plus tard, l'ancienne équipe gouvernementale, responsable des erreurs commises lors de la dernière guerre, est acculée par l'opinion publique à la démission. Rabin est alors appelé au pouvoir.

Comme Premier Ministre, faute de mieux, il adopte la politique des « petits pas » d'Henry Kissinger ; celle-ci aboutit aux accords de retrait partiel des troupes israéliennes dans le Sinaï, signés avec l'Egypte en septembre 1975 et en mars 1976. Mais la poursuite des négociations s'enlise. A l'intérieur, Rabin doit faire face à la crise économique sans précédent, conséquence de la guerre de 1973.

Comme d'habitude, le gouvernement Rabin repose sur une coalition entre Travaillistes et Ministres du M.A.F.D.A.L. Cependant, les relations entre religieux et laïcs au sein de ce gouvernement sont particulièrement tendues. Le vendredi 10 décembre 1976, le gouvernement organise une cérémonie pour l'accueil des trois premiers avions de combat F 15 livrés par les Américains, cérémonie qui se prolonge au-delà de l'heure du début du Shabbath. Le dimanche 12 décembre, le Front de la Thora (six députés) dépose une motion de censure à la Knesseth, motion repoussée par 57 voix contre 49, mais les députés du M.A.F.D.A.L. s'abstiennent dans le vote. La coalition gouvernementale est rompue, Rabin oblige les ministres du M.A.F.D.A.L. à quitter le gouvernement, ce qui entraîne, d'après la législation en vigueur, la démission du gouvernement, la dissolution de la Knesseth et des élections anticipées.

Rabin, que l'on disait indécis, a complètement bouleversé en quelques jours le jeu politique du pays. Les élections étaient prévues pour la fin de l'année 1977 : elles auront lieu en mai 1977 et les adversaires de l'actuel pouvoir n'auront pas le temps de s'organiser. Le gouvernement de transition, toujours dirigé par Rabin, conserve tous les pouvoirs y compris ceux de déclarer la guerre ou de négocier la paix sans être obligé de soumettre ses décisions à l'approbation des députés. Sur le plan intérieur comme, sans doute, en politique étrangère, Rabin est passé à « l'attaque préventive » : le général qui sommeillait sous l'habit du Premier Ministre s'est réveillé. On peut enfin espérer qu'Israël sorte de son immobilisme et s'engage sur la voie de la paix.

Tableau 1
RÉSULTAT DES ELECTIONS LEGISLATIVES ISRAELIENNES : 1949-1973 ([2])

S. = siège

Tendances politiques	1949 %	1949 S.	1951 %	1951 S.	1955 %	1955 S.	1959 %	1959 S.	1961 %	1961 S.	1965 %	1965 S.	1969 %	1969 S.	1973 %	1973 S.
Gauche																
— Mouvement ouvrier M.A.P.A.I., Ahdouth Ha'Avoda, M.A.P.A.M.	50,4 %	67	49,8 %	60	47,7 %	59	51,4 %	63	48,8 %	59	43,3 %	53	46,2 %	56	39,6 %	51
— Listes dissidentes du mouvement ouvrier	—	—	—	—	—	—	—	—	—	—	7,9 %	10	3,1 %	4	2,2 %	3
— Communistes	3,5 %	4	4 %	5	4,5 %	6	2,8 %	3	2 %	5	3,4 %	4	3,9 %	4	4,8 %	5
Droite																
— Herouth	11,5 %	14	6,6 %	8	12,6 %	15	13,5 %	17	13,8 %	17	21,3 %	26	21,7 %	26	30,2 %	39
— Autres partis de droite	9,3 %	12	19,4 %	24	14,6 %	18	10,8 %	14	13,6 %	17	—	—	—	—	—	—
— Listes dissidentes de la coalition	—	—	—	—	—	—	—	—	—	—	3,6 %	5	4,4 %	6	3,8 %	4
Partis religieux																
— M.I.Z.R.A.H.I., Hapoel Hamizrahi	12,2 %	16	8,3 %	10	9,1 %	11	9,9 %	12	9,8 %	12	8,9 %	11	9,7 %	12	8,3 %	10
— Agoudath Israël, Poale Agoudath Israël			3,6 %	5	4,7 %	6	4,7 %	6	5,6 %	6	5,1 %	6	5 %	6	3,8 %	5
Listes minoritaires arabes	3 %	2	4,7 %	5	4,9 %	5	4,7 %	5	3,9 %	4	3,8 %	4	3,6 %	4	3,3 %	3
Autres listes	10,1 %	7	3,6 %	3	1,9 %	—	2,2 %	—	0,3 %	—	2,5 %	1	2,3 %	2	—	—
Total	100 %	120	100 %	120	100 %	120	100 %	120	100 %	120	100 %	120	100 %	120	100 %	120

N.B. - Chaque parti ayant au moins obtenu 1 % des votes valides exprimés a droit à une représentation à la Knesseth ; les voix qui se sont portées sur des candidats n'ayant pas obtenu un minimum de votes, sont réparties, après les élections, par la Commission électorale aux partis ayant obtenu le minimum exigé, ce qui entraîne parfois le gain d'un siège. La proportion des votes exprimés par sièges varie en fonction du nombre d'électeurs.

TENSIONS DE LA SOCIETE JUIVE D'ISRAEL

Des oppositions plus profondes que les divergences des partis politiques menacent aujourd'hui l'unité de la population juive de l'Etat d'Israël. La société juive du pays est traversée par de multiples malaises et tensions ; les conflits entre Occidentaux et Orientaux, entre religieux et laïcs, entre les jeunes et leurs aînés, en constituent les principaux pôles.

Venus des quatre coins de la terre, comment ces hommes et ces femmes, ces vieillards et ces adolescents, vont-ils former un peuple ?

On parle, en Israël, d'Occidentaux et d'Orientaux, mais cette distinction manque de précision. En effet, au sein même de ces deux groupes, on observe de multiples différences.

diversité du passé : Juifs « occidentaux »...

D'abord les Occidentaux. Dans le *yichouv*, ils étaient largement majoritaires. Aujourd'hui, il y a à peine un Juif israélien sur deux qui soit originaire d'Europe ou d'Amérique. Parmi les Occidentaux, les Juifs d'Europe orientale d'immigration ancienne, sont les plus nombreux. Certes, dans le *yichouv*, la construction de l'Etat juif

Tableau 1
CARACTERISTIQUES DEMOGRAPHIQUES DE LA POPULATION JUIVE D'ISRAEL : origine, âge, taille des familles, taux de natalité (1974) [1]

Age	Immigrants nés en Europe-Amérique	Immigrants nés en Afrique	Asie	Sabarim Europe-Amérique	Sabarim : père né en Asie-Afrique	Israël	Total Sabarim	Toute la populat. juive
0-14 ans	22.200	19.600	8.500	173.700	432.300	190.100	796.100	**846.400**
15-29 ans	78.000	126.200	67.500	203.800	210.400	54.200	468.400	**740.100**
30-44 ans	145.500	105.800	107.400	72.500	23.300	19.100	114.900	**473.600**
45-64 ans	327.500	82.000	93.800	17.100	7.600	12.100	36.800	**540.100**
65 ans +	221.100	22.100	37.600	4.100	1.400	3.900	9.400	**290.100**
Total	794.300	355.700	314.800	471.200	675.000	279.400	1.425.600	**2.890.300**
Age moyen	51,6	34,0	41,3	19,8	11,2	8,6	13,0	**25,6**
Moyenne des personnes par famille	2,8	4,6		3,3	3,8	3,6	3,5	**3,6**
Taux de natalité (d'après l'origine de la mère)	2,2	3,3		2,0	1,8	2,3	2,0	**2,5**

était liée au désir de rupture avec les traditions du *Shtettl*. La communauté du *Shtettl* était fortement structurée : on s'y connaissait, on s'y aimait, on s'y appréciait, on s'y haïssait. Elle avait ses coutumes alimentaires et vestimentaires. Comme dans toutes les communautés juives traditionnelles, les prescriptions religieuses y rythmaient la vie quotidienne. Chaque vendredi soir, on se hâtait de rentrer à la maison pour accueillir dignement le *shabbath*. A l'approche du printemps et de l'automne, rues, foyers et synagogues s'animaient pendant de longues semaines pour la préparation de la Pâque et des fêtes de Tichri : le nouvel an juif, le jeûne du Grand Pardon, la fête des Cabanes. Le 9 Av, on y pleurait la destruction du Temple comme si cette catastrophe remontait à hier. Certes, le modernisme de la fin du XIXme siècle et les courants révolutionnaires qui trouvaient de fervents adeptes parmi les Juifs d'Europe orientale ont provoqué une certaine rupture avec ces traditions. Mais l'immigrant originaire de ces pays garde un attachement viscéral à ce passé à la fois religieux et culturel du Judaïsme.

  Lorsque les Juifs d'Allemagne et d'Autriche arrivent en Eretz Israël, ils entrent rapidement en conflit avec les immigrants d'Europe orientale, majoritaires, qui s'efforçaient d'imposer leurs idéologies et leur mode de vie au *yichouv*. Les Juifs d'Europe centrale s'étaient assimilés. Ils avaient épousé les divers aspects de la germanité et avaient entretenu de multiples relations avec leurs voisins chrétiens, relations que les antisémites refusaient aux Juifs de l'Empire des Tsars.

  Plus près de nous, les Juifs dits Occidentaux présentent des différences tout aussi flagrantes. Le Juif américain qui décide librement de quitter une société d'abondance aux technologies de pointe et de s'installer dans un pays encore pauvre, en début d'industrialisation, est encore plus assimilé à l'environnement yankee que ne le furent jamais les Juifs allemands avant l'avènement d'Hitler. Le Juif français, lui, a été nourri, à l'école publique, de culture française. Même s'il ne refuse pas sa judéité, et c'est le cas, lorsqu'il s'installe en Israël, il ne se détache pas de ce passé si riche. L'afflux des Juifs d'U.R.S.S. pose d'autres problèmes. Ils sont nés et ont grandi dans un pays communiste, dont ils ont accepté, pendant une grande partie de leur vie, toutes les implications idéologiques. Dans le système socialiste soviétique, ils jouissaient de nombreux avantages matériels. Mais l'inconvénient majeur du régime soviétique pesait également sur eux : ils étaient privés de la liberté d'expression. Lorsqu'ils arrivent en Israël, dans un pays où il faut lutter pour se créer une situation mais où l'on peut librement s'exprimer, le choc est grand.

... et juifs « orientaux »

Parmi les Juifs orientaux, les différences ne sont pas moins importantes. A l'exception des Yéménites, qui rencontrent pour la première fois en Israël une société de type occidental, tous les autres Orientaux ont amorcé un processus de modernisation lorsque le colonisateur est arrivé dans leur pays. Le réseau des écoles de l'Alliance Israélite Universelle, bien implanté dans les pays du Proche et du Moyen-Orient et du Maghreb, à l'exception de l'Algérie, ainsi que les écoles créées par le colonisateur ont également joué un rôle important dans ce sens. Mais, surtout l'arrivée du colonisateur rompait la relative symbiose qui a caractérisé pendant des siècles la coexistence entre Arabes et Juifs en pays d'Islam.

Britannique ou français, le colonisateur avait délivré le Juif de certaines restrictions coutumières inhérentes au statut de *dhimmi*. Il avait suscité l'espoir que, de citoyen de seconde zone, il puisse devenir citoyen à part entière. Or, il existe de grandes différences entre les méthodes de colonisation des Anglais et celles des Français. Les Britanniques étaient plus libéraux : leur influence culturelle était plus diffuse que celle des Français, qui étaient beaucoup plus autoritaires. Les Britanniques étaient plus préoccupés de la montée des masses, alors que les Français sélectionnaient des élites chez les autochtones, Arabes ou Juifs.

Parmi les communautés orientales d'Israël, les Irakiens et les Nord-Africains, — et parmi ces derniers surtout, les Marocains, — sont les plus nombreux. Les Irakiens ont subi l'influence des Anglais, les Maghrébins celle des Français. Les Juifs d'Afrique du Nord avaient accueilli le colonisateur français en libérateur. Rapidement, la civilisation française était devenue leur modèle. Toutefois, l'influence du colonisateur, britannique ou français, était plus importante dans les grandes cités qu'en milieu rural. Ainsi, chez les Irakiens, il existe une forte opposition entre les Juifs de Bagdad, fiers de leur passé, et les Kurdes. Pendant de longs siècles, la communauté de Bagdad a joué un rôle de *leadership* à l'égard de toutes les communautés juives du monde. A l'opposé, les Juifs kurdes montagnards sont restés frustes, sans instruction. Au Maroc, l'influence européenne était plus sensible dans les villes de la côte, — Casablanca, création française, et Tanger, sous domination espagnole, — que dans les villes de l'intérieur, Fès ou Meknès, où vivaient des communautés fières de leur passé judéo-espagnol, mais beaucoup plus traditionnelles. Dans l'Atlas comme dans le Sud Algérien, étaient implantées des communautés très anciennes, aux modes de vie archaïques, d'origine berbère. Déjà au Maghreb, entre ces différentes populations juives, les rapports ne furent pas toujours excellents. En Israël, certes, tous les Juifs orientaux parlent l'arabe ou le judéo-arabe, mais les dialectes arabes sont différents : un Juif d'Irak ne peut converser en arabe avec un Juif marocain.

Les termes « Occidentaux », « Orientaux » sont géographiquement inexacts : le Maghreb est situé à l'ouest d'Israël et la Russie à l'est. Couramment employés en Israël, ils ont, en fait, une signification culturelle. A l'exception des Bné Israël, venus des Indes, les communautés orientales sont originaires des pays d'Islam ; en tout cas, elles ont vécu pendant des millénaires dans des sociétés traditionnelles, colonisées pendant une période relativement brève, à partir du XIXme siècle. L'image de l'Occident y est perçue à travers le colonisateur.

les Sépharades

On désigne parfois en Israël et ailleurs, les Juifs orientaux comme *Sépharades*. Cette définition manque de précision. Les *Sépharades* sont les descendants des Juifs expulsés d'Espagne et du Portugal au XVme siècle. Certains d'entre eux ont rejoint l'Afrique du Nord où ils ont maintenu leur spécificité culturelle. D'autres ont fondé des communautés sur les côtes européennes de la Méditerranée et plus particulièrement en France, en Italie, en Grèce (à Salonique surtout), en Bulgarie, en Turquie. D'autres, enfin, se sont dirigés vers le nord : on les retrouve sur la côte française de l'Atlantique, en Hollande, à Hambourg et même en Europe centrale. Aux XVIIme et XVIIIme siècles, des *Sépharades* étaient parmi les premiers fondateurs des communautés juives du Nouveau Monde. Certains d'entre eux, plus nombreux en Turquie et en Grèce, ont conservé le judéo-espagnol, langue très proche du vieux castillan.

Dans la mesure où ces *Sépharades* européens ont immigré en Israël, leurs problèmes d'adaptation s'apparentent à ceux que rencontrent les Juifs européens : en tout cas, il n'y a pas lieu de les confondre avec les Juifs orientaux.

diversité culturelle

Quant aux communautés juives orientales, elles ont amorcé, au contact avec le colonisateur, une évolution qui les a détachées peu à peu de leur passé traditionnel ; elles ont conservé, cependant, de nombreuses coutumes d'autrefois fortement marquées par l'environnement islamique, ainsi qu'un profond attachement aux aspects religieux du Judaïsme. Leur vie était aussi rythmée par les prescriptions religieuses juives, mais celles-ci se sont modulées dans un contexte différent de celui du *Shtettl*. Les Juifs occidentaux, eux, viennent des sociétés techniquement développées. Emancipés par la Révolution Française ou par la Révolution d'Octobre, ils se sont assimilés au monde environnant. Ces passés culturels différents collent encore à la semelle des souliers de chaque immigrant.

Les Juifs du *yichouv* ignoraient ces différences culturelles entre les communautés de la Diaspora, et sont tout étonnés de voir descendre de l'avion qui l'amenait du lointain Yémen, un « frère » aux traits fins, aux yeux très noirs, dont le physique n'avait rien de commun avec celui des Juifs russes, souvent blonds aux yeux bleus.

A leur arrivée, les Juifs orientaux portaient souvent leurs vêtements traditionnels. Aujourd'hui encore, dans les rues de Jérusalem, mais plus souvent dans celles des villes de développement, on croise des femmes aux foulards noués autour de la tête à la mode traditionnelle, portant une longue robe taillée dans des cotonnades aux couleurs voyantes, ou le vieux Juif marocain vêtu de son burnous. Les coutumes alimentaires n'étaient pas les mêmes : en effet, si tous les Juifs pratiquants dans le monde observent les règles de la *cacherouth,* des mets spécifiques proches des recettes culinaires des peuples d'accueil étaient préparés pour chaque repas de fête. Les *Achkénazes* ont une alimentation à base de pommes de terre, de pâtes ; le vendredi soir, ils bénissent la *hallé,* brioche aux grains de pavot et dégustent le *gefiltte fish,* la carpe farcie. Le Maghrébin préfère le couscous, les *tajines* — ragoûts de viande, de courgettes, de poivrons ou de tomates, également appréciés par les Juifs du Proche et du Moyen-Orient, mais qui consomment surtout le riz et la fève. Les uns aimaient le doux, les autres le piquant. Ces cuisines ne se sont jamais mélangées, et le *Sabar* les remplace par les recettes proche-orientales : *khoumous* — sorte de purée de pois-chiches, *chachlik* — des brochettes d'agneau ou de bœuf, *kebab* — viande hachée aromatisée aux fines herbes.

Tableau 2

STRUCTURES SOCIO-PROFESSIONNELLES DES IMMIGRANTS A L'ETRANGER - SELON LEUR ORIGINE : 1961-1974 ([2])

Origine	Occupation à l'étranger			Total
	Agriculteurs Ouvriers/ services Artisans	Commerçants	Employés Cadres moyens et supérieurs Professions libérales	
1961				
Asie et Afrique	49 %	34 %	17 %	100 %
dont Maroc	63 %	30 %	7 %	100 %
dont Irak	37 %	33 %	30 %	100 %
Europe et Amérique	43 %	28 %	29 %	100 %
dont Allemagne, Autriche, U.R.S.S.	40 %	20 %	40 %	100 %
dont Pologne	53 %	20 %	27 %	100 %
1974				
Afrique, Asie	48 %	15 %	37 %	100 %
Amérique	29 %	27 %	44 %	100 %
dont Etats-Unis	14 %	5 %	81 %	100 %
Europe	48 %	5 %	47 %	100 %
dont U.R.S.S.	41 %	5 %	54 %	100 %

La conception de la vie, les philosophies de l'existence n'étaient pas les mêmes. A l'arrivée tout au moins, les Juifs du Yémen étaient modestes, frustes ; ils se contentaient de peu. Les Juifs d'Irak et du Maroc se montraient déjà plus exigeants : ils pensaient pouvoir améliorer rapidement leur situation économique dans la nouvelle société. Ils avaient été autrefois artisans ou commerçants. Mais sous le régime colonial, certains d'entre eux étaient devenus employés, cadres moyens. Par rapport aux populations arabes parmi lesquelles ils vivaient, ils avaient au moins une génération de scolarisation d'avance. Aussi, avaient-ils souvent servi d'intermédiaires entre les populations arabes de leur pays d'origine et le colonisateur. Les Juifs marocains, surtout ceux des villes, s'abstenaient déjà de l'emploi de la langue arabe ; ils se sentaient français sans l'être effectivement.

... et univers d'originaires

Dans ce contexte, en Israël, les originaires d'un même pays s'organisent rapidement. Ils constituent des Unions dont les intérêts sont souvent divergents. Ces Unions d'originaires jouent cependant un rôle dans l'intégration économique et sociale des immigrants ; leurs dirigeants occupent souvent des postes importants dans les partis politiques israéliens et multiplient les interventions en faveur de leurs compatriotes auprès des autorités.

politique d'intégration et différences subsistantes

Dans les années 1950, les anciens du *yichouv* croyaient pouvoir intégrer rapidement ces Juifs d'Orient, si étranges à leurs yeux, espérant qu'ils accepteraient la « supériorité » de la civilisation qu'ils leur proposaient. Personnel enseignant et assistantes sociales exerçaient de fortes pressions sur les mères orientales, afin qu'elles adoptent de nouvelles règles d'hygiène et des méthodes d'éducation moderne ; on raconte même que les institutrices faisaient couper les robes trop longues des petites filles quand elles venaient en classe. Ces interventions ainsi que les contacts avec les nouvelles conditions de vie ont exercé une forte pression sur la transformation des structures familiales et contribuent à la désintégration de la famille orientale.

Juive ou Musulmane, la femme n'y jouait, traditionnellement, qu'un rôle secondaire ; le père y était respecté et investi de toute l'autorité. Or, en Israël, ce père, souvent ne trouve pas de travail et un fils à peine adulte doit nourrir la famille. Aussi, l'autorité du patriarche décline-t-elle rapidement. En même temps, les femmes prennent conscience de leur situation : soutenues par la législation israélienne, elles remettent en cause l'autorité absolue de l'époux. Ainsi la rupture avec le passé est nettement plus importante pour les Orientaux que pour les Occidentaux. Certes, ces derniers doivent également s'adapter aux nouvelles conditions de vie, apprendre une langue nouvelle, l'hébreu, mais c'est l'Occident qui impose sa culture et sa conception du monde. Il a fallu aux dirigeants israéliens une bonne dizaine d'années, avant de s'apercevoir que leur politique d'intégration des Orientaux faisait fausse route.

Tout en adoptant certains aspects de la nouvelle civilisation qui leur est proposée, les Orientaux n'abandonnent pas toutes leurs coutumes. Bien au contraire, certains d'entre eux, chez les intellectuels surtout, veulent valoriser le passé. De nombreux immigrants n'échappent pas à cette tentation, surtout s'ils sont assaillis de difficultés de toutes sortes : on regrette les oignons d'Egypte et on oublie l'esclavage ; si les « lendemains qui chantent » tardent à venir, on se réfugie dans « l'âge d'or » du passé.

En Diaspora, pour ses concitoyens français, allemands, russes, marocains, irakiens, yéménites, le Juif était le Juif ; malgré l'assimilation, même dans les pays occidentaux, en période de crise tout au moins, il était l'autre, et on lui trouvait des caractéristiques culturelles, ethniques, religieuses différentes de celles des peuples d'accueil. Malgré les multiples affirmations officielles d'absence de toute discrimination, en Israël, ce même Juif est appelé l'Allemand, le Russe, le Roumain, le Polonais, le Yéménite, le Marocain...

Mais, plus graves encore que les différences culturelles, des inégalités économiques et sociales créent aujourd'hui, en Israël, ce qu'on appelle le « fossé » entre les communautés. Le réseau scolaire de l'Alliance Israélite Universelle, même s'il avait contribué à l'évolution des Juifs d'Orient, n'était pas suffisant pour scolariser tous les enfants. De même, les écoles créées par le colonisateur étaient loin d'assurer une scolarisation complète. Aussi, en 1974 encore, au moins un Juif sur cinq parmi les Orientaux n'a jamais fréquenté l'école. Parmi les femmes surtout, les illettrées sont très nombreuses. Enfin, il n'y a, à ce jour que 6 % des immigrants orientaux qui

inégalités entre communautés : niveaux d'instruction...

aient poursuivi des études dans l'enseignement supérieur. On trouve aussi quelques personnes non-scolarisées parmi les originaires d'Europe (à peine 3 %), mais plus d'un sur cinq a reçu une formation post-secondaire (cf. tableau n° 3). A la deuxième génération, celle née en Israël, l'analphabétisme parmi les Orientaux a pratiquement disparu. Cependant, en 1974, la proportion des *Sabarim* adultes, Orientaux, ayant poursuivi des études supérieures n'est pas plus importante que dans la génération de leurs pères : 6 %.

Tableau 3

NIVEAU D'INSTRUCTION DE LA POPULATION JUIVE D'ISRAEL AGEE DE PLUS DE 14 ANS (1974) SELON L'ORIGINE [3]

Origine	Années de scolarisation					Total
	0	1-4	5-8	9-12	13 +	
Immigrants						
Afrique - Asie	22 %	7 %	34 %	31 %	6 %	100 %
Europe - Amérique	3 %	7 %	27 %	42 %	21 %	100 %
Sabarim						
Total	1 %	1 %	17 %	61 %	20 %	100 %
Père né en Afrique, Asie	1 %	1 %	28 %	64 %	6 %	100 %
Père né en Europe, Amérique	0,5 %	0,3 %	7 %	59 %	33 %	100 %
Père né en Israël	2 %	2 %	17 %	60 %	19 %	100 %

**Juif yéménite
au Mur des Lamentations**

**Dans un quartier juif
de Jérusalem**

Soldat en prière devant le Mur des Lamentations

Tableau 4

TAUX DE SCOLARISATION DES ADOLESCENTS JUIFS AGES DE 14 A 17 ANS SELON ORIGINE : EVOLUTION DE 1966 A 1975 ([4])

Années et type d'enseignement	Origine ([1]) Europe-Amérique	Origine Afrique-Asie	Tous les adolescents juifs âgés de 14 à 17 ans
1966-1967			
Enseignement post-primaire	68,6 %	37,9 %	52,9 %
1974-1975			
Enseignement post-primaire	70,9 %	51,9 %	60,1 %
dont :			
Enseignement secondaire	41 %	16,8 %	27 %
Enseignement professionnel	23,2 %	30,8 %	27,5 %
Enseignement agricole	1,9 %	3 %	2,7 %

(1) Les **sabarim** dont le père a immigré sont regroupés selon l'origine du père. Les **sabarim** dont le père est né en Israël figurent dans le total.

Tableau 5

PROPORTION DES ETUDIANTS DE L'ENSEIGNEMENT SUPERIEUR DANS LA POPULATION JUIVE AGEE DE 20 A 29 ANS SELON L'ORIGINE : EVOLUTION DE 1964 A 1973 ([5])

Origine	Années 1964-1965	1969-1970	1972-1973
Immigrants			
Europe - Amérique	5,3 %	9,8 %	9,3 %
Afrique - Asie	0,8 %	1,6 %	2 %
Sabarim			
Père né en Europe, Amérique	10,7 %	12,6 %	13,8 %
Père né en Afrique, Asie	1,6 %	2,5 %	2,8 %
Père né en Israël	5,2 %	7,5 %	8,8 %
Proportion des étudiants dans la population juive âgée de 20 à 29 ans	3,8 %	6,3 %	7,1 %

Tableau 6

STRUCTURES SOCIO-PROFESSIONNELLES DES IMMIGRANTS : OCCUPATION A L'ETRANGER, APRES UN AN ET TROIS ANS DE SEJOUR EN ISRAEL (1974) ([6])

Profession exercée en Israël	Immigrants arrivés en Israël de 1969 à 1971		Profession exercée à l'étranger
	1 an de séjour	3 ans de séjour	
Professions scientifiques, libérales et techniques	27 %	30 %	31 %
Employés, cadres moyens et supérieurs	13 %	16 %	23 %
Ouvriers (industrie, transports, construction)	42 %	36 %	24 %
Services	11 %	11 %	6 %
Autres professions (dont commerçants)	7 %	7 %	16 %
Total	100 %	100 %	100 %

Tableau 7

STRUCTURES SOCIO-PROFESSIONNELLES EN 1974 DE LA POPULATION JUIVE ACTIVE SELON L'ORIGINE (7)

Origine	Catégories socio-professionnelles					Total
	Agriculteurs	Ouvriers, artisans, services	Commerçants	Employés, cadres moyens	Professions libérales, cadres supérieurs	
Immigrants						
Europe - Amérique	5 %	39 %	10 %	32 %	14 %	100 %
Asie - Afrique	6 %	62 %	7 %	20 %	5 %	100 %
Sabarim : total	6 %	35 %	5 %	42 %	12 %	100 %
Père né en Europe, Amérique	7 %	24 %	5 %	47 %	17 %	100 %
Père né en Afrique, Asie	5 %	55 %	5 %	33 %	2 %	100 %
Père né en Israël	5 %	34 %	8 %	42 %	11 %	100 %
Toute la population juive active	6 %	45 %	8 %	31 %	10 %	100 %

Dans leur pays d'origine, la plupart des immigrants orientaux étaient artisans ou petits boutiquiers. Selon les données du recensement israélien de 1961, 18 % d'entre eux étaient employés, cadres moyens ou exerçaient éventuellement des professions libérales. Les Juifs d'Europe et d'Amérique, eux aussi, étaient boutiquiers ou artisans, mais 29 % d'entre eux faisaient partie du secteur tertiaire : cadres moyens et supérieurs, professions libérales.

emplois...

Dans la dernière vague d'immigration — celle des années soixante-dix — dans laquelle d'ailleurs les Orientaux sont peu nombreux, la masse des ouvriers et des artisans n'a guère changé, mais plus du tiers des arrivants sont des cadres moyens ou supérieurs. Cette proportion reste toujours moins élevée chez les Orientaux que parmi les immigrants occidentaux actuels dont la majorité, rappelons-le, vient de l'Union Soviétique. Parmi ces derniers, 41 % étaient ouvriers, agriculteurs, artisans en U.R.S.S., mais 54 % appartenaient, eux aussi, aux couches moyennes, aux cadres scientifiques et techniques. L'intégration de l'immigrant dans l'économie israélienne pose toujours de nombreux problèmes, et en général, au moins pendant les premières années, il doit changer de métier. Aujourd'hui encore, la proportion des immigrants qui ne trouve pas d'emploi en Israël dans la profession exercée dans leur pays d'origine est importante. Il ressort d'une enquête menée en 1974, que, après une à trois années de séjour, la proportion des ouvriers est toujours plus importante en Israël que dans le pays d'origine. Or, rappelons-le, cette immigration est essentiellement occidentale et composée de Juifs d'U.R.S.S.

Seuls les membres des professions libérales, techniques et scientifiques retrouvent, en Israël, après trois ans de séjour, des emplois semblables à ceux exercés dans leur pays d'origine. D'ailleurs, l'idéologie pionnière préconisait la transformation des structures socio-professionnelles des communautés juives de la Diaspora (cf. chapitres *Histoire d'Eretz Israël* et *Partis politiques*) : elle est à l'origine des profondes mutations des structures socio-professionnelles de la population juive d'Israël. La plupart des immigrants orientaux étaient acheminés soit vers les *mochavim,* soit vers les villes de développement dans lesquelles ils devaient se livrer à toutes sortes de travaux.

Or, en 1974 encore, 61 % des immigrants orientaux sont des ouvriers, contre 39 %

Le rassemblement des exilés

Le rassemblement des exilés.

des immigrants originaires d'Europe et d'Amérique. A l'autre extrémité, les Orientaux sont à peine représentés parmi les membres des professions libérales et des cadres supérieurs (5 %), alors qu'on y trouve 14 % des immigrants d'Europe et d'Amérique. Les Orientaux sont déjà plus nombreux parmi les employés. A la deuxième génération, le même schéma se reproduit : 55 % des *Sabarim* d'origine orientale sont ouvriers contre 24 % de ceux dont le père est originaire d'Europe ou d'Amérique. La relève dans les professions du secteur tertiaire les mieux considérées, est assurée aujourd'hui par les *Sabarim* d'origine occidentale. Le fossé se creuse donc actuellement : le prolétariat israélien est en majorité d'origine orientale, alors que les couches moyennes et dirigeantes sont composées en grande majorité d'immigrants d'Europe et d'Amérique ou de leurs descendants (cf. tableaux nos 4, 5 et 7).

revenu par personne et logement

En Israël, l'éventail des salaires est restreint. Il est de l'ordre de un à cinq, — mais le système des allocations familiales n'est pas très développé. Aussi, le revenu par tête d'une famille nombreuse est beaucoup moins élevé que celui d'une famille qui a peu d'enfants. Or, en moyenne, la famille orientale est presque deux fois plus nombreuse que la famille d'origine occidentale (cf. tableau n° 1). Alors que la famille occidentale est généralement composée du père, de la mère et d'un ou de deux enfants, chez les Marocains, les Yéménites, les Irakiens, par contre, des familles avec cinq ou six enfants ou plus, auxquels s'ajoutent les ascendants, ne sont pas rares. Une seule personne, au maximum deux si l'un des enfants est déjà en âge de travailler, doit nourrir de nombreuses bouches. Aussi le revenu par tête des Orientaux est nettement moins élevé que celui des Occidentaux.

Traditionnelles, les familles orientales ne pratiquaient guère le contrôle des naissances. De plus, les dirigeants israéliens, en parole tout au moins, favorisent la natalité : les Orientaux se sont sentis rassurés par ces discours. A la deuxième génération, cette situation évolue. Le taux de natalité régresse parmi les *Sabarim* d'origine orientale : mais il est toujours un peu plus élevé que chez les *Sabarim* d'origine occidentale (cf. tableau n° 1). Ces familles nombreuses sont souvent mal logées. Dans les taudis des grandes villes, dans les anciennes *ma'averoth*, on rencontre souvent des familles de dix personnes serrées dans trois pièces. Même les appartements attribués aux nouveaux immigrants ne sont pas conçus pour accueillir des familles aussi nombreuses. Ici, la nouvelle immigration soviétique jouit sans doute d'un avantage considérable par rapport aux immigrants orientaux.

stéréotypes et discrimination

Ces inégalités socio-économiques sont à l'origine des sentiments de frustration et de discrimination qu'éprouvent les Orientaux. Ces sentiments sont d'autant plus développés que, malgré les affirmations officielles, la fraction occidentale de la société israélienne regarde les Orientaux d'un œil peu favorable.

Les Occidentaux distinguent d'ailleurs les différents groupes. Ainsi les Yéménites n'avaient eu aucun contact avec la civilisation européenne avant leur arrivée dans le pays : l'Israélien d'origine européenne a joué à leur égard le rôle d'un colonisateur dans leur rencontre avec la société moderne. A ce titre, ils sont les enfants chéris parmi les Orientaux. En effet, ils ont préservé un précieux folklore ; dès le début des années cinquante, des groupes artistiques formés et dirigés par des Yéménites se sont créés. Ils jouissaient d'une grande réputation. Leur artisanat est très prisé : de nombreux magasins offrent aux touristes les bijoux, les poteries et les vêtements brodés, fabriqués par les Yéménites. A l'opposé, les Juifs d'Afrique du Nord, et surtout ceux du Maroc, souffrent d'un stéréotype négatif. Les premiers groupes d'immigrants marocains arrivent dès le lendemain de la création de l'Etat ; les plus jeunes servent d'abord dans l'armée, puis, libérés du service militaire, sont laissés à eux-mêmes. Une petite minorité d'entre eux rejoint les bas-fonds de Jaffa, et s'y livre à des activités proches de la criminalité : proxénétisme et autres délits. Or, dans la société du *yichouv* la délinquance en milieu juif n'était pas courante, et certains actes de violence commis par des Marocains leur ont valu le titre de *Morroko sakin,* le Marocain au couteau.

Ce stéréotype n'a jamais entièrement disparu, d'autant plus que, dans les taudis des grandes villes et dans les régions de développement, la délinquance juvénile est fréquente. Les Marocains sont de ce point de vue sans doute, le groupe qui a rencontré les plus grandes difficultés d'intégration en Israël. Le travail mal rémunéré ou le chômage les caractérisent. Le milieu familial est souvent fruste, et les jeunes nés ou ayant grandi en Israël ont beaucoup de mal à s'intégrer dans la société israélienne, cette société de consommation, à laquelle ils aspirent en vain et qui creuse aujourd'hui les inégalités.

Entre les Yéménites et les Marocains, se situent les Irakiens. Alors que parmi les Juifs maghrébins ce sont surtout les pauvres et les moins occidentalisés qui ont immigré, la presque totalité de la communauté juive d'Irak, les masses comme les cadres, s'est établie en Israël. C'est elle, qui, pendant de longues années, était la mieux structurée : ses dirigeants étaient parmi les premiers à préconiser une meilleure représentation des Orientaux sur l'échiquier politique israélien. En effet, chaque parti politique a sa section des Orientaux et cherche à conquérir cet électorat nombreux et important. Nous avons déjà vu que les votes des mécontents allaient souvent à la Droite, au *Herouth,* parce qu'il est dans l'opposition. Encore proche des traditions religieuses, le prolétariat juif oriental n'est pas marxiste, et il n'est guère sensible aux idéologies socialistes, même modérées, car celles-ci sont déjà incarnées par la bureaucratie israélienne dominante.

Depuis la fin des années 1950, les grèves sauvages les plus dures, menées sans l'appui de l'officielle *Histadrouth,* sont organisées par les Orientaux et surtout les Maghrébins. Dans ces grèves, la lutte des classes est étroitement liée à la prise de conscience de l'identité du groupe ethnique oriental s'opposant aux Occidentaux, qui cherchent à imposer leurs méthodes de travail et leurs idéologies.

révoltes et revendications des orientaux

émeute de 1959 et efforts de scolarisation

La première révolte ouverte des Orientaux remonte à 1959. En juillet 1959, à la suite d'une rixe, une émeute éclate à Wadi-Salib, quartier surpeuplé de la basse-ville de Haïfa. La police tire sur un homme ivre et le blesse : il est Marocain. La foule rassemblée sur les lieux attaque à coups de pierres les policiers. Des coups de feux sont tirés en l'air. Le lendemain matin, dans une synagogue du quartier qui sert également de lieu de réunion à l'Union des originaires d'Afrique du Nord, la foule se rassemble de nouveau et décide d'une série de démonstrations. Un tract accusant la police d'avoir assassiné un Nord-Africain incite les habitants de Wadi-Salib à manifester contre les voisins, qui après s'être enrichis sur le dos des Nord-Africains, se sont installés dans les beaux quartiers de la ville. Les émeutiers attaquent les locaux de la *Histadrouth* et du M.A.P.A.I. L'affaire fait grand bruit en Israël et une commission d'enquête, immédiatement constituée, souligne l'insuffisance des efforts entrepris afin de mieux intégrer ces immigrants.

Pendant le même été, de nombreux incidents éclatent dans d'autres villes. Par ailleurs, les Nord-Africains s'organisent afin d'alerter l'opinion publique et le pouvoir sur la gravité de leurs problèmes. Ces actions sont couronnées d'un certain succès. A l'époque, la revendication essentielle des Orientaux porte sur l'amélioration des conditions de scolarisation de leurs enfants. Depuis le début des années 1960, les autorités israéliennes ont mis en route un programme impressionnant dont l'objectif est de combler le « fossé » dit « culturel » entre les Orientaux et les Occidentaux. Mais l'évolution est lente. En Israël, seul l'enseignement primaire est gratuit. Toutefois, des bourses d'études ainsi que la dispense des frais de scolarité sont accordées aux élèves à la fois méritants et nécessiteux. La plupart d'entre eux sont évidemment des Orientaux.

Depuis 1968, une réforme importante prolonge par étapes la scolarité gratuite et obligatoire de quatorze à seize ans. Les résultats sont déjà intéressants. En 1966-67, c'est-à-dire l'année précédant la réforme, à peine 38 % des adolescents orientaux, âgés de quatorze à dix-sept ans étaient scolarisés dans l'enseignement post-primaire, contre 69 % parmi les originaires d'Europe et d'Amérique. Huit ans plus tard, en 1974-75, la proportion des adolescents orientaux âgés de quatorze à dix-sept ans se trouvant dans un cadre scolaire, passe à 52 %, mais celle des Occidentaux reste toujours plus importante : 71 %. Toutefois, lorsqu'on analyse de plus près le type d'enseignement fréquenté, les Occidentaux sont toujours deux fois et demi plus nombreux dans le cycle secondaire long que les Orientaux. Ces derniers reçoivent surtout une formation technique et professionnelle (cf. tableau n° 4).

panthères noires, revendications et identité culturelle des Orientaux

Aussi, malgré les efforts du gouvernement israélien, les inégalités sociales se reproduisent de génération en génération. Les fils des plus démunis, des prolétaires, en majorité orientaux, suivent un schéma de scolarisation et de professionnalisation analogue à celui de leurs parents. Devant ce problème, une nouvelle vague de protestations déferle depuis la guerre des Six-jours. Elle aboutit à la création du mouvement contestataire des Panthères Noires, groupes de jeunes Orientaux nés ou ayant grandi dans le pays : par des actions revendicatives, des manifestations dans la rue accompagnées d'actes de violence, ils contestent la situation marginale des Orientaux. Les Panthères Noires s'efforcent d'alerter les dirigeants occidentaux sur l'urgence des problèmes des Orientaux. Mais ils s'opposent aussi au leadership des anciens notables des milieux orientaux, hommes politiques intégrés au système israélien, qu'ils accusent de faire le jeu du pouvoir. Les mouvements gauchistes comme le Matzpen ou le S.I.A.H. ont essayé de récupérer les Panthères Noires, qui refusent cette politisation de leur mouvement. Cependant, comme certains de leurs aînés, les Panthères Noires ont présenté des listes aux élections de 1973 : ils n'ont obtenu aucun siège.

Nous sommes, en effet, ici, devant un phénomène assez curieux. D'une part, de nombreux Orientaux souffrent de la discrimination, mais d'autre part, ils comptent plutôt sur le pouvoir en place pour améliorer leur situation. Dans les rangs des militants et dirigeants du parti Travailliste, comme du M.A.F.D.A.L., les Orientaux sont aujourd'hui relativement nombreux. Leur représentation à la *Knesseth* est faible, mais ils occupent souvent des positions politiques importantes dans les conseils municipaux : ils sont maires ou conseillers dans de nombreuses villes nouvelles peuplées en grande majorité de Nord-Africains. Les actions des Panthères Noires ne sont pas suivies par l'ensemble des Orientaux. Ceux-ci, entre eux, sont souvent divisés. Leurs tendances à s'assimiler à l'Israélien type, d'origine *achkénaze,* l'emportent le plus souvent sur le désir de sauvegarder leur propre identité.

Cependant, le problème de l'identité des Orientaux, fortement menacée par la culture dominante de type occidentale diffusée par l'école, les mass-média, l'armée et la rue, se pose aujourd'hui avec acuité. Le riche héritage culturel de ces communautés est en danger. Le pouvoir en prend d'ailleurs conscience. Les responsables de l'éducation israélienne procèdent actuellement à une réforme des programmes d'histoire et de littérature : une place plus importante y sera réservée au passé des communautés orientales.

facteurs d'intégration : l'école...

Dans le domaine de l'éducation, revendications et réponses gouvernementales ont contribué à l'augmentation du nombre d'étudiants orientaux dans les universités israéliennes. Cependant, celui des Occidentaux s'accroît encore plus vite. Ainsi, en 1964-65, parmi les immigrants les Occidentaux étaient proportionnellement six fois plus nombreux que les Orientaux dans les universités. Malgré tous les efforts, en 1972, Ils sont encore quatre à cinq fois plus nombreux que les immigrants orientaux. A la deuxième génération, l'écart est loin d'être résorbé (cf. tableau n° 5). En 1973, les chances d'accès à l'enseignement supérieur des *Sabarim* d'origine occidentale sont encore quatre fois plus grandes que celles des fils, nés en Israël, des immigrants orientaux. Aussi retrouve-t-on en Israël les différences qui séparent les pays riches techniquement développés, de ceux du Tiers-Monde. Quand ces derniers progressent d'une longueur, les premiers ont déjà atteint le stade suivant. Malgré la politique volontariste du *mizoug galouyoth* — la fusion des communautés — le fossé demeure.

L'armée est un autre facteur important du *melting-pot* israélien. A l'âge de 18 ans, tous les Israéliens, les garçons pour 3 ans, les filles pour 2 ans, font leur service militaire. Ils sont ensuite versés dans la réserve, et rappelés pour des périodes d'un minimum de 30 jours par an ; les hommes jusqu'à 49 ans, les femmes sans enfant jusqu'à 34 ans. Pendant leur service, les filles sont souvent chargées de tâches d'éducation dans les zones de développement peuplées en majorité d'Orientaux. Mais surtout à l'armée, non seulement pendant le service régulier, mais encore pendant les périodes de rappel, des gens de toutes origines vivent ensemble dans des situations dangereuses. Les Orientaux, plus souvent *Faucons* que *Colombes,* ne ménagent pas leurs efforts et jouent un rôle important dans la défense du pays.

... l'armée

Enfin, le mariage pourrait être un fac-

... le mariage

Tableau 8

MARIAGES CONCLUS EN ISRAEL SELON L'ORIGINE DES CONJOINTS : POPULATION JUIVE - EVOLUTION DE 1955 A 1973
[8]

Années	Mariages entre Occidentaux	Mariages entre Orientaux	Mariages entre Occidentaux-Orientaux	Total	Indice d'endogamie [1]
1955	48 %	40 %	12 %	100 %	0,81
1965	41 %	45 %	14 %	100 %	0,73
1967	43 %	41 %	16 %	100 %	0,71
1969	44 %	39 %	17 %	100 %	0,67
1970	43 %	40 %	17 %	100 %	0,66
1972	41 %	41 %	18 %	100 %	0,65

(1) L'indice d'endogamie est calculé pour les personnes originaires d'un même pays : il exprime une différenciation plus fine que la distinction entre Occidentaux et Orientaux.

teur du *mizoug galouyoth*. Mais aujourd'hui encore, huit Israéliens sur dix se marient non entre originaires d'un même pays — dans ce cas l'indice d'endogamie est en légère baisse — mais entre Orientaux d'une part et Occidentaux d'autre part. De 1955 à 1973, les mariages entre Orientaux et Occidentaux n'augmentent que faiblement, passant de 12 à 18 % (cf. tableau n° 8). Aussi, les tensions entre Orientaux et Occidentaux constituent dès aujourd'hui l'un des problèmes majeurs de la société israélienne.

Malgré des efforts indiscutables, le fossé persiste, et l'intégration sociale de certains Orientaux et leur réussite professionnelle ne peuvent faire oublier que la grande masse des originaires du Tiers-Monde n'atteint pas le niveau de vie de la fraction européenne de la société israélienne. Le modèle même que les dirigeants veulent imposer à cette société est, dans une large mesure, celui des pays occidentaux les plus développés. Or, le sous-développement d'une partie de la population n'est pas résorbé en l'espace d'une génération. Il faudrait sans doute beaucoup plus de temps et une fusion beaucoup plus profonde des différents apports culturels pour que ces tensions s'affaiblissent ou disparaissent.

Aujourd'hui, les conflits sont étouffés par la situation extérieure. En cas de danger, Orientaux et Occidentaux luttent ensemble pour la défense du pays. Mais dans les périodes d'accalmie, la contestation reprend. Si, un jour, Israël arrive à un accord avec ses voisins, les inégalités sociales doublées ici de clivages ethniques, menaceraient sérieusement l'unité des populations juives d'Israël.

tensions entre les pouvoirs religieux et civils

L'opposition entre les conceptions religieuses et laïques de l'Etat Juif est, elle aussi, à l'origine de nombreux affrontements. Ici encore, l'histoire joue un rôle important.

religion et survie des Juifs en Diaspora : l'identité juive

Pendant près de deux millénaires, les Juifs, en Diaspora, formaient surtout des communautés religieuses. D'ailleurs, dans la plupart des pays, l'appartenance religieuse leur assurait une certaine autonomie interne. Il en fut ainsi dans les *ghettos* d'Europe orientale, comme dans les *mellahs* et les *haras* d'Afrique du Nord. Traditions et coutumes religieuses rythmaient leur vie de chaque jour. Leur refus de reconnaître le Christ comme Messie et Mohammed comme Prophète, les distinguait essentiellement de leurs concitoyens. C'est pour leur fidélité à la foi de leurs ancêtres qu'ils furent persécutés, exilés, ou brûlés aux bûchers. Entre les communautés dispersées, des échanges sur des problèmes religieux ont maintenu, à travers les siècles, des liens concrétisant l'unité d'Israël. En Diaspora comme en Israël, croyants et incroyants admettent aujourd'hui que la fidélité aux traditions religieuses a permis la survie du peuple juif comme entité spécifique.

Cette situation change avec l'émancipation. Dans les pays où ils sont considérés comme des citoyens à part entière, les Juifs abandonnent, de plus en plus nombreux, leurs convictions religieuses d'autrefois. Aujourd'hui aux Etats-Unis, en France et dans les pays occidentaux, seule une faible fraction des Juifs est encore pratiquante. Toutes les communautés juives de la Diaspora traversent actuellement une profonde crise d'identité. En quoi un Français dont les parents se disent encore de confession israélite, est-il différent des autres Français, alors qu'il n'est ni croyant ni pratiquant ? Où se situe aujourd'hui l'identité juive, si l'on ne pratique plus aucune prescription religieuse ? La prise de conscience nationale et le fait d'immigrer en Israël pourraient sans doute être considérés comme une affirmation de cette identité. Mais en Israël même de nouveaux problèmes se posent, car la plupart des Israéliens ne sont pas aussi pratiquants que le voudraient les orthodoxes. De plus, Israël se dit être un Etat laïc. La *Knesseth* élabore une législation civile, dont certains aspects diffèrent des prescriptions religieuses. Ici, ces oppositions légales deviennent source de conflits entre religieux et laïcs.

le pouvoir des instances religieuses en Israël

Le pouvoir des instances religieuses en Israël vient d'un système législatif complexe hérité des Ottomans, confirmé par les autorités britanniques et par la législation israélienne.

Dans l'immense Empire ottoman, Musulmans, Chrétiens et Juifs vivaient côte à côte. Chaque communauté religieuse jouissait d'une certaine autonomie interne : le *millet.* Elle avait le pouvoir de juger tous les problèmes concernant le statut personnel — mariages, divorces, successions — selon sa législation religieuse. Ainsi le *Cadi* musulman décidait-il selon la tradition coranique, les différentes confessions chrétiennes se-

Tendances religieuses dans le Judaïsme.

Depuis l'émancipation des Juifs, de nombreuses tendances religieuses s'éloignent de la stricte orthodoxie. Ces tendances, parmi lesquelles il faut signaler le Rabbinat Conservateur américain et le Judaïsme libéral ou progressiste, s'efforcent de trouver un équilibre entre les exigences de la tradition juive et celles de la modernité.

La formation du Rabbinat orthodoxe demeure traditionnelle : elle est essentiellement fondée sur l'étude des textes sacrés. La formation des rabbins conservateurs et orthodoxes s'inspire des mêmes tendances, mais elle y ajoute une ouverture sur les problèmes des communautés juives contemporaines et les courants de pensée du monde moderne.

Le Rabbinat israélien récuse ces courants : il ne reconnaît pas les rabbins conservateurs et libéraux, ni les conversions — notamment en vue de mariage — qu'ils ont pratiquées.

lon la législation qui leur était propre et, enfin, les Juifs selon la législation rabbinique.

En Palestine, les Britanniques ont confirmé ce système et l'ont même renforcé dans le cadre législatif du mandat. L'Empire ottoman ne reconnaissait guère les particularismes nationaux. Or, sous le mandat britannique, le *millet* suit dorénavant les clivages nationaux et communautaires.

En 1922, le gouvernement britannique stipule que chaque communauté religieuse sera autonome pour ses affaires internes. Il crée des tribunaux civils, mais confirme en même temps les pouvoirs des tribunaux religieux en matière de statut personnel : ces derniers sont habilités à régler tous les problèmes relatifs aux mariages, divorces, pensions alimentaires, successions.

En 1927, une nouvelle réglementation élaborée par la puissance mandataire définit les structures et l'organisation du *yichouv* considérée comme une communauté religieuse. Le Conseil Rabbinique reçoit des pouvoirs relativement étendus : sa juridiction exclusive en matière de statut personnel est confirmée.

L'Etat d'Israël reçoit cette situation en héritage. Votée en 1955 par la *Knesseth,* la législation civile, non seulement maintient le statu quo, mais encore renforce les pouvoirs du Conseil Rabbinique qui supervise les tribunaux religieux locaux chargés, en première instance, de la juridiction relative au statut personnel. Désormais, les juges rabbiniques, comme les juges civils, sont nommés par le Président de l'Etat. Ils doivent prêter serment à l'Etat et sont rémunérés par lui. En 1961, une loi similaire garantit aux *Cadi* musulmans le même statut et, depuis 1962, une législation semblable régit la communauté druze que les régimes ottoman et britannique n'avaient pas reconnue (cf. 2me Partie : chapitres *Musulmans* et *Druzes*). L'influence du Grand Rabbinat dépasse, en réalité, les attributions déjà importantes que lui confère la loi civile. En effet, les partis politiques religieux tiennent généralement compte de ses avis. Le pouvoir des instances religieuses se manifeste ainsi dans de multiples aspects de la vie politique du pays. Cette ingérence dans l'existence quotidienne des citoyens est une source de nombreux conflits.

principaux conflits : l'éducation

Les conceptions divergentes entre religieux et laïcs n'ont jamais permis l'élaboration d'une constitution écrite. La déclaration d'indépendance garantissant la liberté de religion, de conscience, de langue, d'éducation et de culture à tous les habitants d'Israël, ainsi que la sauvegarde des lieux saints de toutes les religions, est encore aujourd'hui le texte fondamental. Par ailleurs, la *Knesseth* élabore peu à peu une législation complète dans les domaines de la vie civile dont les dispositions fondamentales devront plus tard être inscrites dans le texte de la constitution, si elle voit le jour. En effet, les religieux s'opposent à toute définition de l'Etat et de ses organes, dans la mesure où la législation civile serait en contradiction avec les prescriptions religieuses.

Il va de soi que les religieux s'efforcent d'exercer leur influence sur les masses populaires. L'un des moyens permettant d'atteindre cet objectif est l'éducation des enfants. Aussi, un premier conflit naît au sujet de la loi sur l'éducation. Dans le *yichouv*, l'enseignement primaire n'était pas obligatoire et chaque tendance politique fondait ses propres écoles. Les laïcs, Sionistes Généraux et Travaillistes, géraient deux réseaux scolaires distincts. Le M.I.Z.R.A.H.I. et et l'*Agoudath Israël* leur opposaient leurs écoles. Une première loi sur l'éducation primaire obligatoire maintient ces différents courants idéologiques. Mais dans les camps d'immigrants une vive

---

Théocratie.

« Aurons-nous à la fin une théocratie ?
» Non ! Si la loi nous maintient unis, la science
» nous rend libres. Par conséquent, nous n'admet-
» trons pas le développement des velléités théocra-
» tiques de nos ecclésiastiques. Nous saurons les
» maintenir dans leurs temples ; de même que nous
» maintiendrons dans leurs casernes nos soldats
» professionnels. L'armée et le clergé doivent être
» aussi hautement honorés que leurs belles fonc-
» tions l'exigent et le méritent. Mais, dans les
» affaires de l'Etat, qui les distingue, ils n'ont rien
» à dire, car, autrement, ils provoqueraient des
» difficultés extérieures et intérieures. Chacun est
» aussi complètement libre dans sa foi ou dans son
» incrédulité que dans sa nationalité. Et s'il arrive
» que des fidèles d'une autre confession, des mem-
» bres d'une autre nationalité habitent chez nous,
» nous leur accorderons une protection honorable
» et l'égalité des droits. Nous avons appris la tolé-
» rance en Europe. Je ne le dis même pas par
» ironie. L'antisémitisme actuel n'est que rarement
» la survivance de l'intolérance religieuse d'un autre
» âge. Il est le plus souvent, chez les peuples civi-
» lisés, un mouvement par lequel ils voudraient
» chasser le spectre de leur propre passé. »

Théodore Herzl, L'ETAT JUIF.

concurrence se développait entre les institutions gérées par les partis politiques. Aussi, les Travaillistes ainsi que les Sionistes Généraux proposaient-ils des transformations de ce système onéreux et peu efficace : ils préconisaient la suppression des tendances idéologiques et la création d'un réseau scolaire unique, géré par l'Etat. Les partis religieux ont combattu vigoureusement cette proposition et ce conflit a provoqué une très grave crise gouvernementale. A peine élue, la 1ère *Knesseth* est dissoute en 1951 ; elle n'a fonctionné que pendant deux ans. On espère alors trouver une solution en appelant le peuple aux urnes. La nouvelle loi sur l'enseignement obligatoire et gratuit, votée en 1953, crée, d'une part, un réseau d'écoles religieuses gérées par l'Etat, mais jouissant d'un statut particulier au sein de l'enseignement public, d'autre part, un réseau laïc.

L'*Agoudath Israël* refuse ce compromis, fruit de pénibles négociations entre partis religieux et laïc. Elle maintient son propre réseau privé, mais fortement subventionné par l'Etat. Jeunesse religieuse et jeunesse laïque sont donc séparées dès les bancs de l'école. Environ un tiers de la population juive en âge scolaire fréquente les établissements religieux d'Etat et de l'*Agoudath Israël*.

observances religieuses et vie publique

Les religieux ont réussi à imposer leur point de vue relatif à l'observance du repos sabbatique et des fêtes juives officiellement chômées en Israël. De même, les règles de la *cacherouth* sont observées dans les institutions publiques et à l'armée, l'élevage du porc est interdit dans les villages juifs. Un consensus a pu être trouvé pour le service militaire de jeunes filles pratiquantes qui en sont dispensées. L'opposition est plus virulente sur le problème des autopsies interdites par la loi religieuse. Cependant, ce *modus vivendi* est fragile. Les cités juives s'endorment le vendredi soir et ne s'animent de nouveau que le samedi soir. En effet, le *shabbath* et les fêtes juives commencent la veille, au coucher du soleil, et se terminent le lendemain soir avec l'apparition de la première étoile. Aucun autobus, aucun train ne circulent. Seuls les quelques taxis collectifs, plus onéreux, et les voitures particulières roulent. Cinémas, théâtres et tous les lieux de distraction sont fermés. Les émissions de la radio et de la télévision sont réduites au strict minimum, les religieux réclament leur suppression. Cet arrêt de toute activité durant le *shabbath* gêne de nombreux Israéliens détachés de toute pratique religieuse. Ils essayent de tourner ces prescriptions qui cristallisent parfois les oppositions. Il arrive que des jeunes ultra-orthodoxes accueillent à coups de pierres les voitures qui s'égarent le samedi dans leur quartier, ou s'efforcent d'empêcher par la violence une manifestation organisée pendant le *shabbath*.

Le shabbath.

Le samedi, en hébreu « shabbath », est le jour sacré du repos hebdomadaire. A l'image de Dieu qui créa le ciel et la terre en six jours et se reposa le septième (Genèse II/1-3), les Juifs pratiquants s'abstiennent ce jour-là de tout travail ; ils se sanctifient par la prière et l'étude de la loi sacrée, la Thora.

Le vendredi soir, la liturgie juive accueille le shabbath comme une fiancée. Le shabbath est un jour de joie spirituelle. Il est célébré en famille et à la synagogue. Le vendredi matin, la maîtresse de maison se hâte : elle fait le ménage, les dernières courses et prépare les repas, car il est interdit d'allumer le feu durant le shabbath. Dans l'après-midi, la table sabbatique est dressée. A la tombée de la nuit, les hommes vont à la synagogue, tandis que la femme allume les lumières du shabbath. Au retour de l'office, le père de famille bénit le pain et le vin et la famille réunie au grand complet se met à table.

Le repas se déroule entrecoupé de cantiques. Selon une vieille tradition culinaire, le repas du vendredi soir comporte poisson, signe de fécondité, et viande. Chez les Achkénazes, on mange le gefillte fisch (carpe farcie), chez les Nord-Africains, le couscous. Le samedi matin, on assiste à l'office. Le rouleau de la Thora est présenté avec solennité au public : sept hommes sont appelés à la lecture d'un passage de la loi.

Au retour, à la maison, après une nouvelle bénédiction du pain et du vin, la famille se réunit pour le deuxième repas sabbatique ; on sert des plats cuisinés la veille, longuement mijotés. Autrefois, les mets étaient cuits dans un four spécial, aujourd'hui, ils le sont sur une plaque électrique chauffante allumée la veille. A cette occasion, chaque communauté observe ses traditions culinaires ; les Achkénazes consomment le cholent, ragoût de bœuf accompagné de grains de blé ; les Maghrébins, la tefina, viande mijotée avec des épinards.

L'après-midi est consacrée à la vie de famille, aux invités, à l'étude des textes sacrés. Un troisième repas réunit la famille avant la prière du soir. A l'apparition de la première étoile, le père de famille récite la Havdala — séparation du sacré et du profane, cérémonie qui clôt le shabbath.

Dans une société moderne, le repos sabbatique pose d'autres problèmes que celui des loisirs des citoyens. Certains services doivent être assurés. Malgré l'opposition des religieux, des usines ne peuvent arrêter toute activité le jour du *shabbath*. Or, en Israël, un Juif pratiquant n'accepte pas de prendre son tour dans l'équipe appelée à travailler ce jour-là. Aussi, arrive-t-il que des employeurs refusent d'embaucher des citoyens jugés trop pratiquants. Et les religieux de parler, eux aussi, de discrimination. Le repos sabbatique tel qu'il est conçu par l'orthodoxie juive, s'enracine dans les prescriptions bibliques vieilles de plus de trois millénaires. Les difficultés qui naissent de son observance ne sont qu'un aspect des conflits entre la tradition et la modernité.

identité juive et loi du retour

Mais ces problèmes ne sont pas les plus graves. Plus douloureuses, plus fondamentales, plus centrales sont les oppositions qui naissent de la définition de l'identité juive et des lois relatives au statut personnel qui en découlent. La Loi du Retour stipule que tout Juif a le droit d'immigrer en Israël et d'y recevoir automatiquement la nationalité israélienne. Ce statut d'immigrant est par ailleurs assorti de nombreux avantages matériels. Or, cette loi ne définit pas qui est Juif. Cette lacune est source de nombreux problèmes. Pendant une décennie, débordé par l'afflux des immigrants, le Ministère de l'Intérieur, chargé de leur enregistrement à l'Etat civil, n'a guère contrôlé les déclarations des nouveaux venus. Mais dans les années 1956-58 arrive en Israël un groupe important de Juifs de Pologne. Parmi eux, de nombreux couples mixtes.

En décembre 1957, meurt à Pardess-Hannah un enfant de sept ans, Joseph Steinberg, fils d'un père juif, récemment immigré et d'une mère chrétienne. Or, il n'y a pas de cimetière civil en Israël. L'enterrement de l'enfant dans le cimetière chrétien de Haïfa est refusé par le Curé, qui invoque la religion du père. Les parents s'adressent ensuite au Rabbin de Pardess-Hannah, qui déclare que selon la loi juive, tous les morts avaient droit à une sépulture décente. Mais l'enfant est enterré en dehors de la clôture du cimetière. Cet incident provoque de nombreux remous : il soulève surtout le problème des femmes chrétiennes qui avaient souvent sauvé leur mari de la persécution hitlérienne.

En 1958, le Ministre de l'Intérieur appartient à l'*Ahdouth Ha'Avodah*. C'est l'occasion pour lui de donner pour instruction à ses services de considérer comme Juif celui qui déclare de bonne foi qu'il l'est. Cette initiative contourne, sans l'abolir, la définition rabbinique, selon laquelle *est Juive la personne née d'une mère juive ou qui s'est convertie au Judaïsme devant un tribunal rabbinique orthodoxe*. Les dispositions du Ministre de l'Intérieur sont confirmées par le Conseil des Ministres qui complète ces instructions en ajoutant *est Juif celui qui ne s'est pas converti à une autre religion*. Cette concession faite au M.A.F.D.A.L. s'oppose aux prétentions d'un groupe de Chrétiens d'origine juive désireux d'obtenir la nationalité israélienne au titre de la Loi du Retour. Cette revendication devait aboutir en 1962, au procès du Frère Daniel, qui fit grand bruit. Oswald Rufeisen, né de parents juifs polonais, milite dans un mouvement sioniste et se prépare à immigrer en Eretz Israël, lorsqu'éclate la Deuxième Guerre mondiale. Il participe activement à la résistance contre l'occupant nazi et sauve la vie de nombreux coreligionnaires. En 1942, obligé de se cacher dans un monastère, Rufeisen se convertit au catholicisme et se fait moine dans l'espoir de rejoindre le monastère des Carmes à Haïfa. Après de nombreuses difficultés, Oswald Rufeisen devenu Frère Daniel obtient des autorités polonaises l'autorisation d'émigrer. Malgré sa conversion, il affirme son profond attachement au peuple juif et réclame, arrivé en Israël, la nationalité israélienne au titre de la Loi du Retour. Le Ministre de l'Intérieur refuse cette demande et l'instance juridique civile confirme cette décision. Or, selon la tradition religieuse, le caractère juif est indélébile : le Frère Daniel pouvait donc être considéré comme Juif. Il a d'ailleurs acquis par la suite la nationalité israélienne par la procédure plus lente de la naturalisation.

Cependant, ce cas sort de l'ordinaire. Beaucoup plus fréquents sont les problèmes posés par les mariages mixtes. David Ben Gourion, qui, par attachement aux idéologies socialistes, avait refusé le mariage religieux, était d'autant plus conscient des contradictions entre les exigences des prescriptions religieuses et celles de la laïcité, que son fils a épousé une non-Juive. Aussi, en 1958, Ben Gourion adresse-t-il une circulaire à quarante-cinq *Khokhmé Israël* (Sages d'Israël), rabbins d'Israël et de la Diaspora représentant toutes les tendances du Judaïsme contempo-

mariages mixtes et définition de qui est juif

rain, ainsi qu'à des universitaires, des juges, des écrivains représentant la pensée « laïque » juive pour leur demander une définition moderne et contemporaine du Juif. Cette consultation n'apporte pas de solution réelle au problème, et les incidents se multiplient.

L'une des affaires qui provoqua le plus de remous est le cas Chalitt. Selon la législation israélienne, les registres de l'Etat civil portent la mention de l'appartenance ethnique (*leoum*) et de la religion (*dath*). L'appartenance ethnique — Juif, Arabe, Druze — figure également sur les cartes d'identité, cette mesure étant jugée nécessaire pour des motifs de sécurité dans les conditions actuelles. Le Commandant Benjamin Chalitt, jeune officier de la marine israélienne, demande que ses deux enfants âgés de deux et quatre ans soient inscrits à l'Etat civil et sur leur carte d'identité comme ethniquement Juifs. Leur mère étant écossaise, athée, non-juive, les enfants ne pouvaient être juifs par la religion. Cette déclaration était conforme aux décisions du Ministre de l'Intérieur. Mais, l'employé d'Etat civil interprète le cas selon la loi religieuse et inscrit les enfants comme ethniquement non-juifs. Benjamin Chalitt porte plainte et gagne le procès. Ses enfants sont Juifs pour les autorités civiles, mais ne peuvent se considérer comme tels pour toute démarche soumise à la juridiction rabbinique : leur mariage en Israël posera de nombreux problèmes.

Répercutée par la presse nationale et internationale, l'affaire Chalitt dépasse largement les limites du tribunal. La *Knesseth* s'en saisit et vote une réglementation précisant l'identité juive

---

Le mariage juif.

Le célibat volontaire est un idéal tout à fait étranger au Judaïsme. Bien au contraire, c'est dans le mariage, dans les obligations de la vie familiale que l'homme et la femme sont appelés à se sanctifier. Les prescriptions religieuses règlent dans les moindres détails les rapports entre les époux. La famille est la gardienne des traditions. Elle assume la survie du peuple juif. La Bible fait état de nombreux cas de mariages mixtes : mais les femmes d'origine non-juive se convertissent toujours au Judaïsme (la plus célèbre histoire est celle de Ruth, aïeule du roi David). L'orthodoxie interdit tout mariage entre Juifs et non-Juifs ; elle définit comme Juif, toute personne née d'une mère juive ou convertie au Judaïsme.

Dans les communautés traditionnelles

on se mariait jeune. Autrefois les parents se préoccupaient du mariage de leurs enfants avant même qu'ils ne soient pubères et recherchaient le fiancé ou la fiancée, souvent à l'aide d'un intermédiaire, le « Chadchen », ou la marieuse. Les cérémonies des fiançailles et du mariage étaient l'occasion de nombreuses festivités colorées par le folklore spécifique de chaque communauté.

La fécondité du couple était considérée par tous comme une bénédiction divine : aussi, la tradition juive exclut-elle toute pratique de la contraception. Suivant la tradition, une veuve sans enfant devait et doit encore épouser le frère de son mari défunt, afin de lui assurer une descendance : c'est l'obligation du lévirat (cf. Deut. XXV/5-10) à laquelle elle ne peut échapper que par l'humiliante cérémonie du déchaussement de son beau-frère.

Même entre Juifs, certains mariages sont interdits. Ainsi, par exemple, les descendants présumés du Grand Prêtre Aaron, et c'est le cas de tous les Cohen, Cohn, Kahn, etc , ne peuvent épouser une femme divorcée. De plus, une femme dite abandonnée i.e. qui n'a pas reçu d'acte de divorce ou qui ne possède pas une preuve effective de la mort de son mari, ne peut se remarier. Or, en Israël, refuge des Juifs persécutés, des milliers de femmes se trouvent dans cette situation.

Le rabbinat israélien conteste, de plus, la régularité des mariages conclus depuis des générations, dans certaines communautés juives lointaines, comme celle des Bné Israël originaires des Indes, ou des Falachas d'Ethiopie. Il conteste aussi les conversions en vue du mariage pratiqué par les Juifs libéraux (ou progressistes) particulièrement nombreux aux Etats-Unis.

En Israël, un enfant issu d'un mariage jugé irrégulier par le rabbinat orthodoxe est considéré comme « mamzer » (bâtard). Or, le mamzer est rejeté de la communauté religieuse et ne peut épouser légalement en Israël un partenaire juif. Aussi, devant l'intransigeance du rabbinat, les personnes concernées par ces interdits se marient-elles à l'étranger. Au retour, les instances civiles reconnaissent le couple comme légalement marié. Ce mariage ne résoud cependant pas les problèmes qui se poseront aux descendants quand ils voudront se marier à leur tour. Le mariage célébré à l'étranger est une hypocrisie très onéreuse : beaucoup de personnes concernées ne peuvent s'offrir le voyage. Aussi, les tribunaux civils et le rabbinat sont-ils appelés à régler des cas de plus en plus nombreux.

Chaque incident soulève un tollé dans la presse et l'opinion publique. Aussi, en Israël, le mariage devient un sujet de conflit majeur entre pratiquants et non-pratiquants, situation qui ne pourra se prolonger longtemps.

pour la Loi du Retour, et l'inscription sur les registres de l'Etat civil. Cette nouvelle législation civile élaborée en 1970 est plus libérale que la définition religieuse : elle accorde notamment aux femmes non-juives des couples mixtes et à leurs enfants le bénéfice de la Loi du Retour. Mais elle ne résoud que certains aspects du problème. Déjà, les religieux s'opposent avec virulence aux nouvelles définitions. Par ailleurs, le cas du mariage entre Juifs et non-Juifs et surtout celui entre descendants d'un couple mixte avec un partenaire Juif n'est pas résolu. En effet, selon l'orthodoxie juive, l'enfant issu d'un mariage entre un père Juif et une mère non-Juive ne peut épouser un partenaire Juif que s'il se convertit personnellement au Judaïsme.

La position intransigeante du rabbinat israélien est conforme à une tradition millénaire reconnaissant seulement la filiation maternelle comme authentique. Fidèle au passé, l'orthodoxie s'oppose à toute définition du peuple juif, nationale par exemple, qui ne soit pas conforme à la loi religieuse. Mais cette réalité vécue au XXme siècle est différente. En Israël, comme dans la Diaspora, de nombreux Juifs ne sont pas religieux. Cependant, ils se considèrent comme Juifs par solidarité avec un passé et une culture, par attachement aux valeurs morales du Judaïsme ou

---

Falacha.

Les Falacha se disent les descendants du fils de la Reine de Saba et du Roi Salomon, Menelik I. Il semble plus probable que ce soient des Ethiopiens convertis au Judaïsme. Découverts en 1867, par Joseph Halévy, environ 20.000 Falacha vivaient, jusqu'à une période récente, dans les régions situées au Nord du lac de Tana, dans des communautés relativement séparées des populations éthiopiennes.

Les Falacha possèdent la Bible et un livre de prières écrit en ge'ez, un ancien dialecte éthiopien. Ils ne connaissent pas le Talmud, mais pratiquent la circoncision et observent le shabbath, les principales fêtes juives et certaines lois relatives à la pureté rituelle.

Depuis la chute de l'Empereur Haïlé Sélassié, les Falacha immigrent de plus en plus nombreux en Israël. Ils y jouissent des dispositions de la loi du Retour et récemment le rabbinat a adopté une attitude favorable à leur égard.

parce que les autres les considèrent comme Juifs. La seule décision de vivre parmi des Juifs dans l'Etat hébreu est en soi une affirmation de l'identité juive.

Les conceptions théocratiques que les partis religieux et le Grand Rabbinat cherchent à faire prévaloir en Israël, sont en flagrante opposition avec la laïcité des fondateurs du *yichouv*. Les jeunes pionniers, marxistes ou populistes, refusaient à la fois l'antisémitisme des Tsars et l'orthodoxie juive. Comme Théodore Herzl qui pensait « *maintenir les rabbins dans leurs synagogues* », ils rêvaient d'une société tolérante, fondée sur la justice sociale, dans laquelle les appels des prophètes rejoindraient les principes socialistes.

Mais aujourd'hui, les partis politiques sont divisés sur les problèmes religieux et surtout sur celui du mariage civil. Dans le camp des Travaillistes, l'*Ahdouth Ha'Avodah* et surtout le M.A.P.A.M., sont plus franchement antireligieux. Toutefois, la situation étant complexe, ils ne refusent pas la Bible comme livre d'histoire fondamental du peuple juif. La position du M.A.P.A.I. est plus mitigée. En effet, depuis la création de l'Etat, ce parti cherche à mordre sur l'électorat religieux. En Diaspora, les mariages entre Juifs et non-Juifs se multiplient, menaçant la cohésion des communautés. En 1970, Golda Meïr, alors

---

Karaïtes (Qaraïtes ou Caraïtes).

Au VIIIème siècle de notre ère, le Rabbin Anan Ben David de Bagdad refuse de reconnaître la tradition juive talmudique, et prêche le retour aux sources bibliques.

Ses adeptes, les Bne-Mikra, Fils de l'Ecriture (de l'hébreu : Kara, lire) se recrutent d'abord dans les milieux juifs d'Irak et de Perse, puis en Palestine.

Par la suite, le mouvement s'étend en Europe orientale et centrale. Au cours des siècles, une vive controverse se développe entre les Karaïtes et l'orthodoxie juive ; cette polémique est à l'origine d'une abondante littérature.

Regroupés principalement à Ramleh, près de Tel-Aviv, quelque 10.000 Karaïtes vivent aujourd'hui en Israël. La législation civile israélienne les reconnaît comme Juifs, et en tant que tels ils jouissent de la loi du Retour. Mais le rabbinat orthodoxe d'Israël les considère comme des Juifs hérétiques, ils ne peuvent se marier qu'au sein de leur communauté.

Premier Ministre, déclare même : « *Veiller à la survie du peuple juif est plus important que l'existence même de l'Etat d'Israël et du Sionisme. Nous n'allons pas écarter au XXme siècle ni le châle de prières, ni les phylactères* » (9). Elle s'oppose de toute son autorité au dépôt d'un projet de loi sur le mariage civil.

Cependant, en juin 1976, le député Hausner, membre du Parti Libéral Indépendant (Droite) soumet au vote de la *Knesseth* un projet de loi relatif au mariage civil. Ce projet est rejeté. Bien qu'il soit alors composé en majorité de Travaillistes, le gouvernement s'est fermement opposé à l'adoption de ce projet, pourtant timide ; il désirait ainsi préserver la coalition avec le M.A.F.D.A.L. basée sur le maintien du statu quo accordant leurs prérogatives actuelles aux religieux.

Samaritains.

L'origine des Samaritains est contestée ; selon la tradition biblique (II Rois, XVII/24-41) ils seraient pour la plupart les descendants de colons assyriens convertis au Judaïsme, installés dans le royaume d'Israël après la déportation de ses habitants (722 av. J.-C.). Au retour de l'exil de Babylone (538 av. J.-C.), les Juifs de Juda refusent aux Samaritains de participer à la reconstruction du Temple de Jérusalem. Aussi, les Samaritains érigent-ils leur propre sanctuaire au pied du Mont Garizim, près de Naplouse.

Les Samaritains se disent eux-mêmes les descendants des anciens Israélites du royaume hébreu du Nord. Après l'exil en Assyrie, ils seraient retournés, au VIème siècle av. J.-C., dans leur pays, dont la capitale était Samarie.

Les Samaritains pratiquent les préceptes du Pentateuque, selon une tradition qui leur est particulière. Ils ont développé une liturgie spécifique et une riche littérature. La Pâque samaritaine est caractéristique : le grand prêtre sacrifie l'agneau pascal, consommé à minuit, avec pains azymes et herbes amères, à la hâte.

Actuellement, environ 250 Samaritains vivent à Naplouse. résidence de leur grand prêtre, et 250 à Holon près de Tel-Aviv. Depuis 1967, les échanges entre les deux groupes se multiplient. Les Samaritains prient en hébreu, mais parlent l'arabe. La législation civile israélienne les reconnaît comme Juifs, mais le rabbinat orthodoxe les récuse. Aussi sont-ils obligés de pratiquer une stricte endogamie.

complexité

L'opposition entre laïcs et religieux traverse en fait tous les autres clivages de la société israélienne. Certes, depuis la création de l'Etat, les partis religieux ne recueillent qu'une faible fraction des voix aux élections législatives (15 à 18 %) ; mais environ un tiers des familles envoient leurs enfants dans les écoles religieuses. Il ressort de quelques enquêtes sociologiques menées sur ce problème en Israël, qu'environ 30 % de la population juive se dit religieuse ou très religieuse, 45 % laïque, mais observant encore quelques traditions, et 25 % détachée de toute pratique religieuse ([10]). Or, le Judaïsme n'est pas seulement une religion ; il est une philosophie de l'existence, un mode de vie. Et ce mode de vie est précisément celui que mènent aujourd'hui les Israéliens. Quant aux religieux, ils se recrutent parmi les Occidentaux, tout autant que parmi les Orientaux.

On ignore encore la réaction de la nouvelle immigration russe à l'égard de ce problème. Il est vrai, les Russes ont vécu dans un Etat athée, et les souvenirs des traditions religieuses du Judaïsme s'y sont largement estompés. Parmi les immigrants soviétiques, les couples mixtes sont particulièrement nombreux. Mais précisément, la répression de leur religion et de leur culture dont ils ont souffert en U.R.S.S. a entraîné un réveil du sentiment religieux. Déjà, les Géorgiens, nombreux parmi les immigrants russes, réclament des synagogues. Il est possible qu'aux prochaines élections leurs votes se portent sur le M.A.F.D.A.L., renforçant ainsi l'audience de ce parti.

Les problèmes religieux peuvent provoquer des querelles sans fin au sein des différents partis. A Droite, dans le *Likoud,* le *Herouth* soutient plus volontiers les revendications des religieux que les Libéraux. A Gauche, malgré une relative discipline de vote au Parlement, les discussions sur les relations entre l'Etat et les instances religieuses divisent le Mouvement Ouvrier. Cependant, les Travaillistes et même les militants du M.A.P.A.M. plongent leurs racines dans une culture profondément marquée par les traditions religieuses. Dans les *kibboutzim* du *Hachomer Hatzaïr,* on célèbre les fêtes juives, tout en leur donnant un caractère plus national que religieux. Ainsi, la Pâque, la sortie d'Egypte, devient la fête de la libération nationale. On mangera quand même, si l'on veut, des pains azymes. Dans la longue histoire du Judaïsme, peuple, religion et culture sont étroitement mêlés. Aussi, malgré les mouvements de contestation, menés par les députés Uri Avneri ou Choulamith Aloni, malgré les protestations et les manifestations de rue de la Ligue contre la contrainte religieuse, les compromis semblent difficiles.

Pourtant, la religion n'est pas, comme l'affirment certains dirigeants israéliens, un lien entre Orientaux et Occidentaux pratiquants. Bien au contraire, les *Achkénazes* adoptent parfois des positions plus dures, plus légalistes que les *Sépharades*. Il y a en Israël, deux Grands Rabbins ; l'un *achkénaze* : c'est actuellement Chlomo Goren, ancien aumônier militaire, soutenu par les Travaillistes ; l'autre *sépharade,* Ovadia Yossef. Une vive hostilité les oppose et leurs querelles, répercutées par la presse, paraissent franchement byzantines à l'observateur de l'extérieur. On penserait qu'un peuple qui doit lutter chaque jour pour sa survie pourrait avoir d'autres préoccupations. Or, il n'en n'est rien. Bien au contraire, depuis 1970, les incidents entre religieux de différentes tendances, entre religieux et laïcs, se multiplient. Ils sont toujours largement répercutés par la presse et donnent lieu à d'innombrables manifestations et discussions. Pour l'observateur étranger, la seule solution serait la séparation de la religion de l'Etat. Mais en raison même du lien historique qui lie de façon organique la religion et le peuple dans le Judaïsme cette séparation est plus difficilement réalisable en Israël que dans les pays européens.

Mais la situation actuelle ne pourra être supportée longtemps. En Israël, l'orthodoxie juive sous sa forme légaliste est le fait d'une faible minorité. De nombreux impératifs religieux sont confirmés par la législation israélienne civile et imposés à des populations qui n'en perçoivent plus le sens. L'insécurité de l'Etat d'Israël freine, ici encore, les oppositions. Mais elle ne peut empêcher les conflits et leurs répercussions profondes dans l'opinion publique. Tôt ou tard, l'actuel statu quo revendiqué à la fois par les partis religieux et les Travaillistes au nom de la sacro-sainte coalition gouvernementale, devra céder le pas aux impératifs de la liberté de conscience.

conflit des générations

Un troisième sujet de conflit en Israël oppose vétérans et nouveaux-venus, et surtout immigrants et *Sabarim*. En effet, même une intégration sociale et économique réussie ne supprime pas chez le nouvel immigrant, qu'il soit d'origine occidentale ou orientale, toutes les attaches avec la Diaspora. Son mode de vie, malgré l'adaptation, demeure marqué par son passé culturel. Or, très précisément, les jeunes qui ont grandi en Israël refusent ce passé diasporique. La longue suite de souffrances et de persécutions qui a marqué l'histoire des Juifs de la Diaspora pendant deux millénaires, est résolument rejetée. Le livre fondamental d'histoire du jeune Israélien est la Bible, et dans la Terre de la Bible, chaque montagne, chaque cité, chaque ville, chaque fleur, rappelle les souvenirs précis d'un passé glorieux.

Au sein des familles, les oppositions sont parfois vives : les idéologies des pères fondateurs de l'Etat d'Israël sont, pour les jeunes, des contes de fée. D'ailleurs, de nombreux immigrants ne les acceptent plus. La langue elle-même peut opposer les jeunes à leurs parents. Même si l'immigrant a appris l'hébreu, et c'est le cas de la grande majorité, il ne maîtrisera jamais cette langue comme le font les adolescents élevés dans le système scolaire israélien.

Le jeune Israélien, surtout s'il est Oriental, vit déchiré entre deux mondes, entre deux modèles de civilisation : celui de sa famille où des coutumes ancestrales prévalent encore, où la langue du pays d'origine est parfois encore parlée et celui proposé par l'école, qui introduit la vision d'une civilisation nouvelle. Dans l'arsenal des mythes de la société israélienne, celui de la génération du désert jouissait autrefois d'une large audience. Les immigrants étaient comparés aux Juifs qui, sous la conduite de Moïse, avaient erré pendant quarante ans dans le désert du Sinaï, afin de s'y purifier avant l'entrée dans la Terre Promise. Conformément à cette image, les immigrants devaient se considérer comme une génération sacrifiée : tous les espoirs de la société nouvelle réalisant l'idéal de l'Etat Juif se concentraient sur la jeunesse qui monte.

Aujourd'hui, l'heure de la relève est proche. Déjà, des *Sabarim* arrivés à l'âge adulte occupent des postes importants dans la vie publique israélienne. Ce sont eux encore, qui créent, par leur mode de vie, une nouvelle culture, lieu de rencontre entre l'Orient et l'Occident.

La grande majorité des *Sabarim* ne rejette pas les perspectives d'une société moderne, techniquement très développée. Mais en même temps le *Sabar* est un Oriental. Il est né dans un pays d'Asie : le climat, le mode de vie, les habitudes de cette région du monde l'ont marqué. Le poids de la défense de l'Etat d'Israël repose de plus en plus sur le *Sabar*. Premier au front, il est aussi la première victime de la guerre. Cette nécessité d'assurer la survie d'un pays perpétuellement en lutte avec ses voisins, détermine en bonne partie la mentalité du *Sabar* et freine, sans aucun doute, les courants de contestation.

C'est pourtant parmi les jeunes, notamment parmi ceux nés dans le pays, que des groupes comme le *Matzpen* ou le S.I.A.H., ainsi que d'autres conceptions d'une vie plus juste trouvent encore l'écho le plus grand. Les jeunes d'aujourd'hui ne peuvent plus accepter les inégalités héritées de leurs pères, et ils rejettent aussi cette idéologie pionnière que l'on s'efforce de leur imposer. Leurs aspirations vont ailleurs, vers une société normale, en paix avec ses voisins. Elles vont aussi vers une société de consommation, où enfin, ils pourront vivre, comme tous les peuples développés, dans le bien-être et la tranquillité.

Le *Sabar* n'est pas un idéaliste, mais il sait combattre quand la nécessité l'exige. Il défendra son pays contre les attaques extérieures, mais il revendiquera aussi, avec force, à l'intérieur, les situations auxquelles il pense avoir droit. Certes, la génération des immigrants d'Europe qui, jusqu'à présent, avait détenu les positions-clés de la société israélienne, vieillit : actuellement l'âge moyen de l'immigrant occidental est de 51 ans. Cependant, ces générations anciennes sont encore solidement installées dans la vie politique, économique et sociale. Les avantages incontestables consentis aux 30.000 à 40.000 immigrants annuels comparés aux difficultés de tous ordres rencontrées par les *Sabarim* dans la recherche d'un logement et d'une situation suscitent déjà de nombreuses protestations. Aussi, la relève tant désirée provoquera des conflits que les tenants du mythe de la jeunesse montante n'avaient pas prévus.

Principales fêtes juives.

De nombreuses fêtes rythment l'année. A l'exception du TICHA BE'AV, toutes ont leur origine dans la Bible. Toutes se célèbrent à la fois à la synagogue et en famille, souvent au cours d'un repas.

Le mois de TICHRI est le premier du calendrier civil juif. C'est le mois festif par excellence, il a lieu à l'automne.

— ROCH HACHANA (Nouvel An), 1 et 2 Tichri, commémorent la création du monde. Cette fête annonce le jour du jugement où Dieu se manifestera dans sa Toute-Puissance de Roi et Juge suprême.

— YOM KIPPOUR. Le lendemain de Roch Hachana, commence une semaine de pénitence et de repentir qui prépare au Yom Kippour (Jour du Grand Pardon), célébré le 10 Tichri. Kippour est consacré à la prière et à la pénitence. Jour de jeûne où toute nourriture est interdite afin que les fidèles prient à la synagogue pour obtenir le pardon de tout péché personnel et collectif. Tout travail est défendu. La synagogue est ornée de blanc, couleur de l'innocence et de purification. En signe de mortification, les Juifs pieux remplacent les chaussures de cuir par des chaussures d'étoffe. Ils revêtent le sargueness, blanc suaire, en attente du jugement dernier, et se couvrent de leurs châles de prière (talleth). A la synagogue retentit le son du chofar, corne de bélier.

Kippour est la fête la plus austère du Judaïsme. La grande majorité des Juifs du monde, même éloignés des pratiques religieuses, la célèbrent d'une manière ou d'une autre.

Roch Hachana et Kippour sont des fêtes graves. Elles sont suivies, du 15 au 21 Tichri, par Soukkoth, la fête des Cabanes.

— SOUKKOTH commémore la traversée du désert par le peuple d'Israël après sa sortie d'Egypte. C'est aussi la fête de la récolte : autrefois, le peuple montait en pèlerinage au Temple de Jérusalem. Soukkoth est une fête joyeuse. Pendant huit jours, on habite une cabane, ou tout au moins on y prend ses repas. Cette cabane est ornée de feuillages et surtout du loulav, bouquet composé d'un cédrat, d'une palme, de branches de myrrhe et de saule. Il symbolise les produits de la terre.

— SIMHAT THORA. La fête de Soukkoth s'achève avec Simhat Thora (Joie de la Thora) sur une manifestation populaire. Les rouleaux de la

Thora dont la lecture s'achève et recommence ce jour-là, sont portés en procession. Jeunes et moins jeunes dansent dans la rue. Même en U.R.S.S. les Juifs n'ont pas oublié cette tradition.

— HANOUKKA, la fête des Lumières, commence le 25 Kislev, coïncidant plus ou moins avec le mois de décembre. Hanoukka commémore la victoire des Maccabées sur les troupes syriennes d'Antiochus Epiphane en 168 av. J.-C. et la purification du Temple de Jérusalem qui avait été profané. Pendant huit jours, à la tombée de la nuit, on allume, en famille, la menorah, chandelier à huit branches. Cette cérémonie s'accompagne de chants évoquant les persécutions et les délivrances du peuple juif. La menorah est le symbole de l'Etat d'Israël : mais le chandelier de Jérusalem n'a que sept branches. En Israël, comme en Diaspora, les enfants sont comblés de cadeaux : c'est pour cela que cette fête est parfois considérée comme le reflet de Noël qui tombe à peu près à la même époque.

— POURIM. Comme Hanoukka, Pourim est une fête célébrant la délivrance du peuple juif. Fixée au 14 Adar, elle annonce la fin de l'hiver. Pourim commémore l'intervention de la reine Esther sauvant de l'extermination les Juifs déportés en Perse.

A la synagogue, on lit la Meguilla (rouleau) d'Esther. On envoie des cadeaux aux pauvres. Les enfants se déguisent et sont comblés de jouets et de sucreries. En souvenir du festin offert par Esther à son époux le roi Assuérus, la joie de Pourim s'exprime par des victuailles et la boisson. C'est la seule fête juive autorisant l'abus de l'alcool. Et chaque communauté la marque par ses traditions culinaires.

En Israël, Pourim prend l'allure de carnaval avec des défilés masqués dans les rues des villes.

— PESSAH. Un mois après Pourim, le 15 Nissan, commence la Pâque juive, Pessah. C'est la fête du saut du Seigneur par-dessus les maisons des enfants d'Israël, les préservant de la dixième plaie d'Egypte, la mort des premiers nés (Exode XII/3-11). C'est la commémoration de la sortie d'Egypte, de la libération nationale. Dès le lendemain de Pourim commence la préparation de Pessah. La maîtresse de maison procède au grand nettoyage afin d'enlever tous les restes de pain. Souvent l'appartement est repeint, la vaisselle renouvelée. Cette élimination de tout levain est le symbole de l'extirpation de tout mal que les mauvais instincts ont déposé dans l'âme. La veille de Pessah, le chef de famille brûle les derniers restes de pain.

Pendant les huit jours de la fête, on ne consomme que du pain sans levain, la matza, le pain azyme. La matza est préparée avec de la farine de froment mélangée à de l'eau. Les Maghrébins y ajoutent du vin. Aujourd'hui la fabrication des matzoth est industrielle, mais elle est contrôlée par le Rabbinat.

Pessah est célébré à la synagogue, mais surtout à la maison. Le repas rituel, le Seder, réunit la famille proche et éloignée au grand complet. Le patriarche préside la cérémonie, pendant laquelle on lit la Haggadah — le récit de la sortie d'Egypte. Un enfant pose des questions sur la signification des rites accomplis au cours du repas et qui rappellent tous les événements de la sortie d'Egypte, il y a plus de trois mille ans. Tous les mets du Seder ont une signification symbolique : la matza évoque le départ précipité : on n'avait pas le temps de laisser fermenter la pâte du pain. Sur la table, s'alignent des petits récipients : les herbes amères évoquent l'amertume de l'esclavage en Egypte ; le harosseth, une pâte brunâtre où se mêlent pommes et amandes ainsi que de la canelle baignée de vin rouge imite les briques fabriquées par les esclaves ; la zeroa, os garni de viande, rôti à la braise, remplace l'agneau pascal ; un œuf dur, signe de deuil, rappelle, dans la joie, la destruction du Temple de Jérusalem. Au cours du repas, à quatre reprises, la coupe de vin est bénie. La deuxième coupe est bénie en l'honneur du prophète Elie, attendu ce soir-là dans tous les foyers juifs. Son retour annoncerait la venue du Messie. La bénédiction de la quatrième coupe s'accompagne du souhait « l'an prochain à Jérusalem ». Le repas se termine sur des chants.

Ce rituel comporte des variantes d'un pays à l'autre. Ainsi, au Maroc, après la lecture de la Haggadah, les hommes prennent sur l'épaule un bâton auquel pend un ballot, sortent de la maison en courant et en criant : « c'est ainsi que nos pères sont sortis d'Egypte ».

Pessah est aussi une fête des prémices : on offre à Dieu les premiers fruits des champs. Cet aspect est particulièrement mis en valeur au kibboutz et aussi en Afrique du Nord où le dernier soir, le huitième jour, on célèbre la Mimouna. En Algérie, au retour d'une promenade, les chambres étaient parsemées de gerbes de blé arrosées de lait, signe de fécondité. Mais c'est au Maroc que la Mimouna était célébrée avec un éclat tout particulier, Le mellah s'animait cette nuit-là ; on allait d'une maison à l'autre. Partout on offrait aux visiteurs du lait et du beurre, des herbes, des sucreries et l'eau de vie de figues, la mahiya. Table et planchers étaient jonchés d'herbes, d'épis et de fleurs des champs.

Pessah était aussi une fête de pèlerinage : le peuple montait au Temple de Jérusalem. Aujourd'hui, en Israël, les Marocains et d'autres communautés orientales, accomplissent ce pèlerinage à la Mimouna célébrée dans la liesse populaire sur les pentes du Mont Sion.

— **CHAVOUOTH.** Sept semaines après le début de la fête de Pessah, on célèbre Chavouoth, qui était autrefois la troisième fête de pèlerinage au Temple de Jérusalem. Chavouoth commémore la Révélation de Dieu à Moïse dans le Sinaï : c'est le don de la Thora, de la loi sacrée, achèvement spirituel de la délivrance matérielle célébrée à Pessah.

En Israël, à cette période proche de l'été, s'achève la moisson du blé. Aussi Chavouoth est la fête de la récolte dont les prémices étaient offertes, autrefois, au Temple de Jérusalem. En Israël, cet aspect de la fête est de nouveau valorisé. Dans tout le pays, les enfants tressent des couronnes de fleurs, dansent et chantent, les pentes du Mont Sion s'animent ; on y va en pèlerinage.

— **TICHA BE'AV.** A la joie de Pessah et de Chavouoth succède le deuil. Le 9 Av est le jour anniversaire de la destruction du premier et du second Temple de Jérusalem. La tradition rabbinique y rattache d'autres désastres : la génération du désert y aurait entendu son arrêt de mort et l'interdiction d'entrer dans la Terre Promise (Nombes XIV/23) ; la ville de Bethar, dernier foyer de la résistance juive, fut prise en 135 par les Romains qui passaient aussi, ce jour-là, la charrue sur les ruines du Temple et de Jérusalem.

Ticha Be'Av est un jour de jeûne rigoureux. Comme à Kippour, on enlève les chaussures à semelles de cuir. Aujourd'hui encore, ce jour-là, à Jérusalem, on prend le deuil, comme si le Temple avait été détruit hier.

UNE SOCIETE EN MUTATION

1950... Après une longue et pénible traversée, un rafiot vétuste jette l'ancre dans le port de Haïfa. Transporté par un bus cahotant, le voyageur qui se dirige vers le nord, atteint bientôt une région pierreuse, la Galilée, où par-ci, par-là, des taches verdoyantes signalent les *kibboutzim* et les *mochavim*. Si, au contraire, son chemin le conduit vers le sud, il longe pendant des heures des dunes de sable, dont la monotonie n'est rompue que par quelques tentes ou des baraques en tôle ondulée : les *ma-averoth*. Enfin, il aperçoit Tel Aviv, rencontre bien décevante : quelques rues animées certes, mais ville si provinciale. Aucune maison de plus de quatre étages, des magasins à peine fournis, sans la moindre coquetterie dans la présentation des marchandises. Tel-Aviv dépassé, notre voyageur retrouve bientôt, à l'est comme au sud, la monotonie des dunes de sable.

Si aujourd'hui ce même voyageur retourne en Israël, il reconnaîtra à peine le pays. Dès la descente du Jumbo-Jet, il est accueilli dans un aéroport ultra-moderne. Se dirigeant vers le nord, ou vers le sud, vers l'ouest ou vers l'est, il aperçoit, de l'autoroute, le défilé des villages aux maisons blanches, entourés de champs verdoyants, des villes grouillantes de monde, dominées par des tours, des grues toujours actives et des cheminées d'usines.

Ces impressions de voyage annoncent les mutations économiques, sociales, culturelles, idéologiques de la société israélienne. Etonné, le voyageur se demande comment tant de chemin a pu être parcouru en si peu de temps.

facteurs de changement

Dans un monde en mutation, Israël, depuis un quart de siècle, vit ses transformations sur un rythme particulièrement accéléré. L'accroissement de sa population est sans doute l'un des premiers facteurs de cette évolution. Immigrants et *Sabarim*, toujours de plus en plus nombreux, veulent se loger, se nourrir et trouver des emplois. Ce facteur démographique conditionne l'expansion de l'économie israélienne ; seule la mise

Tableau 1

EVOLUTION DES STRUCTURES SOCIO-PROFESSIONNELLES DE LA POPULATION JUIVE D'ISRAEL ([1])

Secteur d'activité	1931	1955	1974
Secteur primaire			
Agriculture	18 %	17 %	5,5 %
Secteur secondaire			
Industrie, bâtiment, transports, mines et carrières	40 %	35 %	33 %
Secteur tertiaire			
Employés, cadres moyens et supérieurs, professions libérales, scientifiques, techniques, commerce, services, etc... dont :	42 %	48 %	61,5 %
— Commerce	19 %	11 %	8 %
— Professions scientifiques et techniques	12 %	10 %	20 %
Total	**100 %**	**100 %**	**100 %**

en valeur de toutes les ressources du pays peut couvrir ces besoins nouveaux. Or, la richesse essentielle d'Israël est son potentiel humain capable de promouvoir à tous les niveaux le développement technologique. L'ingéniosité et la volonté tenace des hommes caractérisent, depuis presque cent ans, l'évolution du *yichouv* et de l'Etat d'Israël. Un troisième facteur, négatif celui-là, s'ajoute aux précédents : l'insécurité permanente, l'hostilité des pays arabes, les guerres, pèsent d'un poids de plus en plus lourd, sur les mutations de la société israélienne.

mutations des structures socio-économiques

Dans le *yichouv*, l'agriculture était plus développée que l'industrie. Cette tendance s'est poursuivie pendant une grande décennie après la création de l'Etat, mais aujourd'hui, c'est de l'industrie que dépend l'avenir économique du pays. En 1955 encore, 17 % de la population juive active travaillaient dans l'agriculture : cette proportion tombe à 5,5 % en 1974 (cf. tableau n° 1). L'organisation collectiviste ou coopérative des *kibboutzim* et des *mochavim* a permis à l'agriculture israélienne d'atteindre un niveau de technicité particulièrement avancé. L'Etat a investi des sommes importantes dans l'irrigation des terres dont le rendement a considérablement augmenté. Ces progrès permettent aujourd'hui de satisfaire la demande locale, sauf pour les céréales et la viande de bœuf, partiellement importées. Par contre, Israël exporte lui-même la plus grande partie de sa récolte d'agrumes, de fruits et légumes, de fleurs ; en plein hiver, à Paris, Londres, Bruxelles, Bonn, la ménagère peut remplir son panier de primeurs israéliens.

L'industrie, le bâtiment, les transports, les mines et carrières, c'est-à-dire toutes les activités de production du secteur secondaire, emploient aujourd'hui un tiers de la population juive active : cette proportion a peu varié depuis une vingtaine d'années (cf. tableau n° 1). Les entreprises sont géographiquement dispersées : il fallait créer des emplois dans toutes les régions du pays. Elles ont encore souvent un caractère familial ou n'emploient que quelques dizaines de personnes. Un travailleur sur trois seulement appartient à des entreprises, peu nombreuses, dont les effectifs dépassent trois cents salariés. Les branches d'activité sont très diversifiées, mais ne répondent pas encore entièrement à la demande locale en biens de consommation. Toutes ces branches ne se développent pas de la même manière. Dans certains secteurs, depuis une dizaine d'années, la production a progressé selon un rythme spectaculaire : industries chimiques, produits de caoutchouc et de matières plastiques, mais surtout les équipements électriques et électroniques, ainsi que l'industrie aéronautique ont connu un développement particulièrement rapide. Les besoins de la défense expliquent pour une part ce bond en avant des secteurs de pointe. L'embargo décidé par la France sur les avions et les armes a fait prendre conscience aux dirigeants israéliens de la nécessité d'une moindre dépendance à l'égard des approvisionnements extérieurs. De ce point de vue, la guerre devient un stimulant pour la recherche scientifique et technologique, secteur dans lequel Israël occupe aujourd'hui un rang plus qu'honorable parmi les nations les plus industrialisées. Ce développement est d'autant plus remarquable que le pays est pauvre en ressources naturelles. L'immigration de savants et de techniciens hautement qualifiés a favorisé l'industrialisation et le développement technologique.

Mais aujourd'hui, ce personnel est aussi formé dans les universités et les instituts de technologie israéliens. Cette expansion économique exige des capitaux considérables : l'aide extérieure a joué un rôle important. Elle est fournie par les collectivités juives de la Diaspora et par les réparations allemandes. Les prêts des institutions monétaires internationales et les investissements privés ont été moins importants. L'aide américaine, qui doit être remboursée, est surtout affectée à l'achat d'armements. Depuis 1967 et surtout 1973, elle atteint des sommes considérables dont on ignore le montant exact.

Ces divers types de financement sont

Les réparations allemandes.

En 1952, un accord a été signé à Luxembourg, entre la République Fédérale Allemande et l'Etat hébreu, en vue du paiement à Israël de réparations pour les dommages subis par les Juifs pendant la persécution hitlérienne. De 1953 à 1965, l'Etat d'Israël a reçu la somme de 770 millions de dollars affectés à l'achat de matières premières et de marchandises.

L'accord ayant été honoré par la R.F.A., cette source de financement a disparu depuis 1966. Mais des restitutions directes aux victimes du régime hitlérien, résidant en Israël, continuent à être payées.

contrôlés par l'Etat, et orientés vers des secteurs jugés prioritaires. Aussi, aujourd'hui l'économie israélienne n'est ni capitaliste, ni socialiste. C'est une économie mixte, dirigée par l'Etat, dans laquelle les investissements privés interviennent à égalité avec ceux des secteurs publics et coopératifs, c'est-à-dire la *Histadrouth*.

Dans les années 1960, l'industrialisation rapide a amélioré le niveau de vie de toutes les populations d'Israël. Mais les besoins démesurés de la défense nationale absorbent, surtout depuis la guerre du *Kippour*, une part de plus en plus importante du produit national brut. Impôts directs très lourds, emprunts obligatoires et taxes grèvent le budget familial. L'inflation galopante ainsi que l'augmentation constante des prix sont à l'origine des difficultés actuelles. L'état de guerre latente pèse lourdement sur l'économie israélienne.

Les fondateurs de l'Etat d'Israël faisaient confiance aux progrès de la science et de la technique. Le développement si rapide de ces domaines peut étonner, mais il a des répercussions profondes sur le devenir de la société israélienne. En effet, l'expansion économique entretient et avive les aspirations à une société de consommation : déjà l'Israélien est un fort consommateur dont les dépenses dépassent les moyens d'un pays en guerre. De plus, les progrès technologiques ne comblent pas le fossé entre les différentes populations d'Israël. Dans une certaine mesure, il accentue même les inégalités. Le niveau de vie ne s'élève pas au même rythme pour tous : les écarts entre les revenus des Orientaux et des Occidentaux ne sont pas résorbés, pas plus que ceux entre populations juives et non-juives (cf. 2me Partie : *Populations non-juives*). Plus graves peut-être encore, sont les divergences nouvelles qui naissent entre les élites futuristes du XXIme siècle, à la pointe du progrès scientifique et technique, et les masses encore si proches des structures sociales traditionnelles. La supériorité scientifique et technologique préconisée par le gouvernement israélien comme un moyen de défense contre les voisins hostiles, moins développés, renforce le hiatus entre Occidentaux et Orientaux, dont les coutumes et le mode de vie ressemblent encore à ceux des Arabes. Aujourd'hui, dans le monde, la foi dans le « Progrès » est moins absolue qu'elle ne le fut au XIXme siècle, et nous savons que science et technique ne sont pas innocentes.

mutations culturelles : l'hébreu, langue vivante

Théodore Herzl écrivait dans *l'Etat Juif* : « *Nous n'avons plus de langue commune. Nous ne pouvons pas parler l'hébreu entre nous. Qui de nous sait assez d'hébreu pour demander en cette langue un billet de chemin de fer ?* »

Le fondateur du Sionisme politique ignorait que, déjà, en Eretz Israël, Eliezer Ben Yehouda travaillait à la renaissance de l'hébreu comme langue vivante. Aujourd'hui, des équipes d'enseignants, d'écrivains et de linguistes ont non seulement fait renaître l'hébreu comme langue de communication entre les habitants venus des quatre coins du monde, mais ont forgé les termes nécessaires pour exprimer dans cette langue trois fois millénaires, tous les acquis de la modernité. Partout, des cours intensifs d'hébreu (*oulpanim*) sont organisés à l'intention des nouveaux immigrants : aussi malgré une certaine survivance de l'arabe parmi les Orientaux et du *yiddich* parmi les *Achkénazes*, la très grande majorité des Juifs d'Israël parle couramment l'hébreu (88 %). La renaissance de l'hébreu comme langue vivante dépasse d'ailleurs largement les frontières d'Israël : des milliers de gens dans le monde l'apprennent ; pour les jeunes Juifs, c'est souvent une manière d'affirmer leur identité.

littérature et autres formes d'expression culturelle

En Israël même, du jardin d'enfants à l'université, tout l'enseignement est dispensé en hébreu. La littérature hébraïque moderne compte déjà trois générations d'écrivains. La première est née en Europe orientale à la fin du siècle dernier. Sa langue maternelle était le *yiddich*. Le souvenir du *Shtetl* et de la vie fruste mais libératrice des pionniers du *yichouv* est présente à chaque page de leur œuvre. Shamouel Yossef Agnon (1888-1970), prix Nobel de littérature en 1966, est sans doute le plus connu en Europe. Mais il faudrait en citer beaucoup d'autres : Haïm Nahman Bialik, Nathan Alterman, Saül Tchernikovsky... tous immigrent en Eretz Israël avec les premières *aliyoth* et chantent la renaissance nationale du peuple juif. La deuxième génération est née dans le *yichouv* entre 1900 et 1925. La lutte pour l'indépendance nationale est le thème central de leur œuvre. Enfin, la troisième génération est celle de l'Etat d'Israël, devenu réalité. Elle est constituée par une pléiade de poètes, de romanciers, de dramaturges nés dans le pays, ou ayant immigré très jeunes. Ils substituent à l'esprit pionnier de leurs prédécesseurs les thèmes de la réalité israélienne contemporaine, ou tout simplement, de l'homme moderne. Leur œuvre traduit le conflit des générations ; le souvenir des traditions d'autrefois s'y oppose aux aspirations vers une vie nouvelle, plus authentiquement israélienne que juive diasporique. Ce conflit entre l'ancien et le nouveau caractérise toute la créativité artistique israélienne.

On le retrouve dans l'essor du théâtre, dans la chorégraphie qui s'inspire dans une large mesure d'une mosaïque de folklores apportés par les immigrants aux origines diverses. Les arts plastiques excellent dans l'abstrait, contournant ainsi l'antique interdiction de représenter le corps et le visage humain, voire tout être créé par Dieu. En effet, la tradition juive interprète, à la lettre, le commandement : « *Tu ne feras point de sculpture ni de figure de ce qui est en haut dans les cieux, ou en bas sur la terre, ou dans les eaux* » (Exode XX/4), cette interdiction ayant permis, dans l'Antiquité, au Monothéisme juif de résister aux cultes païens. La musique est, elle aussi, une recherche d'équilibre entre les accents antiques des pâtres du pays de Canaan et les compositions les plus modernes. En moins d'un siècle, la culture hébraïque moderne, étroitement liée à la renaissance de la langue et à la restauration na-

---

Quelques écrivains israéliens contemporains.

Ils sont nombreux et leur œuvre est déjà importante, mais elle est encore mal connue en Europe, surtout dans les pays de langue française. C'est au hasard que nous citons quelques noms :

— **AMOS OZ**, né au kibboutz. Nous le connaissons pour deux romans traduits en français : « Ailleurs peut-être », qui décrit la vie dans un Kibboutz frontalier et « Mon Michaël », une sorte d'auto-biographie du Sabar.

— **AMOS KENAN**, né à Tel-Aviv, vient de publier, en français, un récit intitulé « Holocauste II » : après la chute de Tel-Aviv, les survivants sont amenés dans un camp où il n'y a ni jour ni nuit. Mais ce camp n'est situé nulle part : il rassemble tous ceux qui ont lutté pour un idéal.

— **ARON MEGGED**, né en Pologne, immigré en Israël à l'âge de 6 ans, élevé au kibboutz. Ses romans et pièces de théâtre reflètent les multiples aspects de la vie quotidienne israélienne.

— **YEHOUDA AMIHAI**, né en Allemagne, immigré à l'âge de 12 ans. Poète, nouvelliste et romancier, il analyse les liens entre la tradition juive et le présent israélien.

tionale, a déjà produit de nombreux écrivains et artistes, dont certains de renommée mondiale.

Mais en fait, cette culture se cherche encore. Ses inspirations fondamentales viennent de la nuit des temps : dans le pays de la Bible, l'archéologie est une passion populaire. Les jeunes veulent recréer des liens avec ce passé lointain. Cependant, d'autres influences s'expriment dans la jeune culture israélienne naissante, et on ne peut biffer d'un trait de plume, habitudes et coutumes acquises pendant les deux millénaires de vie en Diaspora. Or, dans la *golah,* traditions culturelles et religieuses étaient étroitement liées. De plus, chaque communauté juive coloriait ses traditions spécifiques de celles pratiquées par les peuples d'accueil. Cet héritage culturel de la Diaspora se transforme au contact avec la réalité israélienne. Tout d'abord, les traditions religieuses se sécularisent : les coutumes et certaines valeurs perdent leur signification sacrée, mais sont transposées dans la vie profane. Ainsi, par exemple, toute la vie culturelle et spirituelle des communautés traditionnelles de la Diaspora était centrée sur l'étude de la *Thora* et de ses commentaires. L'étude ou plutôt les études orientées vers les sciences profanes, jouissent toujours d'un grand prestige, et les Israéliens sont des lecteurs assidus de livres, sinon du Livre. Les fêtes juives sont célébrées par l'ensemble de la population juive d'Israël, mais les non-croyants ne leur reconnaissent plus de signification religieuse : elles deviennent occasion de réjouissances familiales, sociales, nationales.

La rencontre entre la culture du *Shtettl* et celle du *mellah* est plus conflictuelle : les Orientaux dénoncent l'impérialisme culturel des *Achkénazes.* Aujourd'hui, cette accusation est moins justifiée qu'autrefois : on a pris conscience de la richesse des apports culturels des différentes populations juives d'Israël. Un certain pluriculturalisme est admis. On rêve d'une fusion harmonieuse de l'Orient et de l'Occident dans une nouvelle culture spécifiquement israélienne.

Politiquement isolé, Israël n'est pas une île : bien au contraire, c'est un lieu de rencontre de maints courants intellectuels et culturels du monde moderne. En fait, à la culture juive se mêlent de multiples tendances extérieures. Toutes les grandes œuvres littéraires ont été traduites en hébreu : le lycéen israélien, juif et arabe, étudie, en langue d'origine ou en traduction, Shakespeare, Balzac, Tolstoï et bien d'autres auteurs.

Plus importante encore est l'influence des mass-media : elles apportent le meilleur et le pire ; Israël ne produit qu'une vingtaine de films par an : leur qualité est inégale et le public leur préfère les productions américaines, italiennes et françaises. En 1974-75, Israël a importé 458 films étrangers dont 125 américains, 40 français, 64 italiens ; 58 sont des productions importées des pays arabes (2). L'Israélien est un spectateur passionné : les films étrangers lui permettent de s'évader pour quelques heures, d'oublier ses soucis et de respirer l'air du monde. Depuis 1969, la fréquentation des salles de cinéma est en baisse, car Israël s'est doté d'un réseau de télévision. L'opportunité de cette création a été très discutée : les partis religieux s'y sont vivement opposés. Or, des Israéliens de plus en plus nombreux, Juifs et Arabes, avaient acheté des postes : ils suivaient les émissions égyptiennes, jordaniennes, syriennes et libanaises. La nécessité de soustraire les populations israéliennes à la propagande ennemie fit taire les opposants. Mais, jusqu'à présent, la moitié seulement des programmes, diffusés en hébreu et en arabe, sont réalisés en Israël. Comme pour le cinéma, de nombreux films proviennent de l'étranger. Or, la télévision rencontre un énorme succès. La très grande majorité de la population (90 % en 1972) suit les émissions ; un foyer sur quatre possède un poste et cela, malgré son prix élevé.

... et mass media

Cinéma, télévision et radio exercent donc une influence indiscutable sur les populations israéliennes quelle que soit d'ailleurs leur origine. Ces mass-media ouvrent très largement les portes aux influences culturelles extérieures. Elles permettent l'évasion d'un univers parfois ressenti comme trop limité. Elles constituent un antidote contre l'ethnocentrisme, mais en même temps, elles diffusent l'image de cette société de consommation à laquelle aspirent les jeunes générations. La culture israélienne contemporaine se situe au carrefour de ces influences multiples et divergentes. Déchirée entre le passé et le présent, la tradition et la modernité, l'Orient et l'Occident, elle recherche ses expressions originales. La culture israélienne n'a pas encore trouvé sa voie définitive : elle traduit l'élan dynamique d'une société jeune et neuve. Mais ce processus continu de création culturelle ne facilite pas l'intégration des immigrants. Il est, en effet, plus simple de se couler dans un moule qui préexiste, que de participer soi-même à l'élaboration du modèle. Le Juif maghrébin qui décide de s'établir en France sait qu'il y trouvera une culture à laquelle il est appelé à s'intégrer. Il imite un modèle qui lui est proposé. Mais en Israël l'immigrant ne trouve pas ce modèle. Un effort plus grand lui est demandé : se défaire d'une partie de son passé et contribuer en même temps, avec ce passé, à la création d'un modèle nouveau.

mutations idéologiques et sociales

Les fondateurs du *yichouv* désiraient la création d'un Etat Juif dans lequel le socialisme rejoindrait le message des Prophètes d'Israël. Ils préconisaient la rédemption de l'homme juif par le retour à la terre et le travail manuel. Ils avaient jeté les fondements d'une société socialiste, presque égalitaire, à visage humain. Ils avaient réussi à créer une communauté fortement motivée, traversée certes par des divergences d'opinion, mais aussi animée par des relations particulièrement fraternelles. L'idéologie pionnière s'incarnait le plus fidèlement dans le *kibboutz*. Seule une élite parmi les habitants du *yichouv* avait choisi la vie en *kibboutz*. Le rayonnement du *kibboutz* était cependant important, il était le modèle que devait suivre la société globale. L'immigration de masse, le développement technologique et économique du pays et du monde ont fait dévier l'Etat d'Israël de ce modèle de société. Les motivations idéologiques s'affaiblissent. Même si les *kibboutzim* jouent, proportionnellement à leur nombre, un rôle encore très important dans la vie politique et sociale, la vie communautaire du *kibboutz* n'est plus conforme aux aspirations de la grande majorité de la population juive.

Certes, les structures socio-professionnelles de la population juive d'Israël diffèrent aujourd'hui de celles des communautés de la Diaspora. Le système coopératif qui prédomine dans la commercialisation des marchandises, a considérablement réduit le nombre de commerçants. Mais, en 1974, à peine 40 % des travailleurs juifs sont employés dans les activités productives de l'agriculture et de l'industrie. Le reste a rejoint le secteur tertiaire, dont le développement, même comparé à celui des pays les plus industrialisés, apparaît pléthorique. Nous sommes loin de l'idéal des pionniers. Cependant, certaines tendances du tertiaire, comme le développement des professions scientifiques et techniques, correspondent aux exigences d'une société moderne. Malgré leur foi dans la science, les pionniers d'antan ne pouvaient prévoir l'expansion de ce secteur, qui conditionne le rôle dévolu à Israël parmi les nations les plus

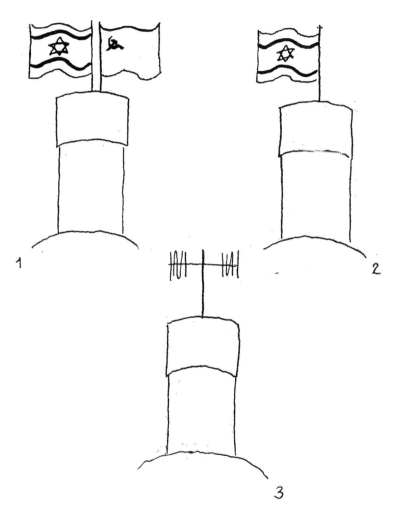

Changements sociaux en Israël.

développées. En effet, bien avant les Européens, les Israéliens ont compris l'importance de la matière grise pour un pays qui manque de matières premières.

Mais ce processus accéléré de modernisation se répercute sur la mentalité des Israéliens. L'idéologie pionnière cède le pas aux aspirations à la normalisation : être un peuple comme tous les peuples, avec ses paysans et ses savants, ses soldats et ses ménagères, ses riches et ses pauvres, ses travailleurs et ses voleurs. Etre un peuple qui recherche le bien-être, le plaisir. Mais aussitôt, l'inquiétude juive se réveille ; à quoi alors sert Israël ? Et en tout cas, l'hostilité des pays voisins empêche actuellement la parfaite concrétisation de ce programme, dont certains aspects ont néanmoins déjà pris corps.

les chocs de la guerre

Les fondateurs du Mouvement Sioniste n'avaient pas prévu l'opposition des Arabes à la création d'un Etat Juif en Palestine. On considérait ce pays comme sous-peuplé et sous-développé et on pensait que les populations arabes collaboreraient avec les Juifs à sa mise en valeur. Théodore Herzl, dans *Alt-Neuland* décrit cette idylle faisant dire à Reschid Bey, représentant les Arabes : « *Pour nous tous l'immigration des Juifs était une bénédiction... Les Juifs nous ont enrichis, pourquoi leur en vouloir ? Parmi mes coréligionnaires, je n'ai jamais eu de meilleur ami que ce David Litwak* (l'un des dirigeants de la Nouvelle Société Juive). *Il peut venir chez moi, jour et nuit, me demander ce qu'il veut, je le lui donnerai. Et moi, je sais que je peux compter sur lui comme sur un frère* ».

Cette fraternité n'était pas tout à fait utopique. Dans le *yichouv*, Arabes et Juifs entretenaient souvent d'excellentes relations personnelles. Malgré les conflits de plus en plus violents qui opposaient sous le mandat britannique, les communautés juives et arabes, aucun fondateur de l'Etat d'Israël n'avait prévu l'hostilité irréductible des Arabes. Certes des voix s'étaient élevées, comme celle de Martin Buber, elles exigeaient des Juifs un peu plus de compréhension et prêchaient la réconciliation. Mais aucun prophète de mauvais augure ne s'est levé dans le *yichouv* pour annoncer quatre guerres meurtrières en l'espace d'un quart de siècle.

Les victoires israéliennes de 1948, 1956 et 1967 ne se ressemblent ni par leur ampleur ni par leur conséquences.

Début mai 1948, une ultime entrevue entre Golda Meïr, déléguée par David Ben Gourion, et le roi Abdallah de Transjordanie avait échoué. Alors que le peuple juif en liesse dansait pour fêter la proclamation d'indépendance de l'Etat, le 15 mai 1948, les armées d'Egypte, de Syrie, d'Irak et du Liban envahissent Israël. Jérusalem est assiégée par la Légion Arabe composée de soldats transjordaniens, commandés par Glubb Pacha, un ancien officier de l'Armée britannique. Malgré leur écrasante majorité numérique et leur armement déjà perfectionné, livré par les Anglais, les Arabes sont repoussés par la *Haganah*. Cette guerre d'indépendance (*Milkhemet hachikhrour* : guerre de libération) a été longue, mais l'héroïsme des combattants, équipés seulement de quelques armes acquises par l'entremise de la Tchécoslovaquie, inspire confiance au tout jeune peuple israélien. Depuis l'Antiquité, c'est la première guerre menée par les Juifs pour des Juifs. La difficile victoire de la guerre d'indépendance efface dans la conscience juive deux millénaires de défaites, d'humiliations, de persécutions. Un cessez-le-feu est imposé par l'O.N.U. le 7 janvier 1949. A Rhodes, le 13 janvier 1949, Israël signe des accords d'armistice séparés avec l'Egypte, le Liban, la Transjordanie, la Syrie ; l'Irak refuse de participer aux pourparlers. On espérait alors qu'un règlement définitif interviendrait rapidement et que l'Etat d'Israël serait reconnu par ses voisins.

Cette attente est déçue ; *de facto*, Israël s'installe dans une situation de non-belligérance troublée cependant par quelques incursions de *feddayin* dans les *kibboutzim* frontaliers. Le gouvernement israélien doit résoudre dans l'immédiat des problèmes intérieurs qui lui paraissent plus urgents qu'un traité de paix avec des voisins vaincus. Certes, l'Etat d'Israël se dote d'une ar-

---

Martin Buber (1878-1965).

Martin Buber, né à Vienne (Autriche), est surtout connu pour son œuvre philosophique. Sioniste de la première heure, fondateur de l'Université hébraïque, il s'établit à Jérusalem en 1938. Dès cette époque, il préconise la création d'un Etat bi-national en Palestine rejoignant les préoccupations du mouvement BRITH CHALOM (Alliance de la Paix) animé par Judah L. Magnès, président de l'Université hébraïque de Jérusalem. Ce mouvement œuvrait sans cesse, mais sans grand succès, au rapprochement des Juifs et des Arabes en Eretz Israël.

mée moderne, T.S.A.H.A.L., qui veille à la sécurité des frontières : dès cette époque, l'armée jouit d'un grand prestige dans la population et personne ne rechigne contre le service militaire qui devient obligatoire pour tous les jeunes Israéliens, hommes et femmes.

En Europe comme aux Etats-Unis, Israël peut compter sur de nombreux appuis. Les relations avec l'U.R.S.S. et les démocraties populaires sont bonnes. La Gauche européenne suit avec sympathie les premières expériences du jeune Etat et fonde des espoirs sur la construction d'une société socialiste. En Afrique et en Asie, Israël soutient alors la lutte pour l'indépendance de nombreux peuples du Tiers-Monde. Des liens étroits se créent entre les nouveaux Etats afro-asiatiques et Israël qui leur fournit une aide technique très appréciée. Les relations avec les pays non-arabes d'Afrique et d'Asie resteront excellentes jusqu'à la guerre de 1967.

Cependant, en 1955, les attaques des *feddayin* se multiplient. Gamal 'Abdel Nasser a pris le pouvoir en Egypte. Celle-ci crée avec la Syrie et la Jordanie un haut-commandement unique menaçant sur trois fronts les frontières israéliennes. En septembre 1955, l'Egypte reçoit les premières cargaisons d'armes soviétiques. Les dirigeants israéliens négocient avec la France l'achat d'armes que les Etats-Unis leur refusent. Israël commence la préparation d'une expédition punitive, l'expédition *Kadech*, contre l'Egypte, base de départ des *feddayin*.

En juillet 1956, Nasser annonce la nationalisation du canal de Suez. Anglais et Français, furieux, préparent de leur côté l'expédition « Mousquetaire », indépendante de l'opération

---

Le service militaire.

Les conscrits sont incorporés dans l'armée à 18 ans : le service actif obligatoire était de deux ans et demi ; il a été porté à trois ans depuis la guerre d'octobre 1973 pour les hommes ; il est de deux ans pour les femmes. Jusqu'à 49 ans pour les hommes, jusqu'à 34 ans pour les femmes sans enfant ; les réservistes sont rappelés pendant trente jours chaque année. Mais depuis octobre 1973, les périodes de réserve sont au moins doublées. Les nouveaux immigrants font leur service militaire, ou au moins des périodes plus ou moins longues. Les Druzes et exceptionnellement des Arabes chrétiens servent dans l'armée israélienne. Les musulmans sont exemptés.

Kadech. En octobre 1956, Nasser ordonne le blocus du Détroit de Tiran interdisant ainsi la sortie des navires israéliens par la Mer Rouge. Or, c'est par le port d'Eilath que s'effectue le commerce avec l'Afrique et l'Asie, ainsi que l'approvisionnement en pétrole. Aussi, Israël considère-t-il le blocus du Détroit de Tiran comme un *casus belli*. L'opération *Kadech* débute le 29 octobre 1956. En dix jours, T.S.A.H.A.L. atteint le canal de Suez, débloque à Charm-el-Cheikh le port d'Eilath, entre à Gaza, Rafah et El-Arish. L'opération « Mousquetaire » débute le 30 octobre. Conduite par la France et l'Angleterre, elle appuie cependant l'armée israélienne. La déroute égyptienne dans le Sinaï est totale, mais sur le plan international cette victoire militaire n'est pas une réussite. Pour la première fois, les Etats-Unis interviennent dans le conflit : ils craignent la rupture de l'équilibre précaire des forces de la guerre froide. Français, Anglais et Israéliens sont sommés d'arrêter les combats et d'abandonner les positions conquises. En 1957, des casques bleus de l'O.N.U. sont postés le long de la frontière israélo-égyptienne et les grandes puissances garantissent le libre passage du Détroit de Tiran. Comme toutes les victoires de T.S.A.H.A.L., celle de 1956 est d'abord célébrée dans la liesse par les Israéliens. Par la suite, l'opération *Kadech* est sévèrement critiquée. Les uns regrettent la collusion entre l'armée israélienne et l'expédition franco-britannique : n'a-t-on pas joué le jeu des anciens colonisateurs ? Les autres déplorent la faiblesse du gouvernement israélien forcé de céder à l'ultimatum américain.

On apprécie cependant l'accalmie qui suit la défaite égyptienne. A cette époque encore, l'Arabe n'est pas traité en « ennemi héréditaire ». Mais on estime qu'il ne comprend que le langage de la force, que seule la supériorité militaire peut le contenir. En même temps, le mythe de l'invincibilité de T.S.A.H.A.L. se développe. Moché Dayan devient le héros. Le camp des *Faucons* est renforcé et personne ne songe sérieusement à des négociations avec un ennemi si vulnérable.

L'armée.

« **L'Etat juif est conçu comme Etat neutre. Il n'a besoin que d'une armée composée de professionnels — pourvue, bien entendu, de tous les moyens modernes de la guerre — pour le maintien de l'ordre à l'intérieur comme à l'extérieur.** »

Théodore Herzl, L'ETAT JUIF.

conflit israélo-arabe et l'o.l.p.

Sur le plan international, la situation s'aggrave : le conflit israélo-arabe est devenu un point chaud dans les relations entre les Etats-Unis et l'U.R.S.S. Celle-ci commence à s'implanter au Proche-Orient, arme l'Egypte et la Syrie. *Ipso-facto*, Israël se rapproche des Etats-Unis, tout en conservant des liens avec l'Europe et surtout avec la France. Cependant, la détérioration des relations avec l'U.R.S.S. et les autres démocraties populaires jette le trouble dans l'esprit des militants du Mouvement Ouvrier Israélien.

Pendant ce temps, sous la conduite de l'Egypte, les Arabes s'arment et réorganisent leurs armées. Dès 1965, les *feddayin* regroupés depuis 1964 dans l'Organisation de la Libération de la Palestine (O.L.P.) dirigée alors par Ahmed Choukeiri, multiplient les actes de sabotage en Israël. Dans le nord, des accrochages meurtriers opposent Israéliens et Syriens.

En mai 1967, à la demande de l'Egypte, le Secrétaire Général de l'O.N.U. U'Thant retire les Casques Bleus qui surveillaient la frontière du Sinaï depuis 1957. Quelques jours plus tard, Nasser ferme le Détroit de Tiran : c'est le *casus belli*. Début juin, les Egyptiens déploient leurs troupes dans le Sinaï. Israël prévient l'offensive en détruisant au sol, à l'aube du 5 juin 1967, la plus grande partie de l'aviation égyptienne et en mettant hors de combat les avions syriens et jordaniens. En six jours, les Israéliens atteignent la rive orientale du canal de Suez, le Jourdain, et s'emparent des hauteurs du Golan, dont les fortifications armées menaçaient les *kibboutzim* des rives du Lac de Tibériade. Le 10 juin, toutes les parties acceptent le cessez-le-feu de l'O.N.U. La victoire militaire israélienne est totale, mais la situation politique au Proche-Orient est entièrement bouleversée. Depuis juin 1967, Israël occupe des territoires trois fois plus étendus que lui-même et habités par un million d'Arabes.

En Israël, après les longues semaines d'attente anxieuse qui avaient précédé la guerre, c'est l'explosion de joie. Jérusalem est réunifiée : par milliers les Israéliens accourent au Mur des Lamentations, seul vestige du Temple détruit par Titus. Le mur qui séparait, comme à Berlin, les parties israéliennes et jordaniennes de la ville est abattu. T.S.A.H.A.L. est porté aux nues. Mais à cette liesse se mêle une profonde tristesse. La guerre a fait un millier de morts, 2.500 blessés souffrent sur leurs lits dans les hôpitaux. Certains d'entre eux resteront mutilés jusqu'à la fin de leurs jours.

Fin août 1967, les dirigeants arabes, réunis à Khartoum, décident de refuser la reconnaissance de l'Etat d'Israël ainsi que l'engagement de négociations de paix. Cependant, le 22 novembre 1967, le Conseil de Sécurité des Nations Unies vote la résolution 242 demandant à Israël de se retirer des territoires occupés et aux Arabes de reconnaître l'existence de l'Etat d'Israël dans des frontières sûres et reconnues (cf. annexe n° 8). Les Etats arabes modérés dont l'Egypte, acceptent, malgré Khartoum, cette résolution des Nations Unies.

Mais les Israéliens durcissent leurs positions : instruits par les expériences passées, ils n'accepteraient le retrait de territoires occupés qu'en échange de la paix. La situation est bloquée. L'accalmie est de courte durée. Réarmés par les Soviétiques, Syriens et surtout Egyptiens, harcèlent dès 1968, les positions israéliennes le long des lignes de cessez-le-feu. En même temps, l'O.L.P. et son armée se réorganisent sous la direction de Yasser Arafat. Les actes de terrorisme se multiplient dans les territoires occupés. En 1970, un cessez-le-feu négocié par l'Américain Rogers, met fin à cette guerre d'usure.

Dans l'immédiat, la victoire de 1967 avait eu quelques effets heureux sur la société israélienne. Elle a resserré les liens avec la Diaspora. Pour la première fois, des immigrants originaires des pays occidentaux affluent. Une grave récession avait précédé la guerre : cette crise est résorbée et l'économie israélienne connaît un essor sans précédent. Tout d'abord, les relations avec les populations des territoires occupés ne sont pas mauvaises. Intoxiquées par la propagande arabe, elles avaient craint l'extermination. Or, bien au contraire, les Israéliens engagent le dialogue, créent des emplois et favorisent l'expansion économique. Du côté israélien, on prend conscience de l'existence de cette population arabe. De plus en plus nombreux, des *Sabarim* apprennent l'arabe et s'orientent, à différents niveaux, vers des études orientales. C'est la découverte de l'autre. Mais l'occupant reste l'occupant.

Résolutions de la conférence de Karthoum (³)

« **1) La conférence a mis l'accent sur l'unité des rangs arabes, l'unité d'action arabe et sur la nécessité de dégager les relations interarabes de toutes divergences. Les chefs d'Etat arabes**

affirment l'adhésion de leur pays au pacte de solidarité arabe signé au cours du troisième « sommet » arabe de Casablanca ;

» 2) La conférence a décidé de conjuguer tous ses efforts afin d'effacer les séquelles de l'agression en partant du principe que toutes les terres occupées sont des territoires arabes dont la récupération doit être le devoir de tous les pays arabes ;

» 3) Les chefs d'Etat arabes sont tombés d'accord pour unifier leurs efforts aussi bien dans le domaine de l'action politique intérieure et extérieure que dans le domaine de la diplomatie, afin d'effacer les conséquences de l'agression. L'unification de ces efforts est un principe de base auquel tous les Etats arabes doivent apporter leur adhésion. Ce principe englobe la non-reconnaissance de l'Etat d'Israël, aucune négociation de paix avec Israël et le droit des Palestiniens à leur patrie.

» 4) La conférence des ministres arabes des finances, de l'économie et des pétroles avait souligné la possibilité de recourir à l'arrêt du pompage du pétrole, cet arrêt constituant une arme dans la lutte. Mais la conférence au sommet, après une analyse détaillée de la question, a estimé que le pompage lui-même peut être positivement utilisé comme une arme, car le pétrole arabe peut être employé à la consolidation des économies des pays arabes directement affectés par l'agression afin de permettre à ces nations de résister dans la lutte. Pour cette raison, la conférence a décidé que le pompage du pétrole serait repris, car le pétrole est un potentiel arabe positif qui peut être mis au service des objectifs arabes et aider à l'assistance aux nations arabes victimes de l'agression qui, à la suite de cette agression, ont été dépouillées de leurs ressources économiques, afin de leur permettre de faire disparaître les conséquences de cette agression. A ce point de vue, les pays producteurs de pétrole ont effectivement permis à ceux affectés par l'agression de résister à la pression économique.

» 5) Les participants à la conférence ont adopté une proposition présentée par le Koweït en vue de la création d'un fonds arabe de développement économique et social en conformité avec les recommandations de la conférence de Bagdad des ministres des finances, de l'économie et du pétrole.

» 6) Les participants à la conférence ont décidé de prendre des mesures visant à renforcer leur préparation militaire afin de faire face à toute éventualité.

» 7) La conférence a décidé de hâter la liquidation des bases étrangères dans les pays arabes. »

La victoire de 1967 a aussi des conséquences négatives. D'année en année, le budget de la Défense nationale grève lourdement celui du citoyen israélien. Ces sommes énormes pourraient être utilisées à des fins plus productives. Mais ces conséquences matérielles sont mineures comparées aux incidences beaucoup plus profondes sur l'évolution même de la société israélienne : l'état de ni guerre ni paix bloque cette société. Les courants militaristes et nationalistes qui s'y expriment au grand jour sont profondément opposés aux idéologies qui animaient jusqu'ici le peuple juif. Les leaders nationalistes ne sont suivis que par une fraction de la population israélienne. Les adeptes du Grand Israël, les *Faucons*, préconisant des positions dures et les partisans de la négociation, les *Colombes*, s'affrontent au sein de chaque parti politique, de chaque groupe idéologique. Sur le plan international, Israël est de plus en plus isolé. On sympathise avec lui quand il est en danger, mais on le critique dès qu'il est victorieux. Sa dépendance à l'égard des Etats-Unis s'accentue.

La victoire de 1967 a endormi la vigilance des dirigeants israéliens. Certains d'entre eux, comme le Ministre de la Défense, Moché Dayan, sont persuadés que le temps travaille en leur faveur, que l'occupation des territoires occupés, conquis en 1967, peut durer, que les « frontières de sécurité » dissuaderont les Arabes de prendre l'offensive. Ils observent les divisions du monde arabe qu'ils considèrent comme incapables d'affronter *l'invincible* T.S.A.H.A.L. Dans les premiers jours d'octobre 1973, les services de renseignements israéliens signalent au gouvernement d'importantes concentrations de troupes syriennes au nord, égyptiennes au sud. Le chef du gouvernement, Golda Meïr, est en Europe : des Palestiniens avaient attaqué, à la frontière autrichienne, un train de Juifs soviétiques ; le chancelier Kreisky avait ordonné la fermeture du camp de transit de Schoenau. En effet, la plupart des émigrants soviétiques transitent par l'Autriche où ils sont pris en charge par les services de l'Agence Juive. Madame Meïr essayait de faire revenir Kreisky sur sa décision. A son retour en Israël, le Conseil des Ministres réuni les 3 et 5 octobre est plus préoccupé par l'affaire de Schoenau que par les concentrations de troupes. Moché Dayan ne croyait pas à l'éventualité d'une guerre.

Le soir du 5 octobre commence la fête de *Kippour*, jour de jeûne et de pénitence où toute activité s'arrête en Israël. Même les émissions

Mon yiddish n'est pas au point !

de la radio sont interrompues : or, les réservistes sont mobilisés par la radio. A l'aube du 6 octobre, l'attaque simultanée des Egyptiens et des Syriens surprend les Israéliens. La plupart des soldats passent *Kippour* en famille. Les positions militaires sont dégarnies, y compris les fortins de la ligne Bar-Lev chargés de la défense du canal de Suez. L'armée égyptienne traverse le canal et s'empare de la ligne Bar-Lev. Les missiles russes Sam infligent de lourdes pertes à l'aviation israélienne. Au nord, les chars syriens pénètrent dans le Golan.

Israël mobilise toutes ses réserves. Après le flottement initial, les Syriens sont repoussés ; les Israéliens menacent Damas ; T.S. A.H.A.L. arrête l'avance des Egyptiens dans le Sinaï. Le Général Ariel Sharon traverse le canal, encercle la troisième armée égyptienne et menace Ismaïlia à une centaine de kilomètres du Caire. Les Soviétiques envoient des secours aux Arabes, et les Etats-Unis aux Israéliens : le risque d'un affrontement direct entre les super-puissances est grand. Un premier cessez-le-feu demandé par le Conseil de Sécurité le 22 octobre n'est pas respecté. Craignant l'intervention militaire soviétique, toutes les bases militaires américaines dans le monde sont mises en état d'alerte.

conséquences de la guerre d'octobre 1973

Russes et Américains imposent alors le cessez-le-feu effectif. Les belligérants acceptent la présence d'observateurs de l'O.N.U. Ni les Arabes, ni les Israéliens en définitive ne sortent vainqueurs de cette guerre particulièrement meurtrière. Mais pour les uns comme pour les autres ce nouvel affrontement a été un choc psychologique bouleversant la situation. Les Arabes ne se sentent plus humiliés. Ils ont démontré qu'Israël était vulnérable. La guerre du pétrole greffée sur celle du *Kippour,* menace l'économie mondiale.

En Israël, des mythes s'effondrent. Tout d'abord celui de l'invicibilité de T.S.A.H.A.L. Malgré la victoire finale, le moral de la population est profondément atteint. On ne comprend pas l'imprévoyance des responsables. Frères et amis sont tombés, et les jeunes s'interrogent : jusqu'à quand faudra-t-il mourir pour que vive l'Etat d'Israël ? Après leur démobilisation, officiers et soldats réclament des changements profonds. Le mouvement de contestation se cristallise, en février 1974, autour d'un jeune *Sabar,* Motti Achkénazi, physicien et capitaine de réserve. En octobre 1973, il défend le fortin le plus septentrional de la ligne Bar-Lev et résiste pendant toute la durée du conflit. Mais 32 hommes de sa compagnie y trouvent la mort. Motti Achkénazi lance une campagne de protestations contre les défaillances (*mehdalim*) qui ont permis la surprise du 6 octobre. L'action d'abord solitaire du jeune officier est rapidement soutenue par des milliers de militaires démobilisés ou sous les drapeaux, des étudiants, des intellectuels, des députés, de simples citoyens. Lors d'une manifestation publique, plus de 6.000 personnes réclament en mars 1974, la démission de Golda Meïr et de Moché Dayan. Motti Achkenazi lance un appel à l'union de tous les mouvements contestataires. Ainsi naît le Mouvement Israël Chelanou (Notre Israël) : il rassemble des hommes et des femmes appartenant à toutes les tendances de la société israélienne. Israël Chelanou réclame un changement profond du système politique actuel, la prise du pouvoir par les jeunes forces vives du pays, la répression de toutes les négligences et corruptions. Il réclame *« un Israël où il ferait bon vivre, pour lequel cela vaudrait la peine de se battre et qui aurait les forces pour défendre son existence »*. Ce mouvement de contestation traduit pour la première fois la volonté des *Sabarim* de participer activement à la vie politique du pays. Golda Meïr et Moché Dayan ont démissionné. Cependant, malgré les retraits partiels des forces israéliennes dans le Sinaï et sur le Golan, l'équipe d'Itzkhak Rabin poursuit, dans le conflit israélo-arabe, une politique analogue à celle de ses prédécesseurs.

pour le dialogue israélo-arabe

Néanmoins, des voix de plus en plus nombreuses dénoncent l'immobilisme des dirigeants. Elles réclament des négociations non seulement avec les gouvernements arabes, mais encore avec les Palestiniens. Certes, même les Israéliens les plus progressistes refusent, en général, l'Etat palestinien, démocratique et laïc, de Yasser Arafat. Le drame du Liban les confirme dans cette position. Mais l'idée d'un Etat palestinien en Cisjordanie ainsi que celle d'une fédération israélo-jordano-palestinienne fait son chemin. Elle est même préconisée par Chimon Pérès, l'actuel Ministre de la Défense. Depuis la guerre du *Kippour*, Israël est de plus en plus isolé sur l'échiquier international. Seuls, les Etats-Unis, mais pour combien de temps encore, le défendent. Assoiffés de pétrole, Européens et Africains, autrefois amis d'Israël, cèdent aux pressions arabes et à leurs pétrodollars. A l'exception de quelques partis socialistes, la Gauche Internationale a lâché Israël. Cette solitude est mauvaise conseillère. Les Israéliens oscillent entre le complexe de Massada et celui de Samson. Après la chute de Jérusalem en 70 ap. J.-C., les derniers défenseurs juifs se sont réfugiés dans la forteresse de Massada qui surplombe la Mer Morte. Assiégés par les Romains, ils préfèrent le suicide collectif à la reddition. Afin de se venger des Philistins, Samson a renversé les colonnes du Temple qui s'est écroulé sur lui et ses ennemis (Juges XVI/22-30). Pareille catastrophe pourrait arriver, car Israël est situé au cœur même des conflits qui opposent d'une part les Etats-Unis à l'U.R.S.S., d'autre part, les Nations du Tiers-Monde à l'Occident.

Pourtant la guerre du *Kippour* comme les victoires israéliennes qui l'ont précédée pourraient enseigner aux grands et aux moins grands qui dirigent les destinées des peuples, qu'aujourd'hui l'affrontement armé ne résoud aucun conflit. Un jeune écrivain israélien, Amos Kénan, interviewé par un hebdomadaire français, déclare (4) :

« Nous allons peut-être enfin comprendre qu'au Proche-Orient personne ne va gagner, que nous sommes condamnés à disparaître ensemble ou à vivre ensemble. Car Israéliens et Palestiniens sont des peuples en danger : ils sont en danger l'un pour l'autre, mais ils risquent aussi d'être en même temps abandonnés du monde. On commence à le savoir en Israël, mais je voudrais que les Palestiniens le voient. Qu'ils comprennent que le soutien du monde qu'on prétend leur accorder à l'O.N.U., à Paris et ailleurs n'est qu'apparence. En fait, on les lâchera dès qu'on pourra les lâcher. Comme nous. Nous sommes deux peuples gênants, donc menacés... Je me tue à dire que nous sommes plutôt alliés qu'adversaires. Si j'étais Rabin, c'est précisément aujourd'hui que je ferais à l'O.L.P. des propositions politiques très larges. C'est le moment où jamais de leur dire : « Parlons, acceptons-nous et vivons côte à côte ». ...La solution, c'est de s'entendre à partir de nos craintes et phobies réciproques. Mais cela suppose une chose essentielle : qu'on mette fin à l'héroïsme guerrier, victoires, détournements d'avions, hommes-grenouilles, exploits militaires et autres bêtises. Que nous cessions de jouer devant le monde les Israéliens invincibles, qu'ils cessent de jouer les Palestiniens courageux. Mais, c'est un show. Et pour le monde, the show must go on, le spectacle doit continuer ».

Puisse Amos Kénan être entendu ! Peut-être le serait-il, si les puissances impliquées dans le conflit mettaient leurs intérêts impérialistes en sourdine. Ce jour-là, ce serait le changement. Côte à côte d'abord, ensemble, quand les blessures seront guéries, Juifs et Arabes feront naître une civilisation nouvelle, riche en promesses d'un monde meilleur où il ferait bon vivre.

Deuxième partie :

POPULATIONS NON JUIVES

HISTOIRE ARABE DE LA PALESTINE

Au cours des siècles, les Horites et les Hittites, les Araméens, les Israélites et les Philistins, les Perses et les Grecs, puis l'Empire Romain, se sont succédés et ont combattu sur la terre de Palestine. Ce n'est qu'au VIIme siècle de notre ère que les Arabes apparaissent dans la région ; et, malgré des siècles de domination étrangère et de luttes intestines dévastatrices, ils ne la quitteront plus.

Depuis la fondation de l'Islam en 622, jusqu'à nos jours, l'histoire du monde arabe est celle d'une suite de dynasties : les Ommeyyades, les Abbassides, les Fatimides, les Ayyoubides, les Mamelouks, les Ottomans, Mohammed 'Ali et sa famille et, tout récemment, les Hachémites. Histoire en dents de scie qui a soumis les populations de leurs empires aux brusques alternances de la richesse et de la misère, de la tolérance et de l'intolérance, qui ont façonné le peuple arabe.

A partir de la Conquête arabe, la Palestine constitue, selon l'époque et le pouvoir en place, une province plus ou moins privilégiée au sein de nombreux empires. Sa situation de zone carrefour la met, comme au temps de la plus Haute Antiquité, au centre de diverses influences extérieures. A maintes reprises, elle sera le champ de bataille où s'affronteront les « Grands » du moment, et son histoire sera dominée par les rivalités de puissances étrangères. Plus que toute autre région moyen-orientale, la Palestine sera traversée par les courants d'idées religieuses, sociales et politiques les plus différentes comme les plus opposées. De là naîtront les « traditions » dont elle s'imprègnera et qui façonneront son génie.

la palestine musulmane

naissance d'une civilisation

Le 8 juin 632 à Médine, ville de l'ouest de la Péninsule Arabique, s'éteint Mohammed ibn 'Abd Allah de la tribu nomade des Qoraïshites. Il avait créé l'ébauche d'un Etat arabe et jeté les bases d'une nouvelle religion : l'Islam.

Islam est un mot arabe qui exprime l'idée d'une soumission. Il faut entendre ici, soumission à Dieu. La religion islamique est la religion monothéiste née dans la Péninsule arabique en 622 et révélée par le Coran, parole sacrée d'Allah. A la mort de Mohammed, la lutte pour la succession à la tête de la communauté musulmane est âpre, et le risque de désagrégation du groupe, particulièrement grand. Les chefs des principales tribus médinoises désignent alors Abou Bakr, compagnon des premières heures du Prophète, pour assumer la Fonction suprême. Il devient le premier *Calife* (*khalifa* : remplaçant) de l'Islam.

'Omar, 'Othman et 'Ali enfin, lui succèderont. On les appelle les *Califes* orthodoxes (*rashidoun*). Sous leurs règnes, l'Islam s'institutionalise progressivement. 'Omar (581-644) instaure l'ère musulmane de l'Hégire et la fixe au 16 juillet 622 de l'Ere chrétienne. 'Othman — qui règnera de 644 à sa mort en 656 — fixe le texte du Coran. Quant à 'Ali (600-661), il est le fondateur du premier et plus important schisme de l'Islam, le Chi'isme. Cousin et fils adoptif de Mohammed, il épouse Fatima, la fille du Prophète. Dans la lutte pour le califat, les membres du parti de 'Ali (*chi'at 'Ali*) contestent la légalité de la succession du prophète de l'Islam. Les Chi'ites sont partisans d'un califat héréditaire dont le chef serait choisi dans la lignée du Prophète. Ils s'opposent à la conception sunnite (*sunna* : tradition) représentée par les trois premiers califes et leurs partisans, du pouvoir califal. Pour les Chi'ites, le *calife* est un *Imam,* le chef spirituel des Musulmans, il ne doit pas assumer le pouvoir d'un chef temporel.

L'origine du schisme est donc essentiellement politique. Dans les premiers temps de l'ère islamique, Chi'ites et Sunnites s'affrontent politiquement et militairement. Progressivement, le mouvement s'organise en secte religieuse. Sa doctrine n'est cependant pas en opposition importante par rapport à l'orthodoxie sunnite : le Coran reste le livre sacré, la parole de Dieu, le fondement de la religion islamique. La profession de foi (*shahada*) — *il n'y a de Dieu qu'Allah, et Mohammed est son prophète* — est la même pour tout Musulman, qu'il soit Sunnite ou Chi'ite.

De nombreuses sectes sont nées du Chi'isme. Les principales en sont : les Zaïdistes (les moins éloignés du Sunnisme), les Imamites (qui constituent la majorité des Chi'ites), les Carmates et les Isma'éliens (dont une branche dissidente forme la communauté druze, importante en Israël).

islamisation de la palestine

En Palestine, des groupes d'Arabes musulmans font leur apparition dès 630. Mais c'est surtout en 636, sous le règne du deuxième Calife de l'Islam, 'Omar, que l'expansion militaire de l'Islam va conduire les Arabes de la Péninsule arabique jusqu'en Palestine, région alors sous la domination d'une Byzance en pleine décadence. 'Omar occupe tour à tour Damas, Alep, Antioche,

le calife 'Omar

Tyr, Sidon et Beyrouth. Mais Jérusalem résiste ; et ses habitants, avec à leur tête le patriarche Sophronius, soutiennent cinq mois de siège. Le Calife 'Omar se rend lui-même aux portes de la ville et propose une reddition honorable :

Au nom d'Allah, le clément, le miséricordieux
Ceci est le traité octroyé par 'Omar, fils de Khattab
Aux habitants de Beit el Maqdis.
En vérité, vous jouirez d'une sécurité complète pour vos vies, vos biens et vos églises. Celles-ci ne seront pas occupées par les Musulmans, ni détruites, à moins que vous ne vous révoltiez.

Les populations soumises par 'Omar — ici les Juifs et les Chrétiens — conservent leur administration locale. Le Calife tient ses guerriers à l'écart des communautés autochtones. Ils forment la classe supérieure de la société et vivent dans des quartiers (*Hara*) séparés, ils constituent une véritable aristocratie. Viennent ensuite les Musulmans convertis. Ils se joignent aux tribus arabes et, très rapidement s'arabisent. Ceci signifie pour l'essentiel qu'ils adoptent la langue arabe. Leurs descendants se diront Arabes et seront considérés comme tels, quelle que soit leur origine ethnique.

La troisième couche de la population palestinienne regroupe les membres des religions révélées : Chrétiens, Juifs, Samaritains, Sabéens, etc..., « les Gens du Livre » tels que les nomme le Coran. S'ils jouissent d'un statut de protégés, celui de *dhimmi* (cf. 1re Partie : *Histoire d'Eretz Israël*), ils doivent, cependant, payer un tribut (*djizya*) au pouvoir califal. Au bas de l'échelle sociale se trouvent les esclaves d'origines diverses, mais non de religion musulmane. Il est en effet interdit à un Musulman de maintenir en esclavage celui qui a embrassé la religion de Mohammed.

En 661, à la mort du Calife 'Ali, le fondateur du Chi'isme, Mu'awiya, qui fut secrétaire du Prophète, se proclame Calife à Jérusalem. Il rompt avec la tradition des premiers Califes et instaure le principe dynastique dans le Califat. Damas, où il réside, devient la capitale de l'empire de la première dynastie de l'Islam : la dynastie sunnite des Ommeyyades. Elle va durer près d'un siècle. Pendant ce siècle, la Palestine et Jérusalem seront à l'honneur, bien au centre de l'Empire, puisque proches de Damas, la capitale. A ce titre, le nom du Calife 'Abd el Malek (685-705) restera dans l'histoire : c'est lui qui fait construire le fameux Dôme du Rocher appelé aussi Mosquée d'Omar. Cette mosquée est le plus ancien monument musulman connu. Lieu de pèlerinage, il concurrence sous les Ommeyyades le lieu saint de la Mecque. C'est sur le rocher, qui porte aujourd'hui la mosquée, que, selon la tradition musulmane, Abraham se disposait à sacrifier son fils Isaac, et c'est de ce même rocher que le prophète Mohammed s'est envolé sur son cheval ailé, alors que la terre s'était soulevée pour le suivre dans les cieux.

A côté de la mosquée d'Omar, au dôme doré, 'Abd el Malek fait construire, sur les fondations de l'Eglise de la Vierge du Temple de Justinien, la mosquée El Aqsa et le « Dôme des Chaînes ». Cet ensemble de monuments s'appelle Al Haram El Sharif (le sanctuaire noble) et constitue l'un des hauts lieux sacrés de l'Islam.

Sous les Ommeyyades, le cloisonnement des populations des régions soumises se réduit. Les Musulmans convertis sont intégrés aux groupes de conquérants arabes. Une certaine unité s'amorce.

les Abbassides

Avec la chute des Ommeyyades vers 750, l'hégémonie de la région syrienne sur le monde islamique disparaît. Leurs successeurs, les Abbassides, Sunnites, descendants de El 'Abbas, oncle du Prophète, établissent leur capitale vers l'est, dans la lointaine Bagdad.

C'est le déclin de Jérusalem — Ramla sera d'ailleurs désormais la capitale administrative de la région, — détrônée par la ville des « Mille et Une Nuits ». Bagdad possède une cour fastueuse, fortement influencée par la tradition persane et où s'établit la toute puissance et le despotisme du Calife ; on y connaît la corruption d'une dynastie dont les historiens dénoncent le désordre et dressent un bilan négatif. Dans le vaste Empire Abbasside, la petite Palestine est l'objet de peu d'intérêt, elle va cependant bénéficier du principal apport de cette dynastie : l'unification des populations des pays conquis. La différence entre les Arabes et les non-Arabes disparaît. Il n'y a plus là que des Musulmans et il faut voir dans ce résultat l'effet du processus d'arabisation qui a suivi, dans tous les pays de la région, l'islamisation. Après la désintégration de l'Empire abbasside, cette homogénéité subsiste. Chaque pays acquiert toutefois ses particularités locales (dialectes, littérature...) et des aires culturelles — l'Egypte, la Syrie, le Maghreb et la Turquie — se dessinent.

Mais celles-ci conserveront toutes ce dénominateur commun qui est leur participation à la naissance de la civilisation islamique. De son côté, pendant la période abbasside, la Palestine intériorise, plus résolument qu'auparavant, cette personnalité arabo-islamique qui restera la sienne pendant plus d'un millénaire.

six dynasties musulmanes

A la fin du IXme siècle, la dynastie abbasside agonise et, de 887 à 1099, six dynasties vont se succéder. Ce seront successivement les Turcs toulounides, les Abbassides à nouveau, les Ikhshidides turcs, les Byzantins, les Fatimides d'Egypte et enfin les Turcs seldjoukides. La Palestine reste un territoire que l'on se dispute, un champ de bataille, mais elle ne présente qu'un intérêt secondaire ; elle sera gouvernée de Bagdad, de Cordoue ou du Caire, par les Chi'ites ou par les Musulmans sunnites. Elle connaîtra des périodes de grande tolérance et de paix qui alterneront avec d'autres, comme celle du règne du Sultan fatimide, El Hakem, pendant lequel ses populations seront massacrées, les églises et les synagogues incendiées.

A la fin du Xme siècle, le monde islamique est désuni, l'héritage abbasside oublié. Seldjoukides et Fatimides s'affrontent. Les Seldjoukides sont turcs et sunnites (Musulmans orthodoxes), les Fatimides, arabes et chi'ites ; la haine est vivace entre les deux dynasties. Les divisions au sein du monde musulman vont affaiblir sa puissance, la voie est ouverte aux Croisés.

les Croisés

Byzance qui a perdu la moitié de son empire (Asie Mineure, Syrie et Palestine) au profit des Seldjoukides, demande l'aide de l'Europe contre la dynastie turque. Intolérants à l'égard des Musulmans chi'ites et des membres des communautés non-musulmanes, les Seldjoukides occupent alors la Terre Sainte et les pèlerinages deviennent de plus en plus dangereux pour qui les entreprend.

« *Deus lo volt* » est le cri de guerre qui retentit alors dans toute l'Europe. La première Croisade est levée. Son objectif déclaré est la délivrance du Saint Sépulcre des mains des Infidèles. Les troupes de la première Croisade des Barons Francs (français, belges et normands) arrivent en juin 1099 aux portes de Jérusalem ; quelques mois auparavant celle-ci a été occupée par les Fatimides d'Egypte. Le 15 juillet, la ville est prise d'assaut, la population massacrée, la mosquée El Aqsa pillée et profanée. Les Juifs se réfugient dans la synagogue centrale qui est incendiée ; l'ensemble des Juifs de Jérusalem y meurent brûlés.

En 1100, les Croisés occupent le port de Jaffa, puis c'est Haïfa qui est prise grâce à l'aide d'une flotte chrétienne. A Jérusalem, les Croisés créent un patriarcat latin avec, à sa tête, l'Archevêque Dagobert de Pise. Son frère Baldouin de Boulogne est sacré à Noël 1100 *Roi de Jérusalem* en l'église de la Nativité de Bethléem. Les Croisés conquièrent Arsif et Césarée vers 1101 et Saint-Jean d'Acre vers 1104.

Le Royaume de Jérusalem est une création *ex nihilo* ; coupé du reste du pays, il est continuellement sur le pied de guerre. Sa population est surtout composée de militaires et de religieux européens (Ordre des Templiers). Economiquement, il vit du commerce avec l'étranger et de dons pieux de pèlerins chrétiens. Théoriquement, les Croisés devraient constituer un groupe à part ; mais, en pratique, ils s'assimilent à la vie locale, adoptent le costume et les coutumes de la région et nombre d'entre eux épousent des femmes syriennes.

Saladin

Malgré de nombreuses tentatives musulmanes, les Croisés restent maîtres de la région et de la ville sainte. Il faut attendre l'avènement de Salah El Din (Saladin) d'Egypte, le Sultan ayyoubide, pour que les Musulmans reprennent possession de la région. L'armée de Saladin va submerger le pays. Acre, Naplouse, Sidon, Jaffa, Beyrouth et Jebail sont prises et c'est enfin le tour de Jérusalem qui retombe sous domination musulmane après quatre-vingt huit années de présence chrétienne-latine.

Règne de tolérance que celui de Saladin. Les lieux saints sont respectés. Les Juifs peuvent à nouveau entrer dans la cité, qui, comme l'ensemble des territoires sous contrôle ayyoubide devient un refuge contre les persécutions dont les Juifs sont victimes en Europe. De leur côté les Chrétiens, Monophysites (¹) et Grecs orthodoxes se voient attribuer liberté et protection. Jérusalem est ouverte à tous.

les Croisés à nouveau

L'ère des Croisades se poursuit. Pendant près d'un demi-siècle, les Européens essaient de reprendre le contrôle du pays. La coexistence pacifique entre Chrétiens et Musulmans sera définitivement compromise par la sanglante quatrième

Croisade. Parallèlement, en Europe, l'intolérance et les persécutions religieuses se développent vis-à-vis des Juifs et des Chrétiens séparés de Rome. En 1229, Jérusalem est reprise par les Croisés ; Frédéric II, Souverain du Saint Empire Romain Germanique et Roi de Sicile, règne sur la ville sainte.

Les Croisades.

Le fort accroissement démographique que connaît l'Europe en ce début du XIème siècle s'accompagne d'un développement économique qui amène les Européens à chercher des débouchés outre frontières.

La prédominance des Musulmans en Méditerranée et l'expansion de l'Islam inquiètent les Chrétiens d'Orient comme ceux d'Occident. Ces raisons conjuguées, accompagnées dans les pays européens de la pression de plus en plus accentuée des autorités ecclésiastiques sur le pouvoir politique laïc expliquent, en partie, la naissance du vaste mouvement des Croisades. Ce grand affrontement, qui opposa l'Occident chrétien au monde musulman, durera plus de 200 ans de guerres, de massacres et de sièges de villes dont l'enjeu officiel était la Terre Sainte, et surtout Jérusalem. Deux siècles pendant lesquels le pouvoir dans la région fut tantôt aux mains des Chrétiens, tantôt aux mains des Musulmans qui seront en définitive les grands vainqueurs de cette lutte.

Les Croisades ont entraîné la destruction de l'Empire Byzantin et de sa civilisation. Elles marquèrent également la fin de la coexistence pacifique entre les Musulmans et les Chrétiens en Terre Sainte.

En Europe même, les Croisades eurent pour conséquences une certaine transformation de la structure sociale. Le nombre important des victimes de guerre a provoqué un ralentissement de la croissance démographique. Par leurs victoires, certains chevaliers se sont promus socialement ; de nouvelles « Grandes familles » apparaissent, alors que d'autres, moins favorisées, perdent leur prestige, leur fortune et leur pouvoir.

Economiquement, les Croisades ont permis le développement du commerce, ainsi que celui des techniques navales. De nouveaux marchés, comme celui des épices jusqu'alors peu connues en Occident, s'ouvrent.

Si l'échec des Croisades a entraîné l'affaiblissement de l'autorité papale, les missions religieuses se sont néanmoins multipliées d'une façon sensible pendant cette période. Enfin, malgré la violence du choc des guerres, la culture européenne s'est enrichie au contact de la civilisation islamique, alors en plein essor.

les Ayyoubides

Bref intermède. En 1243, les troupes du Sultan ayyoubide Al Salih, un des successeurs de Saladin, s'emparent de l'Irak et de la Syrie, dévastent la Galilée et entrent à Jérusalem où elles écrasent les Croisés.

La Palestine passe trois ans plus tard sous la domination du sultanat d'Egypte et sort définitivement du contrôle chrétien. Au Caire, les Mamelouks, caste d'esclaves blancs turcs et circassiens d'origine, s'installent au gouvernement et deviennent de ce fait les nouveaux maîtres de la Palestine.

La lutte contre les Mongols, contre les Croisés agonisants et contre les Ottomans, la succession des petits règnes, les divisions intestines font de la domination mamelouk une période de décadence politique et économique pour la Palestine. Elle connaît toutefois le développement d'une vie urbaine et l'épanouissement des arts et de la science. En Egypte, le « sociologue » Ibn Khaldoun (1332-1406), et le géographe El Magrizi, contribuent à donner à la cour du Caire un prestige et un rayonnement inégalés.

Au sortir de l'ère des Croisades, à la fin du XIIIme siècle, la Palestine présente le visage d'un pays ouvert aux influences d'un monde nouveau — l'Occident chrétien — complètement étranger à sa culture comme à ses traditions religieuses et sociales. Les relations, le plus souvent conflictuelles, que l'Occident chrétien entretiendra avec le Moyen-Orient musulman au cours des siècles à venir, seront pour la Palestine, un des éléments essentiels de son évolution historique. Son identité arabe, et avant tout musulmane, subsistera, malgré une diversification de plus en plus grande de ses populations. Aux côtés d'une population de Musulmans ruraux sédentaires, les puissants bédouins — nomades musulmans et arabes — exerceront dans la région un pouvoir politique non négligeable. Les Druzes, sectateurs du Chi'isme, montagnards du nord de la Palestine, sont historiquement présents dans le pays comme dans le reste de la région. Leur système communautaire hautement organisé et leur opposition sociale et religieuse au pouvoir musulman les mettront à l'origine d'événements militaires et politiques importants. Quant aux Juifs et aux Chrétiens, ils restent présents dans le pays mais uniquement en tant que groupes religieux ; politiquement, ils ne sont d'aucun poids.

hégémonie ottomane

Cependant, une nouvelle force se développe dans la région et se répand dans toutes les directions, ce sont les Ottomans. Nomades turcs d'origine asiatique, déversés en Occident par le raz-de-marée mongol ; ils vont constituer un immense empire. Dans celui-ci, la Palestine n'est qu'une insignifiante parcelle, fort éloignée de la capitale centrale, Constantinople. Jérusalem n'y est même pas capitale de province. La Palestine fait partie de la province de Damas, elle-même divisée en dix districts (*sandjak*). Le territoire de Damas inclut alors cinq *sandjak* : ceux de Jérusalem, de Gaza, de Naplouse, de Sidon et de Beyrouth.

Le régime ottoman se préoccupe peu des populations des pays soumis. La levée des impôts et l'enrôlement des jeunes pour l'armée ottomane sont les tâches principales du *Pacha*. Les moyens employés à l'égard des populations ne sont pas toujours pacifiques ; parfois, le pouvoir central exerce une véritable terreur. La population est classifiée par groupes religieux et non par groupes ethniques. Tout groupe non turc forme ce que l'on appelle un *millet*. Chaque communauté religieuse est dirigée par un de ses membres, lequel exerce un pouvoir administratif. Au XVIme siècle, les Musulmans, les Rum (Grecs orthodoxes), les Juifs et les Arméniens forment les principales communautés de Palestine sous administration ottomane. L'empire turc est vaste ; Constantinople, sa capitale, est loin de la Palestine qui sera soumise aux luttes des chefs locaux. En particulier, la verte Galilée devient le théâtre d'opérations militaires druzes et bédouines contre le pouvoir ottoman — *la Porte,* — dans la région.

Fakhr El Din le Druze

La Palestine connaît, tout d'abord, les tentatives d'indépendance de l'ambitieux Emir druze, Fakhr El Din (1572-1632). Celui-ci chasse les *Pachas* de Beyrouth, Sidon, Baalbek et Tyr. Bientôt, le territoire qu'il contrôle s'étend du fleuve Alkab, au nord de Beyrouth, jusqu'à Haïfa, sur le Mont Carmel, et sur presque toute la Galilée, il annexe notamment les villes de Safed, Banyas, Tibériade et Nazareth. Il devient alors, avec l'accord de la Porte, le gouverneur de la région.

En 1633, pourtant, le Sultan Murad IV, pour des besoins de politique extérieure et intérieure (relations étroites avec l'Europe, statut privilégié des Chrétiens de l'Empire) ordonne aux *Pachas* de Damas et de Tripoli de marcher sur les troupes de Fakhr-el-Din. C'est la fin du pouvoir druze dans la région.

En 1737, Zahir le chef bédouin du *sandjak* de Safed, en Galilée, suit l'exemple de Fakhr-el-Din. Mais, rapidement, la Porte intervient et rétablit son ordre dans la région.

Zahir le bédouin

Pour la Palestine, c'est une période catastrophique. L'impuissance du pouvoir central amène le déclin économique de la région. L'agriculture est le principal secteur touché ; steppes et déserts envahissent le pays. Toutefois, l'acti-

---

Titres et fonctions en terre d'Islam.

BEY : Titre turc porté autrefois par les officiers supérieurs de l'armée ottomane et les hauts fonctionnaires de l'administration. Ce titre, inférieur à celui de « pacha », était celui des gouverneurs de provinces ; il était aussi porté par les souverains vassaux du sultan (comme le Bey de Tunis).

CALIFE : En arabe, le mot « Khalifa » signifie « remplaçant ». Il désigne le successeur du Prophète Mohammed à la tête de la communauté musulmane. Le Calife est le chef suprême des Musulmans et assume le pouvoir temporel et spirituel.

EMIR : Titre pris par 'Omar et porté par les Califes abbassides et les Sultans jusqu'en 1924. Il signifie Commandeur des Croyants (Emir el Moumnin). Des chefs locaux ou des officiers ont également reçu le titre d'Emir.

IMAM : Ministre du culte, président aux prières ordinaires ; jadis, le titre d'Imâm était porté par les Califes.

MUFTI : Jurisconsulte ; dans certains pays (Algérie, Jordanie, par exemple) le Mufti est un fonctionnaire religieux. Le Mufti préside la prière du vendredi. Le Grand Mufti est le chef spirituel d'une région.

OULEMA : Jurisconsulte et docteur, dont le rôle consiste à interpréter le Coran et à en faire appliquer les dispositions légales.

PACHA : Dans l'empire ottoman, ce fut tout d'abord le titre, non héréditaire, des gouverneurs de province, puis celui des titulaires d'autres grades de la hiérarchie civile et militaire. Le mot « Pacha » se place après la personne qui porte ce titre.

QADI : Magistrat ou juge chargé d'appliquer la loi islamique.

SHEIKH : En arabe, le mot « Sheikh » signifie « vieillard ». Ce terme de respect s'applique aux savants, aux religieux et à toutes les personnnes respectables par leur âge. En Afrique du Nord, le Sheikh pouvait être le chef d'une tribu ou d'une confrérie religieuse.

vité portuaire de Jaffa et Haïfa subsiste : les pèlerinages à Jérusalem, Nazareth et Bethléem se poursuivent et maintiennent le pays en contact avec la culture européenne. Quant à l'administration locale, elle reste très confuse et incapable de contrôler efficacement le pays.

Les remous qui agitent la Palestine ne sont qu'un exemple, significatif néanmoins, des difficultés grandissantes que rencontre la Porte dans les différentes provinces de son Empire — en Egypte par exemple.

Ainsi, à l'aube du XIXme siècle, l'Empire ottoman agonisant ne survit-il que par l'appui de certains Etats voisins ; les rivalités européennes lui valent un ultime sursis.

les capitulations

La présence européenne en Palestine, comme dans le reste du Moyen-Orient, ne date pas, nous l'avons vu, du XIXme siècle. L'époque des Croisades avait entamé un processus « d'échanges » économiques entre l'Europe et les pays musulmans. Ces échanges vont se poursuivre et se développer sous une autre forme, et c'est le *Régime des Capitulations.*

Les Capitulations sont des privilèges commerciaux concédés par les chancelleries musulmanes dans le monde méditerranéen à des individus, et par leur intermédiaire, à des groupes de personnes ou à des Etats. Elles comportaient des dispositions touchant le statut des commerçants non-musulmans et non-*dhimmis* dans le Dar El Islam, en territoire musulman. Ces dispositions tendaient à assurer la sécurité générale de la personne et des biens comme de l'exterritorialité.

Les groupes de marchands étrangers résidant dans une ville ou un port ottoman choisissaient un délégué : le *Bailo,* le Consul ou, pour les Florentins, l'*Emino.* Le groupe, ainsi protégé, devient un *ta'ife* ou un *millet*. Le point culminant du Régime des Capitulations se situe sous l'Empire ottoman. Les Turcs cherchaient à se faire des alliés au sein de la Chrétienté, à obtenir des marchandises et certaines matières premières, et à augmenter les recettes douanières, principale source des revenus de leur trésorerie.

L'Angleterre, la Hollande et surtout la France sont les principaux Etats qui bénéficient du Régime des Capitulations. La Porte exporte de la soie, du coton, de la laine, du cuir, des drogues et importe d'Europe des produits manufacturés : draps, papier, métaux bruts et travaillés, etc...

Le développement des techniques que connaît l'Europe a pour conséquence le début d'une domination économique sur l'Empire ottoman. Parallèlement, le déclin politique de la Porte et ses difficultés intérieures vont le placer dans une position de faiblesse par rapport à l'Europe. Les Capitulations connaîtront un essor impressionnant. Les puissances européennes établiront des Compagnies prospères et de plus en plus envahissantes. Sous certains rapports, l'Empire prendra un statut semi-colonial : banques, chemins de fer, mines, gaz, ports, postes seront aux mains des étrangers. Des abus seront commis à tous les échelons : de la part des citoyens turcs, comme de la part — et cela a une toute autre importance — des Etats. Les abus des puissances européennes se manifesteront par des pressions politiques et économiques. Le pouvoir ottoman sera maintenu en tutelle par l'Europe. Elle deviendra la créancière de la Porte ; la Dette Publique ottomane sera dirigée par les Anglais et les Français. La Turquie concèdera aux deux puissances européennes les monopoles du sel, du tabac, des timbres, des soies, etc...

En 1856, lorsque la Turquie rejoindra la communauté européenne, elle demandera l'abolition des Capitulations. En vain. En 1914, le gouvernement turc réitèrera sa demande comme condition de sa neutralité. Sa requête n'aboutira pas, et le Sultan entrera en guerre au côté des Puissances Centrales, et abolira unilatéralement les privilèges. Ils seront rétablis, après la défaite des Ottomans et de leurs alliés, au Traité de Sèvres en 1920. Il faudra attendre le Traité de Lausanne, en 1923, pour que la Turquie Kémaliste, obtienne l'abolition du Régime des Capitulations. Les Capitulations s'inscrivent donc dans ce lent processus de colonisation économique d'abord, politique et militaire ensuite, qui donnera naissance à l'ère de l'Impérialisme des puissances européennes dans la région.

Un des enjeux de ces puissances sera l'Egypte et l'occupation de l'Isthme de Suez. Toute proche, la Palestine sera un point stratégique d'importance et se trouvera au centre des luttes entre les trois grands pays européens du début du XIXme siècle : la France, la Grande-Bretagne et la Russie tzariste.

Avec sa campagne d'Egypte, Bonaparte ouvre la marche. Après les premiers succès de la bataille des Pyramides en 1798, la Sublime Porte déclare la guerre, le 9 septembre 1798, à la

Bonaparte

France. La scène du conflit sera la Palestine. A la tête de 12.000 hommes, Bonaparte se dirige vers le nord et conquiert les villes du littoral palestinien : El'Arish, Gaza, Jaffa, Ramla et Haïfa ; en mars 1799, il entreprend le siège de Saint-Jean d'Acre. Ahmed El Jazzar organise la défense de la ville ; sa résistance est tenace. Une bataille sanglante oppose les Ottomans aux troupes françaises. La région de Nazareth à Naplouse est dévastée par la guerre. Menacés par deux flottes (anglaise et russe) et affaiblis par une épidémie de typhus, les Français doivent battre en retraite. C'est la débâcle. Bonaparte se replie en Egypte d'où les Anglais, grâce à leur supériorité navale, parviennent à le chasser.

Ibrahim 'Ali

Dès lors, les trois « grands » — Russes, Anglais et Français — vont essayer de s'implanter dans la région. L'enjeu principal en est l'Egypte. Leurs influences s'exercent donc sur son chef, le Pacha Mohammed'Ali. Le fils de ce prince, Ibrahim'Ali, devient en 1833, gouverneur de Syrie et de Palestine ; la région passe sous contrôle égyptien. Toutefois, l'Egypte, la Palestine et la Syrie ne sont que des provinces de l'Empire ottoman et Mohammed'Ali, en tant que vassal du Sultan, paie régulièrement son tribut à celui-ci. Damas est la capitale d'Ibrahim'Ali, dont l'administration, plus disciplinée que celle des Ottomans, rétablit l'ordre dans le pays. Le Liban et la Palestine sont ouverts à l'influence européenne ; la région se développe. Des missionnaires chrétiens établissent écoles, hôpitaux et orphelinats.

Inquiet du pouvoir grandissant de l'Egypte, et aidé par les puissances européennes (Grande-Bretagne, Russie, Autriche et Prusse), le Sultan de Constantinople fomente des troubles parmi les populations sous contrôle égyptien. Dans les montagnes libanaises, par exemple, il provoque une rébellion au moment où Ibrahim'Ali tente d'introduire un recrutement militaire pour ses régiments. Le Sultan parvient ainsi à évincer Mohammed'Ali qui, en 1840, renonce à ses possessions en Syrie, en Palestine et au Hedjaz. Il reste cependant *Pacha* d'Egypte et du Soudan. C'est l'échec de sa politique extérieure. A partir de cette date la Grande-Bretagne consolide sa position au sein de l'Empire ottoman et, en 1882, occupe toute l'Egypte.

La Palestine, quant à elle, va être au centre des rivalités des Grandes Puissances. Sur place même, la Communauté Chrétienne Catholique patronnée par la France et la Communauté Grecque Orthodoxe soutenue par les Tzars de Russie, se disputent le contrôle des Lieux Saints. Les rivalités entre la France et l'Angleterre dans la région font des provinces de l'Empire ottoman le jeu de la politique expansionniste européenne. Au sein des populations, balottées et manipulées, de l'Empire, apparaît un vaste mouvement politique, qui, pour la première fois depuis des siècles, n'aura aucune coloration religieuse : le Nationalisme arabe.

le Nationalisme arabe

Le premier mouvement nationaliste à l'intérieur de l'Empire ottoman n'est pas arabe mais turc. Jusque là, les motifs de désordre dans les provinces arabes de l'Empire étaient essentiellement dus à des mécontentements locaux ou à des sectarismes religieux. Sous le règne du Sultan 'Abdul Hamid II (1876-1909) va naître le mouvement des *Jeunes Turcs* (*yeni türkü*). Ultra nationaliste, ce mouvement revendique la supériorité turque au sein de l'Empire aux dépends de tout élément arabe. 'Abdul Hamid II doit capituler en 1908 devant une révolte des officiers de son propre régiment et, en 1909, Mehmet V devient Sultan. Il organise les *Jeunes Turcs* et nomme un *Comité d'Union et de Progrès*.

Dès lors, la conception ottomane de la « Nation » se précise et, première manifestation de celle-ci, la langue turque est valorisée aux dépens de la langue arabe. Pour les populations non-turques de l'Empire ottoman, le développement de ce nationalisme est une source d'humiliation. Elles se trouvent devant une alternative : ou bien se « turciser », ou bien se contenter d'une citoyenneté de seconde zone.

C'est principalement en réaction envers ce nationalisme que naît et se précise le Nationalisme arabe. Ce phénomène est généralisé à l'ensemble des provinces arabes de l'Empire ottoman. Le Nationalisme palestinien, même s'il prendra, comme nous le verrons, une forme spécifique, ne fera que participer à la naissance de ce vaste mouvement politique arabe, singulier dans sa « raison historique », et pluriel, voire contradictoire, dans ses manifestations. Pour la région qui nous intéresse, il sera le fait des Arabes chrétiens du Liban, de Syrie et de Palestine. Jusqu'alors, l'Islam avait constitué un lien important entre les populations de l'Empire, qu'elles soient turques ou arabes. Cependant, lorsqu'en 1840,

Ibrahim Pacha est chassé hors de Syrie, les Turcs ferment les écoles musulmanes où l'arabe est enseigné. Son enseignement ne sera conservé que dans les écoles missionnaires chrétiennes. Ce sont donc les Chrétiens qui font renaître la langue et la culture arabe déchues. Deux encyclopédistes et grammariens libanais, Nassif Yazigi et Boutros Boustani, fondent, en 1847, la *Société des Arts et des Sciences,* ce mouvement d'émancipation culturelle va acquérir au cours des années qui suivent un caractère politique, réformiste et encore modéré. Il crée en 1904, à Paris, *la Ligue de la Patrie Arabe,* laquelle réclame la constitution d'un Empire arabe comprenant l'Arabie, l'Irak, la Syrie et la Palestine. Modérés jusqu'en 1908, les Nationalistes arabes durcissent leurs positions après l'ascension des *Jeunes Turcs* et l'on voit se préciser au sein de leurs mouvements des idées nouvelles d'autonomie et d'indépendance.

le Sionisme et la Palestine

Province arabe de l'Empire, la Palestine va, bien évidemment, participer à ce nouveau mouvement. En raison de la montée d'un autre mouvement, curieusement parallèle, le Sionisme, le Nationalisme palestinien prend, dès sa naissance une coloration spécifique. Renaissance spirituelle et culturelle, importance des facteurs linguistiques et, enfin, caractère politique de plus en plus marqué sont les éléments communs des deux nationalismes qui vont s'affronter en Palestine dès l'aube de la Première Guerre mondiale. Dans l'ensemble, les dirigeants du Mouvement Sioniste semblent bien peu soucieux de la réaction des Arabes de la région. Et le mot d'ordre sioniste *« Une terre sans peuple, pour un peuple sans terre »* exprime l'ignorance des Européens de la fin du XIXme siècle et leur mentalité : celle d'un ethnocentrisme qui ne remet à aucun moment en doute la suprématie des valeurs de l'Europe.

Dès 1891, pourtant, un penseur sioniste éclairé, Ahad Ha'am met en garde ses camarades contre leur indifférence à l'égard de la question arabe : *« Nous avons l'habitude de penser que tous les Arabes sont des hommes sauvages du désert, ne voyant pas ou ne comprenant pas ce qui se passe autour d'eux ; mais c'est une grande faute. Les Arabes, spécialement les citadins, voient et comprennent ce que nous faisons et ce que nous voulons en Palestine... Si jamais nous nous développons au point d'empiéter sur l'espace vital de façon appréciable, ils ne cèderont pas facilement la place »* [2].

En 1921, Sir Herbert Samuel, lui-même Juif et premier Haut Commissionnaire britannique en Palestine, reprend le même thème : « *...Il y a, écrit-il, ceux qui quelquefois oublient ou ignorent les habitants actuels de la Palestine. Inspirés par la grandeur de leur idéal, sentant derrière eux la pression de deux mille ans d'histoire juive, tendus vers les mesures pratiques qui conduiront à la réalisation de leurs buts, ils apprennent avec surprise et souvent avec incrédulité qu'il y a un demi-million d'habitants en Palestine, dont beaucoup sont pénétrés et fortement pénétrés, d'un idéal très différent* » ([2]).

les Arabes et le Sionisme

En Palestine même, la réaction de la population arabe à l'implantation sioniste apparaît déjà avant la guerre de 1914, mais c'est une opposition plus économique que politique. Elle est le

---

Un écrivain arabe palestinien.

Le poète Iskandar el Khuri el Bidjari est l'un des écrivains palestiniens les plus connus. Né à Beit Djala en 1888, il étudie à Beyrouth et, en 1906, s'inscrit à l'Ecole de Droit de Jérusalem. Il publie son premier diwan (recueil de poésies) en 1919, et en 1927, il écrit « Vision de la vie », son deuxième diwan. Suivent une série de poèmes aux thèmes plus légers : « Gazouillis de bébé ».

Politiquement, il se montre favorable aux Anglais et salue avec joie la défaite des Turcs. Il traduit en arabe une chanson de soldat anglais. Mais lorsque Balfour visite la Palestine, il dénonce sa « Déclaration » et exprime sa déception à l'égard de la Grande-Bretagne. El Bidjari écrit en outre des poèmes destinés aux femmes arabes qu'il met en garde contre l'exemple « immoral » des trop « modernes » femmes juives.

Il ressent l'ouverture de l'Université Hébraïque comme un coup porté aux Arabes et la présence du recteur de l'Université du Caire lors de l'inauguration, comme une trahison de l'Egypte vis-à-vis des Palestiniens. Il accueille Hussein, l'ancien roi du Hedjaz, lors de l'arrivée de celu-ici à 'Amman. Il espère que les Hachémites seront les futurs maîtres du monde arabe. El Bidjari devait écrire les paroles de deux chants patriotiques : « La mort pour l'amour de mon pays » et « Qu'il est doux mon pays ! ». Après la révolte du Djebbel Druze en 1925, il publie un nouveau poème nationaliste dans lequel il interpelle la France et la Grande-Bretagne « Allez vous-en et allez coloniser votre propre pays ! ». Ce poète palestinien a, en outre, rédigé une série de contes populaires (Qasida).

fait des Chrétiens, citadins et commerçants, que la compétition avec les nouveaux immigrants juifs inquiète. Etablis dans les villes, les grands propriétaires terriens vendent volontiers leurs terres aux organisations sionistes et les petits paysans se résignent devant une situation qui les dépasse de beaucoup. Quant aux idéologues arabes, ils sont, à cette époque, plus préoccupés par leur lutte contre le Nationalisme des *Jeunes Turcs* que par l'immigration juive et le Sionisme.

Quelques journaux particulièrement antisionistes — en Syrie et en Palestine surtout — sont tout de même fondés après la révolution *Jeunes Turcs* : *Al Moqtabas* à Damas, *Al Karmal* à Haïfa en 1908, et *Filastin* à Jaffa en 1911.

Les Nationalismes arabe et juif ne vont pas se rencontrer dans la première phase de leur évolution. Ils portent chacun leur combat au niveau des puissances internationales qui envahissent la région de leurs intérêts et de leurs rivalités. De leur côté et jusqu'à la Première Guerre mondiale, les masses populaires, arabes et juives, ne jouent pas de rôle important sur la scène politique ; seul, l'Empire ottoman, « *l'homme malade de l'Europe* », est, plus que jamais, l'enjeu des rivalités des super-puissances, la France, la Grande-Bretagne et la Russie tzariste.

la première En 1914, l'Empire ottoman s'allie à
guerre mondiale l'Allemagne et à l'Autriche-Hongrie. Déjà bien implantés dans la région, en Egypte surtout, les Britanniques vont jouer le jeu des Nationalistes arabes et du Chérif de la Mecque, Hussein, à qui ils vont donner tous les moyens pour vaincre les Turcs. En 1916, Hussein se proclame *Roi des pays arabes*. Armés par les Anglais et menés par un officier britannique amoureux de la cause arabe, Thomas-Edward Lawrence, les Arabes du Hedjaz entreprennent leur grande insurrection. Ils expulsent les Ottomans de toutes les terres arabes et le fils du Chérif Hussein, le prince Fayçal, entre triomphalement à Damas en 1918.

les promesses Parallèlement, une intense activité diplo-
européennes matique occidentale se développe et, dans le seul but de satisfaire leurs intérêts stratégiques, la Grande-Bretagne comme la France, multiplient les promesses contradictoires et les accords secrets.

— Promesse anglaise faite aux Sionistes de favoriser la création d'un Foyer National Juif en Palestine, et c'est la fameuse déclaration Bal-

four du 2 novembre 1917 (cf. 1re Partie : *Histoire d'Eretz Israël*).
— Promesse anglaise donnée aux Arabes, d'aider à la construction d'un royaume indépendant.
— Accord arabo-sioniste même, qui, conclu entre Fayçal et Weizman doit permettre aux deux parties de réaliser leurs objectifs respectifs : la création d'un grand royaume arabe indépendant dont Fayçal serait le chef et qui comprendrait un territoire juif autonome sous protectorat britannique (cf. 1re Partie : *Histoire d'Eretz Israël*).

Mais il y a surtout l'accord franco-anglais Sykes-Picot de mars 1916, qui, alors que le Haut Commissaire anglais Henry Mac-Mahon négocie avec le Chérif Hussein, établit un véritable plan de redistribution des terres de l'Empire ottoman, grand vaincu de cette Première Guerre mondiale (cf. 1re Partie : *Histoire d'Eretz Israël*). Au lieu du royaume arabe indépendant et uni, l'accord Sykes-Picot prévoit la mise en tutelle des pays arabes sous forme de mandats de la Société des Nations.

A quelle logique obéit cette politique britannique ? Que signifie ce double jeu qu'elle poursuivra par la suite en Palestine ? L'appui des Arabes qu'elle a tenté de s'assurer par les promesses faites au Chérif Hussein de la Mecque, s'explique aisément. La puissance britannique y trouve un double intérêt. D'une part, par la promesse de la garde des Lieux Saints, elle élimine l'éventualité du déclenchement d'une Guerre Sainte par les Musulmans, dont l'autorité suprême est le Chérif de la Mecque. D'autre part, en provoquant, au moment opportun, une révolte arabe qui immobiliserait une partie de l'armée turque, elle s'assure des forces militaires arabes contre la Sublime Porte. Une controverse, qui subsiste jusqu'aujourd'hui, pose le problème de la délimitation du fameux Royaume Arabe. Comprenait-il ou ne comprenait-il pas la Palestine, et son établissement allait-il à l'encontre de la déclaration pro-sioniste de Lord Balfour ? La thèse arabe prétend que oui, alors que les Anglais soutiennent le contraire.

Nouvelle contradiction de la politique britannique : malgré les accords au sommet Weizman-Fayçal, la Déclaration Balfour a été maintenue secrète par les Anglais. Ils craignaient les oppositions arabes, qui ne se sont d'ailleurs pas fait attendre dès le moment où le document a été

la logique de la politique britannique

rendu public au Moyen-Orient. Parallèlement, la Grande-Bretagne doit tenir compte des intérêts de son allié européen, la France. Depuis les Croisades, la présence de la France au Levant est une véritable tradition à laquelle elle ne compte pas — pour des raisons évidentes — renoncer. Par les accords Sykes-Picot, les Britanniques tentent de concilier leurs intérêts propres, ceux des Français et les promesses qu'ils ont faites aux Arabes. Au terme des accords franco-anglais, la Palestine (moins Haïfa qui serait sous tutelle britannique) serait placée sous contrôle international. Cela aurait permis d'éloigner la France de l'Isthme de Suez et du même coup aurait satisfait la Russie tzariste qui, ne pouvant obtenir le protectorat de la Palestine, se trouverait associée à ce contrôle international et pourrait ainsi protéger les communautés orthodoxes établies en Terre Sainte.

Et la Grande-Bretagne pro-sioniste, à quels intérêts obéit-elle ? Les hypothèses les plus diverses, des plus sérieuses aux plus fantaisistes, ont été avancées. Certains invoquent le caractère protestant des Britanniques et leur attachement au texte de l'Ancien Testament qui les auraient prédisposés à comprendre et à appuyer les revendications sionistes. D'autres parlent de l'appui financier des Juifs américains et de la force politique qu'ils représentent en ce début de XXme siècle, sur la scène internationale. Ces facteurs pourtant, ne peuvent être ni décisifs ni suffisants. Il y a aussi, et ceci semble hautement probable, la volonté anglaise de se gagner le soutien des Juifs moyen-orientaux. En Turquie même, certains Juifs occupent une place non négligeable au sein du Mouvement Nationaliste des *Jeunes Turcs*. En Palestine, le *yichouv* (cf. 1re Partie : *Histoire d'Eretz Israël*) est une force avec laquelle il faut compter. Enfin, en Egypte, principal fer de lance de la politique expansionniste de la Grande-Bretagne dans la région, l'appui des Juifs peut être essentiel pour la consolidation de la stratégie britannique au Moyen-Orient. De plus, n'y aurait-il pas aussi, en filigrane de l'histoire politique de cette période, ce que l'on a appelé la tradition politique anglaise du « divide and rule » ?

les mandats

La Conférence de la Paix de Paris en 1919, puis celle de San Remo en 1920, définissent la nouvelle carte du monde arabe. La Syrie et le Liban seront désormais sous mandat français ; l'Irak, la Palestine et la Transjordanie sous mandat britannique.

Fayçal, qui s'était proclamé *Roi de Syrie*, est chassé du pays en 1920 par un ultimatum français, et cela, sans que ses anciens alliés, les Britanniques, n'interviennent. Fayçal ne reçoit pas non plus le soutien de la part des Sheiks palestiniens pour lesquels il n'est qu'un prince étranger, membre de cette famille Hachémite toute puissante au Hedjaz, mais de peu de poids ailleurs. En définitive, ce sont les Anglais qui font alors de Fayçal le chef du Nationalisme arabe ; sans eux, il perd son pouvoir qui ne s'appuie sur aucune base populaire.

Un autre fils du Chérif Hussein, 'Abd Allah, part à la conquête de la Syrie. En Transjordanie, il est intercepté par des fonctionnaires britanniques qui le dissuadent d'accomplir son projet. Les Anglais le laissent s'installer à Amman et organiser son administration, tout en maintenant leur protectorat sur la Transjordanie. L'Etat de Transjordanie est alors créé *ex nihilo* par les Britanniques.

Le 24 juillet 1922, commence pour la Palestine la période du mandat britannique.

le mandat britannique

Auparavant, à l'issue de la Conférence de San Remo, la Société des Nations a officiellement entériné la Déclaration Balfour. La Transjordanie, malgré les protestations juives, a cependant été exclue du champ d'application de cette déclaration.

Dès 1919, la réaction arabe à la déclaration britannique en faveur de la création d'un Foyer Juif en Palestine se manifeste. En juillet, au Congrès Général Syrien de Damas, les Palestiniens se prononcent contre les projets sionistes et appuient la revendication du *Royaume de Syrie* avancée par le roi Fayçal. Sur place en 1920, la tension monte en Palestine entre les populations arabes et juives. Les Arabes appellent cette année *'Am-el-Nakba* (l'Année de la Catastrophe). Pendant la Semaine Sainte, déclenchés par les Arabes, les premiers heurts entre les deux communautés apparaissent : pillages à Jérusalem, meurtres et agressions. Au mois de mai 1921, Jaffa est le théâtre de violents conflits entre Juifs et Musulmans.

Incompréhension mutuelle et escalade de la violence vont être le pain quotidien des relations judéo-arabes en Palestine, conflits que la puissance mandataire, fidèle à sa règle du « divide and rule », ne fera qu'exacerber. Le climat de tension se maintient, et, malgré la faible immigration juive enregistrée durant les trois premières années du mandat, le mécontentement est grand (cf. 1re Partie : *Histoire d'Eretz Israël*).

le premier Livre blanc Winston Churchill, alors Ministre des Colonies, publie le *Livre Blanc* qui fixe les « capacités économiques d'absorption du pays » et tente, par des formules apaisantes, d'établir les bases d'une coexistence au sein d'une Palestine bi-nationale.

le refus arabe Refus de participer à un conseil législatif où les Juifs seraient représentés, refus de la création d'une Agence Arabe symétrique à l'active Agence Juive, etc... Si pendant les premières années de leur mandat en Palestine, les Anglais reçoivent de la part des Juifs un accueil favorable et une certaine collaboration, ils se heurtent de la part de la population arabe à une passivité, voire à une hostilité grandissante.

Un Haut Comité arabe (1936) et un Comité Suprême musulman, tous deux présidés par le Grand Mufti de Jérusalem, l'ultra-nationaliste Hadj Amine El Husseini, sont les principales institutions politiques de la communauté arabe sous le mandat. Cette communauté est dominée par la classe des « *effendi* », grands propriétaires terriens ; les plus puissantes de ces riches familles sont les Nachachibi et la famille du Grand Mufti, les Husseini, dont les querelles dominent la vie politique locale.

L'hostilité des Arabes est dirigée à la fois contre les Juifs et contre la puissance mandataire. L'afflux des immigrants juifs inquiète les masses arabes. L'achat des terres est au centre du problème économique des Arabes palestiniens. Les grands propriétaires terriens profitent de la hausse des prix de la terre pour vendre sans scrupule leurs terres aux organisations sionistes. Contre une faible indemnité, les ouvriers et les fermiers arabes sont renvoyés pour faire place au « travail juif ». Aussi, l'inimitié des paysans arabes va-t-elle s'exprimer contre l'aristocratie foncière et le pionnier juif tout à la fois.

Au mécontentement économique vient s'ajouter une frustration politique. Les Etats arabes voisins, l'Egypte, la Transjordanie, l'Irak, accèdent à partir de 1922 à leur autonomie (uniquement formelle, il est vrai) alors que la Palestine reste soumise à la forte autorité britannique.

En 1928, ces pays connaissent de nouveaux progrès en matière d'indépendance. Les idées nationalistes arabes s'y expriment avec une force nouvelle. La même année, la Palestine sort d'une période de crise économique qui avait limité l'immigration juive. En 1927, l'émigration juive avait même été plus forte que l'immigration (cf. 1re Partie : *Histoire d'Eretz Israël*). Cette amélioration des conditions économiques ouvre une période de calme relatif dans le pays. Pour les raisons déjà évoquées, la fin de la crise amène une nouvelle série d'incidents entre Juifs et Arabes.

En août 1929, une manifestation des Juifs au Mur des Lamentations provoque au sein de la population arabe de Jérusalem une véritable explosion de violence. La répression britannique est dure. Une Commission chargée d'enquêter sur les causes de cet événement entraîne la publication, par le gouvernement britannique, d'un deuxième *Livre Blanc* (17 juillet 1930) qui affirme d'une façon nouvelle les limites de l'immigration juive. Dans le monde sioniste, c'est la consternation. Pour tenter d'apaiser les esprits et de concilier, une fois de plus les deux parties, le Premier Ministre britannique Mac Donald envoie à Weizmann une lettre (que les Arabes appellent la *« lettre noire »*) qui nuance les termes du *Livre Blanc*. Les tergiversations et la confusion qui se manifestent au travers des prises de position britanniques contribuent à aggraver l'antagonisme judéo-arabe.

En 1933, l'accession d'Hitler au pouvoir et la vague de persécutions antisémites qui s'abat sur les Juifs allemands vont avoir des répercussions logiques sur l'immigration en Palestine, où la population juive augmente sensiblement (cf. 1re Partie : *Histoire d'Eretz Israël*). L'immigration clandestine se développe et, face au danger nazi, la thèse sioniste se justifie avec une force nouvelle. La réaction ne se fait pas attendre. En octobre 1933, une grève générale arabe est décrétée. Elle est suivie de manifestations sanglantes. Les Arabes demandent alors aux Britanniques la limitation réelle de l'immigration juive, l'interdiction d'achat de terres arabes et la création d'un Parlement élu comme d'un pouvoir autonome.

la révolte arabe

Leur requête n'aboutit pas. Leur colère atteint son comble. Le pays devient une véritable poudrière qui explose en avril 1936. Les Partis Nationalistes palestiniens fondent le Haut Comité Arabe, où les modérés ne sont pas représentés. Un appel à la grève générale est suivi dans tout le pays. L'insurrection arabe commence. Elle va durer six mois pendant lesquels des Juifs sont assassinés et leurs terres saccagées ; au total 1.600 hectares de récoltes et des dizaines de milliers d'arbres fruitiers sont détruits. La répression britannique qui s'en suit fait plusieurs centaines de victimes parmi les Arabes. Après les appels au calme des monarques de Transjordanie, d'Arabie Séoudite, d'Irak et du Yémen, la grève prend fin en octobre 1936.

Devant la gravité de la situation en Palestine, la Grande-Bretagne renonce à appliquer les stipulations du mandat. La coexistence judéo-arabe est impossible. Le gouvernement britannique propose alors un plan de partage du pays, c'est-à-dire la création de deux Etats autonomes. Les Lieux Saints, Jérusalem, Bethléem et Nazareth resteraient sous tutelle britannique. Les Juifs, quoique divisés, se montrent en général favorables au projet mais le refus des Arabes est total. A nouveau des heurts éclatent ; le Grand Mufti déclare la guerre aux Anglais et aux Sionistes. Le Haut Comité Arabe est alors dissout et ses dirigeants déportés aux îles Seychelles. El Husseini se réfugie à Beyrouth.

le Livre blanc pro-arabe et le projet d'un état bi-national

En Europe, la Deuxième Guerre mondiale est imminente. L'Allemagne nazie va essayer de pénétrer au Moyen-Orient dont l'importance stratégique est considérable, ce que les Anglais n'ignorent pas. Il devient vital pour eux de gagner à leur cause les paysans arabes et d'apaiser les Arabes palestiniens. Pendant les quinze premières années du mandat, les Anglais avaient mené une politique pro-sioniste qui servait leurs intérêts ; ils vont désormais changer de cap et donner une orientation pro-arabe à leur action dans la région. Le *Livre Blanc* de Bevin en 1939 marque une rupture dans la politique britannique. Il y est affirmé : « *...Le gouvernement officiel de Sa Majesté déclare, de manière officielle, que la création d'un Etat Juif en Palestine ne fait pas partie de son programme* ». La fin du mandat britannique (au terme d'une période de dix ans) devrait aboutir à la création d'un Etat bi-national. D'ici là, l'immigration juive serait restreinte et régularisée, le transfert des terres arabes interdit.

1939, c'est la première année de la Deuxième Guerre mondiale. Les Juifs se trouvent dans une position ambiguë : combattre l'Angleterre qui trahit la cause sioniste en Palestine ou combattre aux côtés de l'Angleterre, leurs ennemis communs, les puissances de l'Axe. Quant aux Arabes palestiniens, ils participent peu à la guerre. De son côté, réfugié à Berlin, dans sa haine des Juifs et des Anglais, le Mufti de Jérusalem épouse la cause nazie et tente de soulever les populations arabes contre les forces alliées. Pour les Juifs et les Arabes, 1939-1945 sera une période de trêve tacite.

Au sortir de la guerre, le conflit judéo-arabe reste à l'arrière-plan de la vie politique palestinienne. Juifs et Arabes ont un but commun, expulser les Anglais du pays. Les organisations sionistes mèneront l'essentiel du combat. Et ce n'est qu'en 1948, après le retrait de la Grande-Bretagne, que Juifs et Arabes se retrouvent à nouveau face à face.

A l'O.N.U., la question de la Palestine est à l'ordre du jour. Après des mois de propositions, contre-propositions et débats, l'Assemblée Générale des Nations Unies vote, le 29 novembre 1947, un plan de partage de la Palestine. En majorité, les Juifs se réjouissent de cette résolution qui donne enfin une base politique légale à leur statut. Les Arabes protestent, font appel devant la Cour Internationale de Justice de La Haye ; en vain. En Palestine, une guerre civile terrible et meurtrière éclate entre Juifs et Arabes.

1948, création de l'Etat d'Israël

Le 14 mai, le Haut Commissaire anglais Sir Alan Cunningham s'embarque à Jaffa. C'est la fin de l'administration britannique en Palestine. Le même jour, le Conseil National Juif (cf. 1re Partie : *Histoire d'Eretz Israël*) annonce la création de l'Etat d'Israël. La communauté internationale entérine.

Les armées arabes de Syrie, du Liban, de Transjordanie et d'Irak alors interviennent. La première guerre israélo-arabe commence ; elle va se terminer par la victoire israélienne le 24 février 1949. Les nouvelles frontières de l'Etat Juif sont alors précisées, ainsi que la configuration générale de ses populations. Les Juifs et les Arabes, de même origine sémitique, se retrouvent au sein du même Etat. Meurtris tous les deux par des siècles de persécutions et d'humiliantes dominations, bafoués, à la recherche d'une dignité et d'une liberté nouvelles, ils se trouvent à un moment curieusement semblable de leur histoire : celui d'une émancipation nationale ; phase peut-être nécessaire mais par nature intransigeante et dure.

Soumise aux tergiversations d'une politique occidentale confuse et souvent hypocrite, la cohabitation dans la région, n'a pas toujours été

El Hadj Hohammed Amin El Husseini, Grand Mufti de Jérusalem.

La date de naissance d'El Husseini est incertaine : 1893 ou 1895 ou encore 1897. Natif de Jérusalem, il y fait un an d'études à l'Ecole de l'Alliance juive. Puis, sous la direction du Sheikh Rashid Rida, il passe un an à l'Université d'El Azhar au Caire. Il termine ses études à l'Ecole Turque d'Administration, à Istamboul.

Pendant la Première Guerre mondiale, il sert dans l'armée ottomane. Sous le mandat britannique, il est recruté comme officier pour l'armée du roi Fayçal, avant d'être engagé en Palestine par le gouvernement militaire anglais.

A Jérusalem, il est président du Club Arabe. Le 4 avril 1920, il dirige les violentes manifestations anti-juives. Condamné à 15 ans de prison par la Cour Militaire britannique, il sera immédiatement gracié par le Haut Commissaire .

En janvier 1922, le Conseil Suprême Musulman qu'il préside devient son fief et celui de sa famille, les Husseini.

Son action est dirigée dans trois directions : lutte contre l'autre grande famille palestinienne des Nashashibi ; activités anti-sionnistes et opposition à la politique du « Foyer National » soutenue par les Anglais. Il imprime à la lutte contre le Sionisme un caractère religieux. Et c'est lui qui est le principal instigateur des désordres qui eurent lieu en août 1929, au Mur des Lamentations, à Jérusalem.

En avril 1936, El Husseini devient président du Haut Comité Arabe, tout nouvellement créé. Il est alors le principal meneur de la grande grève arabe de 1936.

En octobre 1937, les Anglais dissolvent le Conseil Suprême et Husseini s'enfuit en Syrie puis en Irak — où il est très proche des officiers irakiens pro-nazis dont une révolte (menée par Rashid'Ali Al-Kilani) échoue.

Husseini part alors pour l'Italie puis pour l'Allemagne Nazie dont il épouse la cause. Il recrute des volontaires musulmans de Bosnie et de Yougoslavie pour l'armée hitlérienne. Son antisémitisme est virulent. En 1945, El Husseini s'établit en Egypte puisque la Palestine lui est interdite. De là, il mène la lutte contre le partage de la Palestine et reste à la tête du Haut Comité. Ses prétentions à assurer la direction suprême de la lutte contre le Sionisme le mettent en conflit avec les autres dirigeants arabes.

En 1948, après la victoire militaire israélienne, il tente de créer un « Gouvernement de toute la Palestine » à Gaza. C'est un échec.

Dès lors, son influence se fera de moins en moins forte. Son déclin entraîne celui de sa famille, les Husseini.

pacifique. La création de l'Etat d'Israël et le contexte arabe régional, toujours aliéné aux intérêts et aux rivalités des super-puissances, perpétuent le caractère conflictuel des relations judéo-arabes. Extermination massive et colonialisme sont de douloureuse mémoire pour les Juifs comme pour les Arabes. Leurs guerres en portent les stigmates et contribuent à former le cercle vicieux de la politique moyen-orientale.

Avec finesse et lucidité, l'écrivain israélien Amos Oz déclare : « *Chacune des parties engagées dans ce conflit se bat, non pas contre son ennemi, son adversaire réel, mais contre les ombres névrotiques de son propre passé* ».

Nombreuses et diverses sont les populations qui coexistent dans le pays d'Israël. Une rapide évocation de l'histoire de la région ne peut donner qu'une vue schématique et linéaire de leur développement. Cependant, de même qu'il existe une diversité de populations juives en Israël tant est variée l'origine des Juifs qui sont venus, et viennent toujours, s'installer dans ce nouvel Etat, les communautés non-juives, musulmanes, chrétiennes (orthodoxes et hétérodoxes, latines et orientales) ou druzes, ont respectivement leur histoire, leur personnalité propre, leurs divergences voire même leurs conflits.

C'est de leur spécificité qu'il faut maintenant parler.

1948

Résultat de la guerre d'indépendance juive contre la puissance mandataire en Palestine, de la volonté sioniste, du traumatisme du génocide nazi et surtout de la stratégie des grandes puissances, l'Etat d'Israël est créé le 15 mai 1948.

les conséquences de la guerre

Pour les populations de Palestine, l'institution de l'Etat Juif cause un véritable choc. Choc de la guerre pour commencer. Au cours des hostilités, près de 600.000 Arabes quittent le pays : seuls, 170.000 y restent. En 1947, en effet, on dénombrait en Palestine, environ 1.300.000 Arabes dont 700.000 établis sur le territoire du futur Etat d'Israël, soit près des deux tiers de la population totale.

Plus tard, en 1949, après l'armistice de Rhodes, Israël réintègre 40.000 réfugiés dans le cadre de la réunion des familles. Le nombre des Arabes s'élève alors à quelque 160.000 personnes, parmi lesquelles 119.000 Musulmans, 35.000 Chrétiens et 15.000 Druzes.

Les conditions de l'exode des Palestiniens, le rôle différent et souvent opposé, de l'organisation militaire juive (la *Haganah*) et des groupes terroristes (*Irgoun* et *Stern*), le mouvement exact des populations arabes déplacées, restent pour l'observateur des éléments obscurs et mal connus. Les informations à ce sujet se multiplient, mal nuancées et contradictoires.

On discute encore aujourd'hui sur les raisons de l'exode des Palestiniens. A-t-il été provoqué par la simple panique née d'un état de guerre — comme en France en 1940 ? Ou bien, comme l'affirment les Israéliens, les radios des pays arabes voisins les ont-elles incité à partir pour échapper à un hypothétique massacre, leur promettant un prompt retour après la victoire des armées arabes ? Ou bien encore, et telle est la thèse arabe, ont-ils été chassés par l'armée et les groupes terroristes juifs hors des frontières du futur Etat d'Israël ?

Quoi qu'il en soit, à partir de 1948, leur vie change radicalement. Les non-Juifs sont soumis à un nouveau statut légal et juridique. Le système économique local passe brusquement d'un mode de production quasi féodal à un capitalisme d'Etat technicisé, dont ils ne détiendront pas les moyens de production. Ils évoluent, enfin, dans un environnement social et culturel qui s'occidentalise d'un coup, puisque les premières vagues d'immigration juive avant 1948 étaient composées essentiellement de Juifs achkénazes.

La première adaptation psychologique qu'ils doivent effectuer, c'est de s'appréhender comme une minorité dans un pays dans lequel ils étaient, avant 1948, majoritaires. En 1950, la population de l'Etat d'Israël s'élève à 1.370.100 personnes, dont 1.203.000 Juifs et 167.100 non-Juifs qui ne représentent plus que 12 % de la population totale.

Hameout, « la minorité », est désormais le nom officiel et usuel des populations non-juives en Israël. Une minorité amputée de son élite. Comme le font souvent ceux qui ont quelque chose à préserver en cas de guerre civile, d'émeutes ou de situation dangereuse, les notables de Jaffa ou de Nazareth quittent le pays.

Les Arabes, Musulmans et Chrétiens, ainsi que les Druzes, doivent s'installer dans leur nouveau statut d'Arabes israéliens après avoir eu celui d'Arabes palestiniens. En vertu des articles 3 et 5 de la loi sur la Nationalité de 1952, ils acquièrent, en effet, la nationalité israélienne.

nationalité et législation nationale

Ces deux articles, de toute évidence, concernent pour l'essentiel les populations non-

juives du pays : « Nationalité par retour » (1) et
« Nationalité par résidence », telle est la première
distinction fondamentale entre les populations juives et non-juives d'Israël. Elle met en lumière ce
caractère particulier d'un Etat spécifiquement
« juif ». Distinction juridique importante qui, sur le
plan de la vie quotidienne, va se traduire par une
législation et des institutions propres.

**La loi sur la nationalité.
Articles 3 et 5 (1952).**

Article 3. « Tout individu qui, immédiatement avant la fondation de l'Etat, était sujet palestinien et qui ne devient pas Israélien en vertu de l'article 2 (1), devient Israélien à dater du jour de la fondation de l'Etat s'il remplit les conditions suivantes :

1. Etre enregistré à la date du premier mars 1952 comme habitant suivant l'ordonnance sur l'enregistrement des habitants.
2. Etre un habitant d'Israël à la date d'entrée en vigueur de la présente loi.
3. Etre en Israël depuis le jour de la fondation de l'Etat jusqu'à la date de l'entrée en vigueur de la présente loi, ou être entré légalement en Israël pendant cette période. »

L'article 5 de la loi sur la nationalité israélienne établit les conditions de naturalisation :
« Tout individu majeur qui n'est pas Israélien peut obtenir la nationalité israélienne par naturalisation s'il remplit les conditions suivantes :

a) 1. Se trouver en Israël,
2. Avoir vécu en Israël pendant trois ou cinq années précédant la date du dépôt de sa demande,
3. Avoir le droit de résider en Israël de façon permanente,
4. S'être établi ou avoir l'intention de s'établir en Israël,
5. Avoir une certaine connaissance de la langue hébraïque,
6. Avoir renoncé à sa nationalité antérieure ou prouvé qu'il perdra cette nationalité en devenant israélien.

b) Si le requérant remplit les conditions prévues par l'alinéa a), le Ministère de l'Intérieur lui accordera, s'il le juge utile, la nationalité israélienne par la délivrance d'un certificat de naturalisation.

c) Avant que la nationalité ne lui soit accordée, le requérant fera la déclaration suivante :
« Je déclare que je serai loyal à l'Etat d'Israël. »

L'Etat d'Israël ne possède pas de constitution laïque. Comme le stipule la Déclaration d'Indépendance du 14 mai 1948, c'est *l'esprit de la Bible*, ce sont les *principes enseignés par les prophètes d'Israël* qui en tiennent lieu. Une même législation est mise en place pour tous les citoyens du pays. Elle est cependant complétée par les lois sur le statut personnel, c'est-à-dire ici, le plus souvent, concernant des questions religieuses ou familiales, dont l'application dépend pour chaque communauté, d'une administration autonome (cf. 1re Partie : *Tensions de la société juive d'Israël*). Les Musulmans, par exemple, continuent à être régis suivant les principes de la loi musulmane : la *Shari'ah*. Les Druzes, qui jusqu'en 1948 dépendaient de l'administration musulmane, voient en 1957 se créer pour eux un conseil religieux proprement druze et, en 1962, une cour de justice autonome. Toutefois, concernant le statut personnel, la législation israélienne intervient au niveau des communautés ethnico-religieuses sur trois points :

— interdiction de la polygamie ;
— interdiction de la répudiation de la femme par son mari ;
— âge minimum nécessaire pour se marier porté à dix-huit ans pour l'homme et à dix-sept ans pour la femme.

On verra plus loin l'importance de ces trois mesures dans la vie sociale des Arabes israéliens, les deux premières concernant principalement les Musulmans.

De façon générale et comme s'il s'agissait d'une pétition de principe, la Déclaration d'Indépendance affirme : « *L'Etat d'Israël assurera une complète égalité des droits sociaux et politiques à tous ses citoyens, sans distinction de croyance, de race ou de sexe ; il garantira la pleine liberté de conscience, de culte, d'éducation et de culture* ». Mais, en 1948, les Arabes du pays ne sont pas la préoccupation primordiale des fondateurs de l'Etat d'Israël. Les Juifs comptent leurs morts, victimes de la Seconde Guerre mondiale, pansent leurs plaies physiques et morales, organisent les structures d'accueil des nouveaux immigrants juifs et se lancent dans l'aventure fascinante de la mise en place des structures d'un nouvel Etat.

Pour les Arabes du pays, c'est la stupeur. Une stupeur qui engendre une anomie sociale qui va bien durer quelque cinq ans. C'est en spectateurs qu'ils vont assister à la construction de cet Etat Juif, aux portes de leurs villages, de leurs quartiers, et dans les champs voisins.

la langue : l'hébreu...

On commence par donner une langue officielle à l'Etat d'Israël : l'hébreu. Les Arabes israéliens vont devoir l'apprendre. En septembre 1949, le Parlement vote une loi rendant obligatoire la scolarité pour tous les enfants de cinq à quatorze ans. Dans les écoles arabes comme dans les autres, l'enseignement de l'hébreu est dispensé. La nouvelle génération d'Arabes israéliens est parfaitement hébraïsée, ce qui crée un clivage important avec la génération de leurs parents et grands-parents dont l'arabe était la seule langue parlée.

C'est un élément nouveau et important pour une société comme celle-ci, où les rapports entre les classes d'âge sont — comme nous le verrons — essentiels et hautement organisés. L'hébreu étant la langue véhiculaire du pays, les jeunes scolarisés, ainsi que les hommes qui travaillent dans les centres juifs, deviennent désormais, le trait d'union entre leur société et la société juive israélienne ; eux seuls en effet possèdent la nouvelle langue nationale. Quant aux femmes et aux personnes âgées, cantonnées dans leur cadre traditionnel, elles continuent à parler uniquement l'arabe, émaillant ça et là leurs propos d'un mot ou d'une expression hébraïque...

... et l'arabe

Et l'arabe ? Deuxième langue nationale du pays, il demeure la langue de la « minorité » non-juive d'Israël. L'arabe palestinien est un dialecte oriental proche du syro-libanais et peu éloigné de l'égyptien. Suivant les régions du pays, et les milieux sociaux, il est parlé avec certaines nuances phonétiques ; bédouins, ruraux et citadins prononcent de façon quelque peu différente une langue qui est fondamentalement la même. Dans les écoles arabes, les cours sont dispensés en arabe classique, les livres scolaires sont écrits en arabe et l'examen de fin de scolarité (*bagrout*), — dont le programme est sensiblement le même pour les lycées arabes et les lycées juifs —, a lieu en arabe également.

Comme toutes les populations arabophones du Moyen-Orient, les Arabes israéliens sont plus qu'attachés à leur langue. Aussi, l'un des reproches que nombre de leurs intellectuels formulent contre les autorités israéliennes concerne le peu d'intérêt qu'elles portent à l'usage et

Vannerie

La fileuse

Musulman et ses 5 femmes en pèlerinage à Jérusalem

Fumeur de narguileh

à l'épanouissement de cette langue dans le pays. En effet, pour les premiers immigrants juifs, la langue arabe était la langue d'un peuple dont ils connaissaient mal la réalité. Et de fait, quelle pouvait être la réalité des peuples moyen-orientaux pour les Européens du début du siècle ? Quel poids cette culture pourrait-elle avoir à leurs yeux ? En 1948, et pendant les années qui suivent, l'arabe est la langue des radios des pays arabes, elle est celle des discours des chefs d'Etats qui déclarent la guerre à Israël. Les résistances à l'apprentissage de cette langue sont alors évidentes.

Les Juifs immigrés du Moyen-Orient parlent souvent l'arabe dialectal de leurs pays d'origine, mais seul un très faible pourcentage de la population israélienne étudie l'arabe classique et possède couramment l'arabe palestinien. Pour l'Arabe d'Israël, c'est une première frustration, l'expression évidente de sa situation de citoyen de seconde zone. Il restera le citoyen d'un pays dans lequel, pour la majorité des habitants, sa culture, sa langue, sa personnalité, sont le rappel constant de l'hostilité des pays voisins.

En raison de cette hostilité, de l'état de guerre potentiel dans lequel se trouve le pays et du climat d'insécurité qui y règne, en raison également de facteurs d'organisations internes et d'intérêts économiques précis, certaines zones géographiques du pays vont être l'objet d'une législation particulière, placées sous le contrôle d'un gouvernement militaire (il faut entendre ici : commandement militaire).

politique d'administration militaire

Il s'agit d'une série de mesures que la Palestine du Mandat britannique connaissait sous le nom de *« Defence Regulations »* : il y en avait 170 et elles étaient destinées à combattre, de 1945 à 1948, le terrorisme juif. Le gouvernement israélien reprend cette réglementation à laquelle il ajoute des textes tels que les *« Ordonnances sur l'état d'urgence de 1949 »*. Ces lois resteront en vigueur, en s'amenuisant, jusqu'en 1966.

Les zones sous contrôle militaire sont des régions habitées essentiellement par des Arabes. 75 % de la population arabe israélienne tombe sous le coup de cette réglementation. Ces zones sont réparties en trois régions : la région du nord, le Centre, la région fort peuplée du « triangle », et la région du sud du Neguev (cf. Carte). L'article 125 des *« Defence Regulations »* est l'un des plus important [2] : *« Le commande-*

ment militaire est autorisé à déclarer par décret, tout territoire ou endroit, zone close par l'application de la présente ordonnance. Tout individu qui entre dans le territoire ou l'endroit, ou qui en sort, durant la période pendant laquelle un tel décret est en vigueur dans le territoire ou l'endroit en question, sans être muni d'un permis écrit délivré par le commandement militaire ou par ordre de celui-ci, sera accusé de contravention aux lois ».

A cela s'ajoute une série d'articles tendant à instaurer le couvre-feu dans la plupart de ces zones, limitant la liberté de circulation et celle de la presse : censures, perquisitions à tout moment, internement administratif de tout individu (sans que soit pour cela établi et notifié un acte d'accusation), confiscation des biens, assignation à résidence forcée, exil même, sont les sanctions dont tout individu peut être passible.

Sauf pour atteinte à la sécurité de l'Etat, la peine de mort n'existe pas en Israël. En réalité, elle n'a jamais été appliquée (Eichman fut le seul homme exécuté dans le pays depuis 1948). Quant aux tribunaux militaires, ils se composent d'un président, d'un officier supérieur et de deux autres membres (deux officiers). Il existe une autre sorte de tribunal militaire : il se compose d'un seul officier et peut infliger une peine qui va jusqu'à deux ans d'emprisonnement.

Pour les autorités israéliennes, le bien-fondé de cette réglementation ne fait pas de doute : les zones closes sont en général des zones de combat où s'affrontent en 1948, les armées de la Ligue Arabe et l'armée juive ; il fallait empêcher l'infiltration des réfugiés arabes et garantir la sécurité encore fragile du nouvel Etat. *La sécurité* est un mot qui revient souvent dans la bouche du défenseur du gouvernement militaire.

Au sortir de la guerre de 1948, quel crédit le gouvernement israélien pouvait-il accorder au « loyalisme » des Arabes du pays, alors qu'ils avaient participé à la révolte nationaliste de 1936 et s'étaient opposés à la création de l'Etat d'Israël ? Dès lors, la mise à l'écart des Arabes se confirme et, au détriment de ceux-ci, les lenteurs de l'administration, les condamnations arbitraires, les abus sont inévitables, et inévités. On imagine ce que ces mesures ont pu représenter comme humiliation et révolte chez les Arabes d'Israël. De cette période, les Arabes israéliens parlent comme d'un cauchemar. Le poète Mahmoud Darwish écrit : *« Certains jeunes gens qui n'étaient autorisés à circuler que dans la rue principale, ont, une fois, pris la latérale, et ont été arrêtés. Le tribunal n'acquitte personne. Prison et amendes — amendes et prison. Tu demandes un passeport, et tu découvres que tu n'es pas un citoyen, parce que ton père ou un de tes parents s'était enfui pendant la guerre de Palestine quand tu étais encore un bébé. Et tu découvres que tout Arabe qui a quitté son pays durant cette période et qui est revenu clandestinement a perdu son droit à la citoyenneté... Tu médites sur la loi. A quel point nous sommes naïfs de croire que la loi est un instrument de justice et de vérité. Ici la loi n'existe que pour servir la volonté du gouvernement »* ([3]).

Contre ces abus, contre la volonté de ce gouvernement, des voix se sont élevées. Des voix arabes, bien sûr, auxquelles se mêlent des voix juives ; pour la plupart, ce seront celles des membres du parti communiste M.A.K.I. et du M.A.P.A.M.

Déjà, le 5 juillet 1957, David Ben Gourion, alors Premier Ministre, annonce l'allègement du contrôle militaire, l'abolition du permis de circuler pour les Arabes de Galilée se rendant à Acre, Nazareth et Afula, l'ouverture des routes

---

Mahmoud Darwish.

Le plus connu des poètes arabes d'Israël, Mahmoud Darwish, est né à Berwa, village de Galilée, en 1941. En 1948, il fuit son village ; plus tard, il regagne clandestinement Israël avec sa famille. Entretemps, son village a été détruit ; il s'établit à Haïfa. Il devient membre du Parti Communiste M.A.K.I. en 1961, et rédacteur de la revue « Al Jadid ». Après avoir été assigné à résidence forcée à Haïfa, il quitte Israël en 1970. Darwish vit actuellement à Beyrouth où il continue à écrire, mais son activité militante est réduite. Il n'est inscrit à aucun parti et estime que l'essentiel de la lutte palestinienne doit être mené en Israël même.

Ses premières œuvres paraissent en 1960 « Les oiseaux sans ailes ». En 1964 « Feuilles d'olivier » puis en 1966, « L'Amant de Palestine » et, « Au terme de la nuit », qu'il considère comme ses premières œuvres importantes. En 1970, à Beyrouth, sont édités trois longs poèmes qui forment un dernier recueil : « Ma Bien-aimée se lève de son sommeil ». Depuis son départ d'Israël, Darwish écrit une poésie moins engagée et plus difficile, ce que lui reprochent les militants palestiniens qu'il côtoie à Beyrouth.

de Tel-Aviv, de Tyr et de Ramat ha Kodesh. Mais le gouvernement militaire reste en place.

En 1963, une proposition de loi tendant à abolir le gouvernement militaire est déposée à la *Knesseth*. Le Parti Communiste vote pour l'abolition. Le M.A.P.A.M. propose de le remplacer par des institutions politiques locales. Le M.A.P.A.I., le Parti National Religieux et l'aile travailliste de l'*Agoudath Israël* votent contre cette proposition.

Au Parlement en 1963, six députés arabes siègent à la *Knesseth*. Quatre d'entre eux, apparentés au M.A.P.A.I., votent paradoxalement pour la continuation de cette administration. Les mesures du gouvernement militaire, estiment-ils, sont également destinées à protéger les Arabes israéliens contre eux-mêmes et à limiter les heurts avec la population juive. La polémique est chaude. Elle envahit les colonnes de la presse israélienne. La proposition est rejetée. Il faudra attendre 1966 pour voir l'abolition de l'administration militaire. En fait, dès avril 1962, certaines zones closes sont supprimées et dès 1963, les permis de circuler sont délivrés annuellement. Pourquoi alors avoir attendu 3 ans pour mettre fin à cette période qui pour beaucoup, sinon tous, signifie peur, humiliation, tensions, et souvent sentiment de culpabilité ? Invoquer le problème de la « sécurité de l'Etat » ne semble pas plausible à tous. Le maintien du gouvernement militaire a été dicté, cela est clair, par des raisons de politique intérieure. En particulier, les laisser-passer et les permis de travail constituent autant de pressions, de cartes électorales pour le pouvoir central et pour le parti gouvernemental, le M.A.P.A.I. C'est à travers la réglementation de l'administration militaire que les autorités israéliennes ont pu exercer un contrôle étroit des populations non-juives du pays. Ainsi les pouvoirs pouvaient-ils être présents dans le jeu politique de chaque communauté, favorisant tel groupe ou tel homme au détriment de tels autres, intervenant à tous les niveaux de l'organisation sociale du village ou du quartier.

C'est de l'époque du gouvernement militaire que date la mise en place des élites locales et la définition du style de rapports que le « pouvoir des Anciens » va entretenir avec les institutions nationales. Ainsi en est-il par exemple, au niveau des minorités elles-mêmes. Les Druzes (cf. 2me Partie : *Les Druzes*), communauté privilégiée de l'Etat d'Israël, se voient accorder avec plus de facilité un permis de circuler. Les mesures de l'administration militaire leur sont appliquées avec moins de rigueur qu'aux autres communautés. Avec l'administration militaire, son maintien pendant 18 ans — et sa réalité de fait pendant 15 ans — c'est essentiellement pour des raisons économiques que le gouvernement israélien a voulu s'assurer des populations arabes.

travail juif et travail arabe

La première tâche des fondateurs de l'Etat d'Israël est d'assurer du travail aux nouveaux immigrants. En 1948, Israël n'est pas le pays à haute technicité d'aujourd'hui. La surface des terres cultivées n'est pas très importante et les terres fertiles de Galilée ou du « Triangle » sont les premières convoitées. Les villes commencent à se développer ou même à naître et le pays s'industrialise (cf. 1re Partie : *Populations juives de l'Etat d'Israël*) ; les vagues d'immigration se succèdent et la masse des nouveaux immigrants vient grossir la population du pays et principalement le marché du travail. L'objectif des responsables politiques est de protéger et de développer le « Travail Juif ». C'est sans doute pour cela que, sans l'autorisation du Ministère du Travail, le gouvernement militaire ne délivre jamais de permis de circuler dans un but de travail. De plus, ces permis sont difficiles à obtenir et, lorsqu'ils sont délivrés, c'est pour des périodes extrêmement brèves. Pendant les premières années qui ont suivi la création de l'Etat, un Arabe israélien travaille de deux ou trois jours à une semaine par mois. Puis, au fur et à mesure que le temps passe, les permis se font plus réguliers ; ce n'est qu'en 1963, que le marché du travail est ouvert. Les mesures de l'administration militaire et leurs applications ont été, sans doute — comme nous le verrons — l'un des facteurs essentiels de la désorganisation des communautés arabes et de ségrégation en Israël entre Juifs et Arabes.

La première tâche des créateurs de l'Etat hébreu est de mettre en place une législation, des institutions politiques et sociales et une organisation économique. Ce dessein même ne peut se réaliser sans être cause de difficultés pour les minorités non-juives. Pour chacune des communautés, les problèmes vont, dès lors, se poser en fonction de leurs spécificités propres, leur histoire, leur tradition religieuse et leur organisation sociale interne.

Nous avons fait refleurir le désert...

Il aime peut-être les déserts...

mutations sociales

On a vu comment, au cours de l'histoire de la région, s'est affirmé le caractère arabe — et non seulement islamique — de la Palestine. En 1948, la création de l'Etat d'Israël et l'établissement de la société juive, de ses institutions et de ses traditions, le nouveau système économique mis en place provoquent donc, au sein de cette population palestinienne, un choc qui va entraîner une importante mutation de son organisation sociale.

Le brusque passage d'un état de population majoritaire à celui d'une minorité à l'intérieur d'une société globale étrangère, va établir une série d'interdépendances entre les valeurs et la dynamique de la société juive et celles de la société arabe d'Israël.

Le changement social des populations arabes va alors être, en quelque sorte, la réponse interne (endogène, selon l'expression de Georges Balandier) aux facteurs externes (exogènes) représentés par les valeurs et les institutions de la société globale juive. Cette nouvelle situation va constituer — nous le verrons plus loin, — un puissant révélateur des points forts de la société arabe palestinienne et va mettre à nu les liens les plus intimes et les plus résistants qui rattachent l'individu à son groupe, c'est-à-dire les éléments constitutifs de sa *mentalité*.

répartition démographique

En 1950, pour une population de 1.370.000 personnes on compte 1.203.000 Juifs et 167.000 non-Juifs. Parmi ces derniers, il y a 116.200 Musulmans, 36.000 Chrétiens et 15.000 Druzes. Les populations non-juives représentent 12 % de la population totale du pays, contre 14 % en 1949. Elles vivent dans une centaine de villes et villages arabes et dans six villes mixtes à majorité juive (Acre, Haïfa, Tel-Aviv, Jaffa, Lod, Ramla et Jérusalem). Ces populations sont établies pour 60 % en Galilée, 20 % dans la région centrale du « petit triangle » et 7 % dans l'aire de Haïfa et dans le Néguev (à l'est de la ville de Beersheva). Suivant les estimations d'alors, 56.070 Arabes vivent dans dix gros villages du Centre et du Nord, ainsi qu'à Nazareth, ville exclusivement arabe.

Ruraux et citadins, sédentaires et nomades (semi-nomades plutôt), habitants de villes mixtes ou exclusivement arabes, les populations non-juives d'Israël se regroupent aussi en trois ensembles ethnico-religieux : les Musulmans, les Chrétiens et les Druzes. C'est ce découpage qui sera adopté dans cet ouvrage. Il nous est en effet apparu que les non-Juifs d'Israël, malgré l'émergence de nouvelles formes d'identification sociale et politique, — se définissent d'abord selon leur appartenance à leur communauté religieuse.

Tableau 1

VILLES ET VILLAGES ARABES D'ISRAEL ([4])

Nom de la localité	Nombre d'Arabes	Minorités
Umn El Fahem	5.400	100 % Musulmans
Baqa El Gharbiya	3.300	100 % Musulmans
Daliyat El Carmel	2.800	8 % Musulmans 92 % Druzes
Taiyibe	5.350	100 % Musulmans
Tira	3.870	100 % Musulmans
Tamra	3.700	100 % Musulmans
Maghar	3.050	52 % Druzes 31 % Chrétiens 17 % Musulmans
Nazareth	20.300	52 % Chrétiens 48 % Musulmans
Sakhnin	3.820	91 % Musulmans 9 % Chrétiens
Shefar'am	4.450	45 % Chrétiens 35 % Musulmans 20 % Druzes

Tableau 2

POPULATION NON JUIVE DANS LES VILLES MIXTES (4)

Nom de la localité	Nombre d'Arabes	Minorités arabes au sein de cette population
Jérusalem	1.930	83 % Musulmans 17 % Chrétiens
Tel-Aviv/Jaffa	5.600	52 % Musulmans 43 % Chrétiens 5 % Divers
Lod	910	77 % Musulmans 23 % Chrétiens
Ramla	1.960	40 % Musulmans 60 % Chrétiens
Acre	4.200	80 % Musulmans 20 % Chrétiens
Haïfa	7.500	30 % Musulmans 70 % Chrétiens
Maalot Tarshika	810	26 % Musulmans 74 % Chrétiens

LES MUSULMANS

Après la communauté juive, les Musulmans d'Israël constituent la communauté religieuse la plus importante du pays. Sunnites dans leur très grande majorité, ils se réclament de l'Islam orthodoxe originel. En Israël, ils jouissent d'une pleine liberté de culte.

situation religieuse et juridique

Suivant la loi islamique, les devoirs du Musulman sont au nombre de cinq :
— La *shahada* ou profession de foi.
— La *zakat* ou aumône légale.
— La *salât*, les cinq prières rituelles journalières.
— Le jeûne du *Ramadan*.
— Le *Hadj*, pèlerinage au lieu saint de la Mecque.
Pour remplir leurs deux premiers devoirs, les Musulmans israéliens ne rencontrent pas de problème important : seules, l'observation du Ramadan et la récitation de la prière, posent une question — vécue comme mineure — d'organisation du temps et du calendrier civil. Plus sérieuse et plus frustrante est l'impossibilité d'accomplir le pèlerinage à la Mecque. Les autorités d'Arabie Séoudite interdisent, en effet, à tout ressortissant israélien l'accès au pays du Hadj. La restriction est fortement ressentie par les Musulmans d'Israël, en particulier par les Anciens.

En fait, comme dans la plupart des pays du Moyen-Orient, la pratique religieuse n'a jamais été d'une intensité particulière, surtout dans les villages où les superstitions, notamment le culte des *wali* (les Saints), avaient et conservent toujours une grande place. Ainsi à Baqa-El-Gharbiya, village de 7.000 habitants situé en plein centre du pays, officie le Sheikh Idris. La salle d'attente de ce guérisseur et devin ne désemplit pas.

Depuis 1967, il y a, bien sûr, Jérusalem où les Musulmans peuvent aller prier dans deux des hauts lieux de l'Islam, la Mosquée El Aqsa au dôme argenté, et la Mosquée d'Omar, bleue et or, appelée aussi Dôme du Rocher.

Du point de vue juridique, outre le fait qu'ils sont soumis aux législations israéliennes, les Musulmans sont régis par la *shari'ah* (loi islamique). Le pouvoir religieux est du ressort du *Qadi*, rémunéré par l'Etat, dont dépend un district géographique. Dans les villages, un ou plusieurs *Imâm* ou *Sheikh* remplissent les fonctions de chefs religieux et de directeurs de conscience. Sous l'Empire ottoman, ce sont eux qui assuraient l'étude du Coran, pratiquement seul enseignement alors dispensé.

Tout comme la religion juive, l'Islam intervient à tous les niveaux de la vie sociale, économique et politique du croyant. Mais en Israël, le *Qadi* voit ses fonctions se limiter aux questions touchant aux mariages et aux divorces et à quelques points concernant la pratique de la

---

Les Circassiens.

Les Circassiens (autre nom des Tcherkesses) sont originaires des régions caucasiennes, qu'ils ont dû quitter peu après le milieu du 19ème siècle, parce que les Russes ont tenté de les christianiser.

Ce peuple musulman refuse donc la domination chrétienne et émigre, en grande partie, dans l'empire ottoman, où il continue ses pérégrinations qui mênent un certain nombre de ses membres — conduits par le Sultan Abdul-Hamid II — jusqu'en Syrie, où, aujourd'hui, il y a environ 4.000 Circassiens.

En Israël, ils sont au nombre de 2.000 et vivent dans deux villages de Galilée : Kafr-Kamâ et Rîhâniyya.

Les Circassiens, comme les Druzes, effectuent leur service militaire dans l'armée israélienne.

vie religieuse des Musulmans de son district. Lorsque la *shari'ah* est en contradiction avec la législation israélienne, c'est cette dernière qui est appliquée, invariablement.

Dans les pays musulmans, on note souvent une confusion entre le droit coutumier et la *shari'ah*, le premier se développant au détriment de la loi islamique. En Israël, ce trait est particulièrement accentué par l'introduction des nouveaux éléments laïcs de la juridiction israélienne qui affaiblissent l'autorité de la *shari'ah*.

Il faut noter ici, contre toute attente, le manque de poids de la pratique religieuse musulmane au niveau de la vie quotidienne et de la mentalité palestinienne. Preuve en est l'absence de réaction importante d'abandon ou de renforcement de cette pratique au moment de son contact avec les institutions juives.

données démographiques

En 1961, les Musulmans représentent 69 % des non-Juifs, soit 7,1 % de la population totale. C'est au sein de cette population qu'on remarque le taux d'accroissement naturel le plus élevé.

En 1971, l'accroissement naturel des Musulmans est donc de 44,3 ‰ contre 18,6 ‰ chez les Chrétiens et 38,8 ‰ chez les Druzes. On enregistre ainsi une croissance démographique de 38,8 ‰ chez les non-Juifs alors que, pour les Juifs, elle est de 17,2 ‰.

Tableau 3 ([1])

Années	Naissances	Taux ‰	Mortalité	Taux ‰	Accroissement naturel	Taux ‰
1960	8.130	55,2	1.097	7,5	1.032	47,7
1965	11.515	55,5	1.314	6,3	10.201	49,2
1967	11.309	49,7	1.429	6,3	9.886	43,4
1970	16.130+1	50,2	2.124+2	6,6	14.006	43,6
1971	16.938	50,4	2.046	6,1	14.897	44,3

+ 1 : incluant 3.007 naissances à Jérusalem Est.
+ 1 : incluant 968 morts à Jérusalem Est. ([1])

Les raisons de cette poussée démographique tiennent à l'effort qu'a fourni l'Etat d'Israël en matière d'hygiène, de lutte contre la maladie et surtout contre la mortalité infantile. En effet, après une méfiance certaine — qu'il serait trop long d'analyser ici — face aux méthodes sanitaires et médicales israéliennes modernes, la population arabe en bénéficie largement. S'ajoute à cela, la résistance, que nous tenterons d'expliquer plus loin, au contrôle des naissances et on obtient ce taux d'accroissement de 44,3 ‰, exceptionnellement élevé.

La population musulmane est essentiellement rurale ; en 1961, elle comprenait 67,3 % de ruraux, 16,9 % de citadins et 14,9 % de bédouins. Ce trait de la population en explique aussi le taux de croissance naturelle. C'est, en effet, en milieu rural que l'organisation sociale traditionnelle se maintient avec le plus de force.

les ruraux

Le chapitre suivant traite en particulier des Arabes musulmans ruraux. Les éléments concernant les institutions juives, les données sur les terres, la production agricole ou industrielle incluent aussi la population arabe israélienne en général, qu'elle soit arabe, chrétienne ou druze.

Taybeh, Umm El Fahem, Tira, sont trois villages arabes parmi les plus importants. Ils sont situés au centre du pays, dans la région du « triangle ». Le reste des villageois arabes habitent dans d'autres villages de la région ou en Galilée dans le nord.

Pour la plupart, les villages ont été construits un peu en retrait des routes principales. Pour des raisons de sécurité, ils ont été bâtis sur les hauteurs avoisinantes : les villageois craignaient les *ghazw* (razzias) des bédouins, toujours destructives et catastrophiques pour eux. Certains de ces villages ont été fondés il y a quatre ou cinq siècles. D'autres, plus récents, sont nés au XVIIIme ou XIXme siècle. A différentes époques et par vagues successives, ces villages ont accueillis des groupes, des familles en général, qui venaient s'y installer. Ces familles fuyaient le plus souvent tel autre groupe rival, cherchaient à se soustraire à une vengeance d'honneur ou quittaient leur village d'origine à cause de querelles d'héritage ou de distribution de terres.

Toutefois, en dépit des mouvements de migrations enregistrés, la population rurale, tant sous l'Empire ottoman que sous le mandat britannique, présente une relative stabilité.

La société traditionnelle

L'unité sociale de base est la *hamoula*. **la hamoula**
Hamala en arabe veut dire « porter », ou encore « porter un enfant », c'est-à-dire pour une femme, être enceinte.

Les *hamoula* ne sont pas à proprement parler des clans. Il s'agit de groupes de descendants qui se réclament d'un ancêtre commun, réel ou fictif. Ils sont composés de familles étendues, patrilinéaires, organisées en lignage et hautement segmentées. Ainsi, de chaque *hamoula* est issu un certain nombre de branches, de « maisons » (*Dar* ou *Ahl*, en arabe) qui reconnaissaient leur « grand-père » particulier et qui se rattachent à des branches plus larges par un ancêtre commun... et ainsi de suite. Souvent, les branches d'une même *hamoula* se trouvent dispersées dans différents villages du pays, et, parfois même, certaines se retrouvent hors des frontières de l'Etat. Cela vaut, bien sûr, pour les plus importantes, c'est-à-dire celles dont le nombre atteint 400 ou 500 personnes.

Les *hamoula* tirent leur nom de celui de leur ancêtre commun. Tels les *'Athamneh*, descendants de 'Othman, ou les Massalha qui se réclament de leur ancêtre Mosleh. Certaines généalogies de *hamoula* remontent jusqu'au Prophète de l'Islam, titre de gloire et de noblesse, s'il en fut. D'autres portent le nom de leur région d'origine ; ce sont en général celles qui ont dû, dans un passé récent, subir une scission. En fait, la *hamoula* est un groupement « idéologique », fondé sur l'idée d'une origine commune. L'ancêtre commun est souvent plus mythique que réel ; la descendance patrilinéaire est loin d'être pure.

L'absorption par les grosses *hamoula* — grâce au biais d'alliances matrimoniales illégitimes —, de familles de faible importance numérique, l'enregistrement de familles entières sous le nom d'une puissante *hamoula* sont des faits courants : les « petites familles » cherchant la protection de grosses *hamoula* contre les dangers extérieurs et les grandes familles ayant tout intérêt à grossir le nombre de leurs membres, et à voir leur patrimoine économique s'enrichir de nouveaux biens et de nouvelles terres.

intermédiaires des administrations ottomane et britannique

La *hamoula* est, sous les dominations ottomane et britannique, l'élément essentiel de la distribution du pouvoir politique. A sa tête, le chef, toujours âgé et économiquement nanti. A l'intérieur de la *hamoula* le pouvoir se transmet, soit héréditairement, soit de frère aîné à frère cadet. Les luttes pour le pouvoir sont âpres et souvent violentes. A moins qu'une maladie, une incapacité physique ou mentale ne l'empêchent de tenir son rôle, le chef de la *hamoula* reste à la tête de la famile jusqu'à sa mort. Toutes les décisions importantes lui incombent : distribution de biens, mariages, relations avec les autres groupes. Avec la pression démographique, la taille de la *hamoula* augmente et les rapports politiques en son sein se compliquent : des scissions de plus en plus nombreuses vont s'opérer et l'on verra coexister plusieurs chefs pour une même *hamoula*.

le village

La population d'un village est composée d'une façon générale de 3 ou 4 *hamoula* importantes et d'un certain nombre de petites *hamoula* que certains ne trouvent même pas dignes de ce nom. On les appelle *Dar* ou *Beit* (maison). Ce sont des familles ou des segments de familles installés depuis peu au village et qui n'ont pas eu le temps de se développer. Jusqu'à la création de l'Etat d'Israël, leur rôle politique est négligeable : ce sont les grandes *hamoula* qui font la loi et ce sont leurs rivalités qui animent et donnent l'orientation à la vie politique locale.

Les Arabes font souvent la différence entre les *hamoula Asli* — d'origine — qui sont enracinées dans la région, et les autres, dont l'origine est mal connue et les raisons de leur déplacement toujours un peu « louches ». *El asl 'aun*, l'origine est un soutien, dit le proverbe.

Moukhtar...

La principale figure politique du village palestinien sous l'Empire ottoman et pendant le mandat britannique, est le *Moukhtar* ; cela vaut aussi bien pour les villages chrétiens et druzes que pour ceux à population mixte. Il est en quelque sorte le chef du village : il décide, administre, règle les problèmes locaux et constitue le principal intermédiaire entre le village et les instances politiques centrales. Il n'y a pas d'élections formelles pour la désignation du *Moukhtar.* Celui-ci est le chef d'une puissante *hamoula* et généralement nommé par une *Lajna* — assemblée composée des chefs des principales *hamoula* du village, et par les autorités politiques du moment.

En effet, depuis le XIXme siècle, la vie politique interne du village dépend (d'une façon plus ou moins étroite suivant la période) du pouvoir central. On a vu la règle d'or des Anglais du *Divide and Rule* qu'ils ont appliqué à l'ensemble de leurs colonies. La Palestine sous leur mandat n'y a pas échappé. La mise en place des élites locales s'est donc essentiellement faite à cette époque : de là date une véritable « tradition » d'alliance entre le pouvoir central et certaines *hamoula.* Israël ne fera donc que reprendre les structures déjà habilement mises en place. Sous les Turcs, le *Moukhtar* ne recevait aucun salaire ; sous les Anglais, il touchait quatre livres par mois (un salaire de niveau moyen) ; son salaire est aboli en 1948 (les maires juifs, chrétiens ou druzes des localités israéliennes ne perçoivent aucun salaire, non plus).

A la fin du XIXme siècle, lorsque les villages étaient encore peu peuplés, le *Moukhtar* et la *Lajna* siégeaient dans le *manzoul.* Le *manzoul* est une maison d'hôte, un des lieux importants du village.

... manzoul...

L'hospitalité est un élément fondamental de la vie sociale des Arabes. Lorsqu'un étranger passe dans un village, il en est automatiquement l'invité. Il s'y installe avec ses animaux — s'il en a — y reçoit à boire, à manger et à dormir. Comme les autres habitations du village, le *manzoul* est une maison de boue et de bois. Elle n'est composée que d'une seule pièce, spacieuse, les murs sont blanchis à la chaux et le plafond haut est voûté. On recouvre le plancher de nattes tressées, de matelas et de confortables coussins, finement brodés.

Le *Moukhtar*, les hommes de sa *Lajna* et les autres hommes adultes du village s'y réunissent. Ils y prennent leurs repas et passent le plus clair de leur temps à s'entretenir des événements locaux, des dernières nouvelles politiques ou des problèmes économiques du village, buvant du café au *heil* et fumant leur *narguileh*.

Les femmes ne sont pas admises à l'intérieur du *manzoul*. Elles s'occupent de l'entretien des lieux et préparent les repas qu'elles déposent à l'entrée ou bien elles les remettent à des enfants ou à des hommes de leur famille qui, eux, sont libres d'y pénétrer.

L'habitation.

La maison traditionnelle du paysan est faite de bois et de boue. Toute la famille participe à sa construction ; les hommes installent les échafaudages de bois et les femmes portent sur leur tête les lourds paquets de boue que, d'un geste ample, elles lancent aux hommes pour qu'ils en érigent les murs.

La pièce principale est à deux niveaux. Sur le niveau le plus élevé habite la famille ; en contre-bas, les animaux dorment et les provisions sont entassées (menthe, persil, pois chiches). Sur le toit plat, en boue, certains cultivent quelques denrées. Les habitations des enfants et autres bâtisses familiales sont disposées, bien groupées, autour de celle du père. Des murs d'enceinte, parfois élevés, protègent la famille des regards et des ragots des voisins.

Lorsqu'une nouvelle maison est terminée, une petite fête a lieu. Les voisins et parfois le village en entier sont conviés. Riz, sucre, thé, sont offerts à la famille ; il y a du café et des gâteaux pour les invités. Les hommes récitent la « Fateha » (Sourate liminaire du Coran) pour consacrer l'événement. On chante, on danse, les cris de joie des femmes fusent à tout moment.

Quant aux maisons modernes, tout en ciment et parfois à deux étages, elles sont construites soit par un maçon professionnel, soit par la famille elle-même, pendant les jours de repos hebdomadaires. Elles sont souvent montées sur pilotis. Sous la maison, on attache les bêtes (chèvres, moutons), on élève quelques poules et on conserve les provisions alimentaires.

Une maison moyenne comprend une pièce de réception de style européen (fauteuils, canapés et tables) ou de style arabe (nattes, matelas et coussins), et deux ou trois chambres à coucher dont les matelas. posés à même les dalles, constituent les seuls « meubles ».

Le prix de la terre et les nouveaux matériaux utilisés rendent la construction de ces nouvelles habitations particulièrement chères (8.000 à 12.000 livres israéliennes).

En fait, le *manzoul* est un lieu principalement réservé aux Anciens ; d'un âge avancé et ne travaillant plus aux champs avec le reste de leurs familles, ils y passent leur journée et s'interrompent à l'heure de la prière pour aller à la mosquée. A la tombée du jour, après le travail, les autres hommes les rejoignent.

C'est là que, participant aux intrigues, écoutant et secondant leurs aînés, les futurs chefs font leur apprentissage politique.

... et diwan

Lorsque, avec l'accroissement de la population du village, le *manzoul* s'est avéré trop exigu, les *hamoula* les plus importantes ont construit chacune une maison d'hommes, le *diwan*. Etabli sur le même modèle que le *manzoul*, celui-ci est devenu alors le centre du quartier de la *hamoula* qui y circonscrit ses maisons d'habitation. Cet éclatement topographique a son importance. Il annonce la diversification et la segmentation de la vie politique et, par conséquent, de la vie sociale des villages. Les *diwan* ont pratiquement disparu de nos jours. Il reste à remarquer cependant, que dans les nouvelles habitations, une vaste chambre, meublée en général à l'européenne et possédant une entrée indépendante, est réservée aux invités de marque. Dans les familles les plus traditionnelles, lorsque les hommes reçoivent des étrangers ou se réunissent entre eux, les femmes n'ont pas le droit d'y entrer.

la diyya ou prix du sang...

La vie du village est réglée à la fois par les rapports au pouvoir central, et par les relations entre *hamoula*. Certaines *hamoula* entretiennent entre elles des rapports hautement privilégiés qui s'incarnent par un lien quasi sacré : la *diyya* ou « prix du sang ». Tout dommage causé à un membre d'une *hamoula* doit être vengé non seulement par sa propre famille, mais aussi par la *hamoula* alliée. Inversement, si un meurtre est commis par un membre d'une *hamoula*, c'est la *hamoula* entière comme la *hamoula* alliée qui en est responsable. Elles sont *« propriétaires du sang »*. On dit qu'elles *« payent dans le sang et qu'elles reçoivent dans le sang »*. La famille de la victime reçoit un tiers du prix (c'est-à-dire de la somme d'argent ou des têtes de bétail que verse la famille du délateur) et le reste est également réparti entre les autres familles. Dans la période qui suit un homicide par exemple, lorsque le « sang bou tencore », toute la *hamoula* du meurtrier est en danger. Cela explique les migrations de familles entières intervenues à la suite de disputes sanglantes. Ces disputes, qu'elles se déroulent à l'intérieur d'une *hamoula* ou qu'elles aient lieu entre deux ou plusieurs *hamoula* du village, peuvent prendre des proportions importantes et entraînent des actes de violence physique. Ces disputes sont appelées *toshé* : arbres déracinés, batailles de pierres, jardins saccagés sont le spectacle d'une *toshé* dûment réglée. Dans les cas extrêmes, lorsqu'il y a des morts, une des parties engagées est obligée de quitter le village. Dans les cas plus bénins, une tentative de réconciliation peut avoir lieu : c'est la *solha*.

... et la solha

La *solha* est une véritable institution, avec ses codes et son cérémonial. Elle implique l'intervention d'une médiation (la *wasta*), en général effectuée par un homme âgé. Il n'est pas nécessaire qu'il soit riche ou politiquement important ; il doit seulement être respecté et écouté au sein de sa famille ainsi qu'à l'extérieur et n'être membre d'aucune des deux *hamoula* intéressées. S'il est question d'une affaire plus compliquée, engageant une grande partie du village (et il n'est pas rare que des querelles entre deux *hamoula* s'étendent à tout le village) on fait alors appel à un étranger, habitant d'un village voisin ou même membre d'une autre communauté. Aujourd'hui, par exemple, il arrive que des Juifs soient sollicités pour tenter de régler des conflits entre villageois arabes.

Pour mener la *wasta*, le médiateur doit accomplir un véritable ballet entre les deux parties ; un nombre minimum d'allées et venues est nécessaire, ne serait-ce que pour préserver une certaine bienséance. Les négociations se terminent en général par une rencontre dans un lieu neutre où est scellée la réconciliation ; les autres *hamoula* ne sont pas invitées à cette négociation. Dans le village arabe, sous l'Empire ottoman et le mandat britannique, l'honneur d'une femme et de sa famille, les litiges au sujet d'un héritage, la lutte pour le pouvoir étaient les principaux points de division au sein de la *hamoula*.

La famille patriarcale

La *hamoula*, nous l'avons vu, est formée d'une série de branches, qui comprennent elles-mêmes un certain nombre de familles étendues. Composée du père, de la mère, de leurs fils célibataires ou mariés avec leur famille et de leurs filles célibataires, la famille étendue constitue l'unité sociale et économique de base.

Avant 1948, elle est une « entreprise » de type patriarcal contrôlée par le père. Celui-ci possède le capital et la ferme où ses fils travaillent. Les fils ne possèdent rien. C'est le père qui gère l'économie de la famille, distribue l'argent de poche. Lorsqu'un fils se marie, il n'acquiert pas son indépendance pour autant. C'est son père qui lui choisit une femme et puisque c'est lui qui détient tous les biens de la famille, qui la lui paie, c'est-à-dire lui procure le montant de la dot indispensable à son mariage. Le fils qui se marie reste chez son père. On lui construit, en général, une chambre près de la maison principale, où il va fonder sa famille. Parfois, dans les familles pauvres surtout, le fils aîné n'aura pas de pièce à lui ; il s'installera avec sa femme dans la même pièce que ses parents. On séparera en deux la vaste chambre commune par un berceau symbolique et ce sera la cohabitation.

Si un homme quitte la maison familiale, son père le déshérite. Le lien de dépendance est total ; un homme n'a pas de statut complet avant la mort de son père. Ce n'est qu'après le décès du patriarche que les frères deviennent chacun chef d'une nouvelle famille étendue.

les frères...

Après la mort du père, les frères ne se séparent pas pour autant. Tout le système social tend à assurer leur solidarité et leur dépendance. La dot, par exemple, dont chacun doit disposer pour se marier est un des piliers de ce système : les frères travaillent chacun à leur tour pour que l'autre puisse prendre femme. L'héritage morcelle la propriété, affaiblit la puissance économique, donc politique, de la famille. Lorsque les frères se séparent, à la mort du père, cela entraîne, dans la plupart des cas, une véritable scission au sein de la *hamoula*. Lorsque la séparation intervient à la suite d'une querelle grave, il arrive fréquemment que l'un des fils quitte le village et fonde une nouvelle branche tout à fait indépendante de la branche mère. Quant aux demi-frères, il est rare qu'ils restent ensemble à la mort du père. Chacun récupère sa part d'héritage et s'en va fonder sa famille de son côté.

... et l'oncle paternel

L'oncle paternel, — *El'am*, surtout s'il s'agit du frère aîné du père, — est également un personnage important. Il a droit de regard sur les mariages à l'intérieur du lignage et participe aux décisions générales concernant la famille de ses frères.

Lorsqu'une fille est demandée en mariage, il est de coutume de faire attendre un certain temps la famille du prétendant, même si la réponse est acquise d'avance. Cela signifie que le père de la fille est en train de consulter les autres membres de la famille dont l'avis est important et qu'il s'agit par conséquent d'une famille unie, — donc forte et nombreuse —, donc puissante. On consulte en priorité les frères du père, ses oncles et ses cousins, puis les membres de la branche maternelle.

vie quotidienne

Dans cette entreprise familiale, les rôles et les statuts de chacun sont bien définis. A l'exception des personnes âgées, toute la famille travaille aux champs pendant la journée. Les femmes partagent leur temps entre les travaux mé-

---

Le puits.

Il est souvent attaché au puits une foule de superstitions. On le dit hanté par des « djinn » (mauvais esprits) qui peuvent provoquer des chutes mortelles pour les malchanceux.

Il existe des puits mâles et des puits femelles. Les puits mâles attirent les femmes qui, plus nombreuses que les hommes, sont victimes d'accidents. Et vice versa en ce qui concerne les puits femelles.

Certains disent que ces superstitions ont été inventées pour faire peur aux femmes. Le puits étant situé parfois assez loin du centre du village, on craignait que les femmes qui s'y rendaient seules, fassent de « mauvaises rencontres » ; en général, elles s'y rendaient en bande pour y laver leur linge ou faire provision d'eau. C'était un lieu de rencontres essentiel.

La femme arabe avec sa cruche d'eau sur la tête, la nuque bien droite, la démarche souple et le balancement régulier des hanches, reste l'une des images les plus typiques et les plus belles de cette culture.

En Israël, maintenant, l'ensemble des villages sont pourvus d'eau courante et les puits sont désertés. Ils sont devenus un lieu de promenade, un vestige que l'on montre avec une nostalgie et une certaine fierté.

nagers, le pain qu'il faut pétrir chaque jour, l'eau que l'on va chercher au puits souvent situé hors du village, la cuisine et les travaux des champs.

Les paysans arabes emploient peu de main-d'œuvre étrangère et, dans leur maison, il n'y a pas de serviteur. La famille numériquement importante tire donc une certaine puissance de sa force de travail. Dans cet esprit, les fils se marient souvent très tôt et augmentent ainsi le « capital travail ». C'est un des facteurs qui expliquent l'âge précoce du mariage dans les familles paysannes arabes.

Les hommes accomplissent surtout des travaux agricoles. Parfois, en saison morte, certains jeunes vont travailler dans les villes voisines. L'argent qu'ils ramènent est en totalité remis au patriarche. Dans les familles nombreuses et riches, c'est-à-dire propriétaires de surfaces importantes de terres, un des fils se fait marchand et va commercialiser les récoltes aux marchés. La famille possède aussi du bétail, des moutons et des chèvres, que les jeunes garçons gardent à tour de rôle.

La vie s'écoule au rythme des saisons et des cultures. Tôt commencées, les tâches de chacun se terminent au coucher du soleil. Le soir, les hommes se réunissent dans les *diwan* ; les femmes et les enfants dînent de leur côté, dans la pièce principale de la maison familiale.

statut de la femme : la mère...

Figure essentielle de la famille étendue, la mère en est un pilier lorsqu'elle a accompli son rôle, donner au moins un fils à la *hamoula*. *Fatma* ou *Zeinab*, la femme arabe doit passer par différentes étapes avant d'atteindre sa plénitude sociale. Petite fille, elle sera *Fatma* ou *Zeinab*, fille d'un tel. Puis, après son mariage, on l'appellera *Fatma* ou *Zeinab*, la femme de 'Ali ou de Mohammed. Ce n'est que lorsqu'elle aura mis au monde son premier enfant mâle qu'elle deviendra la Mère — *El umm*. On ne la dénomme plus *Fatma* ou *Zeinab* mais *Umm Fulan*, mère d'un tel.

... belles-mères...

Lorsque ses fils prennent femme à leur tour et deviennent pères de familles, elle est reine d'un véritable royaume. Elle est *hama*, belle-mère.

Si, officiellement, c'est le père qui prend les décisions importantes, les femmes, en coulisses sont actives. Sur le chemin du puits, autour du four à pain, au cours des fêtes (mariages, circoncisions, etc...), celles-ci parlent, écoutent et manigancent de véritables complots. Arranger les mariages, c'est leur affaire. Et, même si un mariage est avant tout une alliance politique qui dépasse largement le cadre des intérêts particuliers d'un couple, voire même de la famille immédiate, elles ont leur mot à dire et il est souvent de poids.

Lorsqu'il s'agit de choisir une femme pour son fils, c'est la mère qui va voir la jeune fille (si elle ne la connaît déjà), parle avec elle et mène une enquête serrée. Puis, elle la décrit à son fils qui n'a pas le droit de voir sa fiancée avant le jour du mariage. Ce cas, toutefois extrême, avait surtout cours lorsque les femmes étaient encore voilées. Mais, dans le village, tous se connaissent et cette fonction inquisitrice et intermédiaire de la mère n'avait de l'importance que dans le cas où la fiancée était étrangère au village.

Avec les années, lorsqu'une femme a accompli son rôle social et que ses fils sont mariés, elle peut enfin se reposer. Ce sera le rôle des brus maintenant de faire le chemin qu'elle a parcouru et de travailler pour elle, comme elle a travaillé pour la mère de son mari.

... et belles-filles

Les rapports entre belle-mère et belle-fille font partie d'un folklore quasi universel. Dans la société arabe, en raison du voisinage immédiat instauré par le mode d'habitation, les rapports humains sont hautement hiérarchisés, les pressions pèsent lourd sur la femme et les relations *hama-kena* (belle-mère/belle-fille) sont mouvementées et souvent pénibles pour la jeune femme. Si l'on en croit un proverbe palestinien : « *Les chiens entreront au paradis avant que belle-mère et belle-fille ne se mettent à s'aimer* ». Un autre proverbe aussi souvent cité, fait allusion à la vie de famille, et aux rapports tellement tendus entre les femmes : « *Quarante hommes pourraient manger dans le même plat s'il n'y avaient les femmes* ». Allusion aux belles-sœurs condamnées à vivre en étroite cohabitation et qui, en raison de leur situation instable et du manque de liberté auquel elles sont soumises, entretiennent entre elles un climat de continuelles rivalités.

Surtout si elle est étrangère à la famille étendue, la femme est considérée comme un élément de division de celle-ci. C'est elle qui sera accusée du départ d'un fils. La jeune femme doit travailler sous les ordres de sa belle-mère qui est un peu son garde-chiourme, la garante de son honneur, son honneur si précieux.

Quand une femme se marie, elle quitte la maison de son père pour celle de son mari, elle dépend alors de sa belle famille. On dit que le lot de la femme est de *ruiner la maison de son père, et de construire celle de son mari*. Il faut entendre ici qu'elle ruine en fils — ceux qu'elle enfantera — la maison de son père pour aller développer celle de son mari. C'est une des raisons pour lesquelles la naissance d'une fille est moins fêtée que celle d'un garçon.

Le garçon, c'est d'abord « le sexe fort » valorisé ici plus qu'ailleurs. C'est quelqu'un qui, de plus, reste dans la famille et augmente son patrimoino. Enfin, un fils ne peut être un danger potentiel pour sa famille.

Une fille reste toujours à la merci d'un déshonneur : sa conduite doit être irréprochable. *« Bonne est la patience, mais les paroles des gens font du mal »*, dit le proverbe. Et l'honneur d'une femme engage sa famille tout entière. On a vu des hommes répudier leur femme parce que la sœur de celle-ci était déshonorée, ou encore des filles d'une famille rester célibataires parce que leur mère avait mauvaise réputation. *« On ne protège pas l'honneur d'une fille avec un couteau »*. Aussi, marie-t-on les filles jeunes ; le mariage et une descendance assureront leur sérieux.

la maison paternelle

Même mariée, une femme reste liée à la maison de son père (*Dar El Ab*) et à ses frères. Son honneur est toujours de leur ressort. Ce sont eux, et non son mari, qui la vengent, ou la punissent, en cas de besoin. Elle est au sein de sa belle famille la représentante de la maison de son père. Après son mariage, sa première visite (une semaine après environ) est consacrée à sa famille. Aux moments des fêtes, elle lui rend encore visite. La coutume veut que ses frères viennent la voir et lui offrent des cadeaux et de l'argent. En cas de nécessité matérielle, la maison de son père et de ses frères lui est ouverte et elle peut puiser dans leurs provisions à volonté. Si une dispute éclate entre elle et sa belle famille, elle peut demander refuge à son père ou à ses frères qui doivent le lui accorder. On dit alors qu'elle est *za'laneh* (fâchée). La femme *za'laneh* demeure dans sa famille aussi longtemps qu'elle le veut. C'est son recours et c'est sa force. Lui refuser ce refuge serait mettre en doute la solidarité, donc la force de la famille.

Une veuve retourne vivre dans sa famille après la mort de son mari, mais les enfants restent dans la maison de leur père. Il n'est pas très bien vu qu'elle se remarie tout de suite, ce qui n'est pas le cas pour un veuf, que tout le monde pousse à prendre femme très rapidement. Parfois, mais c'est très rare, elle épouse le frère de son mari ; la famille de celui-ci paie la moitié de la dot à son père. C'est un point commun avec la tradition biblique du lévirat.

héritage, succession...

Mais cette solidarité a une autre base, une base économique. Le système d'héritage, tel qu'il est décrit dans le texte coranique, accorde à la femme une demi part d'héritage et à l'homme une part entière. (En Israël, la femme, de quelque confession qu'elle soit, a droit à une part égale à celle de son frère). La coutume veut cependant, que la femme se désiste en faveur de son frère et cède sa part d'héritage pour ne pas appauvrir le capital de la famille. Il n'y a pas pire insulte que de traiter une femme de *qati'a* (celle qui a coupé), c'est-à-dire d'insinuer qu'elle est en possession de sa part d'héritage. La situation de la *qati'a* est des plus pénible. Elle est à la merci de sa belle famille et lorsqu'elle meurt, il n'y a personne pour l'enterrer.

La tradition veut qu'une femme soit enterrée par ceux avec lesquels toute relation sexuelle lui était interdite : père, frère, oncles... Son mari, son beau-frère ne peuvent ni la toucher après sa mort, ni l'enterrer.

Ainsi la femme est-elle réduite à une parfaite aliénation à sa parenté. Elle est à la fois l'enjeu et l'un des pions essentiels du jeu des alliances économiques et politiques.

... et dot

Le système de parenté arabe est fort complexe. A l'encontre de ce qui se passe en Europe de l'ouest, la dot (*maher*) est payée par le père du marié au père de la mariée. Celui-ci la garde intégralement pour lui et ne la partage avec personne. La dot n'intervient toutefois pas au niveau de la circulation des biens comme l'héritage par exemple. Lorsqu'une femme renonce à sa part d'héritage, le patrimoine de sa famille n'est pas transféré ailleurs.

« *Rien ne protège l'honneur d'une fille comme la terre* ». La dot est souvent constituée d'un lot comprenant de la terre, du bétail, des bijoux ou des pièces d'or. Le prix de la dot varie suivant le niveau économique de la femme et de l'homme, du statut social des *hamoula* et de la beauté de la fille le cas échéant. Plus les familles respectives des mariés sont éloignées l'une de l'autre, plus la dot est élevée. Marier une fille de la famille à un étranger au village — ce qui implique automatiquement qu'elle ira vivre au village de son mari — ou dans une *hamoula* avec laquelle on n'entretient pas de liens étroits est un signe de pauvreté économique ou politique. C'est laisser une fille à la merci de sa belle-famille, sans protection étroite et contrôlée.

mariage et règles coutumières

Le système matrimonial est exogamique, la *hamoula* est donc ouverte et ses membres peuvent se marier à l'extérieur du groupe. Comme dans les autres groupes exogamiques, les alliances matrimoniales se font, ici, entre ennemis potentiels. Mais l'endogamie (le mariage à l'intérieur de la *hamoula*) est très pratiquée. Qui plus est, le mariage préférentiel se fait entre ce que les anthropologues appellent les cousins parallèles, entre un homme et sa cousine germaine paternelle (*bint el'am*).

On dit que le cousin (*ibn el'am*) peut prendre sa cousine *même sur le dos du cheval*, expression qui fait référence à la cérémonie du mariage pendant laquelle la mariée est transportée à dos de cheval de la maison de son père à celle de son mari. Le *ibn el 'am* a priorité absolue sur sa cousine. Lorsqu'un étranger à la *hamoula* demande une fille en mariage, le père de celle-ci doit s'assurer qu'aucun de ses cousins ne veut l'épouser.

Le refus de certains de donner leur fille au fils de leur frère a été à l'origine de l'éclatement de la *hamoula*. Ce type de mariage est destiné à sceller l'union au sein du lignage, à la renforcer. Exprimé de façon encore plus concrète, cela signifie que le mariage est une alliance politique qui réunit la propriété terrienne habituellement morcellée par l'héritage. La dot que reçoit le père de la mariée, en augmentant son patrimoine matériel, accroît sa puissance économique donc politique, renforce la dépendance de ses fils et entraîne leur solidarité mutuelle. Ici encore, le système de la dot a pour résultat de participer au maintien de l'organisation traditionnelle.

Le mariage préférentiel, cousin-cousine, remplit une fonction politique, économique et sociale. En effet, traditionnellement, le père de la mariée reçoit de son vivant une allégeance politique de la part de son neveu en échange de sa fille. Lorsqu'une fille n'a pas de frère, un de ses cousins est obligé de l'épouser pour que l'héritage ne sorte pas de la *hamoula*. A l'inverse, sous l'Empire ottoman et même pendant le mandat britannique, il n'y avait pas, en raison de la taille des *hamoula*, assez de « cousines » pour tous les hommes à marier et certains devaient aller prendre pour femme une étrangère, ou bien une cousine au deuxième ou au troisième degré. De telles unions sont également recherchées, car il n'est pas bon que tous les mariages se fassent à l'intérieur du lignage : la *hamoula* a besoin d'alliances avec d'autres *hamoula* et le mariage en est un des moyens principaux. Un équilibre entre l'endogamie et l'exogamie se met alors automatiquement en place, au moment voulu. L'endogamie demeure toutefois privilégiée, car elle présente l'avantage d'augmenter le nombre des enfants, donc celui des membres de la *hamoula*.

Enfin, la dot que paie un homme pour sa cousine est évidemment plus faible que celle que doit réunir un étranger pour la même femme.

le badal

Un des moyens de ne pas payer de dot est de se marier en faisant un *badal*. Le *badal* (substitut) est le mariage qu'effectuent deux hommes en échangeant leur sœur ou leur cousine respective. Les mariages sont célébrés en général le même jour ; la réciprocité est totale. Les femmes sont appelées des co-épouses et leur sort est lié. A tel point que si l'homme d'un des couples répudie sa femme, il arrive que l'autre soit obligé d'en faire autant.

La *Naqleh* (transfert) est une forme particulière du *badal*. C'est un échange que fait un homme déjà marié et pourvu d'enfants, entre une de ses filles et la sœur ou cousine d'un autre homme.

Cet homme sera veuf, ou bien divorcé, ou encore marié, désirant une deuxième, une troisième ou même une quatrième femme. Le type de mariage va dépendre alors de la taille du lignage, du nombre de fils et de filles, de la taille de la propriété terrienne, de la dynamique des relations avec les autres lignages et les autres villages, et enfin du rapport avec le pouvoir central. La *nagleh* est cependant nettement moins pratiquée que le simple *badal*.

polygamie

La polygamie est admise par la loi islamique, le Coran permettant à un homme d'épouser jusqu'à quatre femmes. Cette autorisation est, toutefois, modérée par un verset qui demande au Musulman de s'abstenir d'épouser plusieurs femmes simultanément s'il n'est pas sûr de pouvoir être équitable avec toutes. C'est ce verset qu'ont invoqué les réformateurs islamiques du XIXme siècle pour essayer de restreindre cette pratique. Outre le prestige de posséder plusieurs femmes et une nombreuse descendance, d'autres raisons justifieront la polygamie : la maladie de la femme, sa stérilité ou, même, l'absence de descendance mâle, pourront être invoquées. Dans ces cas-là, c'est souvent la femme elle-même qui préfère voir le deuxième mariage de son mari plutôt que sa propre répudiation.

Rivalités, tensions, coups bas sont en général le pain quotidien des co-épouses. Lorsque la deuxième femme est beaucoup plus jeune que la première, leurs rapports ressemblent étrangement à ceux qu'entretiennent la *hama* et la *kena* — la belle-mère et la belle-fille.

Alliances matrimoniales, alliances politiques ont, comme dans tout système social, leur racine économique. La racine ici, c'est la terre.

Le système économique avant 1948

Avant 1948, la terre est donc le principal capital économique arabe. Plusieurs formes de propriété coexistent en Palestine. En voici les principales :

les formes de propriété foncière...

La répudiation.

Suivant la tradition musulmane, un homme peut répudier sa femme d'une façon tout à fait arbitraire et selon son bon vouloir. Ensuite, l'homme et la femme peuvent à nouveau vivre ensemble s'ils le désirent, sans aucune autre formalité. Mais si l'homme répudie sa femme par trois fois, il ne pourra l'épouser à nouveau qu'à la condition qu'elle se soit, entretemps, remariée.

La législation israélienne prohibe la répudiation telle qu'elle était pratiquée en Palestine jusqu'en 1948. Elle lui substitue le divorce par consentement mutuel. Mais, en pratique, les Musulmans d'Israël continuent à agir selon la tradition religieuse et la femme n'a que très rarement recours aux nouvelles dispositions mises en place. Sa famille, sa Hamoula, reste l'unique garant de son bien-être et le défenseur de son honneur.

— Les terres *mulk* qui appartiennent légalement et sans aucune réserve aux particuliers.
— Les terres *miri* qui sont propriété d'Etat. Elles sont héréditairement louées contre paiement d'un loyer du sol ; l'usufruit va entièrement au particulier.

Dans la pratique le système *mulk* et le système *miri* reviennent au même, les gros propriétaires louant leur terre à de petits tenanciers.
— Les terres *waqf* sont affectées à la fondation ou à l'entretien d'une œuvre pieuse. Les *waqf* de postérité (*waqf dhouri*) sont des terres qui reviennent au clergé musulman après l'extinction de la branche propriétaire. Ceci tend à favoriser la constitution de grands domaines.
— Les terres *m'iwat* n'appartiennent à personne. Elles sont à qui le désire avec le consentement du gouvernement.
— Les terres *m'atrouka* sont les terres des domaines communaux (pâturages, forêts).
— Les terres *m'ucha'a* sont la propriété commune du village et sont redistribuées aux particuliers tout les deux ans.

En fait, sous les Turcs, le système de taxation était si lourd que, pour payer moins d'impôts, les paysans enregistraient une partie de leur terre comme *mucha'a*. Les terres appartiennent alors pour un tiers à de grands propriétaires, alliés au pouvoir ottoman, citadins des grandes villes de Palestine, de Syrie et du Liban, pour moitié à de petits propriétaires, et pour le reste aux communautés et aux institutions juives. Tout ceci reste cependant approximatif. Il est très difficile de savoir qui était propriétaire et de quelle superficie exacte. Dans l'Empire ottoman d'avant 1858, il n'y avait pas de réglementation précise de la propriété. Chacun cultivait la terre qu'il trouvait ou désirait. A partir de cette date, l'enregistrement de la terre est exigé : le pouvoir ottoman veut, en effet, lever un impôt sur les sols cultivés et pouvoir établir des listes d'enrôlement pour les jeunes Palestiniens. Pour échapper à ces obligations, et par peur des bédouins et de leurs razzias, les petits propriétaires essayent d'enfreindre la loi et se mettent sous la protection du chef d'une puissante *hamoula* qui enregistre les terres en son nom. Protégés par le pouvoir central, les notables citadins s'approprient ainsi de grands domaines.

La plupart des petits paysans deviennent alors tenanciers sur les terres des gros propriétaires. Le système est féodal ; les relations patriarcales. Pratiquement, le fermage se fait suivant le système du *Khamesa* (le cinquième) ou du *Muraba'a* (un quart). Pour cultiver un domaine,

... et de fermage

il faut :
1. la terre
2. les animaux
3. les semences
4. les outils
5. la force de travail.

La force de travail, c'est le fermier et sa famille. Il aura droit au cinquième du produit de la terre ou à un quart s'il fournit outils, semences ou animaux. L'agriculture est pratiquée de façon extensive ; les outils sont rudimentaires et la productivité faible — comme elle l'était sans doute dans tout le Moyen-Orient du XIXme siècle. Les villages vivent en auto-subsistance, on ne commercialise pas les récoltes.

Pendant la période du mandat, les Anglais changent peu de choses. En 1920, ils établissent un cadastre qui délimite et recense les propriétés et leurs biens immobiliers. Le système reste cependant le même.

Parallèlement, dès le début du siècle, l'immigration juive a commencé en Palestine.

Le K.K.L. (Keren Kayemet Le'Israël) achète — souvent très cher — des terres aux riches propriétaires fonciers (*effendi*). C'est le cas pour 70 % des terres de la P.J.C.A. (Palestine Jewish Colonisation Association) et pour 91,5 % de celles du Fonds National Juif (cf. 1re Partie : *Histoire d'Eretz Israël*) en 1930 ([2]). La hausse du prix de la terre entraîne une spéculation foncière de plus en plus forte à partir de 1932.

Quant au *fellah*, il n'est jamais consulté, il devient la victime des usuriers et de la classe féodale arabe. Les heurts sont nombreux entre agriculteurs juifs et arabes, et cela dès 1908. Malgré les résistances arabes, l'achat des terres par le Fonds National Juif se poursuit : les terres juives passent de 785.000 *dunam* en 1935 à 928.000 *dunam* en 1947, soit 928 km^2, soit environ 1/15me de la surface du territoire d'Israël tel qu'il est prévu par le plan de partage proposé par l'O.N.U. en 1947.

1948 et l'appropriation israélienne des terres arabes

1948 est la date importante ; dès cette année, les paysans arabes vont subir un énorme bouleversement. Deux années plus tard, le 14 mars 1950, l'Etat d'Israël promulgue la loi relative aux terres « désertées ». La mesure, — qui sera révisée en mai 1951 — rend l'Etat propriétaire des terres qui avaient appartenu aux personnes jugées « absentes ». Est considérée comme personne absente :

« Tout homme qui était propriétaire légal d'un bien situé en territoire israélien, ou en tirait les fruits, ou en avait la détention, personnellement ou par l'intermédiaire d'autrui.

Celui qui était citoyen du Liban, de l'Egypte, de la Syrie, de l'Arabie Séoudite, de la Transjordanie, de l'Irak, du Yémen et résidant dans ces pays ou en Palestine.

Celui qui était citoyen palestinien avant le 1er septembre 1948 et qui a quitté son domicile habituel en Palestine pour un endroit situé soit à l'étranger, soit dans une partie de la Palestine qui était occupée à l'époque ou, s'il s'y était rendu, par des forces armées qui ont empêché la création de l'Etat d'Israël ou qui l'ont combattu après sa création. »

La loi ne donne pas de garantie de substitution des biens, mais celle d'une indemnisation en espèces qui aurait lieu lors du *règlement final entre les Juifs et les Arabes.*

Parmi les terres des « personnes absentes », il faut compter les biens du clergé (les *waqf*) et tout ce qui est du domaine de la propriété collective. Or, du fait de l'exode des Palestiniens, il se trouvait que des familles soient coupées en deux, que des frères propriétaires d'une même terre soient séparés : la part de l'« absent » devient alors propriété du gouvernement. Les surfaces ainsi récupérées représentent alors 60 % des terres arabes, soit 4.860.000 *dunam* (10 *dunam* = un hectare) ; s'y ajoutent dans le Neguev 1.432.000 *dunam*.

Dans les villages, c'est la paralysie. Il faudra attendre 1953 et la nouvelle loi agraire pour que les terres soient redistribuées.

De 1949 à 1953, s'établit la nouvelle carte agraire d'Israël; les *kibboutzim* et les *moshavim*, ainsi que les propriétés privées juives se développent. De plus, les Arabes se trouvent sous

Jaffa
Quartier arabe de Tel Aviv

Enterrement musulman à Jérusalem

Marché druze en Galilée

Village arabe du « Triangle »

administration militaire et le travail est rare. Tout éclate au village. C'est la politique du chacun pour soi. Le patriarche perd son autorité ; ce sont ses fils, quand ils arrivent à se débrouiller, qui ramènent le gagne-pain de la famille.

1953-1977, les terres

En 1953, le gouvernement israélien redistribue aux villageois un certain pourcentage de leurs terres, soit environ 10 % de celles qui leur ont été prises, et ce en fonction du degré de fertilité des sols ; pour le reste, les anciens propriétaires sont indemnisés en espèces.

En fait, la redistribution des terres n'obéit pas à des critères bien définis. Elle dépend beaucoup des relations qu'entretiennent le paysan et les autorités israéliennes. Certains acceptent les indemnités ; d'autres les refusent, soit parce qu'ils ne peuvent se résoudre à la disparition de leurs terres, soit parce que le prix que leur offre le gouvernement leur semble trop bas. La redistribution des terres donne lieu à maintes querelles entre villageois et gouvernement, et entre les villageois eux-mêmes. Car ce n'est pas une portion de sa terre que l'on rend au paysan, mais une part de la terre de son voisin. Le paysan va donc essayer de récupérer la portion qui était sienne, et il s'en suivra même jusqu'à ce jour bien des marchandages, nombre de pressions, et maintes discussions.

Le choc psychologique est énorme, surtout pour les vieux. L'autorité qu'ils tiraient du contrôle économique des terres est anéantie ; l'organisation sociale de la *hamoula* et du village entier se trouve privée de sa base.

Pour comprendre l'impact de tels événements au niveau des villages arabes, il faudrait rappeler les dates charnières de leur histoire depuis 1948. 1953 marque la fin de la première période de paralysie, de stupeur et de panique même. Suit, de 1953 à 1963, une période dominée par les restrictions de l'administration militaire, l'introduction des institutions juives au niveau du village et la première réaction de la société rurale à son nouvel environnement. Economiquement ce sont essentiellement les jeunes gens qui sont actifs et s'emploient dans les centres juifs : construction, artisanat, travail saisonnier sur les terres voisines. Les femmes restent au village, s'occupent uniquement de travaux ménagers. Quant à l'agriculture arabe, elle est encore très désorganisée : l'aide gouvernementale demeure faible ; les nouvelles techniques, trop modernes encore.

La recherche du travail à l'extérieur du village est, par conséquent, le premier objectif économique des villageois.

En 1963, c'est le relâchement des contrôles du gouvernement militaire : le monde du travail s'ouvre, les nouvelles tendances sociales se confirment et un rapport avec la société juive israélienne s'instaure.

1967, c'est la Guerre des Six-jours et, avec elle, la conquête de la Cisjordanie qui aura une grande importance au niveau des changements socio-économiques de la société arabe israélienne. L'agriculture arabe se modernise et passe du type extensif à un type plus intensif. Cependant, avec la pression démographique que connaissent les villages musulmans d'Israël, les faibles surfaces cultivées ne peuvent assurer des ressources suffisantes aux villageois, le travail salarié en milieu juif, plus régulier et plus lucratif, reste le débouché principal des Arabes ruraux.

1970, c'est « *Septembre Noir* ». Pendant le mois de septembre, des affrontements violents ont eu lieu à Amman, entre les Palestiniens et les soldats du Roi Hussein de Jordanie. Affrontements au cours desquels eut lieu un véritable massacre des Palestiniens (18.000 morts) et dont le démantèlement des organisations de la Résistance Palestinienne fut une des premières conséquences.

Octobre 1973, la 4me guerre israélo-arabe a lieu et une nouvele importance sera donnée au lien avec les populations des camps palestiniens.

Que va devenir l'agriculture arabe ? Elle n'est plus la ressource principale des villageois. Le chiffre des familles arabes vivant du produit de leur terre en Israël est quasiment nul. L'héritage tend à morceler la propriété, mais ici, c'est le passage des terres du secteur arabe au secteur juif qui est la principale raison de la diminution de la taille de la propriété moyenne arabe. L'agriculture arabe devient en général une agriculture de jardinage, chaque famille cultivant pommes de terre, oignons, menthe, etc..., devant sa maison. Pour ce qui est des propriétaires de lots plus importants, ce sont en majorité des petits exploitants, 60 % d'entre eux ne possèdent pas plus de 30 *dunam* (3 hectares) et 75 % moins de 50 *dunam*.

En 1976, la question des terres est à la une de l'actualité israélienne. Le gouvernement, désirant créer de nouvelles installations en Galilée dans le cadre du projet de développement de la région, annonce pour les dix années à venir, l'expropriation de 12.000 *dunam* de propriétés privées. 6.000 *dunam* appartiennent à des Arabes israéliens. Le gouvernement décide d'échanger ces lots contre des parts équivalentes en Galilée et annonce que 2.000 *dunam* seront utilisés pour les besoins des Arabes israéliens. Le 30 mai 1976, le Parti Communiste (R.A.K.A.H.) et le *Comité pour la Défense des Terres arabes* appellent à une grève de vingt-quatre heures et instituent « *le jour de la terre* ». De violentes manifestations ont lieu ; elles provoquent la mort de six personnes. Ces manifestations sont les premières qui soient aussi violentes entre les Arabes israéliens et les forces de l'ordre depuis 1948.

Le *Comité pour la Défense des Terres arabes* estime que, depuis 1948, 320.000 hectares, sur les 400.000 que possédaient les Arabes, sont passés aux mains des Juifs. De plus, sur les 80.000 hectares que possèdent actuellement les Arabes, 30.000 seulement seraient des terres cultivables.

L'agriculture arabe va connaître de grandes transformations : mécanisation, techniques d'irrigation et cultures nouvelles vont faire passer cette agriculture de type féodal à un système de type moderne et technicisé. Les chiffres officiels indiquent souvent que la surface des terres cultivées par les Arabes aurait augmenté depuis 1948. En fait, avant 1948, l'agriculture palestinienne était extensive ; les terres en jachère, nombreuses et étendues. Depuis 1948, elle devient hautement intensive. Le paysan obtient sur une même parcelle deux ou trois récoltes dans l'année et les chiffres additionnent, en fait le produit des différentes récoltes. Toutefois, si la productivité de la terre arabe augmente, elle n'atteint pas celle de la terre juive.

agriculture arabe...

Ces chiffres sont éloquents. Le décalage entre les agricultures juive et arabe ne fait qu'augmenter. L'orientation de l'agriculture arabe est souvent mauvaise ; mal diversifiée, elle ne répond pas aux exigences du marché. On met l'accent sur les produits commercialisables, comme le tabac, ou encore sur des cultures de luxe, telles que celles des tomates ou des concombres pour lesquelles la technique moderne de la culture sous plastique est utilisée.

Tableau 4

PARCELLISATION DE LA TERRE DES VILLAGES ARABES ([3])

Taille de la ferme (en dunams)	Nombre de fermes	Nombre de portions	% surface	Surface (en dunams)	Surface moyenne portion	Moyenne par ferme
1-40	1.781	1.210	1,7	4.423	3,7	0,7
5-90	1.512	3.666	5,1	10.259	2,8	2,4
10-190	2.050	7.658	10,7	28.727	3,7	3,7
20-390	2.439	14.448	20,2	28.743	4,8	5,9
40-990	2.882	26.010	36,5	80.166	6,9	9,0
100-1.490	753	8.793	12,6	89.986	10,0	11,9
1.500 et +	593	9.427	13,2	215.204	16,1	15,9
Total	12.010	71.392	100	533.800	7,5	5,9

Nota : Ces chiffres concernent la population arabe rurale dans son ensemble. Les fermes des Arabes chrétiens et des Druzes y sont incluses. Il en sera de même pour tous les tableaux concernant les terres arabes.

La population arabe va rester une population rurale, du moins quant à son type d'habitation. Jusqu'en 1966, et sauf permis spécial, rarement accordé, les Arabes habitent des zones closes. La mesure limite considérablement les

... et villages dortoirs

Tableau 5

PRODUCTIVITE DE L'AGRICULTURE JUIVE ET ARABE ([4])

Désignation	Arabe	Juive
Population rurale	178.869	322.409
Surface cultivée	900	3.385
Surface irriguée	29	3.385
Valeur de la production agricole à prix courants (livres isr. 1.000-1959-60)	40.615	708.252
Surface irriguée comme % de la surface totale cultivée	3,2	40
Valeur de la production agricole dunam de surface cultivée à prix courants (1959-60)	54,50	213

Tableau 6

PRODUCTION AGRICOLE COMPAREE
Prix courants 1959-60 en milliers de livres israéliennes ([4])

Désignation	Arabe	Juive
Total des cultures	40,615	708,252
Cultures industrielles	8,180	114,935
(dont tabac, sésame, etc.)	(3,857)	(49,556)
Légumes et pommes de terre	5,007	55,625
Citrons	1,212	107,425
Autres fruits	6,152	72,631
Lait	3,974	80,101
Oeufs	73,8	92,974
Miel	4,9	1,960
Viande	12,256	133,428
Poisson	64,4	18,105
Divers	5,0228	31,764

contacts entre Juifs et non-Juifs et empêche une quelconque intégration des Arabes à la société globale. En outre, les Arabes constituent un réservoir de main-d'œuvre salariée qui, selon les besoins, va être employée dans les centres urbains ou sur les terres des propriétaires privés juifs, des *kibboutzim* ou des *mochavim*. Tout en étant employés à l'extérieur, les ouvriers arabes continuent à habiter leurs villages.

De plus, les terres cultivées appartenant aux Arabes vont diminuer avec les années. En effet, l'accroissement naturel de la population rurale arabe (surtout chez les Musulmans) est extrêmement élevé, 44,3 ‰, et entraîne un éclatement topographique du village. Les terres cultivées vont peu à peu céder la place aux habitations nouvelles. Cette prolétarisation sans exode rural ni véritable urbanisation — jusqu'à une période très récente les villages arabes ne s'industrialisent pas et ne développent pas leurs ressources économiques — cette dichotomie entre le lieu de travail et le lieu de résidence constituent le trait spécifique de cette société rurale.

L'urbaniste Michael Meïer Brodnitz écrit [5] : « ...*Le processus d'urbanisation (combiné avec l'industrialisation tardive) est atypique dans ce cas (des villages arabes d'Israël) : tandis que le processus habituel consiste dans l'abandon des villages et la migration vers les centres urbains, la migration est ici confinée au domaine de l'emploi ; la majeure partie de la main-d'œuvre travaille loin du village, tout en continuant à y vivre,*

Tableau 7

POPULATIONS NON JUIVES AU-DESSUS DE 5.000 HABITANTS (¹)

Villages	1951	1969
Umm El Fahem	5.400	11.500
Baqa El Gharbiya	3.330	5.950
Daliyat El Carmel	2.900	5.600
Taiyiba	5.350	10.900
Tira	3.870	7.400
Tamra	3.700	8.000
Maghar	3.050	6.000
Shefar'am	4.450	10.500

de telle sorte que le village subit ce qu'on peut appeler « une urbanisation cumulative in situ ». Au cours de ce processus... les villages ont pris un caractère particulier qui n'est plus vraiment rural, sans être encore urbain ». Les villages sont aujourd'hui des sortes de méga-villages qui échappent aux critères traditionnels d'agglomérations rurales. On constate en particulier que, entre 1951 et 1961, la population des principaux villages arabes d'Israël a augmenté de façon étonnante.

Soit, en moins de vingt ans, un accroissement démographique de 100 % et plus dans les villages arabes.

les mutations : travail...

Depuis quelques années déjà, la vie économique du village est dominée par cette séparation entre la résidence et le lieu de travail. Il y a les longs trajets fastidieux pour ceux qui ont la chance de pouvoir rentrer chez eux tous les jours. Les autres (et ils étaient très nombreux pendant la période du gouvernement militaire) retournent au village toutes les fins de semaine. Quant à ceux qui n'ont pas de travail fixe, les périodes de travail loin de chez eux alternent avec des périodes de vacuité au village. Cependant, ce dernier cas est de plus en plus rare.

Les Arabes sont en général, soit employés comme journaliers sur les terres juives (pour la cueillette surtout), soit comme ouvriers dans les usines, soit encore comme employés du bâtiment. Les plus privilégiés sont ceux qui ont une formation professionnelle (en agriculture par exemple), les petits commerçants qui parviennent à ouvrir une boutique dans leur village, et les fonctionnaires (enseignants, fonctionnaires dans l'administration). Globalement, en 1976, plus de 80 % de la population active villageoise arabe travaille à l'extérieur.

... statuts professionnels...

Le statut individuel subit en contrecoups de profondes transformations.

Le processus de changement social a déjà débuté sous le mandat britannique vers 1920, et surtout vers 1940 à un moment où l'organisation économique de la Palestine se transforme ; c'est le commencement de la modernisation et d'une première industrialisation. C'est aussi le début de la scolarisation systématique. La réduction de la main-d'œuvre rurale nécessaire et l'augmentation des débouchés extérieurs sont autant de nouveaux facteurs d'organisation économique. Certains villageois vont travailler dans les camps de l'armée britannique, c'est l'aube d'une ouverture vers l'extérieur.

Après 1948, le statut individuel se modifie tout à fait, il se révolutionne. Dans la société féodale palestinienne, le statut le plus élevé était le statut de celui qui n'a jamais exercé de métier manuel. Il était réservé à l'ancien propriétaire foncier dont les fils travaillaient la terre. Pour qu'un homme jeune atteigne ce statut, il faut la réunion de plusieurs conditions : la mort prématurée de son père, qu'il se soit alors approprié tous ses biens, qu'il ait ensuite enrayé l'autorité de son oncle, et enfin qu'il se soit fait reconnaître par ses frères comme chef de famille ([6]). Un homme âgé qui ne possédait pas de terre et qui était obligé de travailler n'avait donc pas ce statut. Son âge lui garantissait néanmoins respect et autorité.

Le développement et la généralisation du travail salarié déterminent une nouvelle valorisation du statut personnel. Sous le mandat britannique, on alliait travail agricole et travail salarié ; depuis 1948, le travail salarié reste le seul mode de rétribution du travail arabe.

Un certain nombre de métiers se font plus rares, disparaissent même. En 1920, les bergers représentaient 14 % de la population active. En 1963, ils ne constituent plus que 8 %. Les chameliers nombreux en 1920, représentaient 25 % des travailleurs ; en 1963, il n'en subsiste pratiquement plus. On ne rencontre plus de tenanciers qui, pourtant, en 1920 représentaient 12 % de la population active. Les commerces, par contre, commencent, à partir de 1963, à apparaître dans les villages arabes. 10 % de la population active en vit. Il s'agit ici, aussi bien de boutiques que d'organismes assurant le transport des travailleurs, véritable industrie qui se développe dans les années 1960, alors qu'en 1957 la proportion des « commerçants » n'était que de 5 %. La voie royale vers la promotion sociale qui s'offre aux jeunes sera, en premier lieu, l'enseignement. La création d'écoles et de lycées dans pratiquement tous les villages importants est un débouché sur lequel on se précipite avec âpreté. Non manuels, le professeur, le médecin, et l'avocat, sont respectés, admirés ; leur statut social est prestigieux.

... et communautaires

Dès lors, la vie sociale se diversifie à tous les niveaux. L'atmosphère du village en est transformée. Pendant la journée, les hommes dans leur majorité sont à l'extérieur. Restent les femmes, les enfants et les vieux, les commerçants et les enseignants, sans oublier les Juifs (médecins, infirmiers et fonctionnaires de passage) ainsi que les visiteurs occasionnels. Les femmes et les vieux s'occupent des lopins de terre que possède la famille. Pendant leurs jours de congé, les jeunes mettent la main à la pâte. Pommes de terre, oignons, pois chiches sont les produits couramment cultivés et consommés. Rarement commercialisés, ils sont utilisés pour les besoins de la famille elle-même.

Le soir, le village est restitué aux hommes. Ils renouent avec la vieille tradition du *diwan*, et se retrouvent dans les cafés, ou bien se réunissent devant la télévision qui a sa place dans toute maison « convenable » du village.

Le village n'est jamais au complet ; certains hommes ne rentrent que le samedi, jour de congé de l'entreprise juive où ils travaillent ; d'autres, travaillant en milieu musulman, se reposent le vendredi ; les étudiants de l'Université de Tel-Aviv, Haïfa ou Jérusalem suivent le calendrier juif. Quant aux lycées, ils respectent les fêtes musulmanes.

Lorsque la base économique d'un système social est touchée, ou, comme ici, coupée à la racine, il se produit une rupture dans l'évolution sociale de ce système, une mutation.

mentalité et mutation

Une des premières manifestations de profonde crise sociale est la façon problématique dont les membres d'un groupe vivent leur présent et les rapports qu'ils entretiennent avec leur passé.

En Israël, les Arabes adoptent souvent deux attitudes contradictoires par rapport à leur nouvelle situation et aux valeurs anciennes de leur société. Refuge dans un « Age d'Or » et rejet du passé se manifestent alternativement dans les comportements et expriment les difficultés que rencontre cette communauté face aux transformations trop brutales de ses valeurs fondamentales.

« *Par le passé* », diront certains, « *le système social était parfaitement intégré et articulé. Le village était plutôt replié sur lui-même et vivait en parfaite harmonie avec son environnement. La conquête turque et le mandat britannique n'eurent que des conséquences secondaires et limitées et n'ont en rien altéré le bon fonctionnement de la société. Les clans dominants étaient florissants et leurs querelles attestaient de la bon-*

ne santé du système. Les riches étaient puissants et les pauvres résignés et heureux. La lutte pour le pouvoir était noble et les jeunes respectaient la sagesse de leurs aînés ; la femme était protégée par la tradition et son honneur rarement exposé. La création de l'Etat d'Israël transforma le doux paradis en enfer. Le présent est sombre, et plus désespérant encore s'annonce l'avenir ».

Pour d'autres, ce n'est pas ainsi qu'il faut raconter l'histoire. Pour eux, « *Le village avant 1948 était un exemple d'archaïsme, une prison où l'on étouffait. Les Turcs étaient des sauvages et les Anglais d'habiles manipulateurs. Ils ont ruiné le pays et semé la zizanie dans une société vulnérable et déjà malade. Le système clanique est une aberration, un résidu du passé contre lequel il faut se battre. Le pouvoir politique était féodal, les pauvres étaient vassaux des riches et subissaient mille humiliations ; les fils étaient les esclaves de leur père. Quant aux femmes, elles étaient des créatures que l'on gardait volontairement dans un état d'irresponsabilité et d'infantilisme. Avec la création de l'Etat d'Israël, s'ouvre l'ère du progrès et de la libération ; une voie est ouverte qu'il faudra poursuivre ».*

Ici, comme dans tout moment de crise d'identité d'une société, celle-ci secrète un certain nombre de mythes. On connaît l'exemple du nationalisme et l'expression de la nostalgie des valeurs « ancestrales » auxquelles il renvoie. De même, chez les Arabes d'Israël, la référence à l'Age d'Or restera en filigrane de leurs attitudes quotidiennes d'acceptation ou de rejet de nouvelles valeurs sociales et politiques. La référence à l'Age d'Or signifie, ici, une sorte d'apologie de la mentalité arabe menacée de disparition par une trop grande influence de la culture occidentale que véhicule la société juive israélienne.

D'après Maxime Rodinson, cette mentalité arabe serait composée de deux ensembles contradictoires de valeurs. Le premier ensemble serait constitué par les caractères de la personnalité arabe pré-islamique : le culte de l'honneur, la force, la puissance physique et matérielle, la générosité, l'hospitalité, la chasteté et la fécondité des femmes, la fidélité au groupe alliée au prestige personnel en sont les éléments fondamentaux. Quant aux valeurs qui composeraient le second volet de la mentalité arabo-musulmane, elles seraient nées de la rencontre de l'Islam avec les populations qu'il a soumises. Les paysans et les citadins des peuples islamisés vivaient, pour la plupart d'entre eux sous des régimes monarchiques à longue tradition despotique. Les conquérants musulmans reprennent à leur compte les valeurs existantes et prêchent l'obéissance (en arabe le terme *Islam* signifie « soumission ») et l'humilité. La dimension des premiers Empires arabes, leur mauvaise administration et la faiblesse du pouvoir central auraient alors permis le maintien des anciennes formes de contestation tribales, individuelles, anarchiques même, qui étaient celles du peuple arabe d'avant l'apparition de l'Islam.

Cette ambivalence de la mentalité arabe, si souvent observée prendrait donc sa source dans les contradictions de la personnalité arabo-musulmane originelle.

Il ne s'agit pas ici de faire référence à un modèle idéal et statique en faisant abstraction du mouvement de l'histoire des Arabes et de leur aptitude au changement. Le mythe de l'origine ou de « l'Age d'Or », qu'il soit théorisé ou non, constitue l'indice d'une profonde mutation des mentalités. L'avoir explicité — aussi schématiquement que cela soit — pourra, peut-être, permettre une lecture plus significative du renforcement ou de l'abandon de certaines pratiques sociales ainsi que le décryptage plus « intériorisé » de la réalité arabe israélienne en pleine transformation.

transformation de la hamoula

C'est, bien sûr, la *hamoula,* l'unité de base de la société traditionnelle palestinienne qui est la première atteinte par ce changement. Avec la disparition de la terre et l'avènement du travail salarié, les fils acquièrent une certaine indépendance par rapport à leur père. Le patriarche ne possède plus le capital de la famille. Il n'est donc plus capable de payer la dot pour ses fils, et ne leur promet aucun héritage substantiel. Les fils acquièrent alors, en principe, une indépendance toute neuve. Formellement, la famille étendue ne va toutefois pas disparaître. A cause du manque de terres et de leur redistribution, les villages éclateront topographiquement. Les fils quittent le père, les frères se séparent, mais, socialement, le lien reste. L'instabilité de l'emploi, le bas niveau de qualification de la plupart d'entre eux, la condition de travail souvent difficile, sont autant d'éléments qui rendent la situation incertaine pour la nouvelle génération. Dans les villes, sur leur lieu de travail, les jeunes sont coupés de leur lignage. Le manque d'accueil favorable de la part des Juifs ne facilite pas la séparation de leur société d'origine par une intégration à un nouveau milieu.

Quoique ébranlée, l'autorité sur les fils est conservée par le père. Dans le passé déjà, le type idéal de la famille étendue était rarement réalisé. A moins qu'il ne soit un riche propriétaire foncier, la terre lui donnant alors sa force, le patriarche avait toujours du mal à contrôler ses fils.

La nouvelle structure économique n'affaiblit pas réellement la solidarité familiale : les fils ne quittent pas la maison paternelle avant le mariage et les frères restent, en général, solidaires pour la constitution de la dot. L'unité familiale est surtout préservée chez les plus riches, les enfants attendant l'héritage de leur père. Cette famille étendue est cependant différente de la famille étendue d'origine. Elle n'est plus contrôlée par le père, elle est gérée par les fils.

Les relations de droits et de devoirs entre frères et sœurs subsistent. Lors des fêtes, le frère offre toujours la *'edeya* (cadeau) à sa sœur ; il reste le garant de son honneur. Puisqu'elles n'habitent plus ensemble, belles-mères et belles-filles ont des liens plus lâches. La belle-mère a moins de pouvoir sur sa bru qui devient indépendante, plus libre de mener son ménage. La belle-mère reste néanmoins la gardienne de la jeune femme lorsque son mari travaille à l'extérieur du village. Ces changements sociaux ont pour conséquence le renforcement de la cellule familiale (père, mère et enfants non mariés). Le rôle des oncles paternels et maternels diminuant par la même occasion, le père de famille jouit d'une autonomie plus grande.

Le système matrimonial va subir une curieuse évolution. Le mariage préférentiel avec le *ibn el'am*, le *badal* ne sont pas remis en question.

Dans un premier temps, la désorganisation économique et sociale affaiblit l'importance des stratégies politiques et matrimoniales. La lutte pour la survie et pour la recherche d'un travail prime. On note une diminution de l'endogamie qui pourrait laisser penser à l'éclatement de la *hamoula*. Cette période s'étale jusque dans les années 1965-67 suivant les villages. Dans un deuxième temps, on le verra, le courant s'inverse. L'endogamie augmente ; les *badal* se font plus nombreux ; les mariages avec la *bint el'am* suivant la même tendance.

Réaction de la société traditionnelle ?

Manipulation du pouvoir central ? Une combinaison des deux, sans doute. L'objectif des autorités israéliennes n'est certainement pas la disparition de la *hamoula* ni l'affaiblissement de sa fonction politique. L'objectif du pouvoir sera de contrôler cet élément de base, régulateur de la réalité sociale. Il va continuer à s'appuyer sur les élites locales (les anciens chefs) favorisant à tour de rôle telle ou telle famille. Parallèlement, il va favoriser l'émergence de jeunes hommes sur la scène politique locale. Enseignants et fonctionnaires forment la nouvelle catégorie des hommes les plus écoutés dans leur famille.

De son côté, la lutte pour le pouvoir au sein de la *hamoula* se diversifie et les risques de scissions augmentent ; en outre, la taille de la *hamoula* se développe considérablement et il est difficile de contrôler tous les lignages et la fougue des nouveaux chefs de famille.

Dans les premières années de la création de l'Etat d'Israël, certains éclatements se produisent. Des branches de *hamoula* se détachent du groupe et, soit s'allient à d'autres lignages, soit prennent leur indépendance. Cette indépendance n'est que relative puisque les anciennes alliances matrimoniales maintiennent un certain lien social. Malgré cela, surtout dans les grandes *hamoula* où les rapports traditionnels sont plus importants qu'ailleurs, le pouvoir traditionnel reste, du moins formellement, dans les mains des anciens. Et, lorsque vers les années 1955-60, le gouvernement introduit dans les villages le Conseil municipal — l'institution qui va dès lors dominer la vie politique locale —, ce sont les vieux chefs qui y seront élus.

le conseil municipal

Le Conseil municipal (*majles*) est formé de neuf à onze membres élus par la population locale, hommes et femmes, âgés de plus de dix-huit ans. Les élections ont lieu tous les quatre ans. Les périodes électorales mettent tout le village en effervescence ; un véritable « marché de voix » s'y tient, jour et nuit. Argent, terre, promesses d'aide auprès d'institutions juives, chantages, mariages, tout est bon pour augmenter la chance de chaque candidat.

Les petites *hamoula* prennent une importance nouvelle ; on recherche leur alliance. Le *majles* rétablit donc la fonction politique de la *hamoula*. Il y a bien des tentatives de présentation de listes indépendantes : liste du Parti Communiste, ou « liste des jeunes », comme au village de Baqa El Gharbiya dans le « triangle ». Leurs chances de réussite sont cependant faibles. Ceux qui essaient de rompre le lien familial sont en général membres de petites familles, et ils ne peuvent lutter contre la force des grandes *hamoula* et contre la volonté gouvernementale de maintenir à son avantage l'ordre traditionnel. Les jeunes se plaignent et souffrent de la contradiction entre leur indépendance économique et leur dépendance politique à l'égard de leur parenté.

Le *majles* a de multiples fonctions : prélèvement des impôts locaux, paiement des instituteurs, promotion de nouvelles institutions au village. D'autre part, écoles, dispensaires, électrification, établissement de l'eau courante, routes communales sont développés dans chaque village par l'action du Conseil municipal et, en règle générale, à la suite d'une initiative gouvernementale. L'hygiène, la baisse de la mortalité infantile, la scolarisation sont certainement les phénomènes hautement positifs, généralisés à l'ensemble de la population arabe du pays.

Economiquement, si la base de la société traditionnelle a disparu, la *hamoula* continue à jouer un certain rôle. La stabilité de l'emploi rend les différents membres d'une famille solidaires les uns des autres. Il est toujours bon de garder un lien étroit avec tel cousin ou tel oncle qui a ses entrées dans les milieux juifs. Quant aux innovations économiques, mises en place de coopératives d'eau et mécanisation des cultures, elles se font souvent selon un regroupement de familles.

Modification des pratiques matrimoniales et villageoises

Le système matrimonial va refléter l'ensemble de cette évolution. La progression du nombre des mariages au sein de la *hamoula* et en particulier des unions avec la *bint el'am*, est manifeste, car elle dépend de deux facteurs essentiels. Il y a tout d'abord l'importance numérique de la *hamoula* qu'on vise à préserver car elle est toujours signe de puissance. En outre, avec la pression démographique que connaît le village, le nombre des cousins proches et éloignés augmentant, il n'est plus nécessaire d'aller chercher une femme en dehors du village.

La nouvelle topographie du village a son importance dans ce phénomène ; les terres manquent, on tend à construire des maisons à deux étages qu'habiteront deux frères, ou, plus rarement, deux cousins. La famille étendue se reconstitue alors partiellement. Comme aux premiers temps de la création du village, on assiste à la formation de nouveaux quartiers ; les liens de voisinage sont d'une importance extrême dans cette société arabe : *le proche voisin est plus important que le frère éloigné*. Entraide et règles d'hospitalité demeurent des valeurs essentielles.

Quant au développement du *badal* (mariage par susbstitution de conjoints entre deux familles), il s'explique par le coût exorbitant qu'atteint la dot. Alors qu'en Cisjordanie, la dot n'est plus que symbolique, en Israël le « prix » (en livres israéliennes) d'une femme a augmenté : la dot étant fonction de la masse monétaire en circulation, le passage d'un mode de production quasi féodal à un mode de production capitaliste a brusquement introduit dans le circuit économique, un flot important de monnaie. Aussi, en plus du prix monétaire, une nouvelle « coutume » s'est établie et doit être respectée : le jeune homme se doit de construire une nouvelle maison équipée du confort moderne (réfrigérateur, téléviseur, électricité et même four électrique). Les nouvelles habitations du village sont en ciment et souvent montées sur pilotis. La salle des invités est meublée à l'européenne : table, canapé, fauteuils, alors que les autres pièces de la maison restent vides. Le seul meuble étant une armoire dans laquelle sont entassés les matelas. Ces matelas sur lesquels les membres de la famille dorment ou s'asseoient lorsqu'ils reçoivent et discutent avec leurs intimes.

le badal

Le salaire d'un jeune est insuffisant pour équiper une nouvelle maison. Aussi le terrain lui est-il souvent fourni par son père, et, pour amasser l'argent, l'aide de ses frères lui est nécessaire. La société traditionnelle maintient la solidarité entre frères, qui est un de ses piliers. Le *badal* a l'avantage d'éliminer l'obligation de payer une dot en espèces, le jeune marié devra fournir le gîte et un cadeau symbolique (bijoux, montre en or...).

Autre phénomène nouveau : depuis 1967, l'augmentation de la polygamie. L'occupation de la Cisjordanie qui a suivi la Guerre des Six-jours a remis en contact des familles, des amis

accroissement récent de la polygamie

271

et des anciens voisins séparés depuis 1948. La dot ayant disparu chez les Arabes cisjordaniens, on peut avoir une femme à peu de frais. Les hommes des *hamoula* pauvres, les hommes âgés, les malades, tous ceux qui ont du mal à trouver une épouse, se marient avec des Cisjordaniennes. Le nostalgique du harem, le marié sans descendance masculine, le riche désireux de fonder une famille nombreuse sur laquelle il règnera, chacun de ces hommes prend une deuxième femme parmi l'immense réservoir des filles célibataires de Cisjordanie — région qui connaît une pénurie importante d'hommes partis vivre dans les pays arabes. Certes, la loi israélienne interdit la polygamie ; elle est cependant contournée par de multiples ruses, l'essentiel pour le *qadi* étant l'application de la loi musulmane. Toutefois, dans la société arabe israélienne, le mariage avec une Cisjordanienne est considéré comme peu respectable, voire dégradant. Les Arabes israéliens considèrent leur statut économique et social supérieur à celui des Arabes des territoires occupés. Ils invoquent, entre autres, le modernisme d'Israël et leur niveau de vie, plus élevé que celui de leurs voisins. Ces raisons, sans doute idéologiques, expriment la résistance du système traditionnel face à une désorganisation possible par suite d'une trop grande ouverture sur l'extérieur.

Depuis 1967, le pourcentage de célibataires parmi les Arabes israéliens augmente proportionnellement au nombre de mariages entre Arabes israéliens et Cisjordaniennes. De plus, les hommes possèdent une nouvelle arme de chantage : la menace de prendre une nouvelle épouse. Les femmes cisjordaniennes sont donc en butte à l'agressivité des villageoises arabes israéliennes. Ordre traditionnel et innovation, leurs contradictions, les paradoxes des nouvelles formes de l'organisation sociale sont en filigrane de la vie des Arabes ruraux d'Israël.

anciens et jeunes

Pour les vieux, la situation est difficile. Leur autorité est ébranlée, leur pouvoir devient purement formel et l'intervention du pouvoir central — de « Jérusalem », comme on dit — dans les affaires intérieures de leur *hamoula* se fait trop pesant, voire parfois humiliant.

Les jeunes, eux, se trouvent dans une situation de blocage qui reflète l'état de la société arabe israélienne toute entière. Ils sont les principaux agents de l'innovation, le pont entre leur village et l'extérieur. Ils ressentent plus que leurs aînés le manque de contact et d'intégration dans la société juive et ils subissent le poids des liens traditionnels, des freins au changement. Leur conscience politique est soumise aux impératifs de deux courants d'exigences contraires : comme salariés ils constituent un prolétariat économiquement intégré à une société capitaliste; originaires des villages arabes, ils appartiennent essentiellement à ce milieu social rural qui a conservé, voire renforcé les rapports de type féodal. A qui se lier ? A qui s'opposer ? Il leur est désormais d'autant moins aisé d'adopter une position. Les rapports traditionnels d'autorité et de subordination, de droits et de devoirs, subsistent malgré l'inversion des rapports de pouvoir et de dépendance économique. Ici, le conflit des générations porte la marque de cette contradiction et atteste de l'acuité de la crise sociale.

Les coutumes

En ce qui concerne les coutumes, l'influence de la société juive va s'exercer, comme ailleurs, au travers d'une certaine « modernité » qui, investie par la tradition, maintiendra le sens et la force des coutumes.

coutumes arabes et influence juives ; circoncision...

La circoncision est une pratique commune au Judaïsme et à l'Islam. Avant 1948, c'était en général le barbier du village qui faisait office de circonciseur. Depuis, c'est souvent un Juif qui circoncit les enfants musulmans. L'intervention est pratiquée, soit à la maison, soit à l'hôpital par un médecin. Toutefois, l'abaissement de l'âge de l'enfant que l'on circoncis est à remarquer. Dans le passé, on circoncisait les jeunes garçons à l'âge de la puberté ou même après. Chez les Juifs, c'est peu après la naissance que la circoncision se pratique ; chez les Arabes israéliens l'opération se pratique également à la naissance ou dans les tout premiers mois.

On sait l'importance du mariage pour la société arabe : les préparatifs, la cérémonie elle-même ont leur place et leur histoire. La demande en mariage, la signature du contrat chez le *qadi* sont inchangées. La femme est absente de toute cette phase qui se déroule entre les hom-

... mariage, fiançailles...

mes de sa famille et ceux de la famille de son futur mari. Parfois, lorsque la demande en mariage risque de se heurter à un refus, la famille du prétendant envoie un émissaire, d'une famille amie par exemple, pour ne pas avoir à se fâcher en cas de refus. Ce qu'il y a de nouveau, et là encore, il faut voir une influence directe des coutumes juives, c'est l'institution des fiançailles. La fiancée arabe reçoit une bague et des cadeaux (lingerie, bijoux), sa famille organise une petite fête, qui est une sorte de répétition générale réduite du mariage. Parents et amis offrent du thé, de la farine et divers présents. Pendant la période des fiançailles, le jeune homme rend de fréquentes visites à la famille de sa future épouse. S'il s'agit d'étrangers, ils font connaissance, se rencontrent de temps à autre, mais toujours en présence d'un tiers. La durée des fiançailles peut varier de quelques semaines à plusieurs années. Certains jeunes mènent une lutte difficile pour déserrer l'étau des tabous et de la répression sociale. Dans le passé, afin de sceller une alliance politique, une fille à peine née était promise à un homme pour son fils. De nos jours, on ne « fiance » plus les nouveaux-nés, mais il arrive souvent qu'une fille à peine pubère soit fiancée prématurément, toujours pour des raisons politiques.

Le jour, ou plutôt le soir de la cérémonie du mariage est un moment d'anomie au village. Tout le village participe aux réjouissances. On se réunit chez les parents des conjoints, bien sûr, mais aussi chez les oncles et les cousins qui reçoivent les invités au même titre que les parents eux-mêmes. Les jeunes gens en profitent pour se retrouver, fumer, boire de l'alcool en cachette (la religion musulmane prohibe la consommation de boissons fermentées) ; garçons et filles se donnent des rendez-vous clandestins, se font passer des messages, et les hommes « politiques », en vue de futures alliances, établissent les contacts qui nécessitent une discrétion particulière.

... et henné

La veille ou quelques jours avant la date de la cérémonie du mariage, a lieu la cérémonie du *henné*. On enduit les mains et les avant-bras de la jeune femme de cette poudre rouge qui provient de la pulvérisation des feuilles de henné et qui lui colore la peau ; les fillettes de son entourage font de même. La légende raconte que le Sheikh d'une puissante tribu ne voulait donner sa fille en mariage qu'à un homme au courage exceptionnel. Pour prouver celui-ci, le prétendant devait tuer un lion dans le désert, le sang sur ses mains devant attester de la réalité de son acte. La couleur du *henné* rappelle celle du sang. La jeune fille exprime par-là son désir d'avoir un mari fort et courageux.

Quelques jours avant le mariage, la famille et les amis du marié (*el'aris*) préparent le repas de noces. En été, on aménage aussi la place du village avec haut-parleurs et lumières multicolores. Au coucher du soleil, les hommes s'y réunissent. Un ou deux chanteurs professionnels viennent animer la soirée. L'assistance écoute les chansons traditionnelles et les joutes oratoires improvisées, qui y sont données ; ces joutes sont scandées par un chœur de jeunes gens qui, debout au milieu de la piste, chantent et dansent pour honorer le marié. On distribue des boissons, du café, du thé, du jus de fruit, des friandises et des cigarettes. Les femmes se réjouissent entre elles.

Dans la maison du père de la mariée, on a disposé une estrade où la jeune femme trône, entourée de fleurs et de guirlandes. Son attitude doit être pleine de retenue, de tristesse même. Demain, elle va quitter sa famille et elle doit montrer qu'il lui en coûte. Elle se tait, le visage empreint d'une expression dramatique, les mains posées sur ses genoux. Ses amies, les femmes de sa famille et les voisines sont là ; elles chantent, dansent, inspectent le trousseau et pleurent bruyamment. Ainsi se passe la nuit.

Depuis l'aube, la tension monte parmi les femmes qui, pour la plupart, ont passé une nuit blanche, dans une tension qui voisine l'hystérie. Le rythme des chansons s'accélère ; les cris de joie se font plus aigus. Lorsque l'on vient chercher la mariée (en général sa belle-sœur et les hommes de sa nouvelle famille), l'excitation est à son comble, et le bruit assourdissant. La voiture — qui remplace le traditionnel cheval — emmène la mariée jusqu'à sa nouvelle maison. A son arrivée, on la hisse sur une chaise. Elle tient une cruche d'eau qu'elle casse sur le pas de la porte avant de rentrer dans sa nouvelle demeure. Sauf dans le cas d'un *badal*, la famille de la mariée se doit de ne manifester aucune joie. La véritable fête a lieu chez l'homme, qui, par son mariage, va enrichir la maison de son père. Il passe, en général, la nuit chez son meilleur ami. Le lendemain, les amis du marié vont le réveiller. On le baigne, on le parfume et on lui chante les chansons traditionnelles appropriées à chaque étape de sa toilette.

275

Sur la place, les chants et les danses ont repris ; les haut-parleurs hurlent. Les visages sont fatigués par une nuit d'insomnie. Après le repas de midi, toujours offert par la famille du jeune homme, le village se rend en procession chercher le marié et l'accompagne jusqu'à sa nouvelle maison où l'attend sa femme. Une coutume, aujourd'hui disparue, voulait qu'on lui donne des coups de bâtons à l'entrée du logis pour fortifier son courage.

les autres coutumes

Les autres coutumes : les enterrements, la fête religieuse du Ramadan — le jeûne de 40 jours que pratiquent les Musulmans, — ne subissent pas de changements importants.

Comme ailleurs, en milieu musulman, les femmes n'assistent pas aux enterrements. Elles se réunissent entre elles pour pleurer le défunt et se lamenter avec force cris. A l'inverse, les hommes doivent adopter une attitude plus réservée et plus silencieuse. Influencés par la tradition juive, ils ne se rasent pas pendant huit jours, en signe de deuil.

Quant au Ramadan, il commence à l'apparition de la nouvelle lune. Le jeûne a lieu du lever au coucher du soleil ; pendant la journée, l'absorption de toute nourriture ou boisson est interdite ainsi que les relations sexuelles.

Comme par le passé, les vieux et les femmes sont les plus traditionnalistes. La vie religieuse n'évolue pas de façon sensible. La mosquée reste un lieu de rencontre important, la prière du vendredi et le sermon de l'*imam* sont toujours les plus suivis. Le manque de transformation de ces coutumes atteste du peu d'importance de la pratique religieuse dans cette mentalité villageoise. Par contre, nous l'avons vu, les coutumes telles que le mariage et les fiançailles restent des éléments de base de la vie sociale. Cela est sans doute dû au fait qu'elles ont trait à la différenciation sexuelle à l'ordre de la parenté dont les femmes constituent un des fondements.

Statut actuel de la femme

Dans ce labyrinthe de contradictions de la société rurale musulmane, dans ce va-et-vient entre modernité et tradition, passé et présent, la sacralisation étouffante des institutions et les forces les plus diverses s'exercent sur la femme. La femme devient la gardienne de la tradition et la garantie de sa survie. Les nouvelles tendances libérales (ouverture du village vers l'extérieur, éducation) auront, soit, très peu d'effet sur son statut, soit même des conséquences négatives. Bien évidemment, la scolarité obligatoire transforme la vie de la petite fille.

scolarisée donc soupçonnée

A l'école, puis au lycée, elle côtoie des garçons, passe de longues heures de la journée hors de chez elle et jouit d'une certaine liberté. Tant qu'elle suit les cours de l'école primaire, elle ne pose pas de problème. Mais la lycéenne va être prise entre deux feux, car sa famille, et plus particulièrement les membres âgés de celle-ci, acceptent mal son nouveau statut. Si l'instruction reçue est un facteur valorisant pour un homme, une femme instruite devient suspecte. Une femme alphabétisée et scolarisée possède un avantage sur celle qui sait tout juste lire et écrire, mais sa respectabilité est toujours mise en doute. Son accès à la « culture » est un élément fort peu sécurisant pour l'ancienne génération. Au lycée, la classe est mixte. Garçons et filles se parlent.

En dehors des heures de cours cependant, pas de réunions communes. Les tabous et les restrictions gardent leur force. La fille rentre chez elle, aide aux travaux ménagers et doit observer les règles de conduite auxquelles son rôle la soumet. Les enfreindre est grave, bien plus grave qu'un échec scolaire. Rares sont les filles qui achèvent des études secondaires et encore plus rares celles qui accèdent à l'enseignement supérieur. Souvent, elles doivent lutter dur pour que leur famille n'interrompe pas leurs études. Et peu d'entre elles peuvent avoir ce courage.

mariée donc contrainte

Le mariage est l'obsession des familles et l'étape importante de la vie d'une femme. On a vu combien le système matrimonial pèse sur la nouvelle génération. Les jeunes gens, eux, tentent souvent de résister à la pression de la société traditionnelle. Parfois même, ils parviennent à éviter un mariage que désire la famille, mais qui, affectivement, ne leur convient pas.

Pour la femme, la résistance est plus difficile. Les drames, les mariages forcés, comme par le passé, sont monnaie courante.

Le plus souvent, la femme mariée vit

exclusivement à l'intérieur du village. Les échos de l'extérieur, elle les a par la télévision, par la radio et par ce que les hommes racontent. L'introduction de l'eau courante et de l'électricité au village transforment sa vie. Plus de trajets pour aller au puits ; son travail quotidien est plus rapidement terminé. Les enfants sont à l'école et les hommes au travail.

Comment passer la journée ? Les centres juifs, le dispensaire surtout, deviennent lieu de rencontre principal ; il remplace le puits, le four commun. Les femmes s'y retrouvent, s'y éternisent et y parlent. Les ragots vont bon train. Bavarder, critiquer, intriguer devient la principale activité, l'expression de leur extrême frustration. La liberté dont jouit leur voisine, la femme juive, les attire et les rebute tout à la fois. Toute tentative de changement de leur part (dans l'habillement par exemple) se heurte à une levée de boucliers, à des obstacles démesurés de la part de la société des Anciens. Les femmes de la nouvelle génération ne portent plus la traditionnelle *djellabah*, longue et pudique, ni la *kefiah* blanche sur la tête. Leur habit est bâtard : la mini-jupe sur le pantalon est le vêtement courant des jeunes villageoises. Certaines se risquent à porter une jupe, mais elles se montrent les bras couverts ; les cheveux longs et attachés sont de rigueur.

Le comportement des vieilles femmes est hautement symbolique. Plus que les jeunes, eles doivent se conformer à l'image de respectabilité et de « vertu » que leur impose leur statut. Dans l'intimité des foyers, les attitudes sont plus nuancées et les aînées plus compréhensives vis-à-vis de leurs cadettes. Cependant, la pression sociale est telle, qu'elles ne peuvent cautionner les timides entorses à la tradition que tentent d'effectuer les jeunes femmes. Elles deviennent l'un des principaux instruments de la répression sociale.

honneur, réputation et respectabilité

La sauvegarde de l'honneur des femmes est un des piliers de « l'idéologie » de la *hamoula*. C'est pour sauvegarder cet honneur que la dot est si élevée et que la liberté de mouvement de la jeune fille est entravée. C'est pour la même raison que l'on préfère marier une fille à l'intérieur de la *hamoula*. La virginité de la jeune fille, la fidélité de la femme mariée sont les fondements de cette respectabilité que l'on conservera à n'importe quel prix.

En 1970, dans un village du centre du pays, une fille de quinze ans a été égorgée puis brûlée par son frère et son oncle parce qu'elle était enceinte ; depuis, les deux hommes purgent vingt ans de prison. Au village, l'honneur de la famille de cette jeune fille est sauf : il n'y avait pas d'alternative, pas d'autres issues pour les hommes de sa *hamoula* que l'assassinat. Le consensus social fut total autour de cette exécution et les sanctions des autorités israéliennes considérées comme injustes et immorales.

En matière politique, les femmes sont maintenues dans une situation d'irresponsabilité et d'infantilisme. Leurs votes aux élections (municipales et nationales) suivent ceux de leur mari ; aucune initiative ne leur est laissée. Elles prennent part aux discussions enflammées qui ont lieu dans leur village au moment des élcotions, mais ce sont les petites histoires de la politique locale qui les intéressent, les ragots qu'elles colportent sur les dessous de telle ou telle tractation, — entre les membres de deux *hamoula* par exemple — sur telle ou telle alliance matrimoniale...

Depuis peu, les femmes arabes participent à la production économique dans le secteur juif. Au moment des récoltes, elles vont travailler, bien encadrées par les hommes de leur famille, dans les champs des *kibboutzim* et des *moshavim*. D'autres travaillent dans de petites fabriques juives qui n'emploient que de la main-d'œuvre féminine. Un car vient chercher les ouvrières le matin et les ramène le soir. Certains villages connaissent le début d'une industrialisation légère ; ce sont les femmes qui y travaillent et cette innovation peut, à terme, influer sur leur statut.

L'anachronisme et l'immobilisme qu'accuse la situation de la femme, ainsi que l'exacerbation de sa frustration, sont les indices du blocage de cette société rurale arabe en Israël.

les citadins

Les Musulmans habitent peu dans les villes et il n'y a que 16 % de la population musulmane qui soit citadine. Ceux qui sont établis en ville, résident dans des villes mixtes, peuplées de Juifs et d'Arabes. Nazareth est la seule ville israélienne qui soit totalement arabe. Elle compte 48 % de Musulmans et 52 % de Chrétiens. De 203.000 qu'ils étaient en 1951, ses habitants sont passés à 309.000 en 1969. Là encore, on note le fort accroissement démographique de la population arabe.

La population non-juive des villes mixtes est la suivante (¹) :

Tableau 8

Villes	1951	1954	1957	1961	1967	1968	1968
Jérusalem	1.930	2.060	2.220	2.413	68.500	71.800	74.200
Tel-Aviv	5.600	5.650	5.750	7.782	6.600	6.700	6.900
Lod	910	1.080	1.290	1.582	2.600	2.700	2.900
Ramla	1.960	2.020	2.090	2.166	3.200	3.350	3.500
Acre	4.200	4.800	5.550	6.552	8.450	8.550	8.700
Haïfa	7.500	8.054	8.650	9.468	12.200	12.600	13.000
Maaloth Tarshika	810	920	1.060	1.240	1.520	1.590	1.750

Les chiffres de 1967-68-69 concernant Jérusalem incluent la population de la ville réunifiée. Le recensement de 1961 donne le détail suivant :

Tableau 9

Villes	Musulmans	Chrétiens	Druzes	Autres	Total
Jérusalem	792	1.403	66	152	2.413
Tel-Aviv	2.976	2.481	141	184	7.782
Lod	1.213	363	2	4	1.582
Ramla	818	1.302	4	42	2.166
Acre	5.175	1.250	29	98	6.552
Haïfa	2.563	6.663	130	112	9.468
Maaloth	322	918	—	—	1.240

Il y a donc, en 1961 :

à Jérusalem :
   83 % de Musulmans - 17 % de Chrétiens
à Tel-Aviv :
   54 % de Musulmans - 46 % de Chrétiens
à Ramla :
   40 % de Musulmans - 60 % de Chrétiens
à Acre :
   80 % de Musulmans - 20 % de Chrétiens
à Haïfa :
   30 % de Musulmans - 70 % de Chrétiens
à Maaloth :
   26 % de Musulmans - 74 % de Chrétiens

La population musulmane des villes mixtes est peu importante. Elle est cantonnée en général dans un quartier bien délimité ou, comme à Jaffa, banlieue grouillante et colorée de Tel-Aviv, dans les faubourgs de la ville juive. Outre le type d'habitation, la grande différence entre les ruraux et les citadins se situe au niveau des relations étroites que ces derniers entretiennent avec la société juive, relations que les villages isolés et difficiles d'accès ne connaissent pas. Le principal effet, au niveau de la vie quotidienne de ces relations, se traduit par un relâchement du système social traditionnel. Toutefois, même en ville, la *hamoula* existe toujours.

situation

En fait, il s'agit surtout ici de branches de *hamoula* dont les autres membres vivent en milieu rural. Les liens entre les branches sont étroits : ils se rendent visite au moment des fêtes, concluent des mariages et nouent des alliances politiques. Il n'est pas rare de rencontrer, dans les villages arabes, une citadine qui, à la suite de son mariage avec un cousin, a quitté sa ville natale. Les femmes jouissant à la ville d'une plus grande liberté, cette femme aura du mal à s'adapter à son nouveau milieu. La liberté de la citadine reste cependant toute relative. Si la citadine acquiert plus d'autonomie quant à ses mouvements et se trouve en contact plus étroit avec le reste de la société, son « honneur », et sa chasteté restent les éléments fondamentaux de son statut.

Le système scolaire est plus strict et mieux développé à la ville que dans les villages, et la proportion des filles qui achèvent le cycle complet de scolarité y est beaucoup plus élevé qu'en milieu rural.

D'une manière générale, les intellectuels arabes se recrutent parmi les citadins ; Nazareth, par exemple, est une pépinière d'intellectuels et de poètes arabes, chrétiens ou musulmans. Ce sont surtout les Chrétiens qui seront, comme nous le verrons, à la tête de la régénération culturelle arabe et de l'opposition politique au gouvernement israélien.

Si l'innovation sociale et culturelle est davantage possible en ville, les difficultés économiques qu'ont connues, et que connaissent encore, les Arabes citadins, sont au moins égales à celles des ruraux. En effet, après 1948, les mesures restrictives du gouvernement militaire ont également atteint les Arabes des villes. La protection du « travail juif » rendait la recherche de l'emploi difficile. Certains d'entre eux, propriétaires terriens, ont vu leur propriété diminuer ou disparaître. Le sentiment de frustration qui en résulte est encore avivé par la prise de conscience politique accrue, que favorise la ville avec le brassage des idées et l'introduction de courants politiques nouveaux qui y circulent. Le cas de Nazareth est typique, à cet égard.

Nazareth

Si les gros villages d'Israël ne sont plus tout à fait des villages, Nazareth, avec plus de 35.000 habitants, n'est pas tout à fait une ville : comme dans les villages, la vie politique y est dominée par l'existence des *hamoula* et par leurs rivalités.

Déjà, de 1948 à 1953, 1.200 *dunam* de propriétés arabes aux alentours de Nazareth avaient été l'objet de mesures d'expropriations ; dans un deuxième temps, en 1963, 2.500 autres *dunam* ont subi le même sort. Le prix du *dunam* à Nazareth a décuplé en 10 ans : 2.000 Livres israéliennes en 1953 contre 20.000 en 1963. Sur ces terres, le gouvernement israélien a implanté des agglomérations juives. Une « Nazareth d'en haut », juive, fait pendant à la « Nazareth d'en bas », arabe. Une industrie, une fabrique de cigarettes employant dix ouvriers et 25 églises constituent les implantations marquantes de la Nazareth arabe ; mais 3.000 Nazaréens sont déjà obligés d'aller travailler à Haïfa et à Afoula. Quant à la Nazareth juive, elle possède entre autres plusieurs grosses entreprises textiles et ne cesse de se développer.

Ce décalage entre le « haut » et le « bas » de la ville crée tensions et mécontentements au sein de la population arabe. La vie politique y est intense, les campagnes électorales célèbres et le Parti Communiste — le R.A.K.A.H. — bien implanté. Nazareth est le fer de lance de la contestation politique de la minorité non-juive du pays.

Au Conseil municipal, les grandes familles s'opposent ; les Musulmans et les Chrétiens s'affrontent, les partis politiques mènent entre eux une guerre vive. En 1973, aux dernières élections, Nazareth a élu un maire musulman communiste.

Face aux citadins, plus proches de la communauté juive, plus éveillés aux problèmes sociaux et politiques de la société globale israélienne, les bédouins, *habitants du désert,* constituent l'autre pôle de la communauté musulmane du pays. La société hautement hiérarchisée, le mode de vie, les valeurs spécifiques qui sont les leurs, les ont tenu à l'écart de la vie palestinienne, et les mettent dans un rapport bien particulier avec les institutions israéliennes et la population juive.

les bédouins

« *Le bédouin possède l'air, les vents, le soleil, la lumière, les espaces découverts et un immense vide. Il ne voit plus dans la nature ni effort humain ni fécondité : simplement le ciel au-dessus et, au-dessous, la terre immaculée. C'est là qu'il approche inconsciemment son Dieu ; car Dieu n'est pour lui, ni anthropomorphique, ni tangible, ni moral, ni ethnique, ni préoccupé du monde ou de lui-même, ni naturel ; enfin, Il est l'Etre, ainsi qualifié non par dépouillement mais par investiture, l'Etre qui embrasse tout, l'œuf de toute activité ; nature et matière ne sont qu'un miroir pour le refléter* ». T.E. Lawrence (*Les Sept Piliers de la Sagesse*).

« le début du monde »

El Badwi ou *el badawi,* c'est le bédouin habitant du désert ou de la steppe (*badw*) terme qui signifie aussi « début », « commencement ».

Pour l'Arabe, le désert est le début du monde. Elément de sa nostalgie, il reste la source de ses valeurs premières qu'elles soient aujourd'hui vives encore, affaiblies ou transformées. Et le bédouin, l'Arabe nomade du désert arabique, fascinant tous ceux qui l'approchent, se présente aujourd'hui encore comme le gardien du génie d'un peuple.

Parmi les sables du désert et le ciel immense, on voit se découper cette silhouette du bédouin dans sa longue *thawb* (robe) recouverte de la *'aba* (manteau) et la *keffiah* (foulard) blanche maintenue par l'*igal* (cordelle) noire. Fière silhouette, la tête bien droite et le regard sur la ligne de l'horizon.

Le désert s'impose, s'infiltre dans les méandres de la vie sociale, politique et intime du bédouin : il exerce un pouvoir d'attraction sur l'esprit de l'Occidental, comme sur celui de l'Oriental. On connaît l'épopée du célèbre T.E. Lawrence et sa folle rencontre avec les tribus bédouines d'Arabie. Dans l'ensemble du monde arabe, pour les sédentaires, qu'ils soient villageois ou citadins, le bédouin reste le symbole vivant de l'origine de son Histoire. Certains citadins se prévalent avec fierté de leur origine bédouine, toujours empreinte d'une certaine noblesse. La littérature arabe est largement inspirée de la poésie de l'Arabie anté-islamique (la *Djahiliya*). Le bédouin est amoureux de sa langue et cultive l'art de la parole, l'art poétique surtout, dont les règles fines et complexes sont restées immuables jusqu'à nos jours.

Ainsi que le note Jacques Berque : « *L'intensité émotionnelle de l'habitant du désert a imposé son idéal aux villes opulentes* ». Certains citadins de Damas envoyaient leurs fils faire un séjour parmi les éleveurs de chameaux les plus nobles du désert syrien. Ils y faisaient l'apprentissage des valeurs traditionnelles et des règles essentielles de la société arabe. Ces valeurs constituent pour le bédouin les éléments indispensables à sa survie continuellement menacée par la vie cruelle que lui impose le désert. Ces règles de vie, ces sagesses ont inspiré et animent toujours les Arabes. C'est l'essentiel de la loi orale de la société bédouine que l'Islam et le Coran reprennent et qui régit l'organisation des sociétés musulmanes modernes.

La société bédouine

L'unité de base est le groupe d'errance, composé de plusieurs familles étendues. Il se rattache au clan ou sous-tribu. Le groupe d'errance se reconnaît au lien de parenté (par ancêtre commun réel ou fictif) avec un certain nombre d'autres clans, dont l'ensemble forme la tribu (*'Ashirah*, pluriel *'Asha'ir*). On doit noter qu'autrefois, dans certains régimes d'Arabie, plusieurs tribus étaient regroupées en confédération. A la tête de la *'Ashira* se trouve le *Sheikh* que l'on appelle *kabir el ruba'* ou *kabir el hamoula* (l'ancien de la tribu).

La tribu est composée de plusieurs groupes plus ou moins reliés entre eux :
— Les groupes de bédouins, éleveurs de chameaux.
— Les groupes de paysans qui cultivent les terres en bordure du désert : les *Fellahin*.
— Les groupes d'esclaves, les *'abid*, descendants de Noirs, que les bédouins avaient affranchis.

L'assujettissement prolongé de groupes importants étant difficile dans le désert, un tel affranchissement s'était imposé : les *Mawla* sont des groupes d'esclaves affranchis.

la ruba'

La *Ruba'* est un groupe dont l'organisation est égalitaire. Le Sheikh y exerce une autorité importante, mais les autres membres de la tribu jouissent d'un statut sensiblement équivalent. Ici, les difficultés de la vie du désert font du rapport de parenté, l'élément essentiel de la vie sociale et de la cohésion du groupe, le facteur de sa survie et de sa dignité.

La *Ruba'* est un groupe endogame et le mariage avec la cousine croisée y est hautement préférentiel. Comme dans le milieu rural traditionnel, les membres de la famille étendue participent ensemble à toutes les décisions de la vie d'un individu. Dès l'enfance, le bédouin fait l'apprentissage de cette solidarité qui est la garantie de sa survie individuelle et sociale. Plus encore que chez les sédentaires, l'âge est un élément important du statut social.

le chameau

La première dépendance du bédouin et de son groupe est celle qu'il entretient vis-à-vis du chameau, le vaisseau du désert, base de son activité économique. Il lui assure une liberté de déplacement nécessaire à son activité commerciale. Sans fin, les caravanes de bédouins traversent les vastes étendues désertiques et relient ainsi entre elles les zones urbaines. La rapidité du chameau procure de plus au bédouin une supériorité militaire sur les sédentaires.

razzia

La *ghazw* (razzia) est la terreur des paysans. Son but est d'enrichir la tribu en bétail et en denrées alimentaires. La *ghazw* comporte des règles précises et un code d'honneur. Une déclaration officielle d'hostilité est nécessaire. Dans le même esprit, par exemple, une tribu noble déchoit en effectuant une razzia contre une tribu d'un rang inférieur. Pour se protéger de l'attaque des bédouins, les villageois ou les petites tribus payent la *khuwa*, l'impôt de fraternité. Ce sera une sorte de pacte de non agression établi avec les puissantes tribus bédouines.

La vie du bédouin est rythmée par une alternance de périodes : des moments de passivité et de contemplation, de relations pacifiques avec les autres groupes succèdent à des périodes de razzias frénétiques et cruelles. L'ambivalence de cette société, sa dualité constante et ses contrastes se reflètent à tous les niveaux de la réalité du bédouin.

« Au printemps », écrit Maxime Rodinson([1]), *« quand la pluie tombe, tous affluent, poussant leurs bêtes vers les régions que l'eau du ciel a rendues verdoyantes. Ce sont des jours de liesse où les bêtes et les gens s'empiffrent en vue de période de disette à venir »*.

Contrastes de ce paysage désertique et des vertes oasis. Contrastes des périodes de sécheresse et de pluies diluviennes.

Les valeurs de la société bédouine

virilité (muruwa)

La *muruwa* (virilité) est un des piliers de la personnalité bédouine. Elle exprime l'idée de base de cette personnalité, des devoirs du bédouin. Le courage et l'endurance sont indispensables à l'homme qui vit et compose avec les conditions de la vie et de la loi du désert. Traditionnellement, la force d'une tribu et le succès d'une *ghazw* dépendaient de la *muruwa* de ses membres, de leur agressivité guerrière et de leur endurance au combat.

Ambivalence des qualités bédouines et arabes, le bédouin se doit d'être agressif à l'extérieur de son groupe et pacifique à l'intérieur, l'unité du groupe étant bien entendu gage de survie. L'unité est un facteur décisif, mais aussi le nombre : plus la *ruba'* sera numériquement importante, plus elle sera puissante. Dans cette optique, la fécondité des femmes est donc essentielle.

Bien que la société bédouine soit du type patriarcal, et patrilinéaire, la femme y tient un rôle moins effacé que chez les sédentaires.

hospitalité...

Aux qualités de courage, le bédouin doit allier celles de la générosité et de l'hospitalité. Ces deux vertus se mêlent d'ailleurs, et un homme ne fait jamais autant preuve de générosité que dans sa demeure. L'aumône légale (la *zakat*) du Musulman que prescrit le Coran n'est qu'un faible reflet du devoir de générosité du bédouin de la *Djahiliyah*. L'hospitalité d'un homme et de sa famille est l'indice de sa respectabilité comme l'un des éléments principaux de sa réputation. Sans les lois de l'hospitalité et leur observance, le bédouin n'est qu'un fugitif, réduit à une misérable errance. Les lois de l'hospitalité le transforment en invité honoré et respecté. Accomplir l'hospitalité, c'est *se blanchir la face*. La refuser est sacrilège, c'est une offense à Dieu lui-même. Abraham, l'ancêtre des Sémites, auquel le bédouin fait constamment référence, a réalisé le geste d'hospitalité primordial que rapporte la Bible : en récompense de son geste, Dieu rendit Sarah, sa femme déjà âgée, féconde et un fils leur naquit.

... honneur...

Ces valeurs humaines, cette *muruwa*, sont la substance de l'honneur d'un homme. L'honneur de l'individu (*Sharaf*) est lié, imbriqué, étroitement dépendant de l'honneur de son groupe (*'ird*). Pour le bédouin, comme pour le sédentaire, la base de cette dépendance s'exprime dans la relation de parenté.

... et esprit de famille

La *'asabiya*, l'esprit de famille, est la loyauté de l'homme à sa tribu, son premier et suprême devoir. Le statut de chaque membre de la tribu, dépend de la façon dont il s'en acquitte. Pour le « sociologue » Ibn Khaldoun (1332-1406), la *'asabiya* est la valeur essentielle de l'éthique arabe. Ainsi, la richesse de la tribu, sa puissance guerrière, son hospitalité, la fécondité de ses femmes sont-elles les valeurs qui constituent cet humanisme tribal. Cet humanisme qui exprime l'ambivalence bédouine, mélange d'individualisme et d'allégeance au groupe.

Islam

« *Le bédouin peut être nommément Sunni ou Ouahabi, occuper en fait n'importe quel point de la rose des vents arabes, Il prendra la chose fort légèrement. Chaque nomade individuel a sa religion révélée, non point orale, ni traditionnelle, ni même exprimée mais instinctive en lui. Ainsi sont nées toutes les croyances sémites avec toujours dans leurs caractères et leur essence, un accent sur la vanité du monde et la plénitude divine* ». T.E. Lawrence.

Il n'y a pas de mosquées dans le désert. Le bédouin prie à l'entrée de sa tente. Le Coran qui naquit dans le désert d'Arabie, tient compte des conditions de vie particulières que le bédouin doit subir. Entre autres exemples, la rareté de l'eau est mentionnée et l'habitant du désert pourra, à la place des ablutions, faire les gestes rituels d'avant la prière avec l'élément dont il dispose à profusion, le sable.

La pratique religieuse des bédouins est peu rigoureuse ; les superstitions et les actes divinatoires le préoccupent bien davantage.

superstitions

La société bédouine plus que les autres sociétés arabes abonde en superstitions. Les bédouins croient aux *djinn* (le mot dérive d'une racine qui exprime l'idée de chose cachée). On les appelle aussi *Ahl el ard*, les habitants de la terre. A ce que l'on dit, ils terrorisent les voyageurs isolés, s'attaquent aux nouveaux-nés, ravissent les esprits et prennent possession du corps. Le possédé est le *madjnoun* — celui qui est monté par les *djinn*.

le sacré

Pour conjurer le mauvais sort, on fait appel aux agents du sacré :
— Les *wali* : saints dont la tombe ou le lieu de sépulture devient un lieu de pèlerinage (*hadj*).
— Les *cherif* et les *sayyid*, descendants de la famille du Prophète que l'on appelle aussi *ahl el bayt*.
— Les *madjzbur*, hommes sujets à des ravissements mystiques.

◀ Bédouin du Negueb

Fête de la Nativité (catholiques latins)

Danseurs druzes

Villageoise
arabe
dans sa cuisine

Druzes lors du pèlerinage annuel sur la tombe de Nabichueib
1964 - Avec le président Chazar

— Les *faqir* (à ne pas confondre avec les *fakirs* indous) : miséreux, indigents, des hommes pieux, doués d'une puissance surnaturelle et appartenant à la famille spirituelle des *fuqaras*. Ils sont exorciseurs, guérisseurs, leur pouvoir est héréditaire.

— Les fondateurs de confréries religieuses et leurs disciples, les *derviches,* possèdent le même pouvoir que le *faqir*. Les facultés des premiers, toutefois, ne sont pas transmises de façon héréditaire ; ils les acquièrent au terme d'une initiation.

Amulettes et talismans sont les protections courantes contre les *djinns* et leur influence. Divers objets en tiennent lieu : perles bleues ou rouges, morceau d'alun, mâchoires de

Superstitions.

Chez les Tiyaha du Neguev, tribus qui nomadisaient jadis au nord du Sinaï, les bédouins portent la « Umm odzena » pour guérir la surdité. Petite plaquette d'or, cette amulette est frappée du verset du Trône du Coran (II, 256). La plaquette s'assortit d'un petit coquillage bleu et d'une perle nacrée, la « Torfa ». Accrochée au couvre-chef, l'amulette effleure l'oreille atteinte.

Pour guérir certaines maladies, les Tiyaha consomment la viande d'animaux à laquelle ils attribuent des vertus curatives : la viande de vautour contre les rhumatismes, du loup contre l'impuissance, etc...

« Mabruqa » (bénie), la chouette est particulièrement efficace. Les Tiyaha la dénomment aussi « Umm Gorç » (la mère du disque de pain).

L'origine mythique de « Umm gorç » a été rapportée par l'ethnologue Cheldod :

« Un jour, une bédouine faisait cuire des
» galettes. Son petit garçon qui se tenait près d'elle
» ne put réprimer un besoin naturel. N'ayant rien
» sous la main pour l'essuyer, elle se servit d'une
» crêpe. Par punition pour ce sacrilège, elle fut im-
» médiatement transformée en chouette dont la
» face, précisément en forme de disque, rappelait
» celle d'un être humain. Depuis, elle se venge
» particulièrement sur les enfants, cause de son
» malheur. »

Umm Gorç s'attaque surtout aux enfants. Rien ne protège mieux les enfants contre une Umm Gorç qu'une autre Umm Gorç. Les Tiyaha considèrent la chasse à la chouette comme dangereuse, le chasseur doit être protégé. Pour ce faire, on brûle les plumes d'une chouette morte ; les cendres immuniseront le chasseur.

hérissons, têtes de serpents, ou de lapins ; aiguilles brisées, pièces d'or, de cuivre ou d'argent ; grains de blé ou d'orge ; dessins et écrits cabalistiques ; versets coraniques, prières, etc...

Culte des saints et superstitions dominent les rapports que le bédouin entretient avec le sacré. Le bédouin du Neguev ou celui de Galilée n'y fait pas exception et comme dans le reste du monde arabe, ses pratiques et son esprit ont fortement influencé leurs voisins sédentaires ; les *Fellahin*.

Les bédouins du Neguev et du Sinaï

Le Sinaï — territoire occupé par Israël depuis juin 1967 — couvre une région d'environ 60.000 km^2 de paysages grandioses, arides, montagneux et peu hospitaliers. En 1961, 33.000 bédouins vivent dans la péninsule du Sinaï ; 26.000 d'entre eux habitent la partie nord de la péninsule (du plateau Tih aux rivages de la Méditerranée). Suivant les estimations, cette année-là :
— les Tiyaha sont 25.000 à 30.000 dans le Sinaï, 14.000 dans le Néguev.
— Les Tarabin sont 5.000 à 7.000 dans le Sinaï, 880 dans le Néguev.
— Les 'Azazmeh sont 2.000 à 2.500 dans le Sinaï, 1.000 dans le Néguev.

Le Néguev, moins grandiose que le Si-

La tribu et ses noms.

Les bédouins du Néguev dénomment de plusieurs façons le clan :
— **HAMOULA, appellation généralisée chez les villageois et les citadins ;**
— **BATN, ventre ;**
— **FAKHDH, cuisse ;**
— **'ELEH ou 'A'ILAH, famille ;**
— **'ASHIRAH, le terme le plus employé.**

Le mot « Khams » se rapporte au groupe formé par des hommes qui peuvent retracer une descendance commune sur cinq générations. En cas de rixes ou de crimes, les hommes du « khams » sont absolument solidaires. La « diyyah » ou prix du sang (cf. Arabes Ruraux) est une relation essentielle entre membres du « khams ».

naï, est pourtant un désert véritable, aux conditions écologiques inhospitalières, une terre rocailleuse soumise à une sécheresse généralisée. Le désert s'humanise toutefois vers le nord et vers l'ouest. La population se concentre alors surtout au nord, dans la plaine de Beercheva. Avant la pacification des tribus au XIXme siècle, s'y livraient de rudes batailles pour les terres fertiles, combats entre tribus bédouines rivales entre elles, et contre les paysans venus du nord à la recherche de terres à cultiver. Pendant les périodes de paix, la région du Néguev formait l'axe de passage entre l'Egypte et le Croissant fertile pour les régions bordières du désert.

domination ottomane...

En 1870, Rashid Pasha, gouverneur ottoman de la province de Syrie, essaie de sédentariser les tribus du Néguev. Pour les bédouins, la sédentarisation, c'est la mort ; leur riposte est violente. Il n'y aura plus de nouvelle tentative. Néanmoins, les Turcs entreprendront la pacification des tribus bédouines en interdisant fermement les guerres inter-tribales. C'est également sous les Turcs que les frontières de la région sont délimitées. Chaque tribu doit fixer son territoire. En 1900, Beercheva devient le centre administratif de la région. Les puissants Tarabin et Tiyaha s'octroient les meilleures terres du nord. Les 'Azazmeh doivent se contenter des montagnes arides du centre du Néguev et des étendues sablonneuses autour de Ruhabah (Rehovot). La Porte peut ainsi contrôler, plus efficacement, les mouvements des tribus. Les chefs tribaux sont assujettis aux Turcs, qui ne reconnaissent d'ailleurs pas les nouveaux chefs dissidents maîtrisant ainsi l'éclatement des tribus.

... et mandat britannique

Sous le mandat, les Britanniques ne nourrissent pas de grands desseins sur le Néguev. La pacification des tribus se poursuit. Sans permis spécial, le port d'armes à feu est interdit. En dehors des cours de justice régulières établies par les Turcs, Londres institue des cours de justice tribales qui règlent les problèmes de droit coutumier. Les mandataires britanniques créent une police montée (à dos de chameau) dont les membres sont des bédouins influents et respectés dans leurs tribus. Fidèles à leur système de colonisation, les Anglais interviennent le moins possible dans les affaires internes des tribus. Leur action se concentre principalement sur les élites, sur les chefs.

Les Sheikhs des tribus touchent un salaire et accroissent leur importance. Une école sera créée à Beercheva pour les fils des chefs tribaux. Les Anglais forment ainsi la nouvelle élite qui sera sa principale alliée lors de son accession au pouvoir.

Economiquement, les bédouins continuent à vivre essentiellement d'élevage et un peu d'agriculture. En 1942, certains hommes travaillent hors du cadre de leur tribu. Ils aident à la construction des camps et des routes pour les troupes alliées.

Pendant la période mandataire, 55.000 bédouins transforment le Néguev, répartis en 55 tribus et 8 confédérations. La tribu est alors l'unité territoriale et administrative, dirigée par le chef élu et reconnu des autorités.

1948 : Israël...

Les bédouins participent peu à la Première Guerre israélo-arabe. S'ils ne s'enrôlent pas dans les armées arabes, ils prennent part à certaines actions de guérillas menées contre les agglomérations juives. Quelques-uns — très peu — coopèrent avec les Juifs.

Comme pour les autres populations arabes, 1948 provoque l'exode d'un grand nombre de tribus. Ceux qui restent se réfugient dans les collines du désert du Néguev, et leur situation reste instable jusqu'en 1953.

Tableau 10

TRIBUS BEDOUINES DANS LE NEGUEV EN 1948

Confédérations	Nombre de tribus	Personnes	Aire géographique
Tarabin	12	21.000	Ouest plaine Beersheva
Tiyaha	28	18.000	Centre et est plaine Beersheva
'Azazmeth	12	12.000	Beersheva
Hanagrah	4	7.000	Centre Néguev
Gubarat	14	5.000	Sud Gaza
Sa'idin	6	1.000	Sud de la mer Morte
Ahewat	3	1.000	Près golfe d'Eilath
Gahalin	3	750	Montagne Hébron
Total	95	65.750	

Certaines tribus qui avaient fui essayent de s'infiltrer en Israël ; mais elles sont chassées par les autorités civiles et militaires. En 1953, l'enregistrement et le recensement de la population montrent que 120.000 bédouins sont restés dans la région ; ce sont à 90 % des Tiyaha. Quelques 'Azazmeth et un nombre encore plus faible de Tarabin sont également recensés. Toutefois, les statistiques obtenues ne sont qu'approximatives : craignant d'être l'objet de mesures d'expulsion, les bédouins s'inscrivent sous le nom d'un groupe patronymique plus large (cela se pratiquait déjà souvent en milieu rural) et se mettent sous la protection d'un *Sheikh* puissant.

Tableau 11

TRIBUS BEDOUINES DU NEGUEV - 1960

Confédérations	Tribus	Sous-tribus	Population
Tiyaha	4	14	14.198
Tarabin	3	3	713
'Azazmeh	1	1	1.023
Total	8	18	15.934

En 1948, Israël délimite les nouveaux territoires qui leurs seront réservés. La superficie allouée représente 10 % de l'aire occupée par les bédouins avant cette date, ce qui fait une densité de 15 bédouins contre 2 dans le Sinaï. La réserve recouvre surtout les territoires occupés traditionnellement par les Tiyaha. Ces derniers conservent la propriété de leurs terres inclues dans le périmètre de la réserve ; les autres tribus doivent attendre que le gouvernement leur alloue de nouvelles parcelles.

Vides de toute agglomération juive et de villages de *fellahin* (paysans), la réserve est uniquement peuplée de bédouins. La ville d'Arad, établie sur une colline à l'est de Beercheva, se situe en dehors de la réserve, sur les terres que les bédouins utilisaient pour leurs pâturages. Cette agglomération est exclusivement juive.

Le Néguev est une des trois zones qui, de 1948 à 1966, est maintenue sous administration militaire. En 1963, quand la Galilée et le centre du pays sont ouverts à la libre circulation, le

... et l'administration militaire

Néguev demeure zone close et les bédouins, comme le reste des populations soumises aux mesures de l'administration militaire, sont tenus de demander des permis de circuler. Le gouvernement militaire est plus fort et plus efficace dans cette région que partout ailleurs.

Sur les 400 km² de terres cultivées que comprend au total la réserve, les bédouins promènent 10.000 chameaux et élèvent 70.000 têtes de bétail. Ils poursuivent une vie de semi-nomades. La route de Beercheva étant facilement praticable, les tribus y convergent le jour du grand marché. Le bédouin du Néguev se consacre à deux activités économiques de base : l'agriculture et l'élevage. Son éthique lui faisant mépriser tout travail manuel, le bédouin a une préférence pour l'élevage, plus répandu à l'est et au sud, là où la terre, moins fertile, rend toute culture difficile. Les 400.000 *dunam* de terres cultivables dont dispose le Néguev ne suffisent pas à donner du travail à une population en continuel accroissement. L'importance de l'érosion du sol dans cette région du pays, freine la rentabilité de l'agriculture.

l'eau

A cela s'ajoute l'inévitable problème de l'eau. De nos jours encore, des citernes datant des Nabatéens ou des Byzantins sont utilisées à la récupération de l'eau des pluies printanières. Les populations tendent à se concentrer autour des puits, mais l'eau demeure rare et insuffisante. De plus, peu accessibles, les sources et les puits principaux se situent au centre du Néguev.

Objets de luttes acharnées depuis toujours, les points d'eau restent d'une importance vitale. Depuis 1948, les puits sont déclarés d'usage commun. Le gouvernement israélien installe des conduites de distribution d'eau que les bédouins peuvent utiliser moyennant paiement. Néanmoins, les litiges qui naissent à leur propos entre les autorités gouvernementales et les chefs de tribus sont fréquents.

l'agriculture et l'élevage

Autre objet de litiges : les terres. Les bédouins réclament la restitution de près d'un million de *dunam* de terres qui leur auraient appartenu traditionnellement. En 1975, après de premières indemnisations partielles, le gouvernement israélien leur fait de nouvelles propositions : tout bédouin qui pourra prouver qu'il était, en 1948, propriétaire de plus de 99 *dunam* sera indemnisé pour 75 % de ceux-ci. Cependant, le prix du *dunam* retenu par les autorités israéliennes pour cette indemnisation est particulièrement bas. En outre, il n'est pas toujours facile pour le bédouin de prouver son droit sur un territoire donné. Les tribus elles-mêmes savent à qui appartiennent chaque dune, chacune des parcelles de terre du désert (qui ne sont pas toujours officiellement enregistrées), mais en raison même du déplacement des sables et de l'évolution des données géoclimatiques, la délimitation des sols est difficile à préciser.

Par ailleurs, le développement de l'agriculture juive dans le Néguev limite de plus en plus les déplacements des tribus et les aires de pâturages. L'économie d'auto-subsistance devient donc de plus en plus difficile pour le bédouin qui tentera de trouver du travail à l'extérieur de son cadre de vie traditionnel. Cela devient surtout une nécessité pour les membres de familles pauvres qui doivent attendre du gouvernement israélien l'allocation d'une parcelle de terre à cultiver. Jusqu'aux années 1960, la protection du « travail juif » rend l'accès aux secteurs de l'économie nationale pratiquement impossible pour les bédouins et les permis de travail sont rares.

En 1960, sur les 2.850 personnes qui constituent la population bédouine active, moins de 100 personnes (3,5 %) travaillent à l'extérieur. Ultérieurement, avec le développement économique que connaît le pays, les débouchés se font plus nombreux et, en 1967, 13 % de la population active est employée à l'extérieur. Les bédouins travaillent alors surtout comme saisonniers. notamment à la cueillette des citrons et du coton, dont la culture se développe dans la région. Leurs ressources économiques ont désormais une triple origine : la terre, l'élevage et le travail dans le circuit économique israélien. Celle-ci correspond respectivement à trois types de richesse : le *mulk* (propriété terrienne), le *mâl* (capital) et le *halal* (bétail). Comme le veut la tradition, le *halal* est le type de richesse le plus valorisé, le plus honorifique.

les chefs tribaux

Politiquement, le gouvernement israélien fait sien le système administratif mis en place par les Anglais ; il s'appuie sur les chefs des tribus et renforce leur autorité. Ceux-ci sont plus riches que le reste des membres de la tribu. L'Etat leur alloue des surfaces de terres deux fois plus importantes et, suivant la dimension de la tribu qu'ils dirigent, ils perçoivent un salaire qui varie de 66 à 105 Livres israéliennes (en 1961).

Au moment de l'introduction de la mécanisation (vers 1953-1956) — l'agriculture bédouine est aujourd'hui hautement mécanisée — Tel-Aviv a rendu nécessaire l'obtention de permis pour l'acquisition de tracteurs. Pour les obtenir, il faut encore passer par le *Sheikh*. Pour l'enregistrement en vue de l'allocation des terres, le *Sheikh* reste le trait d'union entre le pouvoir central et la tribu. Souvent, les *Sheikhs* profitent de leurs prérogatives pour maintenir leur pression sur le reste de la tribu et des abus sont commis.

En période de disette, le bédouin reçoit une indemnité du gouvernement. Dans ce cas, il a directement affaire aux autorités gouvernementales, comme n'importe quel paysan israélien. Dès les premières années de la création de l'Etat d'Israël, un petit commerce se développe dans les tribus bédouines. Des magasins tribaux sont établis et, comme pour les autres commerçants du pays, le permis est nécessaire. Là encore, les chefs sont favorisés, ils jouissent du monopole absolu du nouveau secteur commercial et les membres de la tribu deviennent leurs clients. Il apparaît clairement ici que, comme pour les paysans et les citadins, le gouvernement joue essentiellement la carte de la vieille élite. Ceci lui permet de contrôler l'organisation politique et traditionnelle.

Les bédouins de Galilée

Beaucoup moins nombreux que ceux du Néguev — pas de confédération mais une grande mosaïque de quelque 25 tribus, — les bédouins de Galilée sont, depuis des générations déjà, plus éloignés du mode de vie traditionnel. Si les tribus du Néguev essentiellement pastorales étaient en guerre continuelle avec les *fellahin* qui empiétaient sur leurs territoires, les bédouins du nord, eux, vivaient au sein même de la population paysanne de Galilée. Très tôt, ils abandonnent la tente en poils de chameau — habitat de la grande majorité des bédouins du Néguev — pour des huttes, ensuite pour des maisons en pierres. Leur habitat est plus dispersé que celui d'un village de paysans. Ces bédouins s'adonnent à l'agriculture plus qu'à l'élevage et dans nombre de villages de Galilée et du « triangle » des familles d'origine bédouine voisinent et entretiennent des liens politiques ou matrimoniaux étroits avec les autres villageois. Depuis la création de l'Etat d'Israël, ces familles suivent la même évolution que le reste de la population arabe de leur région. Ici encore se posent les problèmes concernant les terres, la recherche du travail, la transformation de l'organisation sociale traditionnelle et l'ambiguïté des contacts avec la société juive israélienne.

Pour le bédouin, la sédentarisation signifie l'acte d'agression par excellence envers son génie et sa civilisation. La substance de sa culture, il la tire de la vie que lui impose son errance dans le desert. Pour les bédouins du Néguev, la sédentarisation en est encore à ses débuts. Elle rencontre opposition et hostilité. Elle est cependant activement menée en Galilée par les autorités israéliennes et s'étend à une large partie des populations bédouines. Les villages de Shamat Ta'houn, de Iutan (près de Kfar Hassidim), de Beit Zargis (près de Nahalal), El Zabiah (près du Mont Thabor) viennent d'être construits.

la sédentarisation

Les bédouins de Galilée ne sont toutefois qu'un cas particulier. S'ils en gardent encore les comportements sociaux et politiques, la prononciation particulière de l'arabe et une certaine fierté, ils n'ont véritablement de bédouin que leur origine. Mais comme ils sont bédouins, ils estiment représenter la mémoire de l' « Age d'Or », le point initial de l'Histoire arabe.

Les bédouins de Galilée, comme ceux du Néguev, participent maintenant à la vie économique et politique du pays de la même façon que le reste des populations non juives du pays. On peut s'attendre dans les années à venir à une sorte de « nivellement » entre le mode de vie de ces anciens nomades et celui des ruraux sédentaires.

Si pour le Fellah, la disparition de la terre constitue la première frustration, l'errance et l'espace désertique restent l'immense nostalgie du bédouin.

LES CHRETIENS

Geographisches Institut
der Universität Kiel
Neue Universität

L'Eglise d'Orient, l'Eglise d'Occident et les Eglises protestantes, avec leurs dogmes, leurs rites, leurs divergences, leur guerre même, sont toutes représentées en Israël, Terre Sainte du Christianisme. La bataille pour la garde des Lieux Saints, comme le Saint-Sépulcre à Jérusalem, les prétentions des unes et des autres sur tel ou tel couvent, telle ou telle tombe sainte, le prosélytisme des riches aux dépens de communautés plus démunies, sont les principales causes des dissensions au sein des Eglises chrétiennes d'Israël.

l'Eglise de Jérusalem

L'Eglise de Jérusalem remonte à la première Pentecôte chrétienne. Sous l'empereur Hadrien, après la défaite de Bar Kokhba en 135 ap. J.-C., les Juifs et les Chrétiens quittent Jérusalem pour la Galilée et la rive orientale du Jourdain. Dès le IIIme siècle, avec la multiplication des pèlerinages en Terre Sainte, l'Eglise de Jérusalem renaît. Deux siècles plus tard, l'Evêque de Jérusalem, à la tête d'une Eglise qui parle le grec et suit le rite byzantin, reçoit le titre de Patriarche. Cependant, son Patriarcat ne s'étend que sur la Palestine et reste sous la dépendance de Byzance.

Sous les premiers Califes de l'Islam, la tolérance à l'égard des communautés chrétiennes de Jérusalem est totale. Mais en 787, les Califes, alors en conflit avec les empereurs byzantins, traitent plutôt avec l'Eglise romaine qu'avec l'Eglise byzantine. A cette époque, c'est Charlemagne qui exerce son protectorat sur les Lieux Saints.

Au IXme siècle, l'hégémonie des intolérants Turcs seldjoukides dans la région amène une vague de persécutions. C'est aussi bientôt l'ère des Croisades et le début de la rivalité entre l'Eglise d'Orient et l'Eglise d'Occident.

En 1311, les Arméniens, peu nombreux toutefois, installent leur propre Patriarche à Jérusalem.

Du XVIIme au XIXme siècles, les querelles entre Latins et Grecs qui, de nos jours, dominent la vie religieuse à Jérusalem — sur des sujets que nous évoquerons — se multiplient. A la même époque, les Protestants commencent à être représentés en Terre Sainte.

En 1857, l'Eglise romaine rétablit enfin le Patriarcat latin à Jérusalem ; il n'avait duré que le temps des Croisades (voir tableau n° 2).

Il est délicat de parler des Eglises chrétiennes en Israël. Avant 1967, il y a en effet 58.500 Chrétiens dans le pays, établis surtout en Galilée à Safed, Nazareth, Acre et Haïfa. A cette époque la population chrétienne représente environ 3 % de la population non-juive du pays. En 1967, après sa victoire sur les armées arabes, Israël occupe entre autres les villes de Bethléem, Ramallah, Naplouse, Jéricho et Gaza. De nombreux Chrétiens y vivent. Nous ne les considérons pas comme faisant partie de la population chrétienne d'Israël — de même nous n'avons pas inclu les Arabes musulmans cisjordaniens dans les populations d'Israël.

le statut de Jérusalem

Le cas de Jérusalem est cependant particulier. Depuis la Guerre des Six-Jours, Jérusalem, y compris la partie arabe, est sous le contrôle des Israéliens et la ville considérée comme capitale de l'Etat. Alors qu'en 1967, la *Knesseth* adopte une loi sur la protection des Lieux Saints et l'annexion de la partie arabe de Jérusalem, le Conseil de Sécurité, en juillet de la même année, et le 15 septembre 1971, rejette les modifications sur le statut de Jérusalem apportées par les Israéliens. Quant aux représentants des pays arabes réunis à Lahore en février 1974, ils réaffirment les positions de la Conférence de Rabbat de décembre 1969, et se déclarent opposés à toute internationalisation de la ville, solution qu'avait préconisée le Vatican en 1967. Pour les Arabes, Jérusalem reste, avant tout, islamique. Quant aux Chrétiens, leurs principaux centres religieux, leurs Lieux Saints, le Haut Clergé des Eglises représentées en Israël, se situent à Jérusalem.

Si l'on se rapporte aux estimations démographiques de 1968, il y a à cette date 72.140 Chrétiens en Israël. Ce sont, à 95 %, des Arabes, le reliquat étant formé surtout de missionnaires et de religieux étrangers.

Les Orientaux non rattachés à Rome : les Orthodoxes

Grecs orthodoxes

En 1972, on a estimé à 22.000 les Grecs orthodoxes présents en Israël. Ils représentent dans le pays le plus ancien corps ecclésiastique et forment un Patriarcat autonome. Leur communauté vit très repliée sur elle-même pour se défendre du prosélytisme des autres groupes — Melkites et Latins surtout. Si le Bas Clergé et la communauté des fidèles sont arabes, le Haut Clergé est composé de Grecs. Décalage, incompréhension, heurts, sont leur pain quotidien. Pour fermer l'accès à l'Episcopat (pour lequel le célibat est nécessaire), le mariage est exigé comme préalable à l'ordination des prêtres arabes. Ils ne peuvent, de ce fait, atteindre des positions élevées dans la hiérarchie religieuse. Quant à la langue ecclésiastique, elle reste le grec.

Russes orthodoxes

La communauté russe orthodoxe en Israël ne compterait, elle, qu'une centaine de membres. Elle est formée en majorité de religieuses et de moines et se partage entre deux missions fondées au milieu du XIXme siècle. L'une représente le Patriarche russe, l'autre l'Eglise russe à l'étranger. Ils ont en outre, une cathédrale à Jérusalem et des églises à Jaffa, Nazareth et Tibériade. Essentiellement composée d'immigrants, la communauté orthodoxe russe reste en étroite liaison avec le Patriacat officiel d'U.R.S.S.

Monophysites   Egalement appelés non-Chalcédoniens, les membres des communautés monophysites d'Israël forment des Eglises qui ne reconnaissent pas les dogmes définis par les trois premiers Conciles œcuméniques. Leur schisme date de 451 ; ils furent condamnés par le Concile de Chalcédoine (ancienne ville d'Asie Mineure située à l'entrée du Bosphore). Ce Concile avait défini qu'il y a en Jésus deux personnes aux natures distinctes, bien qu'étroitement liées : la nature humaine et la nature divine.

Les Monophysites ont persisté à nier ces deux natures distinctes et ont constitué, au terme de querelles théologiques brûlantes, trois Eglises : l'Eglise arménienne — dont le Patriarche réside à Erzeroun ; l'Eglise jacobite de Syrie et de Mésopotamie, et l'Eglise copte d'Egypte.

En Israël, les Coptes sont peu nombreux, environ 500. Ils ont un Evêque à Jérusalem depuis 1236, mais leur Patriarche réside à Alexandrie. Quant aux Syriens jacobites, comme les Coptes, ils ne forment qu'une petite communauté et sont représentés par un Evêque à Jérusalem depuis 1146. De leur côté, les Abyssins ne forment qu'une toute petite communauté d'une cinquantaine de personnes. Au Moyen-Age et au XVIme siècle, ils avaient pourtant en Palestine la garde de plusieurs Lieux Saints. Ils ne conservent plus maintenant que Deir El Sultan à Jérusalem. Plus puissante, l'Eglise copte, qui exerce depuis toujours son autorité, pour ne pas dire sa tutelle, sur la communauté éthiopienne, peu nombreuse et démunie, revendique et occupe de plus en plus le Lieu Saint de Deir El Sultan.

Les Catholiques orientaux

Dans l'ensemble, les communautés catholiques d'Israël sont formées à 99 % d'Arabes. Dans le pays, les Catholiques orientaux sont les plus nombreux : on les appelle aussi les Uniates. Réunis à Rome, ils ont toutefois conservé leur langue, leurs rites et leur législation.

les Melkites   Les Grecs melkites forment la communauté chrétienne la plus enracinée et la plus nombreuse du pays. Ils sont 25.000 en Israël et 400.000 au total, dont 100.000 aux U.S.A., en Amérique

Latine et au Canada, et 150.000 dans les pays arabes. Leur communauté est composée à l'origine de Grecs venus d'Asie Mineure puis des populations arabisées du Moyen-Orient.

Dès l'année 451, les Melkites ont leur propre Patriarche à Jérusalem et pas moins de 54 Evêques et trois Archevêques à Césarée, Saythopolis (Beit Shean) et Petra. Leur nom, Melkite, vient du mot araméen *Melek* (roi).

En 451, l'Empereur byzantin convoque le Concile de Chalcédoine, auquel les Melkites : *les Chrétiens du Roi*, adhèrent totalement. Les influences juives et samaritaines sont très présentes au sein de cette communauté et ont aidé à constituer son caractère araméen. Jusqu'au XVIIme siècle, les textes liturgiques melkites étaient en araméen, langue du Talmud palestinien. Les Melkites prétendent être l'Eglise Catholique du pays. Lorsque les Grecs colonisent le pays, leur nom historique est remplacé par le terme « orthodoxe ». Au XVIIIme siècle, les Catholiques locaux recouvrent leur identité ecclésiastique ; la communauté grecque catholique reprend son nom d'origine : Melkite. Plusieurs traditions, parfois contradictoires, s'expriment au sein de cette communauté, notamment la tradition grecque de l'Eglise orientale et la tradition catholique romaine de l'Eglise occidentale. Les Melkites font, en effet, charnière entre 590 millions de Catholiques et 126 millions d'Orthodoxes dans le monde, la tradition palestinienne et la tradition culturelle arabe.

Ces différentes traditions vont se placer au centre de conflits et d'événements retentissants. L'« affaire Capucci » en est un exemple. En 1974, l'Archevêque Hillarion Capucci, Vicaire patriarcal Melkite, est condamné à douze ans de prison par le gouvernement israélien pour avoir transporté des armes destinées à des organisations de résistance palestinienne. Désavoué par l'Archevêque melkite Raya, Evêque d'Acre, de Nazareth et de toute la Galilée, résidant en Israël, il sera néanmoins soutenu par le synode des Evêques grecs-catholiques réuni à Ain-Traz près de Beyrouth et par le Patriarche Maximos Hakim. L'affaire Capucci a entraîné la démission et l'exil volontaire de l'Archevêque Raya.

l'affaire Capucci

Le caractère oriental et arabe de la communauté melkite, la place en situation de conflit ouvert avec la communauté catholique latine du pays. Les Melkites se plaignent d'être défavorisés au sein de l'Eglise **catholique et dénon-**

cent souvent le prosélytisme de l'Eglise latine, l'Eglise chrétienne la plus riche du pays. La communauté latine d'Israël reçoit, en effet, une aide matérielle continuelle de l'étranger, de France et d'Italie surtout. La polémique qui, dans la vieille ville de Jérusalem, oppose le Patriarcat latin et le Patriarcat catholique dépasse le cadre local et les échos parviennent jusqu'au Vatican.

Les Melkites sont virulents. L'Archevêque Raya a parlé *d'impérialisme religieux* et de *paternalisme* de la part des Latins qui détiennent le monopole du contrôle sur les Lieux Saints.

les autres Catholiques orientaux

Les Maronites sont environ 3.000 en Israël et vivent en Haute Galilée. Leur centre spirituel est Tyr, au Liban. Peu nombreux, les Syriens, les Arméniens, les Chaldéens et les Coptes forment le reste de la population catholique orientale du pays.

Les Maronites du Liban et, dans une moindre mesure, les Coptes d'Egypte, sont douloureusement à la « une » de la vie politique dans leur pays : brimades des Musulmans contre la communauté copte d'Egypte en 1970 notamment, et guerre civile au Liban entre Musulmans et Maronites, sont les formes contemporaines de conflits que connaissent, périodiquement et depuis toujours, ces deux communautés. Peu nombreux en Israël, ils vivent relativement isolés de leur coréligionnaires d'outre frontières. Il sera intéressant, dans les années à venir, de mesurer les répercutions de la crise libanaise sur la conscience politique des Maronites israéliens.

les Catholiques latins

Relativement nombreuses, les communautés catholiques latines sont fortes d'environ 24.000 membres. Riches, elles sont représentées par 45 ordres religieux et congrégations dont les Franciscains (installés en Terre Sainte depuis 1333), les Bénédictins, les Dominicains, les Carmes, les Assomptionistes, les Pères de Beth Haram, les Trappistes de l'Abbaye de Latroun, et les Jésuites. On relève aussi la présence de 30 communautés de femmes groupant plus de 1.000 membres, de plusieurs centaines de maisons, dont celles des Sœurs du Rosaire, des Sœurs de Saint-Joseph, des Filles de la Charité, des Sœurs Carmélites et des Sœurs de Notre-Dame-de-Sion. Celles-ci animent des écoles prospères dans les différentes zones urbaines : à Jérusalem, à Acre et surtout à Nazareth.

Le Patriarcat latin de Jérusalem a été fondé par les Croisés en 1009. Transféré à Acre en 1187, jusqu'à la chute de la ville en 1291, il est rétabli en 1847-48 pour réaffirmer l'universalité de l'Eglise latine en Orient comme en Occident. Son rétablissement provoque de nombreuses réactions négatives de la part des Eglises locales : il fait figure d'enclave étrangère occidentale dans un pays oriental. Contestés, les Catholiques latins d'Israël relèvent d'un Patriarcat qui s'étend de la Jordanie à Chypre.

Rivalités et oppositions ne sont pas l'exclusivité des communautés melkites et latines. Les problèmes théologiques, l'action prosélyte sont autant d'éléments de discorde entre les différents groupes (entre Melkites et Grecs orthodoxes, par exemple). Les mariages inter-communautaires sont rares ; les conversions d'un rite à l'autre également. Les relations inter-communautaires des Chrétiens d'Israël peuvent toutefois être plus pacifiques. Une collaboration entre elles au niveau de l'enseignement religieux et du programme scolaire existe. De plus, elles peuvent, à l'occasion, former un front uni contre certaines mesures, jugées négatives, prises par le gouvernement israélien, ainsi que contre les groupes de Juifs religieux extrémistes qui leur sont férocement opposés depuis la création de l'Etat.

Les confessions issues de la Réforme

Les Protestants, un millier de personnes environ, appartiennent aux différentes Eglises issues de la Réforme : ce sont les Luthériens, les Calvinistes, les Baptistes, les Presbytériens, etc...

Les Anglicans sont environ un millier en Terre Sainte. Ils étaient prospères surtout pendant la Réforme, mais depuis 1948 ils connaissent une très forte émigration à cause du fort pourcentage (30 %) d'étrangers dont est composée la communauté anglicane d'Israël.

Les sectes

Les Sectes fleurissent en nombre : Mormons, Témoins de Jéhovah, Adventistes... sont les principales.

Tableau 12 - TABLEAU SYNOPTIQUE DES EGLISES CHRETIENNES DE L'ORIENT ARABO-TURC CONTEMPORAIN (²)

Organisation, discipline et doctrine

Rite et langue ecclésiastique	Chrétiens unis à Rome			Chrétiens séparés de Rome			
	Dénomination	Origine de la réunion d'ensemble	Hiérarchie ecclésiastique	Hiérarchie ecclésiastique	Dénomination	Objet de la sécession	Position doctrinale
Chaldéen (syriaque et arabe)	Chaldéens catholiques	Jean Soulaka (1552) après tentatives au XIIIᵉ et XVᵉ siècles.	Patriarche « de Babylone » à Bagdad.	Patriarche « de l'Orient » à Chicago. Archedacon and Pastor à Chicago.	Nestoriens, Eglise de l'Orient. Assyr and American, Apostolic Church	Nestoriens, condamné par le Concile d'Eglise. Rejet récent (1941) de l'autorité de l'actuel Patriarche.	Discernent deux personnes dans le Christ.
Syrien (syriaque et arabe)	Syriens catholiques	André Akidjan (1662) après tentatives durant les Croisades et aux XVᵉ et XVIᵉ s.	Patriarche « d'Antioche » (actuellement cardinal) à Beyrouth et Cherfé (Liban).	Patriarche « d'Antioche » à Homs (Syrie).	Jacobites, Eglise syrienne	Eutychès, condamné par le Concile de Chalcédoine (451) et Jacques Baradaï (543).	Ne discernent en principe qu'une nature dans le Christ (monophysite).
Copte (copte - ghéez en Ethiopie - et arabe)	Coptes catholiques	Amba Athanasios (1742) après tentatives au XVᵉ siècle.	Administrateur apostolique au Caire.	Patriarche « d'Alexandrie » au Caire.	Coptes, Coptes-orthodoxes.	Dioscore d'Alexandrie, disciple d'Eutychès, déposé en 451.	Mouvements schismatiques à la suite de la condamnation du monophysisme à Byzance, plutôt qu'hérésie.
Arménien (arménien)	Arméniens catholiques	Abraham Ardzivian (1740) après tentatives nombreuses et réunions éphémères aux XIIᵉ, XVᵉ siècles etc...	Patriarche « de Constantinople » (actuellement cardinal) à Beyrouth et Bzoummar (Liban).	Catholicos de ts les Arméniens à Etchmiadzine. Catholicos de Cilicie à Antélias (Liban). Patriarches à Jérusalem et à Istanbul.	Arméniens grégoriens, Eglise apostolique arménienne	Synode national de Vagharchapat (491) refusant d'accepter le Concile de Chalcédoine.	

(syriaque et arabe)		affirment avoir toujours été unis à Rome.	« d'Antioche » à Bkerké et Dimane (Liban).	(actuellement disparus).	monophysisme.	qu ... dans le Christ.
Byzantin (grec et arabe)	Melchites ou Grecs catholiques	Cyrille V (1709) après tentatives en 1274, 1439, etc..., aux XVIe et XVIIe siècles.	Patriarche d'Antioche et admin. des patr. d'Alexandrie et de Jérusalem, au Caire et à Damas.	Patriarches « d'Antioche » à Damas, « d'Alexandrie » au Caire, et de Jérusalem.	Photius (IXe s.) puis Michel Cérulaire (1054) après nombreuses dissidences passagères antérieures.	Rejettent la formule latine par laquelle le Saint-Esprit procède du Père et du Fils, et, en général, l'Immaculée Conception, l'existence du Purgatoire, etc.
(grec)	Grecs uniates de Turquie		Évêque à Istanbul.	Patriarche œcuménique à Istanbul (Phanar)	Grecs-orthodoxes de Turquie (hellènes).	
			Autorités diverses.	Protestants.	Passage au protestantisme des Chrétiens non unis des rites orientaux.	Variétés diverses du protestantisme.
Latin (latin)	Latins	Réunions anciennes (Croisades) puis passages isolés ; passages exceptionnels actuellement.	Patriarche à Jérusalem. Délégués ou vicaires apostoliques à Beyrouth, Istanbul, etc:			
			Toutes autorités soumises au magistère pontifical.	Tous ces Chrétiens rejettent l'autorité pontificale.		Toutes ces Églises rejettent la primauté et l'Infaillibilité pontificales.

Les Adventistes sont les membres d'une secte protestante née aux Etats-Unis au XIXme siècle. Leur doctrine est enracinée dans les traditions juives et chrétiennes du Prophétisme et du Messianisme. Quant aux Mormons, ils se rattachent à l'Eglise de Jésus-Christ des Derniers-Jours-Saints. Cette Eglise fut fondée par Joseph Smith Junior aux Etats-Unis en 1830. Ils proclament la restauration des rituels de l'Eglise « originelle » et « authentique ».

Les Témoins de Jéhovah, eux, se réclament de leur fondateur, Charles Taze Russel. Leur défiance à l'égard de l'Etat, quel qu'il soit, est connue. Ils ne reconnaissent, en effet, aucune autre autorité hormis celle de Jéhovah.

statut juridique des communautés chrétiennes

Le statut juridique des communautés chrétiennes est resté le même depuis l'Empire ottoman et le mandat britannique. Sur les neuf communautés reconnues par les Anglais, cinq seulement (Melkites, Grecs orthodoxes, Latins, Maronites et Arméniens grégoriens) disposent d'une direction officielle, d'un clergé, d'églises et de tribunaux religieux. Ils dépendent du Ministère des Cultes. Les Melkites ont deux tribunaux de première instance à Haïfa et à Nazareth, les Grecs orthodoxes en ont trois (à Nazareth, Acre et Jaffa),

---

Classification des Eglises ([1])

1) Les Orientaux non rattachés à Rome
   Les Orthodoxes
   - **Les Grecs**
   - **Les Russes**

   Les Monophysites
   - **Les Arméniens orthodoxes**
   - **Les Coptes orthodoxes**
   - **Les Syriens orthodoxes**
   - **Les Abyssins orthodoxes**

2) Les Catholiques
   Les Orientaux
   - **Les Grecs Melkites**
   - **Les Maronites**
   - **Les Syriens catholiques**
   - **Les Arméniens catholiques**
   - **Les Chaldéens catholiques**
   - **Les Coptes catholiques**

3) Les confessions issues de la Réforme
   Les Protestants
   Les Anglicans

4) Les sectes

ainsi qu'une cour d'appel ecclésiastique à Jérusalem. Les Latins et les Arméniens grégoriens disposent également, chacun, d'un tribunal de première instance. Bien que jouissant d'une très grande autonomie, ces tribunaux communautaires ont un rôle moins important que les tribunaux religieux musulmans, druzes ou même juifs ; ils statuent pour la plupart sur des questions ayant trait au mariage ou au divorce.

organisation sociale et politique

L'appartenance à tel ou tel rite n'est pas un élément primordial de la vie sociale, économique ou politique du Chrétien d'Israël. Celui-ci est, en effet, avant tout un Arabe, membre de cette minorité non juive de l'État d'Israël, dont il partage le destin.

La population chrétienne en Israël est essentiellement citadine (61,3 % en 1961) ; elle l'était d'ailleurs davantage encore en 1946 (79,8 %). Lors de l'exode palestinien en 1948, ce sont les villes qui, plus que les villages, se sont vidées de leurs habitants. Les Chrétiens constituent 51 % de la population de Nazareth et vivent principalement dans les villes mixtes de Jérusalem, Tel-Aviv, Lod, Ramla, Acre, Haïfa et Maalot.

la famille

Si, pour les Musulmans, la famille étendue et la *hamoula* constituent l'unité sociale de base, pour les Chrétiens, c'est la famille nucléaire, la cellule familiale qui remplit ce rôle essentiel. Les citadins ont peu de liens avec leurs parents villageois ; les grandes familles n'exercent que peu d'influence sur l'individu.

Allié à un fort pourcentage d'étrangers au sein de chaque groupe, ce trait facilite, dans une très grande mesure, l'émigration des Chrétiens vers l'étranger ([1]). Leurs pays d'accueil sont surtout l'Allemagne, le Canada, et l'Australie. On estime que certaines années le taux d'émigration au sein de la population chrétienne est égal à son taux d'accroissement naturel.

l'éducation

Si le mode de vie de la population chrétienne ne présente pas de différences fondamentales avec celui des Musulmans, le niveau de scolarisation, particulièrement élevé par rapport aux autres communautés non-juives, représente une particularité de cette population. A l'exception de l'école de la Secte musulmane Ahmadiya qui se trouve à Haïfa, toutes les écoles privées du pays sont chrétiennes. Les écoles locales autochtones (où l'arabe est la langue d'enseignement) voisinent avec les écoles éducatives étrangères où, selon le pays d'origine de l'institution, on apprend le français, l'anglais, l'italien. Ces écoles accueillent fréquemment des Musulmans et même des Juifs (au désespoir des Juifs religieux extrémistes qui tentent de s'y opposer par tous les moyens dont ils disposent).

Ce bon niveau de scolarité joue en faveur de la libéralisation de la société chrétienne. Le statut de la femme y est plus élevé que dans les communautés musulmanes. On y voit se développer des mouvements féminins (qui ne sont toutefois pas des mouvements féministes). Les groupes de femmes de la *Histadrout* ou du M.A.P.A.M. sont à large participation et à encadrement essentiellement chrétien. L'élite intellectuelle arabe du pays se recrute beaucoup parmi les Arabes de confessions chrétiennes ; Nazareth est d'ailleurs un des berceaux de la nouvelle littérature arabe israélienne.

Dans les villages, peu de choses les distinguent des Musulmans : ils ont connu les mêmes difficultés économiques au moment de l'administration militaire, manifestent un même attachement à la terre, et expriment les mêmes revendications face à la politique gouvernementale.

Ikrit et Bir'am

Depuis 1951 les cas de deux villages arabes chrétiens de Galilée occupent périodiquement la scène politique intérieure du pays. En 1948, les habitants de Ikrit et Bir'am (Grecs catholiques) ont été, pour des raisons de sécurité, évacués par l'armée israélienne avec promesse d'y revenir dans les semaines à venir. En 1951, le gouvernement ne leur donnant toujours pas l'autorisation d'y retourner, les villageois font appel à la Cour Suprême d'Israël qui leur donne raison. Mais, la même année, le village d'Ikrit est rasé, et l'année suivante Bir'am subit le même sort. On établit un *kibboutz* (*Kibboutz* Baram) sur une partie des terres des deux villages ; des indemnités sont proposées aux villageois qui, en majorité, les refusent. Les anciens habitants d'Ikrit et de Bir'am vivent depuis lors à Haïfa, à Acre ou dans des sortes de camps établis non loin de leurs villages. Par quatre fois, en 1951-71-73-75, avec à leur tête l'Archevêque Raya, ils ont organisé des manifestations de protestations : occupation de l'église des deux villages, défilés à Jérusalem et appels au Chef de l'Etat, etc... De nombreux Musulmans y participent ainsi que des Juifs, en général membres des Partis Communistes, M.A.K.I. et R.A.K.A. H., et du M.A.P.A.M. Le gouvernement ne fléchit pas. Il ne s'agit pas, plus de 25 ans après la création de l'Etat d'Israël, d'une question de sécurité, mais de la fermeté d'une politique qui ne veut — ou ne peut — créer de précédent.

Par-delà les divisions intercommunautaires chrétiennes et les divergences entre la personnalité sociale et culturelle de la société musulmane et de la société chrétienne, des revendications communes et un sort politique similaire semblent être le dénominateur commun de ce qui constitue la « minorité » arabe d'Israël. Une minorité arabe à la recherche de son identité politique. En Israël, comme ailleurs au Moyen-Orient, au Liban par exemple, l'idéologie politique arabe est source de difficultés et paradoxes pour les Chrétiens d'Orient.

Déjà au début du XIXme siècle l'active participation chrétienne à la naissance du Nationalisme arabe semble bien ambiguë. D'une part, les contacts privilégiés qu'à l'encontre des Musulmans les Chrétiens ont depuis toujours entretenus avec l'Occident, les ont confortés dans leurs valeurs culturelles fondamentales. Mais, d'autre part, leur situation de petite minorité dans un monde arabo-musulman exacerbé par la domination de civilisation étrangère les mettent dans une position pour le moins inconfortable. La surenchère nationaliste chrétienne serait alors peut-être une sorte de dédouanement, un réflexe de défense à une menace musulmane potentielle devant laquelle les communautés se trouveraient bien démunies.

En Palestine même, plus que par antagonisme culturel, l'opposition des Chrétiens à l'immigration juive a une origine économique. Citadins et commerçants pour la plupart, les Chrétiens palestiniens se sont trouvés en concurrence directe avec les Juifs du *yichouv* et les immigrants des premières *alioth*.

Plus tard, avec la création de l'Etat d'Israël et le changement radical de la situation économique et politique des populations non-juives du pays, la source des vieilles oppositions disparaît. Les cartes politiques sont redistribuées, Musulmans et Chrétiens ne sont plus — comme au Liban — face à face. Depuis une dizaine d'années surtout — peut-être après le choc causé par la guerre israélo-arabe de 1967 — le sentiment d'appartenance confessionnelle semble s'atténuer en Israël au profit d'une conscience politique fortement teintée d'arabisme.

LES DRUZES

Face aux Arabes — musulmans et chrétiens — se tient l'énigmatique communauté druze. Elle entretient avec l'Etat d'Israël, d'une part, et les communautés non-juives du pays, d'autre part, des relations ambiguës et parfois contradictoires qui en font un des groupes les plus originaux et les plus complexes de cette mosaïque israélienne.

Les Druzes, qui sont-ils ? Les membres d'une secte ésotérique aux origines obscures ? Des Musulmans ? Des Arabes ? En Israël, on ne sait pas très bien à quel ensemble ils appartiennent. Certains parlent d'une minorité druze distincte de la minorité arabe ; d'autres voient les populations musulmanes et druzes comme un ensemble distinct des populations chrétiennes.

Méprisés ou adulés selon les époques et les régimes en place, tour à tour persécutés et persécuteurs, leur rôle politique reste controversé. Sont-ils d'habiles combattants dont la fonction historique a été surtout celle d'un puissant ferment révolutionnaire ? Ou ne sont-ils que des opportunistes à l'attitude ambiguë et inconséquente ?

Peuple des montagnes de Syrie, du Liban, de l'anti-Liban, ils professent une religion secrète, mystérieuse pour la majorité d'entre eux, dévoilée pour quelques rares initiés (les 'ukkals).

Histoire et doctrine

origine du mouvement

La religion druze prend naissance à la fin du règne du sixième Calife fatimide, El Hakem (996-1021).

D'origine nord-africaine, les Fatimides occupent l'Egypte et fondent en 969, le Caire, qui devient la capitale de leur Empire. De là, ils se lancent à la conquête de la Syrie, du Liban, de la Palestine et de la Jordanie. Pour lutter contre la puissante dynastie des Abbassides de Bagdad, les Fatimides s'appuient militairement sur des éléments berbères, efficaces, mais insuffisants.

Le premier dirigeant de cette guerre est le Persan Al-Darazi, lequel donnera son nom au mouvement tout entier, Al Daraziyya (ou Al-Durziyya).

Mais les succès militaires des Fatimides en Afrique du Nord n'ébranlent pas le pouvoir sunnite abbasside. El Hakem accorde son appui à un nouveau chef, Hamza. Celui-ci est un Persan, un lettré plus qu'un guerrier. Il donne au mouvement une base idéologique, rédige et propose le code religieux des Druzes.

la doctrine de Hamza

En Egypte, à l'époque du Califat fatimide, c'était la doctrine chi'ite isma'élite qui était officiellement admise. Chef de la hiérarchie religieuse isma'élite, El Hakem était, en tant qu'*Imâm*, l'objet d'une vénération à caractère divin. Hamza va donner au culte d'El Hakem sa forme druze définitive : Hakem n'est plus un simple *Imâm*. C'est l'incarnation même de l'Un ultime. Ses partisans sont appelés les Unitaires (*muwahidun*). Dieu, Un, Unique, Celui-qui-est-au-delà-de-tout-nom, de toute fonction, ne peut être saisi par les sens, ni être défini par la parole. Il s'est montré aux hommes à différentes époques de l'histoire ; Hakem-biamr-Allah est la dernière de ses soixante-dix manifestations.

La doctrine de Hamza s'éloigne résolument de l'Isma'élisme, fut-il extrémiste. Tout en usant des mêmes concepts que l'Isma'élisme, elle prétend être une religion indépendante de l'orthodoxie sunnite et de l'hétérodoxie chi'ite ainsi que de ses prolongements. Les Unitaires proclament l'abolition de toutes les vieilles religions y compris l'abolition de la loi islamique, la *shari'ah*.

Politiquement, leurs positions placent les Druzes dans une position marginale et contestataire qui les met à l'origine de crises sociales importantes qui apparaissent à cette époque, notamment en Syrie. Pour limiter le morcellement de la communauté druze, déchirée entre des mouvements antagonistes, et empêcher la naissance de nouvelles idées, Hakem met un terme à la prédication et prononce une formule restée célèbre : « *Le rideau est tiré, la porte fermée, l'encre séchée et la plume brisée* ». En l'an 411 de l'Egire([1]) Hakem meurt et cela, déclare Hamza, pour *mettre ses fidèles à l'épreuve*. Mais il réapparaîtra pour triompher de ses ennemis et *étendre son empire à toute la terre*. Hamza, à qui Hakem a confié son glaive, devient le premier ministre de la vraie religion. Lui seul possède les connaissances et les grâces qu'il reçoit directement de la Divinité, dont il est l'unique intercesseur. A la fin de l'année 411, Hamza « disparaît » à son tour pour retrouver El Hakem.

El Muktana

Déjà depuis la mort d'El Hakem, son culte avait progressivement disparu en Egypte. C'est en Syrie, et au sein des populations paysannes et des montagnards en révolte contre le pouvoir central, que la pensée mystico-politique druze a été propagée avec le plus de succès. Mais, déchiré par des dissensions internes, le mouvement des paysans syriens s'éteint lentement. Un de ses chefs, El Muktana, précise les bases de l'orthodoxie druze et, par ses « *Lettres pastorales* » diffusées dans toutes les communautés isma'élites du monde, fait œuvre de prosélytisme. Découragé par l'échec de son action, El Muktana se retire vers 1034 ; il continuera néanmoins à envoyer ses « *Lettres pastorales* » jusqu'en 1042-43.

Après la retraite d'El Muktana, les Druzes entrent dans une nouvelle phase et adoptent de nouvelles institutions. Ils établissent les principes d'un système qui, globalement, restera celui de la communauté druze du XXme siècle.

En premier lieu, le prosélytisme, si activement prôné par El Muktana, cesse, et la communauté se ferme. Désormais sont refusées les conversions ainsi que les inter-mariages et les thèses doctrinales sont tenues secrètes. Les Druzes se replient dans les repaires de montagnes qu'ils avaient conquis comme ceux du Wadi Taym

Aliah (Mont Hermon). Des familles appartenant à de vieilles tribus arabes forment la classe aristocratique dirigeante. Des coutumes sociales et une « véritable tradition » se développent chez ce peuple de plus en plus homogène ; les vieilles et complexes hiérarchies religieuses disparaissent au profit d'un nouveau système plus élémentaire.

Organisation communautaire

'ukkal et djuhhal

La communauté druze est divisée en deux : il y a les *'ukkal* (*'Akil* = sage), les initiés et les *djuhhal* (*djahil* = ignorant), les non-initiés. L'*Emir* (le prince) est un non-initié, mais de haut rang ; son titre le distingue de la masse des *djuhhal*. Tout homme ou toute femme adulte peut être initié au terme de sept étapes au cours desquelles les vérités de la foi lui sont révélées. Le *'Akil* mène dès lors une vie religieuse stricte. Il ne consomme ni boisson alcoolisée, ni stimulant. Il ne commet ni vol, ni mensonge, ni acte de vengeance — pourtant courant dans la société druze. Par rapport au code d'honneur et au code social, il est astreint à plus de devoirs et jouit de moins

---

Les isma'éliens.

L'Isma'élisme est une secte issue du mouvement chi'ite. A son origine, le Chi'isme est un mouvement politique qui regroupe les partisans d' 'Ali (gendre du Prophète) pour l'accession de celui-ci à la tête de la communauté musulmane après la mort de Mohammed. A la mort d' 'Ali, la chî'a (le « parti » d' 'Ali) défend l'idée du Califat héréditaire. C'est le principe de l'imamat qui réserve à la lignée d' 'Ali le droit de diriger la communauté musulmane. Les imam sont plus que des chefs temporels. ils sont divins et infaillibles.

Les Isma'éliens reprennent le principe chi'ite de l'émanation divine du monde concentrée dans une intelligence et une âme universelle. Pour eux, la loi n'est qu'un « moyen pédagogique d'une valeur relative transitoire ». La lettre du Coran est dépassée, transformée.

Secte initiatique, l'Isma'élisme s'est manifesté en Syrie de 901 à 906 où il a entraîné l'établissement du pouvoir fatimide. Le monde musulman est séparé, — de façon très inégale, — en deux, les Chi'ites voisinant avec plus ou moins de bonheur avec les Sunnites majoritaires et représentants de l'Islam orthodoxe.

de liberté que le *djahil*, mais sa spiritualité est infiniment plus élevée.

Dans cette société, les *Sheikhs* sont investis d'une haute autorité morale. Ce sont des *'ukkal* qui se distinguent des autres par leur savoir et une piété particulièrement grande. Ils passent l'essentiel de leur temps à étudier les textes sacrés, à assister aux offices du jeudi soir au *majlis* (la mosquée), à participer aux rituels secrets et à diriger spirituellement les *djuhhal* de leur communauté. Ils ne travaillent pas et vivent

sheikhs

Initiation du Prosélyte - formule d'engagement envers le Weli-Alzeman. (²)

« Je mets ma confiance en notre Seigneur Hakem, le Seul, l'Unique, l'Eternel, qui ne fait partie d'aucun couple, et à qui ne convient aucun nombre. Un tel, fils d'un tel, confesse, obligeant par la présente déclaration son esprit et son âme, étant sain d'entendement et de corps et agissant en ceci avec obéissance, entièrement et parfaitement libre et volontaire, sans aucune violence ni contrainte, qu'il renonce à toute secte, enseignement, religion et croyance, de quelque nature qu'elle soit, et ne reconnaît aucune autre que l'obéissance qui consiste à le servir et à l'adorer ; qu'il ne servira avec Lui aucun autre que Lui, soit passé, soit présent, soit attendu ; qu'il remet son âme, son corps, ses biens, ses enfants et tout ce qu'il possède à Notre Seigneur Hakem, dont le Nom soit glorifié ; qu'il se soumet à toutes Ses volontés, sans s'opposer à lui en quoi que ce puisse être, et sans désapprouver ses œuvres, qu'elles soient agréables ou désagréables pour lui. S'il arrive qu'il renonçât à la religion de Notre Seigneur Hakem, dont le nom soit glorifié, religion à laquelle il s'est soumis par écrit et il s'est obligé, qu'il la révélât à d'autres, ou qu'il désobéit à quelqu'un de ses commandements, il n'aura plus aucune communion aux mérites des ministres, et il encourra les châtiments du Créateur très élevé, dont le Nom soit glorifié ; quiconque confesse qu'il n'y a point pour lui dans le ciel d'autre Dieu digne d'adoration ni sur la terre d'autre imam que Notre Seigneur Hakem, dont le Nom soit glorifié, est au nombre des Unitaires bienheureux. Ecrit un tel mois, de telle année de l'Ere des Serviteurs de Notre Seigneur Hakem, dont le Nom soit glorifié, et de Son esclave Hamza, fils d'Ali, fils d'Ahmed, le directeur de ceux qui sont obéissants, qui tire vengeance des polythéistes et des apostats, par le glaive de Notre Seigneur, dont le Nom soit glorifié, et par la force puissante de Lui seul. »

d'aumônes versées par les *djuhhal*. Celles-ci leur assurent un train de vie des plus convenables.

Les *'ukkal* druzes doivent respecter les règles du secret absolu sur les vérités de la foi qui leur ont été révélées. Les *djuhhal* ne connaissent de la religion que les principes de base érigés par Hamza. Plus moraux que religieux, ces principes ont été prescrits pour remplacer les sept devoirs de la religion musulmane dont les Druzes se séparent radicalement. Le *djahil* peut respecter la circoncision musulmane ou le baptême chrétien, sans que cela ait une signification religieuse essentielle. Il croit en la réincarnation : pour le Druze, le nombre des hommes sur terre est toujours le même et les âmes passent successivement dans différents corps.

La religion des Druzes a cristallisé les fantasmes de leurs voisins. La figure métallique du veau, qui est l'élément fondamental du rituel secret, intrigue et fascine. On ne sait si elle représente l'aspect terrestre d'El Hakem, objet d'adoration et de vénération, ou bien l'animalité des ennemis de Hamza, haïs et méprisés.

Les sept obligations religieuses et morales des

Musulmans	Druzes
— **La soumission à l'autorité divine.** (ISLAM)	— Véracité dans les paroles.
— **Profession de foi - SHAHADA -** (Il n'y a qu'un Dieu et Mohammed est son prophète).	— Veiller réciproquement à la sécurité de l'autre.
— **Les quatre prières quotidiennes.** (SALAT)	— Renoncer à la religion dont on faisait profession, à la croyance et au culte du néant et du mensonge.
— **Paiement de l'aumône légale.** (ZAKAT)	— Se séparer entièrement des démons et de ceux qui sont dans l'erreur.
— **Le jeûne du Ramadan.** (SAWM)	— Reconnaître l'existence de l'unité de Dieu à tous les âges et à toutes les époques.
— **Le pèlerinage à la Mecque.** (HADJ)	— Etre content des œuvres de Dieu quelles qu'elles soient.
— **La guerre sainte.** (DJIHAD)	— S'abandonner et se résigner à ses ordres dans le bonheur comme dans l'adversité.

Les Druzes en Israël

Il y a aujourd'hui 400.000 Druzes dans le monde, dont les 9/10mes vivent en pays arabe, la plupart étant établis dans les montagnes syriennes et libanaises. Il existe cependant aux Etats-Unis une communauté druze forte de 90.000 membres et une autre, plus modeste, de 26.000 personnes installées dans l'Ouest africain. En Israël, la population druze représente le 10me des minorités non-juives du pays et comptait, en 1948, 14.500 personnes. Contrairement aux autres populations palestiniennes, les Druzes n'ont pas fui le pays à cette date.

Où pouvaient-ils d'ailleurs aller ? Au cours de l'histoire moyen-orientale récente, les Druzes ont été en position ambiguë, si ce n'était en état de guerre déclarée, face aux Nationalistes arabes. L'inimitié et l'hostilité sont restées réciproques jusqu'aujourd'hui. Pendant la guerre de 1967, des Druzes du Golan venaient chercher protection dans les kibboutzim de Galilée, contre les soldats syriens qui les pourchassaient.

Le chiffre sept chez les Druzes est un chiffre sacré.
- **Sept parties dans le livre des Druzes (livre des témoignages des mystères de l'Unité) écrit par Hamza Ben-Ahmed, grand pontife de la religion druze ;**
- **Sept cieux ;**
- **Sept terres ;**
- **Sept planètes ;**
- **Sept jours de la semaine ;**
- **Sept éléments ;**
- **La taille de l'homme est de sept palmes ;**
- **Une palme a sept doigts ;**
- **Sept ouvertures au visage de l'homme ;**
- **Le Coran renferme sept espèces d'objets (lois, récit, parabole) ;**
- **On lit le Coran suivant sept éditions différentes ;**
- **On fait sept fois le tour de la « Ka'aba » ;**
- **Sept « Imam » ;**
- **Sept « Natek » ou législateurs ;**
- **Sept « Asar » ou vicaires du « Natek » ;**
- **Hakem a porté sept ans des habits noirs ;**
- **Hakem a laissé croître ses cheveux pendant sept ans**

Tableau 13

POPULATION DRUZE D'ISRAEL

Années	Nombre
1950	15.000
1955	19.000
1960	23.300
1961	26.300
1962	27.300
1963	28.500
1964	28.600
1965	29.800
1966	31.000
1967	33.100
1968	33.300
1971	34.000
1974	36.000

+ 9.000 habitants de 5 villages occupés du Golan en 1973.

les villages druzes

Si l'on excepte les quelque 500 individus qu'on trouve établis dans l'ensemble des villes mixtes d'Israël, la population druze est une population essentiellement rurale.

En Israël, ils sont concentrés dans dix-huit villages de Galilée où ils vivent depuis leur implantation. C'est en Galilée, aux cornes de Hittin que se trouve un des hauts lieux de pèlerinage religieux druze : la tombe de Shouyeb (Jethro), prêtre des Midianites, beau-père de Moïse, dont ils se réclament.

Dans l'ensemble, les villages longent les côtes ou s'accrochent aux montagnes. Rien ne les distinguent des agglomérations rurales musulmanes ou chrétiennes. Des ceintures d'oliviers, d'amandiers ou des jardinets circonscrivent les maisons de ciment. Roses, vertes ou grises, toutes neuves avec leur antenne de télévision sur le toit, ces nouvelles habitations côtoient les vieilles maisons de boue, de plus en plus rares. Un tel habitat témoigne de l'ancienneté de l'installation des Druzes en Palestine.

Au marché de Jérusalem

Sieste

Bédouin

Fête des Rameaux à Jérusalem

Petit marchand

histoire

La tradition orale fait remonter l'établissement des Druzes à l'époque de la fondation de la religion des Unitaires. Yarkajit et Keikaat, villages de la région de Safed, en Israël, seraient habités par des Druzes depuis près de dix siècles. A la fin du XVIme siècle, des villages se fondent et l'implantation d'une nouvelle population druze se développe. C'est l'époque de la domination druze sur le nord de la Palestine et du règne de Fakhr-el-Din II (1586-1685), chef des Maanites, allié du Sultan Selim Ier de Damas en guerre contre les Mamelouks Turcs.

Pendant la domination égyptienne d'Ibrahim Pacha sur le pays et sa lutte contre les Turcs (vers 1835-1840), les populations druzes, tour à tour protégées, manipulées et combattues, assistent à la destruction de la majorité de leurs villages et à la désorganisation totale de leur communauté. A la suite d'oppressions, comme celles d'Alep en 1817, ou d'événements sanglants comme celui du massacre des Maronites par les Druzes au Liban en 1860, de fréquentes vagues d'émigration viendront grossir la population druze de la Palestine du nord.

le statut juridique

Sous l'Empire ottoman et pendant le mandat britannique, la communauté druze de Palestine n'a pas été considérée comme une communauté indépendante.

Sous les Turcs, conformément à la coutume du *millet*, les communautés religieuses bénéficiaient d'une certaine autonomie. Depuis 1890, les Druzes du Liban jouissaient d'un statut indépendant. Ceux de Palestine n'étaient cependant pas reconnus par le pouvoir ottoman ; ils n'avaient ni tribunaux religieux, ni cour de justice, ni institutions communautaires représentatives. En 1909, le conseil dirigeant de la province de Beyrouth (dont dépendait administrativement la Palestine) leur reconnaît la même autonomie qu'à la communauté druze du Liban. Cette reconnaissance demeure toute théorique, mais les Druzes de Palestine ont désormais la possibilité d'exercer la justice religieuse selon leur législation et en présence de leur juge. Aucune mesure officielle ne viendra sanctionner cette nouvelle situation.

Les Anglais ne changent rien aux structures établies par les Turcs dans ce domaine et ne reconnaissent aucune indépendance aux Druzes du pays. Les attributions du juge druze sont restreintes aux questions de « statut personnel ».

En 1932, une nouvelle restriction même est apportée à l'exercice de sa charge : les compétences du juge en matière de succession et de testament sont supprimées ; son rôle se limite alors au seul domaine des mariages et des divorces.

les Druzes en Israël...

En 1948, Israël hérite de cette situation. A la fin du mandat britannique, les Druzes étaient donc soumis aux décisions juridiques musulmanes. Leur première revendication au moment de la création de l'Etat d'Israël est la reconnaissance de l'autonomie de leur communauté. Ils l'obtiennent au terme de trois années de décrets, de comités et de commissions spéciales : le 15 avril 1951, le Ministre israélien du Culte leur accorde l'autonomie juridique totale pour les affaires religieuses et familiales. Dès lors, les tribunaux de droit musulman ne sont plus compétents en matière de statut personnel ni de biens *waqf*, concernant la communauté druze. En octobre 1961, le Premier Ministre, David Ben Gourion, décide la création d'un conseil religieux druze (tribunal composé de trois *Sheikhs*, choisis parmi les plus grandes autorités spirituelles de la communauté) qui devient l'instance religieuse suprême pour les populations druzes d'Israël. En 1963, complétant l'infrastructure juridique et consacrant l'autonomie de cette communauté, des tribunaux religieux druzes sont mis sur pied.

De plus, depuis 1975, les Druzes ne passent plus par les départements arabes spécifiques qui existent dans les différents ministères, mais dépendent, comme les Juifs, directement du ministère lui-même. Ce nouveau statut confère aux Druzes une place à part au sein des minorités non juives d'Israël, une place privilégiée et une plus grande intégration dans la société globale israélienne.

... et les pays arabes

En 1948, une unité militaire druze est créée pour combattre aux côtés des forces libano-syriennes. Mais elle se disperse très vite et une partie des soldats qui la composent rejoint même les rangs des forces juives. Les Druzes n'ont pas un réel intérêt à voir triompher la cause arabe. En 1936, lors de la révolte arabe en Palestine, Druzes et Nationalistes arabes s'étaient d'ailleurs opposés. Là comme ailleurs, le Nationalisme arabe représente un danger pour les communautés druzes dont il nie l'autonomie culturelle et politique.

En Syrie, les Druzes sont en conflit avec le régime Ba'assiste qui ne reconnaît pas leur intégrité. En 1967, pendant la Guerre des Six-Jours, les troupes syriennes ont massacré des groupes entiers de Druzes dans le Golan.

Le gouvernement israélien joue donc, sans gros risque, la carte de la communauté druze, à qui il demande le loyalisme total qu'il ne peut exiger des Arabes musulmans ou chrétiens. Cette discrimination en faveur des Druzes accentue l'inimitié des populations arabes.

Dans les relations entre Druzes et Musulmans, les facteurs religieux de dissention ancestrale servent de base à l'antagonisme entre les deux communautés. Les conflits restent cependant le plus souvent voilés et la vie quotidienne, sur les lieux de travail principalement, facilite les contacts amicaux. Ces contacts sont toutefois réduits par le cloisonnement d'une société druze qui n'admet ni les inter-mariages, ni les conversions. Dans les villages à population mixte, la coopération des Musulmans et des Druzes se fait surtout dans le domaine politique ou économique.

l'armée

Le facteur principal de l'intégration des Druzes est le rôle qu'ils jouent dans l'armée israélienne. Facultatif dans les premières années de la création de l'Etat, le service militaire devient, — décision d'une extrême importance, — obligatoire pour les Druzes à partir de 1955, et ceci à leur propre demande. En Israël, on est toujours entre deux guerres : 1948, 1956, 1967, 1973, sont les dates repères, les axes de la vie individuelle et collective des Israéliens. Le service militaire est une sorte de « passage initiatique » de l'adolescence à l'âge adulte. C'est une étape essentielle que chacun doit franchir pour accéder à un statut social complet et reconnu. Le courage, la bravoure au combat, sont des qualités hautement valorisées par la société israélienne.

Le port des armes, dont les Juifs ont été privés pendant les périodes de persécutions — au Moyen Age, par exemple — devient signe de force. A l'exception des bédouins et des Circassiens, les membres des minorités arabes d'Israël n'ont pas l'autorisation de se servir d'armes à feu. Le service militaire ne leur est d'ailleurs pas demandé. Cela est compréhensible, il serait inacceptable pour les Arabes israéliens de se battre pour l'Etat d'Israël, contre d'autres Arabes. Là se trouve l'ambiguïté de leur situation et leur dilemme.

Par leur participation à la défense nationale, les Druzes se trouvent dans une situation moins déchirée par rapport à leurs concitoyens juifs. Pendant le service militaire, Druzes et Juifs vont se côtoyer. Des liens se tissent, les idées circulent. Pour les jeunes Druzes, le service militaire représente la principale étape de leur intégration sociale. Etape trop limitée aux goûts de certains : les Druzes font partie d'unités fermées, uniquement composées de Druzes. La pratique est sans doute imposée par mesure de sécurité par le gouvernement israélien, toujours méfiant, avec l'accord des « Anciens » qui essaient de limiter autant que possible les rapports des jeunes avec les institutions juives.

Depuis 1967 surtout, le rôle principal des Druzes dans l'armée israélienne est celui de gardes-frontières. Ce sont eux que l'on met aux avants-postes et que l'on charge de contrôler et d'empêcher les infiltrations de feddayins. Ils constituent une sorte d'intermédiaires entre les soldats juifs et la population arabe des territoires occupés. Ce rôle ne fait qu'aviver l'hostilité des Arabes à leur égard. Il est à remarquer que, depuis peu, certains Druzes, acquis au Nationalisme arabe, ont refusé de faire leur service militaire.

la vie économique

Quoi qu'il en soit, les Druzes restent les membres d'une minorité de l'Etat d'Israël. Leur statut de « non-Juifs » ne les met pas sur un pied d'égalité avec les Juifs.

Les populations druzes de Palestine étaient, nous l'avons vu, essentiellement rurales. La Galilée où sont concentrés leurs villages est une région verte et particulièrement fertile. Comme pour les villages arabes, le problème de la terre est au cœur des revendications des agriculteurs druzes : expropriations, indemnisations à bas prix, établissement de colonies juives, redistribution de certaines terres aux bédouins de Galilée, sont les points litigieux. Ils forment, à tout le moins, le leit-motiv des accusations de « l'Union des Druzes d'Israël », mouvement d'intellectuels contestataires fondé en 1967.

Comme les autres ruraux, les Druzes doivent chercher du travail dans les centres urbains, et si les portes leur sont relativement ouvertes, la priorité reste toujours donnée au « travail juif » et au développement des secteurs économiques juifs.

société traditionnelle et pouvoir local

Au niveau de l'organisation sociale traditionnelle, un processus identique à celui observé dans les autres communautés non juives apparaît. Comme ailleurs, le gouvernement s'appuie sur l'élite traditionnelle. Il s'agit ici des 'ukkal (les initiés). Le chef de la hamoula est toujours un 'akil, il détient le pouvoir spirituel et le pouvoir politique à la fois.

Le caractère initiatique de la religion druze accentue l'importance des 'ukkal. Ils sont les gardiens du « secret druze »; les guides éclairés d'une communauté de djuhhal (ignorants). Têtes rasées, coiffés d'une calotte et d'un turban blanc, moustachus ou barbus, en longue robe noire, ces mêmes 'ukkal se distinguent du reste de la communauté par leur réserve, leur sobriété et une ferveur mystique exceptionnelle. Même lorsqu'ils professent quelque indifférence face à leur religion et à ses mystères, les jeunes gardent un respect et une déférence formelle pour les 'ukkal. Ils sont d'ailleurs contraints par la société traditionnelle de maintenir un lien étroit avec leur hamoula et de demeurer soumis au pouvoir des Anciens. Ici, peut-être plus encore que pour les Musulmans, le conflit des générations, la querelle des Anciens et des Modernes, se font aigus et la situation des jeunes est difficilement supportable. L'emprise particulièrement forte que prétend exercer l'élite traditionnelle et une intégration problématique à la société juive environnante, sont les deux pôles du blocage de la société druze et de la crise d'identité que traverse cette communauté en Israël.

relations avec le gouvernement israélien

Pour le gouvernement israélien, donc, les Druzes ne sont pas des Arabes. Certains Druzes estiment que les différences faites par Jérusalem entre leur communauté et les autres populations non-juives du pays visent à les neutraliser. A la différence, le M.A.P.A.M. et le R.A.K.A.H. (où les Druzes sont bien représentés) les considèrent comme Arabes au même titre que les Musulmans et les Chrétiens d'Israël. Ceci tendrait à intégrer la communauté druze à l'ensemble des « minorités » non-juives, à les démarquer des autorités gouvernementales et à leur donner une nouvelle dimension politique.

Toutefois, leur intégration à la vie sociale israélienne atténue leur sentiment d'appartenance à une communauté druze spécifique et rompt avec leur isolement séculaire.

En revanche, les difficultés que les

Druzes recontrent quant à leur insertion dans la société globale israélienne, les rapprochent des populations arabes musulmanes et chrétiennes, provoquent une certaine unité de préoccupations et de revendications et favorisent la naissance d'une idéologie s'apparentant à celles des autres minoritaires non-juifs. Pris entre la dynamique de la société israélienne et celle de leurs relations avec les communautés druzes des pays arabes voisins, les Druzes d'Israël constituent un groupe étrange et déroutant, dont l'évolution dans les prochaines années sera, à coup sûr, décisive et mouvementée.

LE REVE BAHA'i

Abraham, Jésus, Mohammed sont des Prophètes, c'est-à-dire des manifestations du Divin sur terre. Adam fut le premier Prophète ; Dieu se manifesta ensuite à travers les Prophètes traditionnels du Judaïsme, du Christianisme et de l'Islam. Zoroastre est aussi un Prophète de Dieu alors que Bouddha et Confucius sont plutôt des Maîtres spirituels. Le Bab, puis Baha'Allah sont les dernières manifestations divines, les derniers Prophètes de Dieu sur terre jusqu'à nos jours. D'autres prophètes pourront venir, pour une mission mieux adaptée à l'évolution ultérieure des sociétés humaines.

Telle est l'une des doctrines fondamentales des Baha'i, adeptes de cette religion fondée par Baha'Allah et dont le précurseur fut le Bab.

origine

Le Baha'isme est héritier du Babisme persan, dont le fondateur, Mirza 'Ali Mohammed El Bab, déclare en 1844 être l'imâm *Mahdi*, Prophète dans la pure lignée de Mohammed. Pour l'Islam iranien, le Babisme est une hérésie, dont les adeptes sont des agitateurs politiques indésirables. Le Babisme, à cause du fort soutien populaire dont il jouit, inquiète le pouvoir en place et surtout les autorités religieuses officielles : *Mujtahid* et *Mullah* qui détiennent le monopole religieux et social de leur province les accusent d'avoir fomenté des insurrections. En 1850, El Bab est exécuté à Tabriz et ses disciples sont exilés en 1853. C'est un Babi, Baha'Allah (Mirza Hussein 'Ali Nouri) qui fonde le mouvement Baha'i.

Son *Livre de la Certitude* se termine par ces lignes :

« Révélé par le « Ba » et le « Ha »
Et paix à tous ceux
qui écoutent les mélodies
de la Divine Colombe sur le Sadratoul-Montaha
Gloire à notre Seigneur
Le Très-Haut ».

Baha'Allah, son fils Abu-El-Baha et leurs premiers disciples se rendent à Bagdad, Constantinople, Andrinople et Saint-Jean-d'Acre. Baha'Allah meurt en Terre Sainte, où il est enterré avec les autres fondateurs du Baha'isme, au Centre Mondial de la Foi, près du Mont Carmel, à Haïfa.

Le Baha'isme n'est pas une religion syncrétique. Avec le Bab se termine le cycle prophétique adamique. Le cycle Baha'i lui succède et doit durer au moins cinq cent mille ans. C'est, disent ses adeptes, la forme religieuse prophétique la mieux adaptée à notre époque.

devoirs Il n'y a pas de culte public chez les Baha'i, ni de sacrements, les obligations du fidèle se ramènent, pour l'essentiel, à quatre commandements. En premier lieu, ils sont tenus de participer à une réunion, qui se tient tous les dix-neuf jours pour célébrer « la fête du dix-neuvième jour ». On y fait la lecture de textes religieux, celle-ci est suivie de discussions sur l'organisation de la communauté. En second lieu, le fidèle doit observer un jeûne annuel de dix-neuf jours successifs ou d'un mois entier ; le jeûne a lieu du lever au coucher du soleil. En outre, le Baha'i a l'obligation de s'abstenir de consommer des boissons alcoolisées et des drogues. Enfin, le matin, à midi et le soir, il doit effectuer deux courtes prières, précédées de rapides ablutions du visage et des mains.

principes religieux et éthique générale

Les principes sociaux, moraux et politiques sont les piliers de la religion Baha'i. 'Abd-al-Baha les a résumés en douze points :

1. Unité du genre humain.
2. Nécessité d'une recherche autonome de la vérité.
3. Unité essentielle de toutes les religions.
4. Nécessité pour la religion d'être un ferment d'unité.
5. Nécessité d'une harmonie entre la science et la religion.
6. Egalité des droits et des devoirs entre les deux sexes.
7. Lutte contre les préjugés de tout genre : nationalistes, religieux, politiques, économiques.
8. Réalisation de la paix mondiale.
9. Obligation d'une éducation universelle ouverte à tous.
10. Solution religieuse du problème social, comportant l'abolition des extrêmes d'une excessive richesse et d'une pauvreté avilissante.
11. Usage d'une langue auxiliaire internationale : l'espéranto.
12. Institution d'un tribunal international.

Il est interdit aux Baha'i de faire partie de sectes ou de mouvements politiques et il leur est demandé de ne pas faire le service militaire dans les pays où les objecteurs de conscience sont tolérés.

le gouvernement mondial

L'ordre administratif Baha'i est hautement organisé. A la base, partout où il y a au moins neuf Baha'i, se trouve une assemblée spirituelle locale de neuf membres élus au suffrage universel. En outre, là où il y a un nombre suffisant d'assemblées locales, les Baha'i forment une « convention » de neuf membres également, élus par dix-neuf électeurs, eux-mêmes élus au suffrage universel. Enfin, quand le nombre des assembrées nationales est assez élevé, on élira une assemblée spirituelle universelle dont le président, élu à vie, sera le gardien. Pour les Baha'i, ce système, en fait d'une grande complexité, est le modèle idéal du gouvernement mondial de l'avenir.

Il y a maintenant près de deux millions de Baha'i dans le monde. A l'O.N.U., ils sont représentés au Conseil Economique et Social. En Israël, ils ne sont que trois cents, tous établis à Haïfa, au Centre Mondial de la Foi. D'après certains, ils auraient passé avec l'Etat d'Israël un pacte de non prosélytisme ; trois cents restera le nombre maximum des Baha'i en Terre Sainte.

LA MINORITE

Aussi nombreuses et différentes soient-elles, les populations non-juives d'Israël forment un ensemble que l'on appelle « *les Arabes israéliens* », « *la minorité arabe d'Israël* », et le plus souvent « *la minorité* » (*ha meout*) tout court.

Que ce soit au niveau de la planification économique, ou de la politique intérieure nationale, cette minorité est en général l'objet des mêmes mesures et connaît un développement et des problèmes sensiblement équivalents. L'« histoire israélienne » depuis 1948 a forgé cette nouvelle entité qui partage de plus en plus un destin politique commun.

Minorité et partis politiques

Le gouvernement israélien met, nous l'avons vu, l'accent sur la politique locale des populations arabes : la *hamoula* reste le régulateur social pour la plupart des membres de la « minorité » ; c'est sur elle et ses chefs traditionnels que porte tout l'effort gouvernemental. A ce ni-

électoralisme

veau, la principale innovation institutionnelle est la création des Conseils municipaux. Etablis à la base pour collecter les impôts et s'occuper des affaires économiques locales, les Conseils municipaux sont le fer de lance de « Jérusalem », siège du gouvernement dans les agglomérations et villages arabes. La moindre initiative locale est contrôlée et téléguidée, le plus petit soubresaut politique à l'intérieur d'un clan ou de l'une de ses branches est dépisté et utilisé par le pouvoir central.

Le *Chin Beth* (service de sécurité, abréviation de *Chirouth Bitakhon* (police secrète israélienne), est actif et présent *jusque dans les chambres à coucher,* disent les Arabes. Le climat de suspicion au sein des communautés minoritaires est pesant, en particulier en période d'élections municipales. A cette époque, les villages et les quartiers arabes des villes sont en effervescence, méconnaissables. A la tombée du jour, lorsque les hommes sont rentrés de leur travail, il se produit un va-et-vient incessant dans les rues. Des réunions secrètes se tiennent chez tel ou tel chef de *hamoula*. Au café, aux portes des églises et des mosquées, des discussions enflammées s'engagent et se poursuivent souvent jusqu'à l'aube. Scissions et coalitions nouvelles se font et se défont entre les groupes politisés pendant la campagne électorale, qui mobilise toute la vie sociale.

Quoiqu'ils manifestent d'avantage leur présence depuis quelques années, les partis politiques interviennent peu au niveau des élections municipales. Les listes locales, celles des *hamoula,* dominent les élections. Les grandes *hamoula* sont le plus souvent apparentées aux partis politiques qu'elles soutiennent au moment des élections nationales et qui, en retour, les aident, — financièrement, par exemple, — dans leur course au pouvoir local.

situation particulière de Nazareth

A Nazareth, toutefois, la vie locale, plus intense qu'ailleurs, attire les partis politiques qui essaient de s'implanter en milieu arabe. En 1970, au cours des élections au Conseil municipal de Nazareth, les listes nationales sont représentées : le M.A.P.A.M., le R.A.K.A.H. et deux listes arabes. Le R.A.K.A.H. réunit 39,4 % des voix ; les listes locales apparentées au R.A.K.A.H. et au parti Travailliste israélien, le M.A.P.A.I., 31 % des voix ; le M.A.P.A.M. 6,2 % et les listes arabes 29,4 % des suffrages exprimés. Nazareth, ville des sectes religieuses donne 11 % de ses voix aux listes des partis religieux arabes — partis qui toutefois ne rassemblent pas suffisamment de voix pour avoir un représentant à la *Knesseth*.

L'insignifiance des liens entre Arabes israéliens et partis politiques est symptômatique du rapport que la société israélienne et ses institutions entretiennent avec la « minorité ». L'intérêt que leur porte la majorité des partis, à commencer par le parti dominant de la coalition gouvernementale, le M.A.P.A.I., est purement électoral.

Le M.A.P.A.I., disposant de moyens financiers et administratifs des plus importants, a été l'un des premiers partis à pouvoir s'implanter en milieu arabe. Pendant la période du gouvernement militaire, il pouvait exercer toutes les pressions qu'il voulait au sein d'une population désorientée et affaiblie. Dès 1949, le M.A.P.A.I. crée des « listes arabes » affiliées au parti. A la *Knesseth*, les quelques députés arabes élus siègent à proximité des bancs du M.A.P.A.I., mais ne participent ni aux travaux de commissions parlementaires importantes, ni aux activités quotidiennes du parti. Ils sont exclus des réunions sur les problèmes de sécurité. Les listes arabes, « *Liste démocratique des Arabes israéliens* », « *Progrès et développement* », « *Coopération et fraternité* », « *Agriculture et développement* », sont des listes peu consistantes quant à leur programme et peu représentatives de la population arabe. Ce sont en fait des groupements de personnalités, de vieilles élites traditionnelles, des individualités sélectionnées par le parti, peu disposés à mener une action politique réelle et inactifs en dehors des périodes électorales.

audience du m.a.p.a.i.

Quant au M.A.P.A.M., dès 1954, il encourage les Arabes à s'inscrire sur ses listes et à adhérer à son organisation. Les efforts qu'il accomplit pour établir un contact avec les populations arabes démarquent nettement ce parti du M.A.P.A.I. Au centre de Guivat Haviva (en plein cœur du « Triangle »), les réunions et les symposiums se multiplient. Sérieux et efficaces, les cours d'arabe pour jeunes *kibboutznikim*, membres du parti, permettent l'ébauche d'un échange culturel entre Juifs et Arabes. Les contacts personnels sont bons mais ils restent le fait d'une minorité. La revue *New outlook* ouvre ses colonnes aux

... du m.a.p.a.m. ...

intellectuels arabes du parti ; les analyses de politiciens et de sociologues qu'elle publie sont de très grande qualité et en font une des sources les plus sérieuses pour la connaissance des Arabes israéliens.

Les prises de position du M.A.P.A.M. sur les sujets concernant la minorité arabe ont été, par le passé, plutôt à l'encontre de la politique gouvernementale. Ce parti a voté contre l'administration militaire en 1962 et s'est prononcé dès 1959, pour la réintégration de certains réfugiés. Le M.A.P.A.M. estime que Nationalisme arabe et Sionisme ne sont pas incompatibles et que le conflit entre les deux mouvements peut être résorbé par la collaboration des forces socialistes progressistes. Position difficile à tenir lorsqu'on voit l'incompatibilité de certaines options du parti avec celles des Nationalistes arabes. Depuis 1967, cette ambiguïté est aggravée par la participation du M.A.P.A.M. à la coalition gouvernementale, position qui n'est pas sans réduire la crédibilité dont ce parti veut bénéficier au sein de la communauté arabe.

Si le M.A.P.A.M. accorde aux Arabes une place plus large et plus constructive que la plupart des autres partis politiques, le processus de son implantation parmi les Arabes israéliens reste dans la ligne politique gouvernementale classique. Le M.A.P.A.M. s'appuie avant tout sur l'organisation sociale traditionnelle et sur ses élites. Il recrutera peu de suffrages parmi la jeune génération contestataire du pouvoir des anciens et ne provoquera pas non plus d'adhésions importantes au sein de la nouvelle classe intellectuelle arabe. Le caractère fondamentalement sioniste du parti en est une des raisons. Les kibboutzim du mouvement *Ha Artzi,* affiliés au M.A.P.A.M., sont souvent installés sur l'emplacement d'anciennes terres arabes, et un nombre important de paysans arabes y travaillent comme salariés. Ceci contribue à rendre inconfortable la position de ce parti qui, d'une part, dénonce et tente de réduire les injustices dont sont victimes les populations arabes d'Israël, mais, d'autre part, ayant participé, pendant certaines périodes historiques au gouvernement du pays, n'a pu et ne peut s'opposer radicalement aux mesures qu'il juge discriminatoires.

Tableau 14
RESULTATS DE L'ELECTION DE LA SEPTIEME KNESSETH
Répartition en fonction des listes présentées dans les circonscriptions des minorités - 1969 (¹)

Listes	Villes	Localités	Bourgs	Villages	Bédouins	Total	%
Emet (Avodah + M.A.P.A.M.)	880	388	6.145	3.600	2.445	13.464	13,3
Minorités affiliées à l'Avodah	6.143	2.504	19.292	8.055	5.211	41.205	40,8
R.A.K.A.H.	7.249	3.811	16.103	2.197	515	29.875	29,6
R.A.F.I. fraction dissidente	23	31	727	49	162	992	1,0
Parti religieux	881	334	5.061	1.933	236	8.445	8,5
Gahal	140	83	589	197	113	1.122	1,1
Herouth fraction dissidente	14	14	771	181	85	1.065	1,1
Libéraux Indépendants	169	153	712	314	294	1.642	1,6
Haolam Haze	55	30	638	98	412	1.233	1,2
Parti communiste M.A.K.I.	130	82	330	56	146	744	0,8
Agoudath Israël religieux	14	11	46	13	66	151	—
Travailleurs Agoudath I.	22	7	63	47	99	239	—
Divers 3 listes (¹)	78	103	387	38	327	933	0,9
Total	15.799	7.551	50.865	16.784	10.111	101.109	100,0

(¹) « Pour la Paix » - « Jeune Israël » et « Eretz Israël ».   N.B. - Jérusalem Est comprise (125.766 électeurs ayant voté à 84,2 %).

Les principaux journaux arabes en Israël.
— El Anba : quotidien, Jérusalem, publié par le Jérusalem Post, le Conseiller aux affaires arabes et le Département arabe de la Histadrouth.
— El Kods : quotidien indépendant, Jérusalem.
— El Itihad : bi-hebdomadaire, R.A.K.A.H., Haïfa.
— El Misrad : hebdomadaire, M.A.P.A.M., Tel-Aviv.
— El Yom Leolanda : mensuel pour écoles arabes, Histadrouth, Tel-Aviv.
— El Jadid : mensuel littéraire et politique, R.A.K.A.H., Haïfa.
— El Ghad : mensuel pour jeunes communistes, R.A.K.A.H., Haïfa.
— El Salam et El Hor : mensuel de la section latine, littérature, affaires religieuses, Nazareth.
— El Rabta : mensuel de la secte grecque orthodoxe, littérature , affaires religieuses, Nazareth.
— Hadja El A'alam, du groupe Ha Olam Haze, Tel-Aviv.

Tableau 15
LE VOTE ARABE

Répartition en pourcentage des votes exprimés dans les villages arabes, villages et camps de bédouins de 1949 à 1961 (²)

Listes	1ère Kness. 1949	2ème Kness. 1951	3ème Kness. 1955	4ème Kness. 1959	5ème Kness. 1961
Participation en %	79,3	85,5	90	87,6	86,8
Ahdouth Avodah			1,5	5,2	4,6
Liste arabe dissidente				10,4	4,7
Communistes	23,6	15,1	15,6	11,2	22,5
Herouth				2,2	1,6
Libéraux	2,4	8,5	1,6	1,5	1,2
M.A.P.A.I. + listes arabes	48,7	67,9	64,7	49	49,2
Juifs Orientaux	8,0				
Partis religieux juifs			2,3	3,6	3,6
M.A.P.A.M.	11,3	5,6	7,3	14	11,7

Tableau 16

VOTES POUR LES LISTES ARABES DE LA 1ère KNESSET A LA 6ème KNESSETH (³)

Nom de la liste	Affiliation	% vote total	Sièges
1949			
Blocs travailleurs	M.A.P.A.I.	0,7	—
Liste démocratique de Nazareth	M.A.P.A.I.	1,7	2
Bloc Arabe Populaire	M.A.P.A.M.	0,6	—
1951			
Liste Démocratique des Arabes en Israël	M.A.P.A.I.	2,4	3
Agriculture et Développement	M.A.P.A.I.	1,1	1
Progrès et Travail	M.A.P.A.I.	1,2	1
1955			
Liste démocratique des Arabes en Israël	M.A.P.A.I.	1,8	2
Agriculture et Développement	M.A.P.A.I.	1,1	1
Progrès et Travail	M.A.P.A.I.	1,5	2
Liste Arabe, le Centre	Sionnistes Généraux	0,5	—
1959			
Agriculture et développement	M.A.P.A.I.	1,1	1
Progrès et développement	M.A.P.A.I.	1,3	2
Coopération et Fraternité	M.A.P.A.I.	1,1	2
Liste indépendante des Arabes en Israël	Indépendant	0,4	—
Progrès et Travail	Indépendant	0,5	—
Parti Travailliste Israélo-Arabe	Ahdout Avodah	0,3	—
1961			
Coopération et Fraternité	M.A.P.A.I.	1,9	2
Progrès et Développement	M.A.P.A.I.	1,6	2
Progrès et Travail	Parti religieux national	0,4	—
Défenseurs de la Démocratie	Indépendant	0,0	—
1965			
Coopération et Fraternité	M.A.P.A.I.	1,4	2
Progrès et Développement	M.A.P.A.I.	1,9	2
Liste pour la Paix	R.A.F.I.	1,5	—

... et du parti communiste m.a.k.i.

Le principal rival du M.A.P.A.M. au sein des populations non-juives du pays est le Parti Communiste M.A.K.I., ouvertement favorable au Nationalisme arabe. Malgré quelques prises de position nettement sionistes en 1948, le M.A.K.I. se déclare et s'affirme non-sioniste. Progressivement, il élargit son audience parmi les Arabes israéliens au détriment du M.A.P.A.M.

Les relations entre le Parti Communiste et les Arabes israéliens ont été mouvementées. Créé en 1919, le Parti Communiste Palestinien se scinde en 1943 en deux ailes : l'aile juive, « *le Parti Communiste de la Palestine* », et l'aile arabe, « *la Ligue Nationale pour la Liberté* ». Le 22 octobre 1948, le M.A.K.I., Parti Communiste israélien à tendance pro-soviétique, est créé et réunit les fractions juives et arabes. L'apogée de son influence au sein des communautés arabes d'Israël se situe en 1958, c'est-à-dire à l'époque où se forme l'union de l'Egypte et de la Syrie, et naît la République Arabe Unie, au moment où Gamal 'Abdel Nasser et le Nationalisme arabe voient grandir leur importance. En 1961, l'échec de cette tentative d'union égypto-syrienne et la désillusion que cela a entraîné pour les Nationalistes arabes, affaiblit, par contre-coup, l'influence du Parti parmi les Arabes d'Israël.

Le Parti Communiste publie plusieurs journaux, périodiques et revues en langue arabe : un journal bi-hebdomadaire *El Itihad* (L'Union), un mensuel *El Jadid* (Le Nouveau), *El Ghad* (Demain), revue destinée aux jeunes.

le r.a.k.a.h.

En 1965, des dissensions internes éclatent et le Parti Communiste se scinde en deux : le M.A.K.I., qui conserve le nom de Parti Communiste Israélien, et le R.A.K.A.H. qui s'intitule la *Nouvelle Liste Communiste* en vue des élections de 1965.

Le M.A.K.I. devient un parti à très grande dominante juive et c'est le R.A.K.A.H. qui hérite de la majorité des voix arabes communistes. En 1964-65, le R.A.K.A.H. compte 70 % d'Arabes parmi ses membres.

Plus radical, le R.A.K.A.H. ne considère pas, comme le M.A.K.I., que les Arabes israéliens soient, à l'intérieur de l'Etat d'Israël, une minorité dont il faut uniquement défendre les droits ; il estime qu'ils font partie intégrante de la Nation arabe palestinienne et d'une Nation arabe élargie.

Depuis la création de l'Etat d'Israël, les dirigeants communisants arabes ont été des Chrétiens, membres d'une classe moyenne lettrée et idéologiquement bien préparée. Tawfik Toubi et Emile Habibi, tous deux députés, et Emile Toma, le théoricien du Parti, sont les chefs de file des Communistes arabes israéliens affiliés au R.A.K.A.H.

L'implantation communiste est particulièrement forte à Nazareth (qui, en 1976, a élu un maire communiste) et dans le gros village de Shfar'Am où les Grecs orthodoxes sont parmi les plus actifs partisans.

Un regard sur les résultats des élections en 1973 montre, malgré une poussée communiste arabe de plus en plus forte, la prépondédance, chez la minorité, du parti gouvernemental Avoda (53 % des voix en 1969). En dépit du climat de mécontentement qu'ils connaissent, l'adhésion des Arabes au parti gouvernemental est l'indice d'une sorte de désespoir face à un quelconque changement ainsi que de l'emprise des anciennes forces politiques passives et conservatrices. Hormis les Communistes, les Arabes votent en général conformément au mot d'ordre donné par le chef de leur *hamoula.* Quant aux femmes, elles suivent l'avis de leur mari et ne représentent aucune force politique autonome.

Toutes les tentatives de constitution de partis politiques purement arabes se sont heurtées à de fortes oppositions. Non seulement de la part du gouvernement, inquiété par le développement d'un regroupement arabe hors du contrôle d'une institution juive, mais également de la part des partis politiques existants dont on devine les « craintes électorales ».

Certaines autres organisations juives, ont, par-delà les partis existants, essayé de poser dans de nouveaux termes le problème politique des Arabes israéliens. Parmi celles-ci on peut retenir le nom d'Uri Avnery et de son mouvement *Ha'olam Hazeh* (Ce Monde-ci) ; Avnery substitue au Sionisme le concept de « Nationalisme hébreu », spécifiquement israélien, et affirme la nécessité pour Israël de s'insérer dans le Proche-Orient arabe. Il y a aussi en 1962 le groupuscule maoïste *Matzpen* (La Boussole), organisation socialiste israélienne, qui, très anti-Sioniste, propose la « désionisation » d'Israël et son intégration dans une fédération socialiste du Moyen-Orient. Numériquement insignifiants, ces mouvements, dont les idées pourtant circulent et se répandent dans tout le pays, ne touchent qu'une très faible minorité d'Arabes.

El Ard   Le premier essai organisé de revendications politiques purement arabe a lieu en 1958. Le 1er mai, une manifestation se déroule à Nazareth ; réprimée par les forces de police, elle aboutit à la création d'un Comité de Soutien aux manifestants emprisonnés ou poursuivis. Le 6 juillet de la même année, le Front Arabe naît. Il réclame l'égalité entre ouvriers arabes et juifs, l'abolition de l'administration militaire, le retour des réfugiés Arabes, l'arrêt de la confisquation des terres arabes, etc...

Le Front Arabe est constitué au moment de la formation de la République Arabe Unie et de la vague de sympathie pro-nassérienne qui se développe parmi les Arabes israéliens. Les Communistes soutiennent le mouvement et le gouvernement ne s'y oppose pas puisqu'il est contrôlé par le parti politique juif, le M.A.K.I. Mais à la fin de l'année 1958, le Front se dissout à la suite de la rupture entre Nasser et le leader irakien pro-Communiste Kassem. Communistes et pro-nassériens s'opposent en Israël. Le climat politique est passionné. Les Nationalistes pro-égyptiens fondent alors le groupe *El Ard* (La Terre) autour du journal du même nom.

La naissance d'un mouvement Nationaliste arabe qui permettrait l'émergence de nouvelles forces politiques contestataires, se heurte à l'opposition du pouvoir central et du M.A.P.A.I. Après avoir été officiellement agréé, le journal *El Ard* est suspendu et, au terme de longues procédures juridiques, le groupe est dissout en 1964.

Les partis politiques - rappel.

— **AGOUDATH ISRAEL : parti religieux, dit orthodoxe.**
— **AVODA (parti travailliste) : réunion des partis « M.A.P.A.I. » et « Ahdouth Avoda » et « R.A.F.I. ».**
— **GAHAL : réunion des partis « libéral » et « Herout » (partis d'extrême droite).**
— **HA OLAM HAZE : groupement progressiste.**
— **INDEPENDANTS LIBERAUX : tendance réformatrice.**
— **M.A.K.I. : parti communiste israélien, sioniste.**
— **M.A.P.A.M. : aile gauche de la coalition gouvernementale.**
— **PARTI NATIONAL RELIGIEUX.**
— **R.A.K.A.H. : parti communiste dit arabe, non sioniste, détaché du M.A.K.I. en 1967.**

En 1965, invoquant la sauvegarde de la sécurité de l'Etat, la Haute Commission électorale interdit la liste socialiste arabe à laquelle participent les dirigeants de *El Ard*. Ceux-ci tentent de boycotter les élections ; ils sont poursuivis et le mouvement définitivement enterré. Dans les années 1960, une « psychose *El Ard* » grève les relations entre la minorité et le gouvernement israélien. La moindre tentative (et il y en aura) de regroupement arabe en dehors des canaux politiques juifs est, d'une manière ou d'une autre, l'objet d'une opposition gouvernementale et les revendications arabes à caractère nationaliste qui risquent de mener très rapidement à une contestation radicale du Sionisme et, par conséquent, à une mise en cause du fondement idéologique do l'Etat d'Israël, sont réprimées.

Ici résident l'ambiguïté et le blocage de la situation politique que vit l'Arabe israélien. Par la nature même de sa personnalité politique, il est, soit en décalage —, voire en contradiction, — avec les partis nationaux et leurs buts réels, soit l'élément principal d'une remise en question dangereuse pour les structures mêmes de l'Etat d'Israël.

La minorité ; situation économique et sociale

Après la période d'immobilisme total que furent, pour les communautés arabes d'Israël, les cinq premières années de la création de l'Etat, les villages, villes et quartiers arabes connaissent — surtout depuis les années 60 — une modernisation accélérée de leurs institutions et infrastructures économiques. L'aménagement du réseau routier, l'électrification, l'installation de l'eau potable courante et l'urbanisation transforment l'organisation sociale et l'aspect physique des agglomérations arabes. Les principales mesures sont élaborées et développées par le gouvernement israélien, suivant un plan général de développement des localités arabes et druzes. Et, en dépit des revendications arabes qui dénoncent la faiblesse des investissements gouvernementaux du secteur arabe par rapport au secteur juif et des inégalités qui en résultent, des progrès indéniables sont enregistrés chaque jour.

politique sanitaire, situation démographique...

La réalisation la plus positive de l'Etat d'Israël pour les Arabes du pays, est sans conteste, l'introduction de l'hygiène, des services sanitaires et des soins médicaux. Les maladies endémiques sont enrayées ; la mortalité infantile diminue d'une façon spectaculaire ; l'espérance de vie augmente. Les dispensaires mis en place par le gouvernement ou par le syndicat israélien, la *Histadrout,* ainsi que des hôpitaux bien équipés et des médecins compétents ont établi la nouvelle « carte de santé » des populations arabes.

Les conséquences d'une telle politique sanitaire sont considérables. La structure sociale traditionnelle, bien vivante comme nous l'avons vu, repose toujours sur la *hamoula*. Ainsi, le nombre des membres pour chaque *hamoula* demeure un facteur de puissance politique, et la vague démographique due à l'effet des mesures de santé est, par conséquent, d'une grande importance. Quant à la famille nucléaire, de plus en plus forte, elle reprend à son compte les valeurs fondamentales de l'ancienne organisation sociale. Les tentatives de régulation des naissances vont échouer et, bénéficiant des nouvelles mesures sanitaires, la taille de la famille augmente tous les ans. Le taux d'accroissement naturel de la population arabe (musulmane surtout) est parmi les plus élevés du monde : 40,5 ‰ en 1969 contre 16,2 ‰ la même année pour les populations juives.

...et problème de population majoritaire en Israël

Il n'y a aucune raison pour que, dans les années à venir, la pression démographique enregistrée au sein de la minorité diminue. Dans le même temps, l'immigration juive n'est pas assez forte pour pallier à l'augmentation du pourcentage de la population arabe par rapport à la population totale. Si l'on ajoute à cette population non-juive les populations des territoires occupés par Israël en 1967, il y aura dans un très prochain avenir une majorité arabe dans les territoires contrôlés par Israël.

Ceci est l'un des risques, et non le moindre, d'une politique d'annexion. En ce qui concerne les seuls Arabes israéliens, le problème est moins aigu, mais, il se posera également un jour ou l'autre. Quelle serait alors la viabilité d'un Etat Juif à majorité arabe ? La question est vécue d'une façon angoissante par certains dirigeants israéliens qui, dès aujourd'hui, la posent.

Les prévisions démographiques pour 1978 estiment qu'il y aura en Israël, pour une population totale de 3.143.000 personnes, 605.300

non-Juifs qui représenteraient alors 15 % de la population israélienne. En 1993, il y auraient 1.063.000 de non-Juifs en Israël et ils constitueraient alors 20 % de la population totale (5.117.300 personnes).

le rapport Koenig

En août 1976, un document secret, connu sous le nom de « *rapport Koenig* », est rendu public en Israël. Israël Koenig, Commissaire au Ministère de l'Intérieur pour le District nord, y présente son analyse de la situation des Arabes du pays et y formule des suggestions pour une politique à venir. Il y décrit la montée d'une conscience politique arabe au sein de la nouvelle génération, et met en garde les autorités contre la menace que cela représente pour le gouvernement actuel en Israël. Et cela, tant au niveau économique (multiplication des grèves et des revendications sociales) que politique (recrudescence de la contestation, glissement vers la gauche communiste et notamment vers le R.A.K.A.H.).

Koenig évoque longuement la croissance particulièrement rapide de la population non-juive d'Israël, phénomène qu'il considère comme primordial et particulièrement dangereux. Les mesures qu'il préconise constituent un ensemble de discriminations tendant à l'étouffement des forces vives qui s'expriment au sein des populations arabes d'Israël. Il faut, dit-il, créer un parti arabe, symétrique au M.A.P.A.I., qui devra être largement contrôlé par les institutions israéliennes ; encourager les Arabes à faire leurs études à l'étranger et augmenter leurs difficultés à trouver du travail en Israël pour favoriser ainsi leur émigration ; intensifier la présence des forces de police dans les secteurs arabes dans un but d'intimidation, etc...

La publication de ce rapport a provoqué en Israël un véritable tollé, de la part des Arabes, bien entendu, mais des Juifs également — membres de la Gauche pour la plupart. Les meetings à Nazareth, fief du R.A.K.A.H., — particulièrement visé dans le rapport, — comme les réactions individuelles et collectives de toutes sortes, se sont multipliés.

Si le rapport Koenig paraît être un cas, heureusement extrême, de rejet à l'égard de la « minorité » arabe, il n'en demeure pas moins qu'il met en relief les difficultés d'une situation dont les contradictions sont de plus en plus aiguës.

Economiquement, les Arabes israéliens

participent à deux secteurs différents et bien séparés : le secteur arabe et le secteur juif. Pendant les premières années de la création de l'Etat, la main-d'œuvre arabe n'a trouvé à s'employer qu'au sein de son propre secteur, et cela à cause de la protection du « travail juif » et du manque de débouchés qu'offrait la société israélienne encore balbutiante.

l'agriculture arabe...

L'agriculture est restée la source principale des revenus arabes. C'est un des sujets les plus controversés parmi les politiciens, économistes et sociologues de tous bords. Lourde de symboles, chargée d'affectivité et d'intense émotion, la question de la terre réveille les passions même chez les plus passifs et les plus résignés.

Plus de 2 millions de *dunam* sont encore l'objet de litiges entre les paysans arabes et le gouvernement israélien. Les batailles de chiffres et de textes législatifs ponctuent toujours les discussions, controverses et conflits qui s'élèvent entre Juifs et Arabes sur la question agraire. L'imprécision des lois ottomanes concernant l'enregistrement des terres laisse libre cours aux abus et aux spéculations foncières de la part des milieux gouvernementaux, et, peut-être, parfois aussi, à des revendications illégitimes de la part des paysans.

Quoi qu'il en soit, l'agriculture arabe en Israël est en régression complète et sa situation globale plutôt défavorable. En 1963, dans 104 villages, sur une population rurale de 172.000 Arabes, 95.000 personnes possèdent une terre. Le Ministère de l'Agriculture estime que la surface minimale de viabilité d'une propriété terrienne est de 31 *dunam* par famille. Seuls, 28 % des paysans arabes possèdent le minimum vital. En outre, depuis 1948, les terres arabes sont cultivées par les femmes et les vieux qui ne travaillent pas à l'extérieur du village. Les statistiques qui mentionnent la catégorie des Arabes employés dans l'agriculture font référence à ceux qui, nombreux, travaillent dans le secteur agricole juif, et non à ceux, de plus en plus rares, qui vivent du produit de leur propre terre. De 1949 à 1963, le nombre des Arabes sans terre a augmenté de près de 20 %. Les difficultés économiques et les pressions gouvernementales amènent les paysans à vendre leurs terres. Les Arabes qui achètent des terres et agrandissent leur propriété foncière sont des cas d'espèces.

De plus, comme on l'a déjà vu, la surface des terres cultivées diminue dans le secteur arabe. Avec la pression démographique et l'absence totale d'exode rural vers les centres urbains — les restrictions de l'administration militaire et l'accueil peu favorable des populations juives en sont les principales causes — la zone de construction des maisons d'habitation s'étend au détriment des zones de culture.

Il est à préciser que les difficultés de l'agriculture arabe sont également imputables à certains éléments propres à l'organisation interne de la société ; ainsi en est-il du système d'héritage qui entraîne le morcellement de la propriété. Le nombre des fermes augmentant, la taille moyenne de la propriété terrienne va proportionnellement diminuer. Une baisse de la rentabilite de la terre en sera la conséquence première. Les tentatives arabes de constitution de coopératives de production se soldent le plus souvent par des échecs. En effet, le système social de propriété chez les Arabes reste de type féodal et patriarcal. De leur côté, mal adaptés à la mentalité arabe traditionnelle, les plans de crédit et d'investissement gouvernementaux, se heurtent souvent à des résistances psychologiques de la part du paysan.

Néanmoins, la rentabilité des terres arabes cultivables a sensiblement augmenté depuis la création de l'Etat d'Israël. Mécanisation, techniques modernes de culture, irrigation ont transformé l'agriculture extensive qui était celle de la Palestine, en une agriculture moderne, bien technicisée. Toutefois, le progrès enregistré reste insuffisant et ne permet pas à ce jour de considérer l'agriculture arabe comme un secteur économique actif et concurrentiel tel que peut l'être le secteur agricole juif. La rentabilité des terres juives est quatre fois plus élevée que celle des terres arabes. En matière d'irrigation par exemple, le gouvernement privilégie l'agriculture juive au dépens de l'agriculture arabe. Dans cette dernière, les cultures sèches (oliviers, tabac) seront encouragées. Au fils des années, le décalage entre les deux agricultures, s'accroît.

De plus, l'essor de l'agriculture juive et l'implantation de villes de développement exigent l'acquisition de nouvelles terres. La spoliation des terres des paysans arabes (à qui l'on propose des indemnisations souvent dérisoires) est un des problèmes douloureux de la population non-juive d'Israël. C'est l'un des pôles de la tension qui règne entre le gouvernement et la minorité.

Tableau 17
AIRE CULTIVÉE - 1.000 DUNAM (⁴)

Désignation	1948-49	1949-50	1954-55	1959-60	1964-65	1965-66	1966-67	1967-68	1968-69
Agriculture juive									
Total dont :	1.310	1.790	2.965	3.330	3.310	3.200	3.300	3.310	3.355
Culture des champs	892	1.291	2.142	2.307	2.125	2.004	2.108	2.113	2.145
Légumes, pommes de terre	51	90	241	231	229	240	231	235	248
Vergers	275	297	413	600	741	743	749	752	753
Pêche	15	22	37	49	61	60	59	57	55
Divers :									
Agriculture auxiliaire, fleurs	77	90	132	143	154	153	153	153	154
Agriculture non juive									
Total dont :	340	690	625	745	850	860	865	855	870
Culture des champs	238	563	483	568	660	668	672	656	670
Légumes, pommes de terre	19	43	29	39	44	44	45	46	47
Vergers	80	80	102	122	126	127	127	129	129
Divers :									
Agriculture auxiliaire, fleurs	3	3	11	16	20	21	21	24	24

En 20 ans, l'aire cultivée des terres juives a plus que doublé et il semble qu'il en soit de même pour les terres arabes. Il est à noter qu'il ne s'agit pas ici de la surface des terres juives et arabes mais de la surface des terres effectivement cultivées. L'intensification de l'agriculture amène le paysan à organiser 2 ou 3 cultures sur une même parcelle. Ceci a pour effet de doubler ou de tripler son aire de culture.

En 1976, la violence des manifestations arabes organisées lors de la « Journée de la Terre », pour protester contre le « plan de développement de la Galilée » (qui prévoit d'importantes dépossessions pour les paysans arabes), atteste de l'acuité de ce problème.

La disparition progressive de la propriété terrienne provoque une profonde frustration pour les paysans arabes, qui perdent ainsi la base de leur sécurité personnelle et celle de leur vie collective. Le comportement économique change très lentement ; les valeurs traditionnelles purement paysannes subsistent cependant, surtout chez les vieux pour lesquels la terre reste une valeur essentielle et irremplaçable.

Tableau 18

TAILLE DE LA FERME ARABE (⁵)

Désignation	1 à 30 dunam 1949-50	1963	30 à 100 dunam 1949-50	1963	+ de 100 dunam 1945-50	1963
Taille moyenne (dunam)	10,6	11,8	51,3	53,3	165,4	152,4
Nombre de parcelles par ferme	2,9	3,6	9,9	8,9	14,4	14,8
Taille moyenne d'une parcelle	3,8	3,2	6,5	6,0	12,4	10,4

On note ici la diminution de la taille moyenne d'une parcelle et, surtout chez les petits paysans, le morcellement de la propriété. Chez les plus gros propriétaires, l'unité relative de la propriété est la preuve de la force du système traditionnel et de la pression qu'exerce la *hamoula* sur les tentatives de scissions de ses membres.

... et les industries nouvelles

La mécanisation de l'agriculture, alliée à la diminution des terres cultivables, accroît la disponibilité de la main-d'œuvre arabe. Celle-ci cherche à s'employer dans les différents secteurs économiques agricoles, industriels, administratifs juifs et dans un nouveau secteur arabe, celui d'une industrie récemment implantée dans les villages arabes. Il s'agit de petites usines privées appartenant en général à des entrepreneurs juifs qui possèdent le savoir technologique et les capitaux nécessaires. Ce sont souvent des succursales de grosses entreprises juives : des usines de presses d'huile d'olive, des ateliers (menuiseries, garages, ateliers de réparation de machines, etc...) et surtout des industries textiles (tissus, lingerie, etc...) employant une main-d'œuvre locale de plus en plus importante.

Libérées des travaux ménagers par la modernisation de l'équipement et poussées par des raisons de nécessité financière, les femmes constituent la majorité de la main-d'œuvre employée par ces petites industries locales.

L'implantation trop récente de ce secteur économique ne permet pas encore d'en bien mesurer les conséquences au niveau de l'organisation sociale des villages, mais elles ne sont pas sans importance.

Le travail des femmes pose des problèmes considérables par rapport au code de conduite et d'honneur de la société traditionnelle. C'est un facteur essentiel de mutations.

travail en secteur juif

Dans l'agriculture, les Arabes sont le plus souvent employés comme journaliers ou saisonniers sur les terres de collectivités (kibboutz, moshav) et sur les propriétés privées juives. Les plus privilégiés sont métayers et renouent ainsi avec leur ancien statut. Les autres travaillent dans les usines des grandes villes : Tel-Aviv, Jérusalem, Haïfa, Acre, etc... ou bien, et c'est la majorité, sont ouvriers du bâtiment. Une petite phrase, bien connue dans le pays, traduit ce phénomène : *Ceux qui construisent Israël ? mais ce sont les Arabes !*

L'un des traits spécifiques du travail arabe en Israël, est la distance qui sépare le lieu de résidence du lieu de travail. Les plus favorisés font l'aller-retour dans la même journée. Les journées sont longues et difficiles, leur situation est cependant préférable à celle des autres, plus jeunes, en général célibataires, qui passent la semaine sur le lieu de travail et ne réintègrent leurs

Tableau 20

POURCENTAGE DES PERSONNES EMPLOYEES SUIVANT LES OCCUPATIONS (⁴)
(Moyenne 1969-1970)

Occupations	1969			1970		
	Juifs	Non Juifs	Ouvriers afro-asiatiques	Juifs	Non Juifs	Ouvriers afro-asiatiques
Professions libérales, scientifiques et apparentées	14,6	5,1	6,9	16,4	6,0	7,9
Administrateurs, directeurs, employés de bureau	18,4	3,5	10,5	18,8	3,2	11,1
Commerçants, représentants, voyageurs de commerce	8,5	7,9	7,8	7,7	7,3	7,1
Fermiers, pêcheurs et métiers apparentés	8,3	26,7	10,2	7,7	23,6	8,4
Employés des transports et communications	5,3	5,8	4,9	5,3	4,9	5,8
Métiers du bâtiment, des carrières et des mines	6,0	21,2	9,8	6,3	22,4	10,6
Artisans, ouvriers d'usines et de fabriques	25,6	19,7	31,1	25,1	20,6	31,1
Services divers	13,3	10,1	18,8	12,7	12,0	18,0
Total	100 %	100 %	100 %	100 %	100 %	100 %

villages ou leur ville (dans le cas de Nazareth) qu'en fin de semaine. Dans la localité juive les conditions de vie sont souvent précaires. Les ouvriers y louent des chambres qu'ils partagent avec d'autres membres de leur village ou de leur famille. Le contact entre Arabes et Juifs sur le lieu du travail reste limité.

la Histadrouth C'est au sein du Syndicat ouvrier, l'*Histadrouth*, qu'apparaît l'embryon d'une collaboration judéo-arabe, encore aujourd'hui bien sommaire.

Fondée en 1922, la *Histadrouth* — Confédération Générale des Travailleurs *juifs* d'Israël — est le Syndicat Ouvrier Juif Sioniste, qui, au

Tableau 19

DISTRIBUTION DE LA FORCE DE TRAVAIL ARABE [5]

Pourcentage

Années	Agriculture	Industrie	Construction	Commerce (1)	Transports	Services Publics	Privés
1963	38,7	16,6	22,3	5,9	4,5	8,2	3,0
1973	19,2	15,1	25,0	13,0	6,4	14,4	5,0

(1) Commerce : en 1963, commerce et banque,
              en 1973, commerce, restaurants et hôtels.

Total main-d'œuvre employée : 1963 : 8,1 ; 1973 : 9,8.

De 1963 à 1973, pendant une période de rapide essor économique pour le pays, il est intéressant de noter l'importance du secteur « construction » dans la distribution de la force de travail arabe (22,3 % en 1963 et 25 % en 1973) ainsi que l'exceptionnelle augmentation du pourcentage d'Arabes employés dans ce secteur (13 % en 1963 et 26,7 % en 1973) par rapport à la main-d'œuvre totale. L'agriculture arabe est en régression (38,7 % pour 1963, 19,2 % en 1973), alors que les services publics — principaux débouchés de la classe moyenne — sont en expansion au sein des Arabes (de 8,2 % en 1963 à 14,4 % en 1973). Notons enfin le développement du secteur privé arabe (petits entrepreneurs, commerçants, etc...).

départ, ne s'est pas vraiment démarqué du climat général d'indifférence pour les problèmes arabes qui était celui du *yichouv* en Palestine.

Des relations entre travailleurs juifs et arabes ont toutefois été établies. En effet, déjà en 1929-1930, la *Histadrouth* fonde une première section arabe à Haïfa. Une autre section, plus importante, sera établie en 1934, et en 1942, un premier grand mouvement de grève, qui réunit les travailleurs juifs et arabes, éclate dans les camps militaires anglais. La participation arabe à cette grève restera, cependant, insignifiante.

Cela leur paraît insuffisant, et ils demandent leur pleine adhésion au syndicat. En 1953, la *Histadrouth* est ouverte aux Arabes et les départements qui leurs sont réservés restent néanmoins séparés. Le département spécial pour les ouvriers arabes émet alors une série de revendications dont la plus importante est l'égalité des salaires entre Juifs et Arabes, revendication qui, dans certaines branches de l'économie nationale est encore d'actualité.

En 1959, le Comité Central décide d'admettre comme syndicalistes à part entière les membres des minorités qui servent dans les forces armées. Seuls, les Druzes bénéficient de cette mesure puisque, à la différence des autres minorités non-juives, ils accomplissent le service militaire national. L'action de la *Histadrouth* en milieu arabe se limite surtout à assurer une aide mutuelle (dispensaires, caisses d'assurance maladie) ainsi que des activités culturelles (groupes de jeunes, bibliothèques, organisations sportives). Economiquement, son rôle vis-à-vis des Arabes a été et reste toujours très ambigu. La nécessité de développer l'implantation juive, avant même la création de l'Etat, puis en 1948, l'établissement de l'administration militaire et les restrictions qu'elle a entraînées pour les populations non-juives du pays, ont posé au sein du syndicat les bases d'une ségrégation en contradiction avec la nature même de cette institution.

La position des ouvriers arabes, pris entre la société traditionnelle de leurs villages à laquelle ils ne cessent d'appartenir et la société juive urbaine qu'ils côtoient quotidiennement sans y être intégrés, est caractéristique du statut contradictoire des Arabes israéliens. Socialement, les ouvriers arabes mènent une vie divisée. Au village, la journée de repos se passe en jardinage, réunions de famille, bavardages entre amis et séances de télévision. Le rythme est lent et le comportement hautement codifié. L'attitude de respect à l'égard des Anciens et d'extrême retenue avec les femmes — autres que celles de la famille — est de rigueur. Tous les visages ont un nom, et les allées et venues de chacun sont commentées par tous. L'intimité des rapports sociaux est souvent étouffante. A la ville, c'est le dur travail d'usine ou de chantier et, le soir, la terrasse grouillante des cafés, le silence de la chambre meublée, la solitude et l'anonymat. C'est le rythme précipité et l'exubérance de la jeunesse juive, la liberté des rapports entre hommes et femmes, les tentations de la société de consommation.

les « anciens » et les « modernes »

Les ouvriers sont les principaux agents de l'innovation au sein de la communauté villageoise. Les « créateurs » de besoins nouveaux (Juifs pour la plupart mais également Arabes depuis quelques années), tous ceux qui cherchent de nouveaux débouchés de vente, trouvent dans la population arabe désorientée et désorganisée, une cible facile. La modernité, matérielle du moins, devient une valeur sociale de poids. Chaque foyer possède un équipement ménager moderne : le four électrique remplace le *taboun* en terre — l'ancestral four à pain — et les postes de télévision font maintenant partie du cadre familial. Les économies des foyers arabes israéliens sont en général consacrées à l'agrandissement d'habitations modernes et à l'acquisition de nouveaux équipements domestiques. Quant à l'organisation sociale traditionnelle, elle subsiste et tente, avec succès, de récupérer ces nouvelles valeurs et de les canaliser —, la dot que doit verser la famille du marié au père de la jeune femme en est l'exemple —, pour assurer la reproduction de l'ordre ancien.

La coexistence de ces deux systèmes de valeurs au sein d'unités sociales aussi fermées que celles des populations de la minorité arabe, ne se fait pas en toute sérénité. Une bataille des « Anciens » et des « Modernes », se déroule en filigrane de la vie sociale des Arabes israéliens. « Modernité » et « Tradition » : deux termes, ambigus et utilisés comme tels, à la fois lance et bouclier, valorisés et méprisés. Le statut des femmes et leur moindre changement est, comme nous l'avons déjà vu, un des enjeux principaux de cette lutte.

éducation...

Dans la confusion des valeurs qui se bousculent au sein de cette société, il en est une, transcendante, pour les uns comme pour les autres, point de rencontre des critères d'appréciation tant interne, arabe, qu'externe, juif, c'est celle de l'éducation.

De tous temps, la société arabe a valorisé l'exercice des travaux non-manuels, et a encouragé l'étude. Le pouvoir du Sheikh, personnalité religieuse respectée et écoutée, venait du savoir qu'il tirait de l'étude des textes sacrés. Si, sous les Turcs le système éducatif arabe était déplorable, les Anglais ont, à la différence, commencé à développer le réseau des écoles arabes, établi des programmes et édité les premiers livres scolaires, semblables à ceux dont se servaient les écoles des autres pays arabes sous protectorat britannique.

En 1949, soit un an après la création de l'Etat d'Israël, le gouvernement israélien promulgue une loi qui rend la scolarité obligatoire pour tous les enfants de 5 à 14 ans. Les Arabes israéliens bénéficieront de cette loi : de nouvelles écoles primaires et secondaires sont créées ; un nouveau système scolaire, de nouveaux programmes, largement inspirés des programmes destinés aux écoles juives sont mis en place.

Il faut noter ici que la langue des manuels scolaires et d'enseignement est l'arabe.

... et déculturation

Néanmoins, certains dénoncent le manque de spécificité du programme destiné aux Arabes. A la fin de ses études, le lycéen arabe en sait plus long sur l'histoire du peuple juif que sur celle des Arabes. Le Coran est moins étudié que la Thora. Pour les populations non-juives d'Israël, les lycées risquent de devenir la première étape d'une déculturation qui rejoint, en bonne logique, le problème de la canalisation politique des Arabes israéliens. L'hébreu est enseigné aux jeunes Arabes de façon intensive, les cours de Bible et de littérature hébraïque, l'histoire juive et les cours d'instruction civique occupent une place importante dans leur emploi du temps.

L'enseignement secondaire surtout, connaît un certain nombre de problèmes relativement graves. Ces problèmes sont dus à la présence à l'intérieur même du lycée arabe, des luttes interfamiliales qui dominent les relations entre enseignants et élèves. Les périodes électorales, par exemple, provoquent une véritable anomie dans l'organisation du lycée, et ont parfois entraîné le renvoi de certains élèves et même de certains enseignants.

Les lycées sont également le centre d'agitations politiques à caractère plus large. Les groupements de lycéens communistes et les tentatives de contestations de la politique gouvernementale y sont de plus en plus fréquents. Les plus importantes difficultés que connaît l'enseignement secondaire arabe sont la faiblesse du niveau des études et la carence en matière d'enseignants qualifiés. Le pourcentage d'échecs aux examens finaux (*bagrout*) est élevé et celui de l'accès aux études supérieures extrêmement faible, à peine 10 % des élèves arabes ont accès à l'enseignement supérieur ; ils représentent 1 % de la population estudiantine totale.

Le gouvernement israélien fait des efforts — encore insuffisants — pour améliorer la formation des maîtres arabes. Il n'existe pas, ou pratiquement pas, d'enseignants juifs dans les écoles et les lycées arabes. A cela s'ajoute la faible durée de fréquentation scolaire. Les nécessités économiques de bon nombre de familles arabes en sont la cause principale pour ce qui concerne les garçons. Pour les filles, le problème est différent. La mixité des classes est, nous l'avons vu, peu appréciée par les représentants des forces traditionnelles. Pour sauvegarder l'honneur de leur fille (à 14 ans, une Arabe est déjà une femme en âge de se marier, et dont il faut par conséquent limiter le contact avec le monde des hommes), les parents lui font interrompre ses études, dès qu'elle a accompli le cycle minimum d'études obligatoire.

les intellectuels

Le caractère sacré de la « connaissance » —, surtout quand elle est sanctionnée par une institution nationale —, réserve aux intellectuels un statut particulièrement élevé. Cette situation privilégiée de la nouvelle classe des intellectuels arabes, à l'intérieur de leur propre communauté ne trouve aucun écho au sein de la société juive et des instances nationales. A l'exception des postes d'enseignants dans les établissements d'enseignement primaire et secondaire arabes, le manque de débouchés est quasiment total pour les intellectuels arabes. Il en résulte, depuis quelques années, une émigration de plus en plus forte des étudiants arabes vers l'étranger : l'Allemagne, l'Italie, la France sont leurs principaux pays d'accueil. Plus que toute autre couche de la popu-

Tableau 21

JUIFS ET NON JUIFS DE 14 ANS ET AU-DESSUS, CLASSES D'APRES LA DUREE DE LA FREQUENTATION SCOLAIRE - 1961 - 67 - 68 - 69 - 70 - 74

Désignation		0 à 1 an d'études	1 à 4 ans d'études	5 à 8 ans d'études	9 à 12 ans d'études	13 ans et + d'études
Juifs						
1961	100 %	12,6	7,5	35,4	34,6	9,9
1967	100 %	11,3	7,6	31,9	37,9	11,3
1968	100 %	10,4	7,7	31,9	38,1	11,9
1969	100 %	10,1	6,8	31,7	39,0	12,4
1970	100 %	9,3	6,3	31,7	39,7	13,0
1970						15,6
Non Juifs						
1961	100 %	49,5	13,9	27,5	7,6	1,5
1967	100 %	44,9	12,8	31,9	9,4	1,0
1968	100 %	42,8	13,6	30,8	11,5	1,3
1969	100 %	38,1	13,2	34,8	12,4	1,5
1974	100 %	36,1	13,7	35,1	13,0	2,1
1974		24,1				4,9

lation, les intellectuels sont soupçonnés d'actions politiques subversives et font l'objet d'une surveillance pesante. Certains secteurs universitaires touchant à la sécurité de l'Etat, comme celui de l'électronique, leur sont d'accès difficile, pour ne pas dire interdits. Par la nature même de leur condition sociale, ils vivent la douloureuse contradiction des termes de cette nouvelle et bizarre personnalité politique que l'on dit « Arabe israélienne ».

Cette personnalité « Arabe israélienne » sort maintenant de l'ombre dans laquelle elle était plongée depuis près de trente ans. Les prochaines années verront, cela est certain, une nouvelle forme d'expression de ce groupe qui cherche encore les voies de son affirmation politique. La violence, après le silence qui fut longtemps leur politique, semble être un choix possible et même probable pour les Arabes israéliens. Si cette nouvelle orientation peut être jugée sans doute déplorable, voire même inutile, et sûrement dangereuse pour tous, il faudrait, pour pouvoir comprendre avant de juger, analyser les différents éléments de ce puzzle israélien et moyen-oriental, dans lequel les Arabes d'Israël sont un pion bien dérisoire, et examiner quelles peuvent être les perspectives de ces derniers.

Tableau 22

ETUDIANTS ARABES DANS L'EDUCATION SUPERIEURE - 1968-69 - 1969-70 - 1971-72 ([1])

Universités	1968-69	1969-70	1971-72
Jérusalem	157	205	250
Tel-Aviv	32	48	
Haïfa	191	257	334
Bar Ilan	25	57	100
Technion Haïfa	32	42	
Beersheva	3	5	20
Total	440	608	704

L'effort de scolarisation entrepris par le gouvernement israélien ressort nettement ici. Le pourcentage d'analphabètes arabes dépasse de 49,5 % en 1961 à 24,1 % en 1974. Néanmoins, le décalage entre Juifs et Arabes reste important : 9,3 % en 1970 chez les Juifs, contre 36,1 % chez les Arabes, la même année. Ce décalage est aussi net lorsque l'on observe les chiffres de fréquentation scolaire : en 1974, 15,6 % des Juifs ont un cycle d'études de 13 ans et plus, alors que ce chiffre n'est que de 4,9 % pour les Arabes. Et cela, malgré la réforme de 1968 qui prolonge le cycle d'études obligatoire jusqu'à l'âge de 16 ans.

En 1972-73, 990 étudiants arabes sont inscrits dans les différentes universités israéliennes.

PERSPECTIVES

ARABE ISRAELIEN OU ARABE EN ISRAEL ?

Eglal Errera

> *Le laborieux mûrissement des solutions (...) commence dans l'opposition.*
>
> *Pierre Mendès France.*

Au niveau fondamental des institutions de l'Etat d'Israël et par la nature même de celles-ci, les Arabes peuvent difficilement trouver la libre expression de leur personnalité. Nous l'avons vu, les contacts qu'ils ont avec la population juive sont ponctuels et restent le plus souvent le fait de relations personnelles amicales ou professionnelles.

Comme cela est souvent le cas dans la coexistence d'une société globale majoritaire et d'une minorité ethnique d'origine différente, le rapport entre le groupe juif et les Arabes du pays est déséquilibré et asymétrique.

relations asymétriques entre Juifs et Arabes

Les Arabes ont une bonne connaissance de la société juive environnante. La jeune génération en possède parfaitement la langue ; la culture et l'histoire juive ne lui sont pas inconnues ; les nuances, voire les contradictions de la société israélienne, ne lui échappent pas. Les médias, dont les Arabes sont grands consommateurs, jouent un rôle d'information important. Les Arabes sont à l'affût de tout renseignement sur cette société juive qui cristallise leurs fantasmes comme leurs frustrations.

La société juive, par contre, manifeste indifférence, voire hostilité à l'égard de la « minorité » du pays. Les stéréotypes vont bon train parmi les Juifs en ce qui concerne l'image de l'Arabe et de sa culture. Les intellectuels juifs qui établissent un contact constructif avec leurs homologues arabes sont peu nombreux. La culture arabe et ses valeurs essentielles, si semblables pourtant à leurs sources aux valeurs traditionnelles juives, sont niées, souvent déformées.

Une telle attitude peut, à la limite, paraître logique de la part des *Achkénazes,* parmi lesquels se recrutent l'équipe dirigeante et les couches sociales supérieures du pays, et dont on connaît l'indifférence et le mépris à l'égard des éléments orientaux —, qu'ils soient arabes ou juifs —, qu'ils côtoient pourtant depuis plus d'un quart de siècle. Mais un des paradoxes de la société israélienne se situe dans l'attitude des *Sépharades* à l'égard des minorités arabes. Les réactions d'hostilité les plus violentes que l'on enregistre à l'égard des Arabes sont celles des Juifs orientaux. Réaction de « frères ennemis » qui n'ont de cesse de se démarquer d'un groupe avec lequel une certaine solidarité culturelle aurait pu paraître naturelle. On peut rapprocher cette attitude de celle qu'adoptent aux Etats-Unis des « petits blancs » face aux Noirs. Le mouvement contestataire israélien des « Panthères Noires », lui-même, fait montre d'un manque d'intérêt surprenant pour le problème des minorités arabes du pays.

Ceci est l'indice du profond malaise que connaît la société israélienne, incapable de promouvoir l'épanouissement de ses différentes communautés culturelles qui constituent pourtant la principale source de son génie.

dilemme Ces relations judéo-arabes sont surtout l'expression du dilemme fondamental de l'identité de l'Arabe israélien. Identité telle qu'elle est perçue par les Juifs du pays, et telle qu'elle est ressentie, de plus en plus, par les Arabes eux-mêmes. L'analyse des conflits entre société juive et minorité arabe en termes psycho-sociologiques est totalement insuffisante et masque la réelle question qui est socio-culturelle, et donc avant tout politique. 'Abdel 'Aziz el Zu'ubi, député arabe à la *Knesseth*, l'exprimait ainsi : « *Mon peuple se bat contre mon pays, et ceci est mon dilemme* ».

L'intégration politique de l'Arabe israélien est-elle possible ? Est-elle même souhaitable ? Vers quel groupe doit aller son loyalisme : Israël ou les pays arabes ? Tout Arabe israélien est-il un ennemi potentiel de l'Etat Juif ? Faut-il considérer la communauté arabe d'Israël comme un groupe social autonome ou bien fait-elle partie intégrante d'une entité arabe plus vaste et plus spécifiquement palestinienne ?

Dans les premières années qui ont suivi la création de l'Etat d'Israël, l'Arabe israélien désorienté et désemparé aurait plutôt eu tendance à désirer son intégration dans la société juive et la reconnaissance de son statut et de sa dignité sociale. Le Nationalisme palestinien demeurait encore dans l'ombre et l'isolement culturel de la population arabe d'Israël du reste du monde arabe était particulièrement important. Devant le rejet dont il est victime de la part de la société juive, la déception et le désespoir initiaux de l'Arabe d'Israël font place, désormais, à une hostilité grandissante à la politique gouvernementale. Ce sont surtout les jeunes, échaudés par leur contact avec le monde juif, qui l'expriment de la façon la plus radicale.

A la fin des années 1950, l'expression politique de la minorité arabe se reliait au Nationalisme arabe, dont Nasser s'était fait le champion. La personnalité du Raïs faisait l'objet d'une adoration forcenée. L'identification au Nationalisme arabe fut la source principale des premiers mouvements politiques des Arabes israéliens. C'est l'époque de la formation du groupe *El Ard* dont on a vu l'éphémère existence.

L'année 1967 marque une étape cruciale dans l'évolution politique de la minorité arabe. L'humiliation, pour les pays arabes, qui a suivi l'écrasement de leurs armées pendant la Guerre des Six-Jours de juin 1967, a encore dévalorisé l'image de l'Arabe israélien à l'intérieur du pays. La victoire et la joie exubérante du peuple juif au sortir de la guerre furent sources de nouveaux rapports négatifs entre le Juif et l'Arabe du pays. 1967, c'est aussi la conquête par Israël de territoires arabes : la Cisjordanie, la Judée Samarie, Gaza et le Sinaï entrent sous contrôle israélien. Avant 1967, les Arabes israéliens n'avaient eu que des relations fort limitées avec les Palestiniens d'outre frontières. Seul *El Ard* avait eu quelques contacts avec les organisations palestiniennes de l'époque.

Après les premiers contacts émotionnels des retrouvailles familiales, les relations entre les Arabes d'Israël et ceux des territoires occupés seront tendues et difficiles. L'Arabe israélien a un complexe de supériorité prononcé vis-à-vis de son voisin cisjordanien. Il s'estime économiquement et culturellement plus avancé que les autres Arabes. Les Arabes des territoires occupés, eux, se réclameront d'un arabisme plus pur et plus intègre. Ils accuseront rapidement l'Arabe israélien de lâcheté et de collaboration avec l'ennemi israélien. Un Arabe israélien résumait ainsi la position de sa communauté après la Guerre des Six-Jours : « *Lorsque je vais à Tel-Aviv on me dit :* « *Sale Arabe* », *et lorsque je vais à Naplouse on me traite de* « *Sale Juif* ».

Profitant des difficultés économiques et de la désorganisation de leurs voisins des territoires occupés, certains Arabes israéliens les exploiteront, organisant un véritable marché du travail entre Israël et les territoires occupés. D'autres phénomènes sociaux, comme celui du mariage entre Arabes israéliens et cisjordaniennes, contribueront, nous l'avons vu, à aggraver la tension entre les deux groupes.

Au fil des années, cependant, la situation se normalise et la similitude du problème que les uns comme les autres doivent affronter, donne naissance à une nouvelle solidarité. Les tentatives d'achat de terres arabes et l'implantation des colonies juives dans les nouveaux territoires conquis ne sont pas des phénomènes étrangers pour les Arabes israéliens.

Les autorités jordaniennes tentent de s'opposer à la vente des terres arabes aux Israéliens. Le 5 avril 1973, les *oulemas* d'Amman émettent une *fatwa* (décision religieuse). « *Toute personne qui vendra aux Israéliens une parcelle de la terre de Palestine occupée sera considérée comme un infidèle et un traître à sa religion, à son pays et à sa nation* ». L'implantation israélienne en territoires conquis en 1967 provoque remous et révoltes locales : en novembre 1973, 4.200 Israéliens étaient déjà installés en territoires occupés ; en juillet 1974, 44 villages israéliens y étaient fondés. L'implantation des colonies sauvages (à laquelle s'opposent le M.A.P.A.M. et le M.O.K.E.D.) du Goush Emounim (Bloc de la foi), Juifs ultra-orthodoxes, partisans du *Grand Israël*, aggrave le climat de tensions politiques dans la région.

La conscience et l'activité politique des Arabes des territoires occupés ont une influence certaine sur l'évolution des Arabes israéliens. Les élections municipales cisjordaniennes du 12 avril 1976 confirment la force du bloc Nationaliste arabe et du Parti Communiste qui dominent la situation régionale.

En 1973, la guerre du Kippour qui n'était pourtant pas une victoire arabe, a néanmoins conféré une dignité nouvelle à l'image de l'Arabe dans la région ; en Israël, les Arabes en ont, dans une certaine mesure, bénéficié. Parallèlement, la pseudo-solidarité des gouvernements arabes face au problème palestinien s'est démasquée au fil des répressions et des massacres : Amman en 1970, le Liban en 1976 ; la solitude du peuple palestinien est maintenant évidente.

Pour les Arabes israéliens, l'identification au mouvement palestinien va alors se renforcer. Elle ne peut, toutefois, être complète. Plus d'un quart de siècle de contacts quotidiens avec les valeurs de la société juive israélienne ont façonné une personnalité arabe israélienne spécifique, différente de la personnalité des autres Palestiniens, qui, eux, ont continué à évoluer au sein d'un milieu purement arabe. Si les relations judéo-arabes en Israël sont conflictuelles et pénibles pour les Arabes israéliens, elles sont loin d'atteindre ce paroxysme de haine qui existe entre les organisations palestiniennes et l'Etat Juif. La réalité humaine juive dans la région a un poids essentiellement différent pour l'Arabe israélien et pour le réfugié palestinien d'un camp libanais : vécu et nuancé pour l'un, théorique et caricatural pour l'autre. Les actes de terrorisme, comme ceux de Maaloth et de Kyriat Shmoneh, provoquent toujours un malaise profond au sein des populations arabes d'Israël.

En regard des persécutions et des épreuves qu'ont subies et que connaissent encore les autres peuples de cette région (persécutions des minorités kurdes en Irak, oppression des Kabyles en Algérie, massacre des Palestiniens en Jordanie en 1970 et guerre libanaise), le problème de l'Arabe israélien peut paraître beaucoup moins préoccupant. Mais l'important est aussi la conscience qu'un groupe a de sa situation, de ses voies d'avenir et de sa liberté d'expression politique. Les difficultés de ce groupe charnière sont le révélateur impitoyable de l'échec de la coexistence entre l'Etat d'Israël et le mouvement palestinien, comme de l'incapacité de la société juive d'Israël de proposer à la minorité arabe un réel enracinement. L'échec de l'Etat, dans cette optique, est avant tout celui du blocage de la société juive dont les tensions (en particulier entre *Sépharades* et *Achkénazes*) et les valeurs dominantes (mythe de la puissance et des coups de force militaire, survalorisation de l'élément juif, mépris de l'environnement moyen-oriental arabe) empêchent la naissance d'un réel et indispensable changement dans la région.

Ceci doit être nuancé. Israël peut facilement apparaître comme un pays « tout d'une pièce », luttant pour sa survie sans compromis ni ouverture. En fait, la société juive d'Israël est —, on l'a vu —, composée de couches de populations variées et souvent antagonistes. Ainsi seront leurs attitudes respectives face aux Arabes du pays. Il se trouve, en effet, parmi les Juifs, des hommes et des femmes —, en général d'anciens pionniers dont l'installation dans le pays a précédé la création de l'Etat d'Israël, — qui ont côtoyé les Arabes palestiniens et établi avec eux des relations d'une toute autre nature que celles qu'a fait naître le nouveau contexte israélien et régional. Ceux-là jugent sévèrement l'attitude de la majorité de leurs compatriotes juifs. Ce sont eux — souvent membres du P.C. (M.A.K.I. et surtout R.A.K.A.H.) ou encore du M.A.P.A.M., qui militent aux côtés des Arabes dont ils sont les premiers défenseurs. Ils restent cependant peu nombreux et leur action demeure marginale et peu efficace au niveau national.

Parmi les jeunes *Sabarim,* de nouvelles tendances politiques, très timides encore, émergent et leur font prendre une conscience nouvelle de l'existence de cette population arabe dans leur pays et, par extension, de celle des Palestiniens et des populations arabes voisines. Comme leurs aînés, ils ont du mal à s'imposer. *Nous vivons en Orient,* disent-ils. Ceci est capital et représente, sans doute, le premier pas vers une véritable compréhension judéo-arabe. C'est poser, au niveau même de la société israélienne, un des problèmes fondamentaux de l'intégration politique de l'Etat hébreu, occidental dans ses valeurs culturelles, ses structures économiques et ses choix politiques, en terre moyen-orientale arabe.

La question est plus facile à poser qu'à résoudre : économiquement, par exemple, les pays arabes sont riches en pétrole et possèdent une inépuisable réserve de main-d'œuvre. Leurs orientations économiques et politiques en dépendront. A l'inverse, en Israël, le sous-sol est pauvre et la force de travail peu abondante. Les options économiques et les allégeances politiques de cet Etat sont, sans doute, aussi le garant de sa viabilité.

Les moyens utilisés par la révolution palestinienne et par ses combattants (le terrorisme, les contradictions et les luttes intestines des organisations palestiniennes, l'enseignement de la haine du Juif aux jeunes générations) pour affirmer les droits à l'existence autonome du peuple palestinien, constituent l'autre extrémité du cul-de-sac politique et humain dont les peuples moyen-orientaux font les frais. La caution internationale que recherchent les Palestiniens semble dérisoire. Nulle part mieux qu'au Moyen-Orient on ne sait le caractère aléatoire et opportuniste d'une organisation internationale comme l'O.N.U.

nationalismes

L'exacerbation des Nationalismes israélien et palestinien fait apparaître toute solution politique comme celle d'un compromis insuffisant, voire douloureux pour certains. Trois, si ce n'est quatre types de Nationalismes s'affrontent dans la région ; chacun remettant l'autre en question et, à l'extrême, le niant. Le Nationalisme des pays arabes, même s'il n'est pas homogène, est sans doute le mouvement le plus « installé » et le moins contesté d'entre tous. C'est un Nationalisme triomphant d'Etats indépendants et souverains. La principale pierre d'achoppement de ce panarabisme qui a tant de mal à se définir et à voir le jour, c'est la réalisation d'une unité politique et idéologique. Celle-ci, plus qu'imparfaite, est toujours remise en question. Il est d'ailleurs remarquable de noter qu'au moment où cette unité semble la plus compromise, les pays arabes et Israël connaissent les tensions les plus fortes.

Quant au Nationalisme israélien, il est de nature différente de celui de ses voisins. Il s'agit bien, comme pour le Nationalisme arabe, d'un « nationalisme d'Etat », mais il a pour premier objectif, la reconnaissance de son existence, voire la confirmation de cette reconnaissance. Pour un Etat déjà constitué, l'insécurité perpétue et renforce les structures et les institutions nationales. Israël est, en quelque sorte, condamné au Nationalisme par le jeu politique arabe et européen. Ainsi, corrélativement, le Nationalisme israélien, comme les autres mouvements de cette nature, vise un but politique interne : il doit neutraliser les effets des tensions sociales et économiques que ce pays connaît, et celles-ci, plus qu'ailleurs, y sont nombreuses en raison de la diversité des populations qui le composent.

Face aux pays arabes et à l'Etat d'Israël, le mouvement palestinien et les aspirations qu'il manifeste correspondent à une autre forme de nationalisme. Tout comme l'exprimait le Sionisme politique avant la création de l'Etat d'Israël, ce mouvement exprime la volonté des Palestiniens de se constituer comme force politique autonome au sein d'un Etat souverain. Ce Nationalisme, différent et opposé aux prétentions nationales des gouvernements arabes et israéliens, fait des Palestiniens le peuple indésirable de la région.

Enfin, une quatrième force politique à caractère nationaliste se développe dans la région. Elle est constituée par les Arabes d'Israël dans leur lutte pour la reconnaissance de leur identité culturelle et de leur personnalité politique. Paradoxe que ce « Nationalisme/arabe/israélien ». Quelles peuvent être ses revendications ? Economiquement et socialement, les tendances récentes de la politique gouvernementale israélienne vis-à-vis des minorités non-juives ne permettent pas de prévoir un changement radical de leur situation. Le blocage de la société arabe en Israël se fait tous les jours plus fort, l'opposition entre « Tradition » et « Modernité » dans l'éthique des Arabes israéliens est ressentie par la nouvelle génération avec plus de violence qu'autrefois. La conscience que cette nouvelle génération a du décalage entre sa situation et ses perspectives d'avenir et sa distinction des jeunes Juifs du pays, accentue le climat de tensions « intercommunautaires » que connaît Israël depuis quelques années.

Plus que des problèmes politiques et sociaux « classiques » de groupe défavorisé, les difficultés des Arabes israéliens proviennent avant tout de l'absence complète de leur participation au fonctionnement et au développement de l'Etat dans lequel ils vivent. Alors que les autres peuples de la région sont résolument tournés vers des luttes à caractère national, le « Nationalisme arabe israélien » est canalisé, réduit et condamné à une lutte à l'échelle communautaire. La dimension étatique ne leur appartient pas et cet anachronisme est ressenti par ce groupe comme une humiliation et une négation de sa personnalité politique. Même si le Nationalisme constitue à nos yeux la source principale des conflits internationaux modernes, et tout particulièrement de ceux du Moyen-Orient, il n'en demeure pas moins que, pour les Arabes israéliens, il constitue, dans les années à venir, une des seules ouvertures acceptables.

L'Etat israélien, nous l'avons vu, ne permet pas la réalisation d'une telle aspiration.

et l'Etat palestinien

D'autre part, ils ne peuvent aborder sans réticences la question de la constitution d'un Etat Palestinien aux côtés de l'Etat d'Israël — ce qui constitue à notre sens la seule solution équitable au conflit judéo-palestinien. En effet, quel serait le sort des populations arabes d'Israël lors de la création d'un Etat Palestinien ? Les contradictions de leur statut d'Arabes israéliens, même allégées, ne pourraient être résolues en profondeur. La création d'un Etat Palestinien, à supposer même —, ce qui est peu probable à court terme —, qu'il noue des relations positives avec l'Etat d'Israël, ne pourrait exercer une influence décisive au niveau des conflits internes des populations israéliennes.

Il resterait à l'Arabe israélien la possibilité de devenir citoyen du nouvel Etat Palestinien. Ce qui supposerait que s'opère un transfert des populations arabes résidant actuellement en Israël ; solution douloureuse, apparemment d'un autre temps, mais qui ne serait peut-être pas à écarter. Se pose alors la question de la place des Arabes venus d'Israël, dans le nouvel Etat : problème de leurs relations avec les autres populations palestiniennes pour lesquelles ils ont longtemps fait figure de « Traîtres à la Cause Palestinienne » puisque coexistant avec les Israéliens. Problème aussi de leur insertion culturelle dans le pays arabe que serait la Palestine; et cela après une longue « hébraïsation » et un contact prolongé avec la civilisation juive. Problème enfin, plus important encore, de leur accession au pouvoir politique et aux responsabilités nationales.

Au sein de l'Etat Palestinien, les Arabes venus d'Israël trouveraient-ils enfin l'expression de leur identité politique ; et quelle serait-elle ? Ou bien constitueraient-ils, encore une fois, une « minorité » dans un pays dont ils ne participeraient pas réellement à la construction ?

EGLAL ERRERA.

30 janvier 1977.

ISRAEL DEMAIN

Doris Bensimon

> *Pour le Bien et pour le Mal, il y a un temps pour chaque chose sous les cieux :*
> *Temps pour aimer, temps pour haïr ;*
> *Temps pour la guerre, temps pour la paix.*
>
> *(Ecclésiaste III/1 ; 8).*

Pendant deux millénaires, les Juifs ont gardé l'espoir du retour en Eretz Israël. Aujourd'hui, cet espoir s'est réalisé, mais dans quelles conditions, au prix de quels sacrifices ? Et surtout, de quoi sera fait demain ?

les deux faces de la médaille

On a pu parler du miracle israélien. En moins de cent ans, un cinquième de la population juive mondiale a rejoint la patrie ancestrale. Les pionniers ont arraché au sous-développement ce pays aux ressources naturelles très limitées. En utilisant, avec ingéniosité, tous les acquis de la modernité, savants, techniciens, ouvriers et paysans ont enfanté dans le labeur et la souffrance un Etat qui occupe aujourd'hui un rang honorable parmi les Nations les plus développées. Mais ce développement technologique n'est qu'un aspect de la médaille. Il a creusé les différences qui séparent Israël de ses voisins arabes ; il a créé des contradictions au sein même de la société israélienne.

On célèbrera, en novembre 1977, le 30ᵐᵉ anniversaire de la décision historique des Nations Unies qui est à l'origine de la création de l'Etat d'Israël. La naissance de ce nouvel Etat suscita alors un immense intérêt, une grande sympathie. A l'ouest comme à l'est, on souhaitait la réussite de l'expérience que certains, nombreux, saluaient comme la création d'une nouvelle société socialiste à visage humain. Qu'en est-il advenu ? Déchirée par ses propres contradictions, la Gauche Internationale, qui avait souhaité la naissance de l'Etat hébreu, s'en détourne aujourd'hui. Israël, trop dépendant de l'aide américaine, est isolé sur le plan international. Seul, il lutte pour sa survie. Pourquoi, cependant, refuser dans un monde où chaque peuple revendique... et obtient finalement son indépendance nationale, aux seuls Juifs cette même indépendance, gage de l'identité nationale et culturelle ?

Malgré l'afflux de centaines de milliers d'immigrants, tous les Juifs du monde n'ont pas rejoint l'Etat d'Israël. La Diaspora continue, même si la survie spirituelle et culturelle du Judaïsme y est encore plus menacée que dans l'Etat d'Israël. Certains Israéliens en sont déçus, d'autres, sans doute plus réalistes, affirment que le *kibboutz galouyoth,* le rassemblement des exilés n'est pas achevé. Pas plus d'ailleurs que le *mizoug galouyoth,* la fusion des communautés.

Pour le bien, pour le mal, il y a un temps pour chaque chose sous les cieux, affirme la sagesse de l'Ecclésiaste : cette sagesse est un trait fondamental du peuple juif. Cependant, en cette aube de l'an 1977, la question « Israël demain ? » est plus particulièrement actuelle.

perspectives démographiques

Déjà, un Juif israélien sur deux est né dans le pays. Les démographes israéliens prévoient jusqu'à la fin de ce siècle, l'afflux de 25.000 à 50.000 immigrants par an (cf. Première Partie : *La population juive de l'Etat d'Israël,* tableau n° 3). Les sources de l'immigration orientale sont virtuellement taries. Les nouveaux immigrants seront donc en grande majorité originaires d'Europe et d'Amérique. Voudront-ils venir ? Pourront-ils venir ? Une vague d'antisémitisme — conséquence de la crise économique et du changement radical d'un régime politique — va-t-elle accélérer le mouvement ? Autant de questions qui restent aujourd'hui ouvertes.

Si les prévisions des statisticiens israéliens se réalisent, les populations juives d'Israël atteindront cinq millions vers l'an 2000. Par rapport à leur importance numérique actuelle, les Orientaux seront en nette régression. Ce fait démographique réduira-t-il les tensions ? Ou bien assistera-t-on, dans la société israélienne, à la naissance d'une nouvelle minorité dont les problèmes seraient plus graves encore que ceux que nous avons analysés (cf. Première Partie : *Tensions de la société israélienne*) ?

Toutes les prévisions relatives à l'accroissement de la population juive partent de l'hypothèse suivant laquelle le flux des immigrants constitue la grande inconnue. Par contre, on connaît le taux d'accroissement naturel très élevé des populations non-juives, musulmanes surtout (cf. Deuxième Partie : *Les Musulmans*). Les démographes israéliens prévoient qu'à la fin du siècle, les populations non-juives d'Israël, dans les limites de l'Etat d'avant 1967, dépasseront le million. Aussi, le type de relations qui se développera entre Israéliens juifs et non-juifs sera, sans doute, un problème majeur de la société israélienne.

perspectives économiques

L'économie israélienne est actuellement au creux de la vague : balance de paiement déficitaire, inflation galopante, accroissement constant des prix des produits de première nécessité caractérisent la situation. Une part de plus en plus importante du produit national est investie dans l'équipement militaire : l'état de guerre latent ruine le pays.

Cependant, Israël n'est guère atteint par la crise du chômage : au contraire, il souffre d'un manque chronique de main-d'œuvre. Les travaux les plus humbles, n'exigeant guère de qualifications, y sont exécutés aujourd'hui par les immigrants orientaux et leurs descendants comme par les Arabes israéliens et ceux qui habitent les territoires occupés.

Qu'en sera-t-il vers l'an 2000, quand Israël aura évacué ces territoires et quand il comptera environ 6 millions d'habitants sur un espace relativement restreint ? Comme par le passé, les planificateurs de l'économie israélienne mettent leurs espoirs dans un développement de plus en plus accéléré des découvertes des sciences appliquées et de la technologie : mécanisation, automation. En même temps, tout en assurant une production agricole suffisante pour nourrir la population, on prévoit un processus accéléré de l'urbanisation. Sans doute, Israël n'évitera plus, dans un proche avenir, la naissance d'agglomérations urbaines géantes, source, on le sait, de détérioration des relations sociales.

Ce développement technologique accéléré creusera-t-il encore le fossé qui sépare sur ce plan Israël du monde arabe qui l'entoure ?

Ainsi, et ceci est une thèse maintes fois affirmée par les dirigeants israéliens eux-mêmes, la supériorité technologique de l'Etat d'Israël est l'une des conditions de sa survie. On peut cependant se demander si, dans la perspective de l'an 2000, cette hypothèse est encore justifiée. Certes, les voisins immédiats d'Israël, la Syrie, la Jordanie, l'Egypte, sont pauvres : leurs populations résistent avec plus de ténacité que celles d'Israël aux mutations imposées par la modernité. Cependant, les voisins d'Israël sont intégrés dans un monde arabe qui, aujourd'hui, grâce au pétrole, domine l'économie mondiale. Or, tous les Etats pétroliers investissent les revenus fabuleux dont ils disposent maintenant dans l'industrialisation de leur pays. A pas de géants, ils se sont engagés dans un processus de modernisation : comparé à celui qu'ils connaissent, le taux de croissance économique et sociale d'Israël apparaît faible.

perspectives sociales et politiques

Le type de société dont rêvaient les fondateurs de l'Etat d'Israël était socialiste et égalitaire. Tout au long de cet ouvrage, nous avons montré le glissement vers le Centre, voire vers la Droite, de la politique intérieure israélienne. Nous avons dénoncé les fossés qui subsistent ou qui se creusent entre Occidentaux et Orientaux, d'une part, entre populations juives et non-juives, d'autre part. Une bourgeoisie de type capitaliste s'est développée en Israël. Sur les plans économique, social et culturel, un groupe numériquement faible y domine des masses populaires dont le statut se dégrade de jour en jour par suite de l'inflation et de la cherté de la vie. De plus, en Israël, les différences entre les classes sociales suivent les clivages ethniques : en bas de l'échelle s'inscrit une grande partie de la population arabe d'Israël ; à un échelon guère plus élevé, les immigrants orientaux et leurs descendants ; au sommet de l'échelle, on trouve la plus grande fraction des populations juives originaires d'Europe et d'Amérique.

Cependant, malgré une relative fidélité de l'électorat israélien aux Travaillistes dont le pouvoir s'use, des voix de plus en plus nombreuses dénoncent cette situation. Israël est sans doute le pays qui, dans le monde, compte le nombre le plus élevé au kilomètre carré de contestataires de toutes sortes... et qui s'expriment librement. Des grèves sauvages, de plus en plus dures, organisées sans l'appui de l'officielle *Histadrouth,* éclatent à chaque instant. Aujourd'hui, la situation sociale est plus explosive que jamais : mais elle est bloquée par l'état de guerre latent. Cependant, trop d'hommes, trop de femmes sont encore épris en Israël d'un idéal égalitaire qui se réclame à la fois d'un socialisme authentique et du message des Prophètes. En cas de paix, les conflits sociaux éclateraient avec encore plus de vigueur. Il n'est même pas certain aujourd'hui que la révolte des masses défavorisées qui gronde, attende le jour où les voisins ennemis relâcheraient leurs pressions.

perspectives culturelles

Israël est aujourd'hui un melting-pot dans lequel s'affrontent tous les apports culturels de l'Orient et de l'Occident, la religion et la laïcité, la Tradition et la Modernité. De ces oppositions naît pourtant, peu à peu, une culture spécifiquement israélienne. Cette culture nouvelle, à la fois occidentale par ses tendances modernistes et orientale par son enracinement géographique, affirmera son identité d'ici l'an 2000. Mais cette mutation particulièrement profonde ne sera pas achevée en un quart de siècle. Elle se poursuivra, sans doute, pendant plusieurs générations.

Cette mutation culturelle est ponctuée de crises : toute création culturelle réellement originale est précédée de ruptures avec le passé.

On annonce, depuis des années, le *Kulturkampf,* — le combat culturel, — entre religieux et laïcs : la lutte pour la survie de l'Etat semblait une fois de plus, avoir bloqué la situation. Or, depuis quelques semaines, le *Kulturkampf* a éclaté. Les députés du M.A.F.D.A.L. ont rompu la coalition gouvernementale en s'abstenant lors d'un vote important, et le Travailliste Itzkhak Rabin a renvoyé ceux de ses ministres appartenant à ce parti (cf. Première Partie : *Une société en mutation : I. Rabin*). On ne peut encore prévoir toutes les conséquences de cette crise qui traduit l'un des malaises les plus profonds de la société israélienne. Si les protagonistes de la laïcité l'emportent, l'échiquier politique intérieur de l'Etat d'Israël en sera modifié. L'Etat hébreu sera un peu moins juif que par le passé. Certes, le Nationalisme juif demeure : mais ce serait une brèche importante qui faciliterait peut-être l'intégration des populations non-juives dans la société israélienne.

Israël et la Diaspora

Cependant, ce *Kulturkampf* risque de détériorer les relations entre les populations juives d'Israël et celles de la Diaspora. Depuis longtemps, ces relations sont ambiguës. D'une part, les jeunes qui ont grandi dans le pays, les *Sabarim,* récusent le passé diasporique et affirment hautement leur identité spécifique de Juifs israéliens. Pour les dirigeants, quelle que soit leur tendance politique, le Juif de la Diaspora est un immigrant virtuel ou — à défaut — un défenseur inconditionnel de l'Etat d'Israël qui exprime son allégeance à cet Etat en participant aux collectes de fonds. Au mieux, Israël se considère comme le centre spirituel et culturel du Judaïsme mondial dont le rayonnement le garantit de l'assimilation. D'autre part, les relations entre Israéliens et Juifs de la Diaspora se sont resserrées au fil des guerres israélo-arabes. Chaque fois qu'Israël est en danger, la Diaspora est en émoi : elle vit des nuits et des jours fiévreux, l'oreille collée au transistor, guettant les informations et organisant d'innombrables actions pour venir au secours des frères menacés. Dans son isolement politique, le seul allié sûr de l'Etat d'Israël est la Diaspora juive et les pressions qu'elle peut exercer dans certains pays, comme par exemple aux Etats-Unis, pour qu'ils mènent une politique internationale en faveur d'Israël. Aussi les Israéliens rêvent-ils au *kibboutz galouyoth,* mais en même temps ils ressentent la nécessité de s'appuyer sur des communautés extérieures fortes, capables de les soutenir en cas de danger.

relations internationales

A sa naissance, l'Etat d'Israël pouvait compter sur de nombreuses sympathies sur le plan international. Dans les années 1950 et 1960, il entretenait d'étroites relations avec un grand nombre d'Etats d'Afrique, d'Asie et d'Amérique latine auxquels il fournissait une assistance technique très appréciée. Mais, aujourd'hui, ces pays, sous la pression conjointe des gouvernements arabes et de ceux du bloc soviétique se sont détournés d'Israël. L'Europe occidentale cède au chantage des potentats du pétrole. Même avec les Etats-Unis, les relations diplomatiques d'Israël connaissent des hauts et des bas. Dans la guerre froide que se livrent Soviétiques et Américains, Israël comme ses voisins arabes ne sont que des pions. Cependant, les développements récents de la situation politique du Proche-Orient et notamment la guerre du Liban, prouvent que Soviétiques et Américains ne dominent plus entièrement les actions de leurs alliés respectifs.

vers la paix

Nous sommes peut-être plus proches que jamais d'une solution pacifique au Proche-Orient. Depuis quelques semaines, les gouvernements arabes ont fait des progrès considérables dans le sens d'une reconnaissance de l'existence de l'Etat d'Israël. L'O.L.P. a fait des concessions importantes en acceptant la création d'un Etat Palestinien à côté d'Israël.

La balle est maintenant dans le camp israélien. Si les dirigeants de ce pays persistent dans leur immobilisme, une occasion qui peut-être ne se représentera plus d'une manière aussi favorable pour les deux parties, sera manquée, et on ira, sans doute, vers une nouvelle catastrophe, plus meurtrière encore que les précédentes. On peut comprendre les hésitations du gouvernement israélien : en évacuant les territoires occupés, en acceptant la création d'un Etat Palestinien dont les habitants ne pourront taire leurs ressentiments après tant de guerres, de haines, de souffrances, Israël court un risque. Ce risque est-il moins dangereux que la prolongation de la situation explosive présente ?

Ce risque est cependant la seule chance pour que Israéliens et Palestiniens soient enfin deux peuples libres sur cette Terre trop promise. Accepter ce risque est, peut-être, au Proche-Orient, la seule solution révolutionnaire.

le rêve

Si un Etat Palestinien indépendant est créé à côté d'Israël, peu à peu, aux temps de la guerre et de la haine succéderont les temps de l'entente et de la paix. Des relations économiques, sociales, voire culturelles, rapprocheront les deux Etats. La France et l'Allemagne se sont fait la guerre pendant soixante-dix ans : aujourd'hui, leur entente est le fondement même de la construction européenne. Sans doute, il faudrait du temps pour que les blessures guérissent, pour que le mépris réciproque cède le pas au vrai dialogue.

La paix avec les voisins, la création d'un Etat Palestinien modifieraient sans doute profondément le statut actuel des populations non-juives considérées aujourd'hui, en Israël, à tort ou à raison, à l'exception des Druzes, comme des ennemis virtuels. Comme les populations juives d'Israël, elles sauront faire face à la situation nouvelle.

Dans le passé, Arabes et Juifs ont non seulement vécu côte à côte, mais encore ont construit l'une des civilisations les plus éblouissantes du monde, la civilisation hispano-mauresque. Pourquoi ne pas rêver, sur la vieille terre d'Eretz Israël et de Palestine, à une civilisation nouvelle, rencontre harmonieuse des traditions d'Orient et de la modernité de l'Occident ?

Au début de ce siècle, Théodore Herzl affirmait : *Si vous le voulez ce ne sera pas un rêve.*

Pour le bien et pour le mal,
Il y a un temps pour chaque chose sous les cieux,
Temps pour aimer, temps pour haïr ;
Temps pour la guerre, temps pour la paix.

DORIS BENSIMON.

30 janvier 1977.

LES CONTACTS ISRAELO-PALESTINIENS SE POURSUIVENT A PARIS

... Il n'y aura pas de troisième état palestinien indépendant car celui-ci serait un Etat Arafat.

... pas de négociations avec les organisations terroristes, avec la soi-disant O.L.P., et pas de participation à une conférence internationale où elles seraient invitées.

Yitzhak Rabin,
à la « Conférence de Jérusalem pour la solidarité du peuple juif »,
décembre 1975

AHARON YARIV
(ancien ministre de l'Information)
Si l'O.L.P. annonce que sa charte n'est plus valide et s'affirme prête à entamer des négociations, tout en reconnaissant l'existence d'un état juif en Israël, et si cette organisation annonçait la cessation de tous actes hostiles à Israël et effectivement les arrêtait, alors il serait possible d'entamer des négociations.

Galei Tsahal, le 12 juillet 1974

OURIEL SIMON
(animateur de Oz Lechalom - mouvement pour un sionisme religieux)
Mon amour pour le pays d'Israël me rend extrêmement pénible l'abandon de toute partie de celui-ci.
Mais la vision du peuple juif imposant sa loi à un million d'arabes pendant longtemps est à ce point repoussante que je ne peux la mettre en balance avec le fait d'accepter une partie seulement du Pays d'Israël.

Yediot Ahronot, le 13 août 1975

YGAL ALLON
Bien que le peuple palestinien n'ait jamais existé historiquement, nous reconnaissons qu'il y a un problème palestinien et qu'il devient progressivement de nature politique. Actuellement, les Palestiniens servent d'échiquier aux Etats arabes pour leurs intrigues, et ils en sont les victimes.
C'est pourquoi j'insisterai pour que tout accord de paix offre une juste solution à ce problème : ne jamais signer avec la Jordanie un accord qui serait injuste pour les Palestiniens. Je parle bien sûr du peuple palestinien et non de l'organisation qui prêche l'anéantissement de l'Etat d'Israël.
Connaissant personnellement les communautés de Cisjordanie, de Gaza et même de Jordanie, je puis assurer que c'est à tort qu'on les identifie avec l'O.L.P. Cela dit, si je pouvais donner un conseil aux Palestiniens, ce serait de ne jamais renoncer à leurs droits sur la Transjordanie...

Le Soir, le 18.XI.75,
propos recueillis par Francis Unwin

CHAFIK EL CHOUT
(porte-parole officiel du quartier général de l'O.L.P. à Beyrouth)
« Pas Jaffa, mais Naplouse. Voilà ce que nous voulons. En fait, beaucoup dans notre mouvement pensent que le plan de partition de 1947 serait une base solide pour une solution du problème. Ceci paraît impossible aux Isralèiens mais ils devraient comprendre que la partition implique la reconnaissance et que cela, en fait, garantirait l'existence d'Israël. Et ils devraient réaliser aussi que c'est la première fois que les Palestiniens ne maintiennent pas que Israël doit être éliminé en tant qu'état. »

(New Outlook - juin 1974)

SAID HAMMAMI
(représentant de l'O.L.P. à Londres)
Le monde ne peut s'attendre à ce que nous approuvions le maintien de l'actuel état sioniste d'Israël. Mais nous reconnaissons que nous pouvons avoir à vivre avec lui pour l'instant, jusqu'à ce que, inch' allah', une meilleure base de coexistence voie le jour entre notre peuple et le peuple juif aujourd'hui installé dans notre pays.

dans sa déclaration sur
« Une stratégie palestinienne pour une coexistence pacifique - mars 1975

ANOUAR EL SADATE
« Je pense qu'il faut créer un état palestinien, en Cisjordanie et à Gaza (...)
(...) le conflit israélo-arabe ne sera jamais résolu par la force. Nul ne peut plus imposer ses conditions. On ne peut que négocier. »

« Le Nouvel Observateur » -
le 15 décembre 1975

SID AHMED
(journaliste égyptien)
Au Colloque Palestine de Bruxelles
Mohamed Sir Ahmed (Egypte) a eu le mérite de creuser le problème. Schématiquement, il propose la cohabitation « de facto » de deux Etats en Palestine « sans qu'il soit exigé d'aucun d'eux de renoncer à son ultime objectif de survivre à l'autre ou même de le supplanter. » Il s'inspire en cela de la compétition entre les Etats-Unis et l'URSS et de l'exemple des deux Allemagnes. Il propose également que la population des deux Etats soit consultée régulièrement sous les auspices de l'O.N.U. pour savoir si elle désire perpétuer le partage ou le remplacer par une structure étatique unique.

Le Soir, le 18.5.76,
Michel Dubuisson

ABBA EBAN

De notre côté, nous pouvons faire deux choses :

Adopter une politique claire de concessions territoriales sur la rive ouest du Jourdain et à Gaza, dans le cadre d'un règlement de paix.

Et deuxièmement, affirmer clairement que nous dialoguerons avec toute représentation palestinienne qui accepte le statut d'Israël d'une manière axiomatique, qui accepte les résolutions 242 et 338, parlant de la Palestine en plus d'Israël et non à la place d'Israël.

New Outlook - septembre 1975

YEHOSHAFAT HARKABI
(Général de réserve, chef des Services de Renseignements)

Tout autre état qu'Israël peut continuer à exister, quelque stupide que soit sa politique.
Si Israël est stupide, il cessera d'exister. Voilà notre faiblesse. J'irais même jusqu'à dire que agir sagement est pour nous un impératif existentiel et ceci est une tâche difficile, car il est inhumain pour des êtres humains d'être sages.

(Middle East Review - automne 1974)

« Nous ne pourrons lutter valablement pour obtenir les conditions d'un règlement qui nous assurerait un niveau raisonnable de sécurité et d'existence que si nous déclarons notre volonté d'effectuer un retrait substantiel (N.D.L.R. : des territoires occupés) et plus brièvement, de « reconnaître les Palestiniens ». »

Ma'ariv, janvier 1976

Sondage d'opinion

« Les Palestiniens ont-ils le droit fondamental d'avoir un état indépendant ? »
Oui = 42,8 %   Non = 37,6 %

Haaretz, décembre 1975

ARIEL SHARON
(général de réserve)

« Israël devrait prendre l'initiative et proposer l'ouverture immédiate de négociations de paix avec tous les Arabes, y compris les Palestiniens de l'O.L.P. », vient de déclarer le général Ariel Sharon, héros de la guerre de Kippour d'octobre 1973, au cours d'une conférence de presse organisée pour annoncer qu'il avait définitivement rompu avec le « Likoud » (droite nationaliste) de M. Beguin.

Le Soir - 19 novembre 1976

« ... Pas de paix avec Israël, pas de reconnaissance d'Israël, pas de négociations avec Israël. »

La conférence arabe au sommet - Karthoum - le 1er septembre 1968

FAH KAWASSMA
(maire d'Hébron)

... nous voulons nous aussi un grand Etat palestinien laïque, et cela prouve notre souhait de coexister avec les Juifs, qui seront traités comme nos frères dans cet Etat. Mais, comme nous savons que les Israéliens s'opposent à cette idée, nous nous résignons au petit Etat qui naîtrait sur les territoires qu'Israël occupe depuis 1967, et qu'il devra évacuer.

Le Monde, 22.X.76,
André Scemama

ABOU AYAD
ABOU SHARAR

Abou Ayad, le numéro 2 du Fath, estime que les jusqu'au-boutistes de la résistance n'ont rien appris de l'expérience passée, qu'ils sont affligés du « complexe du refus » qui avait conduit les chefs du mouvement palestinien pendant un demi-siècle à appliquer la politique du « tout ou rien », « laquelle s'est révélée catastrophique ». « Si nos dirigeants avaient eu la sagesse d'accepter, en 1947, le plan de partage de l'ONU, prévoyant la création de deux Etats fédérés, l'un juif, l'autre arabe, nous vivrions déjà aujourd'hui dans une Palestine judéo-arabe réunifiée et démocratique. »

Défendant le même point de vue, M. Majed Abou Sharar, responsable de l'information à l'O.L.P., se réfère à la « perspicacité géniale » de M. Ben Gourion, « lequel eut le courage de se rallier, en 1947, au plan de partage, malgré les injures et les accusations de trahison lancées contre lui par les extrémistes juifs ». « M. Ben Gourion, poursuit M. Abou Sharar, avait soutenu qu'un mini-Etat d'Israël n'était qu'une étape vers la réalisation des aspirations sionistes. Il a eu raison puisqu'Israël s'étend aujourd'hui sur l'ensemble du territoire palestinien. »

Cependant, contrairement aux sionistes, poursuit M. Abou Sharar, les nationalistes palestiniens n'ont pas l'intention de recourir à la force après la conclusion d'un règlement pour atteindre leur « objectif stratégique ». Ils feront de leur mini-Etat un modèle de démocratie et de tolérance afin de démontrer, dans la pratique, aux Israéliens qu'ils pourront vivre en toute quiétude au sein d'une Palestine réunifiée.

Le Monde - le 24 mai 1975 -
Eric Rouleau

Le courant modéré au sein de l'O.L.P. tentera d'amender quelques paragraphes de la charte palestinienne. Il suggère notamment de préciser que « l'Etat démocratique multiconfessionnel » ne sera créé « qu'avec l'accord des deux peuples » (palestinien et israélien). Les interlocuteurs israéliens ont suggéré à leurs partenaires palestiniens d'élaborer une nouvelle charte répondant à la nouvelle réalité, ce qui ne manquerait pas d'impressionner l'opinion israélienne. Déjà, un Israélien sur trois est favorable à des contacts avec l'O.L.P.

Amnon Kapeliouk
Le Monde du 29-1-77

NOTES

PREMIERE PARTIE - POPULATIONS JUIVES

HISTOIRE D'ERETZ ISRAEL

(1) Source : Encyclopedia Universalis, vol. IX, article Kabbale.

(2) Source : A. Chouraqui, *La condition juridique de l'Israélite marocain*, Paris, Presses du Livre Français, 1950, pp. 50-51.

(3) *Altneuland* (Terre ancienne - Terre nouvelle) publiée en 1902 (roman visionnaire, précise la conception herzélienne de l'Etat juif).

(4) Source : Shlomo Sitton, *Israël, Immigration et Croissance*, Paris, Cujas, 1963, p. 32.

(5) Source : Haïm Weizmann, *Naissance d'Israël*, Paris, Gallimard, 1957, pp. 284-281.

POPULATION JUIVE DE L'ETAT D'ISRAEL

(1) Source : *American Jewish Year Book*, vol. 76, 1976, pp. 438-439.

(2) Sources : *Statistical Abstract of Israel*, n° 25, 1974, p. 44 - n° 26, 1975, p. 125.
Immigration to Israel, Special Series, n° 503, 1976, p. 5.

(3) Sources : *Statistical Abstract of Israel*, n° 26, 1975, p. 43 et pour 1948, le recensement de la population du 8.11.1948.

(4) Source : *Statistical Abstract of Israel*, n° 26, 1975, p. 42.

(5) Source : *Statistical Abstract of Israel*, n° 26, 1975, p. 23.

(6) Sources : *Israel Government Yearbook* - 1952, p. 305.
Statistical Abstract of Israel, n° 26, 1975, pp. 28-29, 36-37.

(7) Sources : *Statistical Abstract of Israel*, n° 21, 1970, p. 124 - n° 23, 1972, p. 117 - n° 26, 1975, pp. 113, 134.

PARTIS POLITIQUES

(1) Laqueur (Walter), *Histoire du Sionisme*, Paris, Calmann-Lévy, 1973, p. 417.

(2) Source : *Statistical Abstract of Israël*, n° 26, 1975, pp. 554-555.

TENSIONS DE LA SOCIÉTÉ JUIVE D'ISRAEL

(1) Source : *Statistical Abstract of Israel*, n° 26, 1975, pp. 46-47, 55, 87.

(2) Sources : Central Bureau of Statistics - *Population and Housing Census 1961*, fascicule 27 - *Labour Force* - Part IV, Jerusalem 1965, pp. 14-15.
Central Bureau of Statistics - *Immigration to Israel, 1974*, Special Series n° 503, Jerusalem, 1976, pp. 26-27, 37.

(3) Source : *Statistical Abstract of Israel*, n° 26, 1975, p. 599.

(4) Source : *Statistical Abstract of Israel*, n° 26, 1975, p. 619.

(5) Source : *Statistical Abstract of Israel*, n° 26, 1975, p. 626.

(6) Source : *Statistical Abstract of Israel*, n° 26, 1975, p. 137.

(7) Source : *Statistical Abstract of Israel*, n° 26, 1975, pp. 316-317.

(8) Source : *Statistical Abstract of Israel*, n° 26, 1975, p. 74.

(9) Cf. Moché Catane, *Qui est Juif ?*, Paris, Robert Laffont, 1972, p. 15.

(10) Antonovsky (A.), Arian (A.), *Hopes and Fears of Israelis*, Jerusalem, Academic Press, 1972.

UNE SOCIÉTÉ EN MUTATION

(1) Sources : Recensement de la population de 1931 citée d'après S. Sitton, *Israël, immigration et croissance*, p. 50.
Statistical Abstract of Israel, n° 25, 1974, pp. 332-333.
Staitstical Abstract of Israel, n° 26, 1975, pp. 316-317.

(2) *Statistical Abstract of Israel*, n° 26, 1975, p. 669.

(3) *Le Monde* 3/9/1967.

(4) *Nouvel Observateur*, 21 juin 1976.

DEUXIEME PARTIE - LES POPULATIONS NON JUIVES

CH. I. HISTOIRE ARABE DE LA PALESTINE

(1) Les Monophysites sont les membres de trois églises chrétiennes schismatiques : l'Eglise arménienne, l'Eglise copte d'Egypte et l'Eglise jacobite de Syrie.

(2) Cité par J.P. Alem, *Juifs et Arabes, 3000 ans d'histoire*, Paris 1968, Grasset, p. 85.

(3) Interview rapporté par Clara Halter dans son livre *Les Palestiniens du silence*, Paris 1974, Belfont.

CH. II. 1948

(1) Loi du « retour », selon laquelle tout Juif qui immigre en Israël est automatiquement citoyen israélien.

(2) Source : Sabri Geries, *Les Arabes en Israël*, Paris, 1969, pp. 99-102, cité par Louis-Jean Duclos - Documentation Française, *Israël et sa minorité arabe*.

(3) M. Darwish, *Fantômes dans leur propre pays* - Revue de presse Maghreb - Proche-Orient - Alger, février 1973, cité par L.-J. Duclos - Documentation Française, op. cité.

(4) Source : Center for Arab and Afro-Asian Studies - Jechiel Harari, *The Arabs in Israel*, 1972, Guivat Haviva, Israël.

CH. III. LES MUSULMANS RURAUX ET CITADINS

(1) Harari, op. cité, 1972.

(2) Grannot, *La politique agraire mondiale et l'expérience d'Israël*, Paris, 1957.

(3) M. Bayadsi, *Land reform and the israeli Arabs*, New Outlook, février 1961.

(4) S. Flapan, *Integrating the arab village*, New Outlook 1962, special issue.

(5) *Changes in the physical structure of the arab villages in Israel*, cité par Arlette Goldberg dans sa thèse *Changement social dans un village musulman d'Israël*.

(6) H. Rosenfeld, *Wage labor and status in an arab village*, New Outlook, 6 (5) 1963.

LES BÉDOUINS

(1) M. Rodinson, *Mahomet*, p. 32, Paris 1961, Le Seuil.

(2) E. Marx, *The bedouins of the Neguev*, p. 68, Manchester University Press 1967.

CH. IV. LES CHRÉTIENS

(1) Nous adopterons ici la classification donnée par R. Laurentin dans son livre *La Renaissance des Eglises locales en Israël*, Paris 1973, Le Seuil.

(2) Source : P. Rondot, op. non cité.

CH. V. LES DRUZES

(1) Ere islamique dont le début est en 622 de l'Ere chrétienne. Hakem disparaît donc en 1033 de notre Ere.

(2) Texte rapporté par Sylvestre de Sacy dans son livre *Exposé de la religion des Druzes*, et tiré du livre religieux de cette secte.

(3) Harari, op. cité.

CH. VII. LA MINORITÉ

(1) Source : cité par la Documentation Française, op. cité, p. 30.

(2) Y. Waschitz, *Arabs in Israel politics*, New Outlook 1962, special issue.

(3) D'après J. Landau, *The Arabs in Israel, a political study*, Oxford University Press 1969.

(4) Harari, op. cité.

(5) S. Flapan, *Planning for the arab village*, New Outlook 1963.

(6) Source : Survey of Man Power, cité par Y. Waschitz dans New Outlook 1975.

ANNEXE N° 1

REPERES CHRONOLOGIQUES D'ERETZ ISRAEL
Période biblique

Evénements	Références bibliques
XVIIIème siècle av. J.-C. — Abraham quitte la Mésopotamie pour la terre de Canaan. — Les patriarches et leurs fils, les douze tribus d'Israël.	Genèse
XVIIème - XIVème siècles av. J.-C. — Les Hébreux en Egypte.	Genèse, Exode
XIVème - XIIIème siècles av. J.-C. — Sortie d'Egypte sous la conduite de Moïse (1312 selon la tradition rabbinique). — Révélation divine, don de la **Thora**. — Errance dans le désert. — Conquête de Canaan sous la conduite de Josué 1272-1020. Période des Juges.	Exode - Lévitique Nombres - Deutéronome Josué, Juges Samuel I

Xème - IVème siècles av. J.-C.
— Vers 1020 : Saül est oint roi.
— 1004-970 : Règne du roi David : Jérusalem devient la capitale du Royaume.
— 970-930 : Règne du roi Salomon, construction du Temple à Jérusalem.
— 930 : A la mort de Salomon, son royaume se scinde en deux :
  a) le royaume de Juda, gouverné par Roboam, fils de Salomon, composé des tribus de Juda et de Benjamin. Capitale : Jérusalem.
  b) le royaume d'Israël, gouverné par Jéroboam, officier révolté, composé des dix autres tribus. Capitale : Samarie.
— 722 : Conquête du Royaume d'Israël par les Assyriens. Déportation de la population.
— 586 : Conquête du royaume de Juda par les Babyloniens. Destrutruction du Temple. Déportation en Babylonie (Irak) et Egypte.
— La période des rois est aussi celle des prophètes.
	Samuel I
	Ruth, Samuel I et II
	Rois I, Chroniques I
	
	Rois I, Chroniques II
	
	Rois I et II
	Chroniques II
	
	Rois I et II
	
	Rois II
	
	Rois II, Chroniques II
	
	Rois I et II
	(Elie et Elisée)
	Isaïe, Amos, Michée, Osée, Jérémie, Ezéchiel

Vème - Ier siècles av. J.-C. — 538 : Edit de Cyrus, roi de Perse, autorisant le retour des exilés de Babylone en Judée. Reconstruction du temple. — 332 : Conquête du Proche-Orient par Alexandre le Grand. La Judée devient province autonome sous la suzeraineté des rois hellénistiques, Lagides d'Egypte ou Seleucides de Syrie. Antiochus IV Epiphane, roi seleucide, veut imposer le culte des dieux grecs aux Juifs de Judée.	Chroniques II Ezra Ezra, Néhémie Maccabées I et II (Ces livres ne font pas partie du canon rabbinique).

Evénements

— 166 : Soulèvement de Mathathias, l'Asmonéen : guerre contre les Séleucides.
— 145 : la Syrie reconnaît l'indépendance à Israël, gouverné par la dynastie des Asmonéens.
— 63 : Prise de Jérusalem par Pompée : la Judée devient une province romaine.

Période post-biblique

Eretz Israël

Période romaine - Ier - Vème siècles ap. J.-C.

— 37 av. J.-C. - 4 ap. J.-C. : Règne du roi Hérode. Relative autonomie de la Judée. Rénovation du Temple. Naissance de Jésus de Nazareth.
— 4-66 ap. J.-C. : Les procurateurs romains administrent le pays. Les Juifs se révoltent contre leur domination.
— 26-36 : Ponce-Pilate procurateur de la Judée : Crucification de Jésus de Nazareth, roi des Juifs.
— 66-73 : Première guerre des Juifs contre Rome :
70 : Prise de Jérusalem par Titus. Destruction du Temple. Déportation de la population.
73 : Chute de Massada : Suicide collectif de ses défenseurs.
— Fin du Ier, début du IIème siècle : Rupture progressive entre l'Eglise primitive de Jérusalem et les Juifs.
— 132-135 : Deuxième guerre juive contre les Romains. La révolte de Bar-Kokhba est écrasée. Jérusalem rasée puis rebâtie par les Romains, est interdite aux Juifs. La Galilée devient le centre de la vie juive.
— 138-161 : Sous le règne de l'Empereur Antonin le Pieux, réorganisation du Sanhédrin, dont le chef, Nassi ou Patriarche, est reconnu par Rome.
Elaboration du Talmud de Jérusalem.
Rayonnement spirituel des écoles de Palestine sur la diaspora.
— 365 : La domination de Rome est relayée par celle de Byzance : développement des communautés chrétiennes en Terre Sainte.
— 425 : Abolition du Patriarcat par Théodore II. Déclin des académies juives et de leur rayonnement sur la Diaspora.

Références bibliques

Maccabées I et II

Diaspora

Les déportés de 722 av. J.-C., les dix tribus, disparaissent de la scène de l'histoire juive. Mais tous les exilés de Babylone (586 av. J.-C.) ne retournent pas en Judée : c'est le début de la Diaspora. Pendant la période hellénistique et surtout romaine, des Juifs, déportés ou migrants volontaires, créent de nombreuses communautés en Asie, en Europe, en Afrique du Nord, i.e. dans tout le monde alors connu. Les communautés les plus importantes sont celles de Babylone, d'Alexandrie et de Rome. Au début de l'ère chrétienne, Juifs d'origine et prosélytes constituaient 7 à 10 % de la population de l'Empire Romain.
Après la chute de Massada, esclaves et réfugiés rejoignent les communautés de la Diaspora.

IIème - VIème siècles

Dans l'Empire Romain, malgré certains courants d'anti-judaïsme païen, les Juifs jouissent de nombreux privilèges. La pratique de leur religion est officiellement autorisée. Mais l'influence des Chrétiens s'accroît.
313 : Reconnaissance officielle du Christianisme par l'Empereur Constantin. Elaboration progressive, pendant les IVème, Vème, VIème siècles, d'une législation restrictive à l'égard des Juifs.
En Orient, Babylone devient peu à peu le principal centre de la vie spirituelle juive. Elaboration du Talmud de Babylone. Le chef de la communauté, l'Exilargue, est reconnu par les Juifs du monde entier.
En Afrique du Nord, conversion de tribus berbères au Judaïsme.
Implantation des communautés juives en Gaule, en Espagne, en Germanie, en Angleterre.

Eretz Israël

VIIème - XIIIème siècles
- 613 : Conquête perse accueillie avec empressement par les Juifs.
- 629 : Victoire de l'Empereur Héraclius sur les Perses.
- 632 : Héraclius proscrit le Judaïsme.
- 634 : Début de la conquête arabe.
- 638 : Prise de Jérusalem par le Calife 'Omar. La conquête arabe est favorablement accueillie par les Juifs, mais les centres de rayonnement spirituel se déplacent vers la Diaspora.
- 1072 : Conquête par les Turcs seljoukides.
- 1099 : Prise de Jérusalem par les Croisés : le pays prend le nom de royaume de Jérusalem. Pendant deux siècles, Chrétiens et Musulmans s'y combattent. Les communautés juives sont décimées.
- 1291 : les Turcs Mamelouks chassent les derniers Croisés.

XIVème - XVIIIème siècles
- 1291-1516 : Domination des Mamelouks. Des fugitifs d'Espagne s'établissent dans le pays.
- 1516 : Conquête par les Turcs Ottomans qui administrent le pays jusqu'en 1917.
- Nouvel afflux des fugitifs d'Espagne.
- A partir de 1530 : Safed devient le centre de la Kabbale (Moïse Cordovero : 1522-1570 ; Isaac Louria : 1534-1572). Centre de rayonnement spirituel du Judaïsme traditionnel avec Joseph Karo (1488-1575), l'auteur du Choulkhan Aroukh qui devient le code officiel du Judaïsme.
A Tibériade, un Marrane portugais, favori de Selim Ier qui le fait Duc de Naxos, crée une communauté florissante (1561).
- Sabbataï Zvi (1626-1676), né à Smyrne, Kabbaliste réputé, se proclame Messie et annonce le retour en Eretz Israël. Des Juifs de Jérusalem et de la Diaspora l'acclament.

XVIIIème siècle
- Des Juifs polonais commencent à rejoindre les communautés sépharades de Jérusalem, Safed, Hébron et Tibériade.

Diaspora

VIIème - XIIIème siècles
VIIème siècle : Prédication de Mahomet. L'Islam est tolérant à l'égard des Juifs qui se déplacent vers l'Ouest en suivant les conquérants musulmans.

VIIème - XIIIème siècles : les grands maîtres des écoles talmudiques de Bagdad (geonim) exercent leur influence spirituelle sur toute la Diaspora juive.

VIIIème - XIIème siècles : Expansion des communautés juives en Afrique du Nord et en Espagne. Age d'or de la symbiose judéo-islamique en Espagne (nombreux philosophes, poètes, écrivains).

1136 : l'Andalousie est envahie par les Almohades qui proscrivent le Judaïsme. Première vague d'émigration : parmi les fugitifs, le philosophe Moïse Maïmonide.

VIIème - XIème siècles : En Rhénanie et en France, des communautés importantes - création d'écoles talmudiques. Gerchon de Mayence (960-1040) et Rachi de Troyes (1040-1105) - exercent une influence importante.

VIIème siècle : Conversion au Judaïsme des Khazars, royaume établi aux bords de la Mer Noire.

XIème - XIIIème siècles : les Croisades : la situation se détériore en Europe - les Croisés massacrent au passage de nombreuses communautés juives d'Allemagne, de France et d'Italie.

1290 : Expulsion des Juifs d'Angleterre.

XIVème - XVIIIème siècles
XIVème - XVème siècles : Persécutions et expulsions en Europe se multiplient :
- France : 1394, expulsion des Juifs du royaume de France. 1501, expulsion des Juifs de Provence.
- Espagne : les Catholiques en chassent progressivement Juifs et Musulmans. 1267, les Juifs sont soumis à l'Inquisition. Conversions forcées au Christianisme. Les Marranes observent en cachette les prescriptions juives. 1492, expulsion des Juifs d'Espagne. La même année, Christophe Colomb, probablement d'origine juive, découvre l'Amérique.

1496 : expulsions des Juifs du Portugal. Emigration des Juifs et des Marranes vers l'Afrique du Nord, l'Italie, la Turquie, les Pays-Bas, la France (où les Marranes sont admis).

Europe Orientale :
- en Pologne, Boslestas le Chaste (1264) et Casimir le Grand (1344) appellent des Juifs d'Allemagne et de France. Des descendants des Khazars se joignent à eux.

Du XIIIème au XVIIIème siècle, les Juifs jouissent d'un statut privilégié. Ils jouent un rôle important dans la vie du pays. Ils créent leur système communautaire. Ils parlent le judéo-allemand, le yiddich, transcrit en lettres hébraïques ; l'Europe Orientale devient le centre spirituel le plus important du Judaïsme.

Eretz Israël	Diaspora

Diaspora

1648-1656 : 100.000 Juifs sont assassinés par les cosaques ukrainiens de Khmielnitsky. Les fugitifs se déplacent vers l'Ouest (Lituanie) et vers l'Est (Russie).

XVIIIème siècle. Débuts du Hassidisme, mouvement mystique qui s'oppose au Judaïsme talmudique fondé sur l'érudition.

Europe Occidentale :

XVIème - XVIIIème siècles : la Réforme et la Renaissance favorisent l'étude de l'Ancien Testament et de l'hébreu. Le siècle des Lumières donne naissance à des idéologies nouvelles : Egalité des hommes, tolérance.

— France : Au début du XVIème siècle des Marranes portugais s'installent dans le sud-ouest de la France : 1550, Henri II leur accorde des lettres de patentes ; peu à peu les Marranes pratiquent ouvertement le Judaïsme.

XVIIème - XVIIIème siècles :

— France : des Juifs sont autorisés à résider en Lorraine et en Alsace (lettres de patentes d'Henri II, Henri IV, Louis XIII, Louis XIV, Louis XV et Louis XVI). Dans le sud-est, les Juifs regroupés dans les « carrières » résident dans les Etats du Pape.

— Pays-Bas : XVIème siècle : des Marranes s'établissent à Amsterdam. Ils reviennent au Judaïsme.

— Italie : le Pape tolère des Juifs dans ses Etats (Rome, Venise) mais les maintient dans le ghetto.

— Angleterre : au XVIème siècle, des Marranes arrivent en Angleterre. Avec l'appui de Cromwell, les Juifs sont tolérés à la fin du XVIIème siècle.

— Allemagne - Autriche :
XVIème - XVIIème siècles :
Hambourg : Création d'une communauté par les Marranes.
Bohême : Rayonnement spirituel de la communauté de Prague.

XVIIIème siècle :

La situation des Juifs reste précaire, mais depuis le milieu du XVIIème siècle quelques Juifs privilégiés (les Juifs de Cour) jouent un rôle important dans la politique et l'économie. A Berlin, Moïse Mendelsohn (1729-1786) est admis à la cour du roi éclairé, Frédéric II. Ses écrits philosophiques préparent l'émancipation des Juifs.

1782 : Joseph II d'Autriche affranchit les Juifs de son Empire de certains impôts et leur ouvre l'accès à de nombreuses professions.

— Amérique : XVIème siècle : des Marranes s'établissent dans les colonies espagnoles et portugaises où ils sont pourchassés par l'Inquisition.

XVIIème - XVIIIème siècles

1654 : Fondation de la communauté juive de la Nouvelle-Amsterdam (qui deviendra New-York).

1776 : Déclaration de l'Indépendance des Etats-Unis : les Juifs obtiennent l'égalité civile.

Eretz Israël	Diaspora
XIXème - XXème siècles	XIXème - XXème siècles

Eretz Israël

XIXème - XXème siècles

— 1799 : Appel de Napoléon Bonaparte aux Juifs d'Asie et d'Afrique en vue de la restauration, sous ses drapeaux, de l'antique Jérusalem.

— 1800-1880 : Nombreuses propositions émanant d'intellectuels et d'hommes politiques juifs et non juifs relatives au retour des Juifs en Eretz Israël.

— 1870, Fondation de l'Ecole Mikvé Israël par l'Alliance Israélite Universelle.

— 1881 : Débuts de la première **aliyah**. Eliezer Ben Yehoudah s'établit à Jérusalem.

— 1882 : Publication de **L'Auto-Emancipation** de Léo Pinsker.

— 1896 : Publication de **L'Etat Juif** de Théodore Herzl.

— 1897 : Premier Congrès Sioniste et création de l'Organisation Sioniste Mondiale.

— 1897-1904 : Interventions de Théodore Herzl auprès du Sultan et des grandes puissances en vue de la création de l'Etat Juif.

— 1904 : Débuts de la deuxième **aliyah**.

— 1917 : Déclaration Balfour, entrée du Général Allenby à Jérusalem. Fin de la domination ottomane.

— 1919 : Accord Fayçal-Weizmann.
- La conférence de la Paix siégeant à Versailles est saisie du problème de la création d'un Foyer National Juif.
- Débuts de la troisième **aliyah**.

— 1922 : La Société des Nations confie le mandat sur la Palestine à la Grande-Bretagne.

— 1924-1939 : Opposition des Arabes de Palestine : Emeutes.

— 1933-1948 : Immigration des Juifs allemands et des rescapés de la persécution hitlérienne (cinquième **aliyah**).

— 1939 : Publication du Livre Blanc limitant l'immigration juive en Palestine.

— 1940 : Ordonnances limitant l'achat des terres par les Juifs.

— 1934-1945 : La Brigade Juive combat les allemands dans les rangs de l'armée britannique.

— 1945-1947 : Lutte politique et militaire pour l'indépendance.

— 29.11.1947 : l'Assemblée Générale des Nations Unies approuve le plan de partage de la Palestine, la création d'un Etat Juif indépendant et met fin au mandat britannique. La résolution est votée à une large majorité (les U.S.A. et l'U.R.S.S. l'approuvent).

— 14.5.1948 : Départ des Britanniques. Proclamation de la création de l'Etat d'Israël.

Diaspora

XIXème - XXème siècles

Europe Occidentale :

— France : 1791 : l'Assemblée Constituante accorde aux Juifs de France l'égalité civique.

1807-1808 : Convocation de l'Assemblée des Notables et du Grand Sanhédrin par Napoléon Ier.

1797-1814 : Emancipation des Juifs dans les pays occupés par les armées napoléoniennes.

1818 : La Restauration confirme l'émancipation des Juifs.

1860 : Fondation à Paris de l'Alliance Israélite Universelle.

1870 : Le décret Crémieux accorde aux Juifs d'Algérie la citoyenneté française.

1894-1906 : L'affaire Dreyfus, manifestations antisémites.

1940 : Première ordonnance anti-juive du gouvernement de Vichy.

1944 : Libération. Révocation des ordonnances de Vichy.

1955-1962 : décolonisation de l'Afrique du Nord : afflux des populations juives d'Afrique du Nord et surtout d'Algérie en France.

Autres pays d'Europe Occidentale :

XIXème siècle : Après la défaite des armées napoléoniennes, plusieurs Etats rapportent les décrets d'émancipation. Mais au cours du XIXème siècle, les Juifs d'Allemagne, d'Autriche, d'Italie, de Suisse, de Belgique, d'Angleterre et de Scandinavie obtiennent la reconnaissance des droits civiques.

En même temps naît, en Allemagne, l'antisémitisme moderne, économique d'abord, racial ensuite.

XXème siècle :

1933 : Prise du pouvoir en Allemagne par Adolphe Hitler.

1935 : Premières lois racistes.

1939-1945 : Deuxième Guerre Mondiale : Six millions de Juifs des pays occupés par l'Allemagne, sont exterminés.

1945 : Libération des survivants des camps d'extermination.

1945-1955 : Lente reconstruction des communautés juives d'Europe Occidentale.

Europe Orientale :

La *Haskala* : Courant rationaliste - renouveau du yiddish et de l'hébreu (nombreux penseurs et écrivains).

1815 : Le Congrès de Vienne consacre le partage de la Pologne. Les Juifs d'Europe Orientale, en leur grande majorité, deviennent sujets des Tsars. Ils sont regroupés dans des zones de résidence.

1871-1914 : Nombreux pogroms et lois d'exception.

— Emigration massive des Juifs vers les Etats-Unis, l'Europe Centrale et Occidentale, Palestine.

— Participation aux mouvements révolutionnaires - création de groupements juifs socialistes (Bund, Poalé Sion).

Eretz Israël

Débuts de l'immigration de masse.
— Mai 1948 - Janvier 1948 : Première guerre israélo-arabe.
13.1.1949 : à Rhodes, signature des accords d'armistice.
— Octobre-Novembre 1956 : Deuxième guerre israélo-arabe : l'armée israélienne atteint le canal de Suez.
— 1957 : A la demande des Etats-Unis les Israéliens se retirent des territoires conquis.
Influence grandissante de l'U.R.S.S. au Proche-Orient.
— Juin 1967 : Troisième guerre israélo-arabe dite *Guerre des Six-jours*.
Victoire israélienne : Réunification de Jérusalem, occupation du Sinaï, de la Cisjordanie, des hauteurs du Golan.
— 1968-1970 : Guerre d'usure ; nombreuses violations des lignes de cessez-le-feu. Multiplication des actes de terrorisme par les groupes de l'O.L.P.
— Septembre 1970 : Guerre civile en Jordanie : défaite des Palestiniens.
— 1971 : Débuts de la nouvelle immigration des Juifs russes.
— Octobre 1973 : Quatrième guerre israélo-arabe du Kippour ou du Ramadan. Les Israéliens perdent leurs positions sur la rive orientale du Canal de Suez, mais traversent le Canal.
— 1974-1975 : Israël retire ses troupes d'une partie du Sinaï et rend la ville de Kuneitra aux Syriens.
— Depuis octobre 1973 : Multiplication des actes de terrorisme en Israël et à l'étranger.
— 1975-1976 : Guerre civile au Liban. Israël soutient les forces chrétiennes.
A partir de 1948, immigration massive des Juifs orientaux.

Diaspora

1917 : Emancipation des Juifs par la révolution d'Octobre.
1928-1934 : Création d'un Etat Juif soviétique autonome : le Birobidjan.
1941-1945 : Un million et demi de Juifs exterminés par les Allemands dans les territoires russes occupés.
1948-1953 : Purges staliniennes : de nombreux intellectuels juifs sont envoyés dans des camps ou exécutés.
Depuis 1967 : Campagnes anti-sionistes et anti-israéliennes dans les démocraties populaires.

Amériques :

XIXème et XXème siècles : Immigration des Juifs européens fuyant les persécutions. Les Etats-Unis deviennent le centre le plus important de la Diaspora.

Afrique :

XIXème siècle : Période de colonisation par la France et la Grande-Bretagne : les Juifs orientaux accueillent favorablement les colonisateurs.
A partir de 1945 : Décolonisation.

ANNEXE N° 2

Accord Fayçal - Weizmann du 3 janvier 1919

Son Altesse royale, l'émir Fayçal, représentant et agissant au nom du Royaume arabe de l'Hedjaz, et le Dr Chaim Weizmann, représentant de l'Organisation Sioniste et agissant en son nom,

Prenant en considération la parenté de race et les liens anciens entre les Arabes et le peuple juif, comprenant que le plus sûr moyen de travailler à la réalisation de leurs aspirations nationales réciproques est d'établir la plus étroite collaboration possible dans le développement de l'Etat arabe et de la Palestine, et étant, en outre, désireux de consolider la bonne entente qui règne entre eux, ont convenu des articles suivants :

Article Premier. — Pour tout ce qui concerne leurs relations mutuelles et à l'occasion des négociations qui pourraient avoir lieu, l'Etat arabe et la Palestine s'inspireront d'un désir d'entente et d'une bonne volonté réciproques et, à cette fin, des représentants arabes et juifs, dûment accrédités, seront désignés et maintenus dans les territoires de l'autre Etat.

Art. 2. — Immédiatement après l'achèvement des délibérations de la Conférence de la Paix, les frontières définitives entre l'Etat arabe et la Palestine seront fixées par une commission nommée à la suite d'un accord entre les deux parties.

Art. 3. — Dans l'établissement de la constitution et de l'administration de la Palestine, toutes mesures seront prises en vue de garantir pleinement l'exécution et l'application pratique de la déclaration du gouvernement anglais du 2 novembre 1917.

Art. 4. — Toutes les mesures nécessaires seront prises pour encourager et stimuler l'immigration des Juifs en Palestine sur une large échelle, et pour établir dans le plus bref délai les immigrants juifs sur le territoire, grâce à une colonisation plus dense et à une culture intensive du sol. Il est convenu que, dans l'exécution de ces mesures, la protection des droits des paysans et des fermiers arabes sera assurée et que ces derniers seront aidés à l'avenir en ce qui concerne le développement économique.

Art. 5. — Aucune loi ou règlement ne devra s'opposer ou porter atteinte, d'une manière quelconque, au libre exercice des cultes, et, en outre, aucune mesure de discrimination ne sera prise en ce qui concerne les fonctionnaires du culte ou les pratiques des diverses croyances. Il ne sera pas tenu compte de l'origine religieuse dans le libre exercice des droits civils et politiques.

Art. 6. — Les Lieux Saints musulmans seront placés sous contrôle musulman.

Art. 7. — L'Organisation Sioniste propose d'envoyer en Palestine une commission d'experts, chargés de dresser un tableau d'ensemble des possibilités économiques du pays, et de rédiger un rapport quant aux meilleurs moyens à mettre en œuvre en vue du développement du territoire. L'Organisation Sioniste mettra la commission, ci-dessus mentionnée, à la disposition de l'Etat arabe, afin qu'elle se livre également à une enquête approfondie sur les possibilités économiques de l'Etat arabe et établisse un rapport définissant à quelles conditions le meilleur développement pourra être atteint. L'Organisation Sioniste, enfin, emploiera tous ses efforts à aider l'Etat arabe à obtenir les moyens indispensables en vue du développement de ses ressources naturelles et de ses possibilités économiques.

Art. 8. — Les parties soussignées reconnaissent agir en complet accord et en parfaite harmonie sur toutes les questions ci-dessus visées, à porter devant la Conférence de la Paix.

Art. 9. — Toute contestation qui pourrait s'élever entre les parties contractantes sera soumise, pour arbitrage, au Gouvernement britannique.

Fait et écrit par nous,
Le 3 janvier 1919.

Chaim WEIZMANN
Fayçal ibn HUSSEIN

(traduit de l'arabe)

Réserve faite par l'Emir Fayçal :

Si les Arabes sont établis conformément aux conditions que j'ai indiquées dans ma proclamation du 4 janvier, adressée au secrétaire d'Etat anglais pour les Affaires Etrangères, je m'engage à donner effet aux diverses clauses de cet accord. Toutefois, dans le cas où des changements interviendraient, ma responsabilité ne serait plus engagée si le présent accord n'était pas exécuté.

Source : Giniewski (Paul), *Le Sionisme d'Abraham à Dayan*, Bruxelles, Editions de la Librairie Encyclopédique, 1969, pp. 539-541.

ANNEXE N° 3

Proclamation d'Indépendance de l'Etat d'Israël

Eretz-Israël est le lieu où naquit le peuple juif. C'est là que se forma son caractère spirituel, religieux et national.

C'est là qu'il réalisa son indépendance et créa une culture d'une portée à la fois nationale et universelle. C'est là qu'il écrivit la Bible et en fit don au monde. Contraint à l'exil, le peuple juif demeura fidèle au pays d'Israël à travers toutes les dispersions, priant sans cesse pour y revenir, toujours avec l'espoir d'y restaurer sa liberté nationale.

Dominés par ce lien historique, les Juifs s'efforcèrent, au cours des siècles, de retourner au pays de leurs ancêtres pour y reconstituer leur Etat. Tout au long des dernières décennies, ils s'y rendirent en masse : pionniers, ma'apilim et défenseurs. Ils y défrichèrent le désert, firent renaître leur langue, bâtirent cités et villages, et établirent une communauté en pleine croissance, ayant sa propre vie économique et culturelle. Ils n'aspiraient qu'à la paix encore qu'ils aient toujours été prêts à se défendre. Ils apportèrent les bienfaits du progrès à tous les habitants du pays. Ils nourrirent toujours l'espoir de réaliser leur indépendance nationale.

En 1897, le premier Congrès Sioniste, inspiré par la vision de l'Etat juif qu'avait eue Théodore Herzl, proclama le droit du peuple juif à la renaissance nationale dans son propre pays. Ce droit fut reconnu par la déclaration Balfour du 2 novembre 1917 et réaffirmé par le mandat de la Société des Nations qui accordait une reconnaissance internationale formelle des liens du peuple juif avec le pays d'Israël, ainsi que de son droit d'y reconstituer son foyer national.

L'hécatombe nazi, qui anéantit des millions de Juifs en Europe, démontra à nouveau la nécessité urgente de remédier au manque d'une patrie juive par le rétablissement de l'Etat juif dans le pays d'Israël, qui ouvrirait ses portes à tous les Juifs et conférerait au peuple juif l'égalité des droits au sein de la famille des nations.

Les survivants de l'holocauste nazi en Europe, ainsi que des Juifs d'autres pays, revendiquant leur droit à une vie de dignité, de liberté, et de travail dans la patrie de leurs ancêtres, et sans se laisser effrayer par les obstacles et la difficulté, cherchèrent sans relâche à rentrer au pays d'Israël.

Au cours de la Seconde Guerre Mondiale, le peuple juif dans le pays d'Israël contribua pleinement à la lutte menée par les nations éprises de liberté contre le fléau nazi. Les sacrifices de ses soldats et l'effort de guerre de ses travailleurs le qualifiaient pour prendre place à rang d'égalité parmi les peuples qui fondèrent l'Organisation des Nations-Unies.

Le 29 novembre 1947, l'Assemblée Générale des Nations-Unies adopta une résolution prévoyant la création d'un Etat Juif indépendant dans le pays d'Israël, et invita les habitants du pays à prendre les mesures nécessaires pour appliquer ce plan. La reconnaissance par les Nations-Unies du droit du peuple juif à établir son Etat indépendant ne saurait être révoquée. C'est au surplus le droit naturel du peuple juif d'être une nation comme les autres nations et de devenir maître de son destin dans son propre Etat souverain. En conséquence, nous, membres du Conseil National représentant le peuple juif d'Israël et le Mouvement Sioniste Mondial, réunis aujourd'hui, jour de la cessation du mandat britannique, en assemblée solennelle, et en vertu des droits naturels et historiques du peuple juif, ainsi que de la résolution de l'Assemblée Générale des Nations-Unies, proclamons la fondation de l'Etat Juif dans le pays d'Israël, qui portera le nom de : « Etat d'Israël ».

Nous déclarons qu'à compter de la fin du mandat, à minuit, dans la nuit du 14 au 15 mai 1948, et jusqu'à ce que des organismes constitutionnels régulièrement élus entrent en fonction, conformément à une constitution qui devra être établie par une assemblée constituante d'ici le premier octobre 1948, le présent Conseil agira en tant qu'Assemblée provisoire de l'Etat, et que son propre organe exécutif l'administration nationale constituera le gouvernement provisoire de l'Etat d'Israël.

L'Etat d'Israël sera ouvert à l'immigration des Juifs de tous les pays où ils sont dispersés ; il développera le pays au bénéfice de tous ses habitants ; il sera fondé sur les principes de liberté, de justice et de paix enseignés par les prophètes d'Israël ; il assurera une complète égalité des droits sociaux et politiques à tous ses citoyens, sans distinction de croyance, de race ou de sexe ; il garantira la pleine liberté de conscience, de culte, d'éducation et de culture ; il assurera la sauvegarde et l'inviolabilité des Lieux Saints et des sanctuaires de toutes les religions et respectera les principes de la Charte des Nations-Unies.

L'Etat d'Israël est prêt à coopérer avec les organismes et représentants des Nations-Unies pour l'application de la résolution adoptée par l'Assemblée le 29 novembre 1947 et à prendre toutes mesures pour réaliser l'union économique de toutes les parties du pays.

Nous faisons appel aux Nations-Unies afin qu'elles aident le peuple juif à édifier son Etat et qu'elles admettent Israël dans la famille des Nations.

Aux prises avec une brutale aggression, nous invitons cependant les habitants arabes du pays à préserver les voies de la paix et à jouer leur rôle dans le développement de l'Etat sur la base d'une citoyenneté égale et complète et d'une juste représentation dans les organismes et les institutions de l'Etat, qu'ils soient provisoires ou permanents.

Nous tendons la main de l'amitié, de la paix et du bon voisinage à tous les Etats qui nous entourent et à leurs peuples, nous les invitons à coopérer avec la Nation Juive indépendante pour le bien commun de tous.

L'Etat d'Israël est prêt à contribuer au progrès de l'ensemble du Moyen-Orient.

Nous lançons un appel au peuple juif de par le monde à se rallier à nous dans la tâche d'immigration et de mise en valeur, et à nous assister dans le grand combat que nous livrons pour réaliser le rêve poursuivi de génération en génération : la rédemption d'Israël.

Confiants en l'Eternel Tout-Puissant, nous signons cette déclaration sur le sol de la patrie, dans la ville de Tel-Aviv, en cette séance de l'assemblée provisoire de l'Etat, tenue la veille du shabbath, 5 Iyar 5708, quatorze mai mille neuf cent quarante-huit.

ANNEXE N° 4

Langues sémitiques

I. ORIENTALE

- Akkadien (Mésopotamie du IIIème millénaire avant l'ère chrétienne).

II. OCCIDENTALE NORD

- Ougaritique (au Nord de la Côte Syrienne, env. XIVème siècle)

  Cananéen (Phéniciens, Syrie Palestine du ± IXème siècle aux environs de l'ère chrétienne, et sa variété punique - Carthage IVème/IIème s.)

  Moabite (S.-E. mer Morte, IXème siècle)

  Hébreu (ancien, Palestine du IXème au Ier siècle)
  Israélien, Etat d'Israël

  Araméen : ancien, Syrie IXème au VIIIème siècle
  d'Empire, Mésopotamie, Perse, IXème au IIIème siècle
  Palestinien, IIème au VIème siècle
  Nabatéen, IIIème au IIème siècle
  Palmyrénéen, Ier au IIIème siècle
  Néoaraméen de Ma'loula, anti-Liban, encore parlé
  Syriaque, tout le Proche-Orient, Ier au XIIIème siècle
  Babylonien talmudique, IVème au VIème s.
  Mandéen, Irak, VIIème siècle
  Néoaraméen oriental, vers l'Union Soviétique d'aujourd'hui

III. OCCIDENTALE DU SUD

- Arabe : ancien, IIème au VIème siècle, péninsule arabique
  classique, littérature, VIIème siècle à nos jours
  dialectes parlés : Arabie, Irak, Jordanie, Palestine, Syrie, Liban, Egypte, Soudan, Libye, Maghreb, Mauritanie, Malte.

- Sudarabique (ancien, IVème au VIème siècle et moderne entre le Hadramont et l'Oman et les plaines côtières.

- Langues éthiopiennes : guéze ou éthiopien classique ; tigrina, amharique, galat, argobba, harari, gouragué.

Sources : David Cohen, in *Le Langage*, La Pléiade, pp. 1288-1289.

ANNEXE N° 5

**Rapport entre la population juive en Israël
et la population juive dans le monde (1882-1973)**

Années	Population juive dans le monde	Population juive en Israël	Proportion Juifs d'Israël/ Juifs dans le monde
— 1882	7.700.000	24.000	0,3 %
— 1914	13.500.000	85.000	0,6 %
— 1925	14.800.000	122.000	0,8 %
— 1940	16.700.000	467.000	2,8 %
— 1945	11.000.000	564.000	5,1 %
— 1948	11.300.000	650.000	5,7 %
— 1961	12.866.000	1.932.000	15 %
— 1973	14.150.000	2.834.000	20 %

Source : *Statistical Abstract of Israel*, n° 26, 1975, p. 23.

ANNEXE N° 6

Population juive dans le monde
(Estimation 1973)

Continents	Total partiel	Total	
Europe		4.090.155	29 %
dont :			
U.R.S.S.	2.680.000		
France	550.000		
Grande-Bretagne	410.000		
Amérique		6.901.545	49 %
dont :			
Etats-Unis	5.800.000		
Argentine	475.000		
Canada	305.000		
Brésil	155.000		
Asie		2.907.560	20 %
dont :			
Israël	2.806.000		
Iran	80.000		
Afrique		176.690	1,5 %
dont :			
Afrique du Sud	117.900		
Maroc	31.000		
Australie, Nelle Zél.		72.200	0,5 %
TOTAL		14.152.150	100 %

Source : *American Jewish Year Book*, vol. 75, 1974-1975, pp. 562-566.

ANNEXE N° 7

Les partis politiques israéliens et leurs ramifications

A) LA GAUCHE

1) **Le M.A.P.A.I.** (Mifleguet Poalé Eretz Israël : Parti des Ouvriers d'Eretz Israël).

— *Origine* : groupes de Poalé Sion (Marxistes) et du Hapoël Hatzaïr (non-Marxistes).

— *Evolution depuis 1948 :*
- Se présente seul aux élections législatives jusqu'en 1961. Y obtient 32 % à 38 % des votes (40 à 47 sièges).
- 1965 : forme une coalition électorale avec l'Ahdouth Ha' Avoda, appelée Ma'Arakh (Le Front) qui obtient 46,2 % des votes (45 sièges).
- Scission du R.A.F.I. (parti de David Ben-Gourion) : obtient 7,9 % des votes et 20 sièges : le R.A.F.I. sera dans l'opposition jusqu'en 1967 (guerre des Six-jours).
- 1968-1969 : retour d'une fraction du R.A.F.I. et création de la Mifleguet Ha'Avoda Haisraelith (Parti Travailliste Israélien) qui conclut une alliance électorale avec le M.A.P.A.M. (1969 : 46,2 % des votes, 56 sièges ; 1973, 39,6 % des votes, 51 sièges).

— *Nouvelles listes dissidentes :*
- 1969 : Liste d'Etat (Parti de soutien à Moshé Dayan) : 3,1 % des votes, 4 sièges - parti formé par les ex-R.A.F.I. leaders n'ayant pas rejoint le Parti Travailliste Israélien dont David Ben-Gourion).
- 1973 : Mouvement des Droits Civiques (fondé par Madame Choulamith Aloni - ex-M.A.P.A.I.) : 2,2 % des votes, 3 sièges.

2) **Ahdouth Ha'Avoda** (Union du Travail)

Nom qui désigne d'abord l'ensemble du Mouvement Ouvrier.
— *1944 :* se détache du M.A.P.A.I. pour former un parti politique indépendant.
— *1948 :* Fusionne avec le **Hachomer Hatzair** pour former le M.A.P.A.M.
— *1954 :* quitte le M.A.P.A.M. - se présente aux élections de 1965 à 1961 (6 % à 8,2 % des votes, 7 à 10 sièges).
— *1965 :* rejoint le M.A.P.A.I. dans le Ma'Arakh.

3) **M.A.P.A.M.**

— *Origine :* groupes du Hachomer Hatzair (marxistes, fortes sympathies pour l'U.R.S.S.).
— *1948 :* parti politique (fusion avec l'Ahdouth Ha'Avoda). Se présente seul aux élections de 1949 à 1965 (6,6 % à 14,7 % des votes, 8 à 20 sièges).

Ces trois partis ouvriers sont socialistes et sionistes.
Tous jouent un rôle important à la Histadrouth, syndicat regroupant environ 70 % de la population active israélienne ; chacun a ses mouvements de jeunesse, sa fédération *kibboutzique* et éventuellement son mouvement *mochavique*.

MOUVEMENTS DE JEUNESSE

a) **M.A.P.A.I.**

Noar Lomed Veoved (Jeunesse Etudiante et Ouvrière) fondé en 1923 comme la section « jeunesse » de la Histadrouth.
En 1958, fusionne avec le Mouvement de Jeunesse du M.A.P.A.I. (Ihoud Habonim).
Adhérents (1) : environ 100.000, touche dans une large mesure les jeunes ouvriers.

(1) Chiffres indiquées par *Israël - Faits et Chiffres 1973/74*.

b) **Ahdouth Ha'Avoda**
Origine : Mahanot Olim (Camps d'immigrants) fondé en 1927, rejoint en 1946 le Gordanya affilié à l'Ahdouth Ha' Avoda. Forment en 1952, Dror Mahanot Olim (Liberté-camps d'immigrants). Environ 4.200 membres, proches du mouvement *kibboutzique*.

c) **M.A.P.A.M.**
Origine : groupes du Hachomer Hatzair de la Diaspora. 1929 : Première section fondée en Eretz Israël.
Environ 12.000 membres, défend le Sionisme socialiste. A des relations avec mouvement de jeunesse arabe socialiste : Hanoar Ha'aravi He'haloutzi : 13.000 membres.

FEDERATIONS KIBBOUTZIQUES ET MOCHAVIQUES

a) **M.A.P.A.I.** (1)

(1) Sources statistiques : *Statistical Abstract of Israel*, n° 26 - 1975, pp. 30-31.

Ihoud Hakvoutzoth Ve Ha-Kibboutzim :
Nombre de villages : 77, dont 26 fondés depuis 1948. Population . 29.000 habitants.

b) **Ahdouth Ha'Avoda**
Hakibboutz Hameouhad :
Nombre de villages : 55, dont 21 fondés depuis 1948. Population : 25.100 habitants.

c) **M.A.P.A.M.**
Hakibboutz Ha'Artzi :
Nombre de villages : 75, dont 35 fondés depuis 1948. Population : 32.800 habitants.

La Tnouat Hamochavim (Mouvement des mochavim) : principale organisation des mochavim (218 villages, dont 171 fondés depuis 1948). Population : 80.800 habitants.
Entretient d'étroites relations avec les trois partis du Mouvement Ouvrier, ainsi qu'avec la Histadrouth, relations dominées par le M.A.P.A.I.

B) LA GAUCHE NON SIONISTE

1) **Le Parti Communiste**
— *Origines* : fondé en 1919 - change plusieurs fois de nom avant de devenir le M.A.K.I. (Miflegheth Avoda Kommunistith Israëlith) en 1945, est rejoint en 1954 par le Parti de la Gauche Socialiste en Israël, dirigé par Moshe Sneh, ex-membre du M.A.P.A.M.
1954-1965 : le M.A.K.I. regroupe les Communistes juifs et arabes - tendance Moscou (2,8 % à 4,5 % des votes - 3 à 6 sièges à la Knesseth).
En 1962, le Matzpen, pro-chinois, fait scission (pas de siège à la Knesseth). En 1965, nouvelle scission :

a) Le **M.A.K.I.** : Parti Communiste Juif dirigé par Moshe Sneh (1,1 % des voix - un siège à la Knesseth aux élections de 1965 et 1969).

b) Le **R.A.K.A.H.** (Nouvelle Liste Communiste) regroupe les Communistes arabes sous la direction de Meïr Vilner et Tawfik Toubi (2,3 % et 3,4 % des voix - 3 à 4 sièges).

En 1973 : le Moked (le Bûcher) regroupe les Communistes juifs et les membres du mouvement Tekhleth Adom (drapeau rouge) : 1,4 % des voix - un siège.
Mouvement de jeunesse : B.A.N.K.I. (Union de la Jeunesse Communiste Israélienne) fondée en 1948. Eclate en 1965 en même temps que le M.A.K.I.

2) **Les listes minoritaires**
Plusieurs listes arabes, généralement apparentées au M.A.P.A.I. (3 % à 4,9 % des voix - 2 à 5 sièges).
N.B. Le nombre de députés arabes à la Knesseth est plus important : ils sont élus sur d'autres listes.

C) LA DROITE

1) **Le Herouth**
— *Origines* : le mouvement révisionniste fondé pendant la Première Guerre Mondiale par Vladimir (Zeev) Jabotinsky s'oppose à la politique du Mouvement Sioniste et quitte

l'Organisation Sioniste en 1935. Pendant la deuxième guerre mondiale, les groupes armés illégaux l'Irgoun Zvai Leoumi, Stern et Lehi se recrutent parmi les Révisionnistes.
En 1948 : création du parti politique Herouth dirigé par l'ex-chef de l'Irgoun, Menahem Beguin. Se présente seul aux élections législatives de 1949 à 1965 (6,6 % à 13,8 % des voix - 8 à 10 sièges).

2) **Parti Libéral - Sionistes Généraux**

— *Origines :* Sionistes Généraux dont les premiers groupes sont créés au sein du Mouvement Sioniste à la fin du XIXème siècle. S'opposent à la fois aux tendances socialistes et religieuses.

— *Evolution depuis 1948 :* de 1948 à 1959, les Sionistes Généraux se présentent seuls aux élections législatives (5,5 % à 16,2 % des voix - 7 à 20 sièges).

3) **Parti Progressiste - Parti Libéral Indépendant**

— *Origines :* L'immigration allemande des années 1933-1939, ouvriers non-socialistes, fraction des Sionistes Généraux favorables à la Histadrouth.

— *Evolution depuis 1948 :*
1948 : création du Parti Progressiste qui se présente seul aux élections de 1949 à 1959 (3,2 % à 4,6 % des votes - 4 à 6 sièges).
1961 : fusion du Parti Progressiste et des Sionistes Généraux ; création du Parti Libéral (13,6 % des votes, 17 sièges).
1965 : union électorale entre le Herouth et le Parti Libéral : création du G.A.H.A.L., qui obtient 21,3 % à 21,7 % des votes et 26 sièges. Le Parti Progressiste ne se joint pas à cette union et se présente seul aux élections de 1965 à 1973 : 3,2 % à 3,8 % des votes, 4 à 5 sièges.
1967 : Shmuel Tavin se sépare du G.A.H.A.L. pour former le Centre Libre. Obtient aux élections de 1969, 1,2 % des votes et 2 sièges.
1973 : après la guerre du Kippour, création du Likoud, formation comprenant : le G.A.H.A.L., le Centre Libre, la Liste d'Etat (qui passe de la gauche à la droite). Obtient 30,2 % des votes et 26 sièges.
Le Parti Libéral Indépendant ne se joint pas à cette union de la Droite.

ORGANISATIONS SYNDICALES

Herouth : Histadrouth Ha-Ovdim Ha-Leoumit (fédération Nationale des Travailleurs) : gère sa propre caisse de maladie.

MOUVEMENTS DE JEUNESSE

a) **Herouth**

— le B.E.T.A.R. (Brit Trumpeldor) issu des Révisionnistes fondé en 1923 : 4.200 membres en 1974.
— Hanoar Ha-Oved Ha Leoumi (Jeunesse Nationale des Travailleurs) affiliée à la Histadrouth Ha Ovdim Ha Leoumit : 8.300 membres.

b) **Parti Progressiste**

— Hanoar Hasioni (Jeunesse Sioniste) fondé en 1932.
En 1974, 1.700 membres. Dès 1929, les Sionistes Généraux avaient créé une association sportive Maccabi, aujourd'hui plutôt apolitique (6.900 membres).

FEDERATIONS KIBBOUTZIQUES ET MOCHAVIQUES

a) **Herouth**

— *Mochavim :* 8 villages fondés depuis 1948, population : 1.600 habitants.
— *Mochavim* collectifs (formule intermédiaire entre le *mochav* et le *kibboutz*) : 4 villages fondés depuis 1948, population : 700 habitants.
— aucun kibboutz.

b) **Parti Progressiste - Parti Libéral Indépendant**

Fédération kibboutzique « Ha'Oved Ha'Sioni » (le Travailleur Sioniste), villages : 5 dont 2 fondés depuis 1948, population : 1.500 habitants.

Mochavim : Haoved Hasioni (*mochavim* et *mochavim* collectifs), villages : 18 dont 15 fondés depuis 1948, population : 4.900 habitants.

Les partis libéral et libéral indépendant exercent aussi une certaine influence sur les mouvements *mochaviques* suivants :

— Ha'lhoud Ha Khaklai (Union Paysanne), villages : 25 dont 20 fondés depuis 1948, population : 11.500 habitants.

— Hitahdouth Ha'Ikarim (Fédération des Agriculteurs), villages : 6 dont 3 fondés depuis 1948, population : 1.700 habitants.

D) LES PARTIS RELIGIEUX

1) **M.I.Z.R.A.H.I.** (abréviation de *Merkaz Roukhani*, centre spirituel). Regroupement de partisans d'un Etat Juif religieux au sein du Mouvement Sioniste en 1901.

2) **Hapoel Hamizrahi**
— *Origine* : Aile ouvrière du M.I.Z.R.A.H.I. fondée en 1922 en Eretz Israël.
— *Evolution depuis 1948* : aux élections de 1949, le M.I.Z.R.A.H.I. et le Hapoel Hamizrahi présentent une liste commune avec les orthodoxes : 12,2 % des votes, 16 sièges.
A partir de 1951, le M.I.Z.R.A.H.I. et le Hapoel Hamizrahi présentent des listes communes (8,3 % à 9,9 % des votes, 10 à 12 sièges).
1955 : création du M.A.F.D.A.L. (Parti National Religieux), fusion du M.I.Z.R.A.H.I. et du Hapoel Hamizrahi.

3) **Agoudath Israël**
— *Origine* : Ultra-orthodoxes qui forment en 1913 en Galicie un parti religieux en opposition au M.I.Z.R.A.H.I. accusé de « collaboration » avec le Mouvement Sioniste.

4) **Agoudath Poalé Israël**
Aile ouvrière de l'Agoudath Israël fondée en 1922 en Eretz Israël.
— *Evolution depuis 1948* : depuis 1951 ces deux partis se présentent tantôt seuls, tantôt sur une même liste aux élections.
Ils obtiennent ensemble 3,8 % à 5,6 % des votes, 5 à 6 sièges.
En 1956, ils s'unissent dans le FRONT RELIGIEUX de la THORA, se séparent en 1961, pour se réunir à nouveau en 1973.

SYNDICATS

M.A.F.D.A.L.
Section syndicale spécifique affiliée à la Histadrouth.

MOUVEMENTS DE JEUNESSE

a) **M.A.F.D.A.L.**
— Bné Akiva (Fils d'Akiva) fondé en 1929, prépondérance du Hapoel Ha Mizrahi. 1974 : 18.000 membres.
— Hanoar Hadati Ha'Oved (la Jeunesse religieuse Ouvrière). 1974 : 11.600 adhérents.

b) **Poalé Agoudath Israël**
— Ezra fondé en 1936. 1974 : 3.200 membres.

FEDERATIONS KIBBOUTZIQUES ET MOCHAVIQUES

a) **M.A.F.D.A.L.**
— Hakibboutz Hadati (kibboutz religieux), villages : 11 dont 6 fondés depuis 1948 ; population : 4.600 habitants (influence prédominante du Hapoel Hamizrahi).
— *Mochavim* : Hapoel Hamizrahi : villages : 56 dont 50 fondés depuis 1948 ; population : 25.400 habitants.

b) **Poalé Agoudath Israël**
— *Kibboutzim* : villages : 3 dont 2 fondés depuis 1948 ; population : 900 habitants.
— *Mochavim* : (Agoudath Israël et Poalé Agoudath Israël). 9 villages dont 8 fondés depuis 1948 ; population : 2.600 habitants.

ANNEXE N° 8

Résolution 242 votée par le Conseil de Sécurité des Nations Unies, le 22 novembre 1967

« Le Conseil de sécurité,

Exprimant l'inquiétude que continue de lui causer la grave situation au Moyen-Orient,

Soulignant l'inadmissibilité de l'acquisition de territoire par la guerre et la nécessité d'œuvrer pour une paix juste et durable permettant à chaque Etat de la région de vivre en sécurité,

Soulignant en outre que tous les Etats Membres, en acceptant la Charte des Nations Unies, ont contracté l'engagement d'agir conformément à l'Article 2 de la Charte,

1. Affirme que l'accomplissement des principes de la Charte exige l'instauration d'une paix juste et durable au Moyen-Orient qui devrait comprendre l'application des deux principes suivants :
   i) Retrait des forces armées israéliennes des territoires occupés lors du récent conflit ;
   ii) Cessation de toutes assertions de belligérance ou de tous états de belligérance et respect et reconnaissance de la souveraineté de l'intégrité territoriale et de l'indépendance politique de chaque Etat de la région et de leur droit de vivre en paix à l'intérieur de frontières sûres et reconnues à l'abri de menaces ou d'actes de force ;

2. Affirme en outre la nécessité
   a) de garantir la liberté de navigation sur les voies d'eau internationales de la région ;
   b) de réaliser un juste règlement du problème des réfugiés ;
   c) de garantir l'inviolabilité territoriale et l'indépendance politique de chaque Etat de la région, par des mesures comprenant la création de zones démilitarisées ;

3. Prie le Secrétaire général de désigner un représentant spécial pour se rendre au Moyen-Orient afin d'y établir et d'y maintenir des rapports avec les Etats intéressés en vue de favoriser un accord et de seconder les efforts tendant à aboutir à un règlement pacifique et accepté, conformément aux dispositions et aux principes de la présente résolution ;

4. Prie le Secrétaire général de présenter aussitôt que possible au Conseil de sécurité un rapport d'activité sur les efforts du représentant spécial. »

Ce texte accepté par les Israéliens et la plupart des états arabes, est ambigu. Depuis 1967, il a fait l'objet d'innombrables discussions. La version française que nous reproduisons ci-dessus est particulièrement contestée.

En effet, le texte anglais, langue dans laquelle il a été rédigé, stipule, au paragraphe 1/i « *Withdrawal of Israeli armed forces from territories occupied in the recent conflict* ».

Cette version anglaise n'exclut pas de rectifications de frontières ; la diplomatie française interprète ce paragraphe comme signifiant le retrait de « *tous les territoires occupés* ».

I - Xème - XVIème siècle avant J.-C. Période du Premier Temple

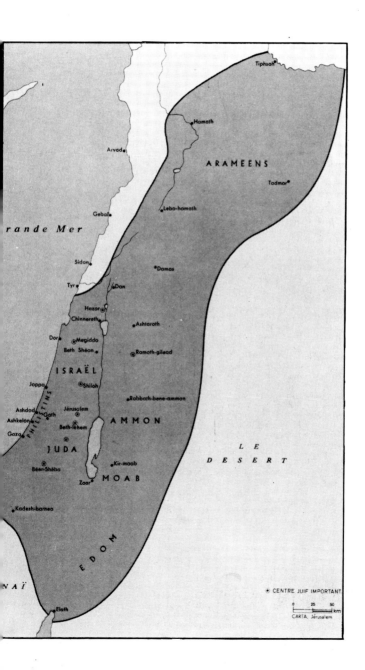

II - VIème - Ier siècle avant J.-C. Période du Second Temple

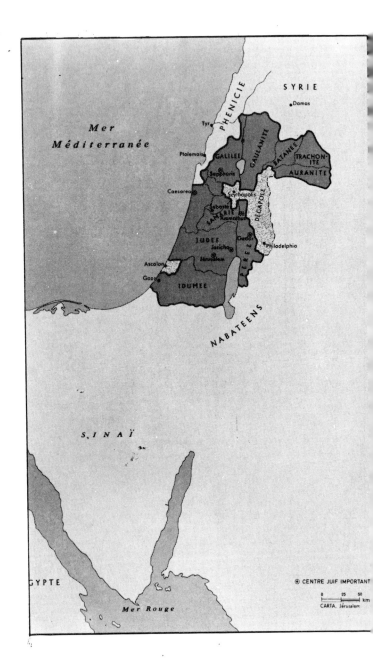

III - Ier - VIIème siècle : Provinces romaines et byzantines

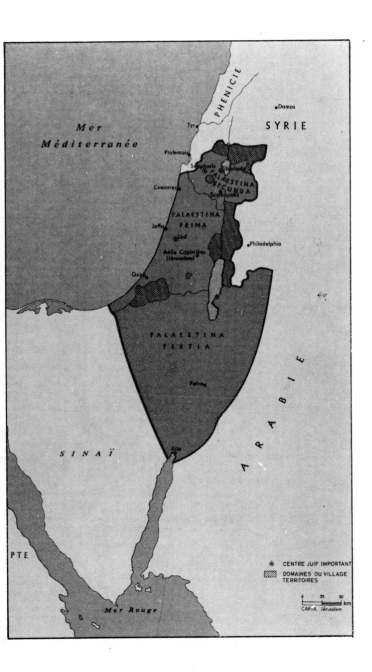

IV - VIIème siècle : La conquête arabe

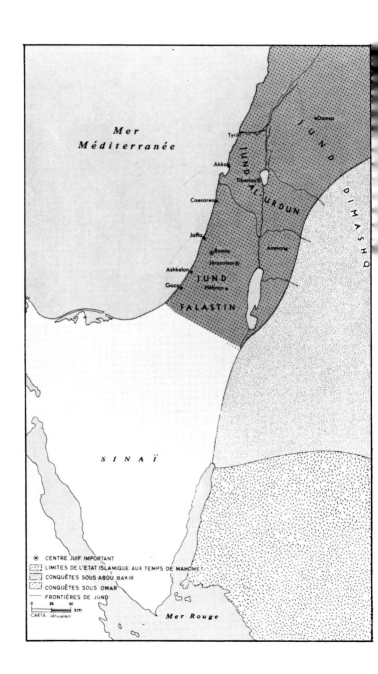

V - XIème - XIIIème siècle : Les Croisés

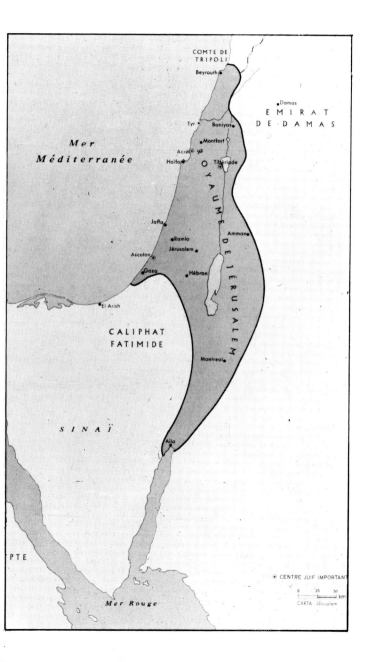

VI - XIIIème - XXème siàcle : Domination mamelouk et ottomane

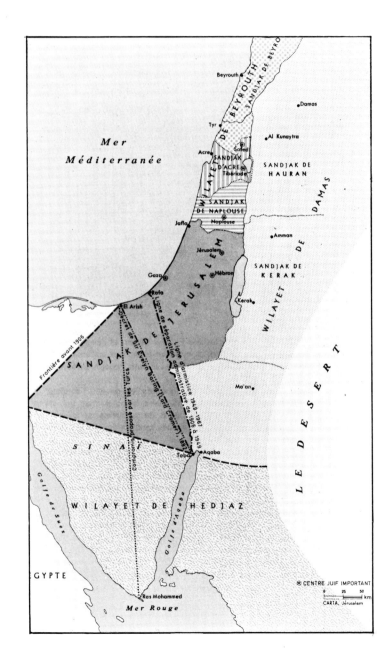

VII - 1919 : Propositions de Paris faites par le mouvement sioniste

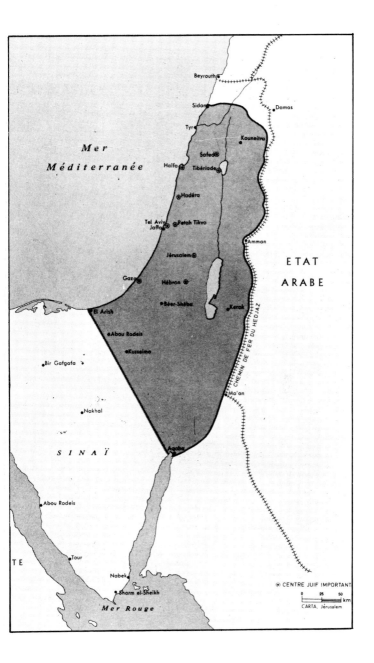

VIII - 1920 : Le Mandat britannique tel qu'il est défini par la S.D.N.
   1922 : Frontières de la Palestine sous Mandat britannique entre 1922 et 1948.
   1947 : Plan de partage de l'O.N.U.
   1949 : Accords d'armistice.
   1967 : Lignes du cessez-le-feu.

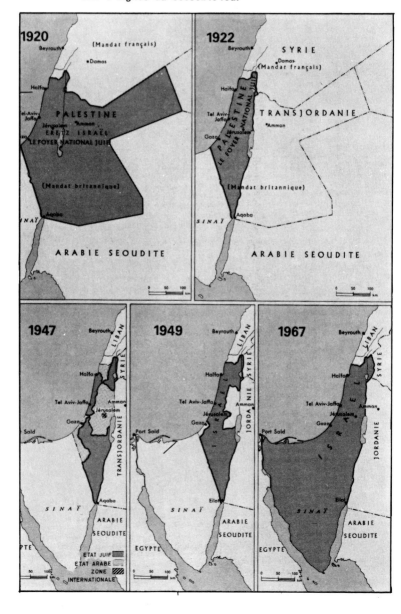

GLOSSAIRE

Mots étrangers employés dans le texte

Achkenaz (pluriel **Achkenazim**) : le mot hébraïque signifie « allemand » et désigne les Juifs d'Europe Centrale et Orientale.

'Ashira (pl. **'Ashair**) : tribu ou partie d'une tribu (synonyme de Qabilah) ou encore groupe d'hommes d'une même tribu. Dérivé de 'Ashara : le nombre 10.

Aliyah (pluriel **Aliyoth**) : montée, immigration.

'Akil (pl. **'Ukkal**) : dérivé de 'Akl : l'esprit en arabe. Se dit d'un druze initié aux mystères de sa religion.

Asl : origine. Mot arabe. Peut être synonyme de *noblesse*.

Bilou (pluriel **Bilouim**) : abréviation des paroles d'Isaïe : Beth Ya'acov, Lekhou venelkha « Maison de Jacob, Lève-toi et Partons ».

Les **Bilouim** représentent le premier groupe d'immigrants juifs originaires de Russie qui se sont établis en 1882 en Eretz Israël.

Cacherouth : prescriptions religieuses juives relatives à la consommation et à la préparation des aliments.

La **cacherouth** interdit la consommation de la viande de porc, des crustacés et de certains poissons. Les animaux doivent être abattus selon un rituel précis. Les aliments carnés sont strictement séparés des aliments lactés. Les principes de la **cacherouth** remontent à la législation biblique (Lévitique XII2-47 - Deutéronome XII/15-23 et XIV/4-21). Ils sont précisés par la tradition talmudique.

Calife : du mot *Khalifa*. Souverain musulman, successeur du prophète Mohammed à la tête de la communauté Islamique. Son pouvoir était temporel et spirituel.

Cherif : Prince. De l'arabe *charif*, noble ; prince descendant de Mohammed, par sa fille Fatima. Par extension : Prince chez les Arabes.

Chi'isme : Première secte de l'Islam. Ses membres sont partisans de 'Ali, gendre de Mohammed, au pouvoir Califal à la mort du prophète : ils formaient le Parti de 'Ali « Chiat 'Ali ».

Dar : mot arabe maison ; s'emploie au propre et au figuré. Synonyme de *Beit* (même sens). *Dar El Ab* : la maison du père, désigne par extension la famille immédiate d'un individu.

Dhimmi : désigne, dans la législation coranique, les *gens du livre*, les Juifs et les Chrétiens. Le statut de *dhimmi* comporte des lois protectrices et des interdits discriminatoires.

Diwan : recueil de poésies, registre, bureau. En Palestine désigne une maison d'hôte où les hommes se réunissaient.

Diyya : **prix du sang**. Substitut du droit de vengeance privée. Quantité déterminé de biens due pour cause d'homicide ou autres atteintes à l'intégrité d'autrui.

Djahil (pl. **Djuhal**) : mot arabe : ignorant. Se dit d'un druze non initié à sa religion.

Djinn (pl. **adjânn**) : mot arabe. D'après les Musulmans, ce sont des êtres corporels formés d'une vapeur ou d'une flamme imperceptible aux sens.

Dziya : impôt de capitation qui, dans le droit musulman traditionnel, frappe les non-Musulmans des pays musulmans.

Dunam : 0,1 Ha. Mesure palestinienne de la terre.

Fellah (pl. **fellahin**) : mot arabe : paysan.
Fellah (pl. **Fellahin**) : mot arabe : paysan.

Ghazw : mot arabe : razzia.

Ghetto : quartier juif (en Europe). Le terme est probablement d'origine italienne ; il est utilisé la première fois à Venise en 1516 pour désigner le quartier juif situé à proximité d'une forge.

Golah : mot hébreu : exil, Diaspora (**galouth** : même signification).

Hachomer Hatzaïr (Le Jeune Gardien) : organisation créée pour la défense des villages juifs au début du XXème siècle. Devient, dans les années 1920, le Mouvement de Jeunesse du M.A.P.A.M.

Haganah : mot hébreu : défense. Organisation de défense juive créée en 1920. Œuvre dans la semi-clandestinité pendant le mandat britannique.

Hamoula : mot arabe dérivé de la racine « *hamala* » : porter. Désigne un clan, un lignage. Peut être le synonyme de *Qabilah* : tribu.

Hara : mot arabe : quartier ; désigne généralement le quartier juif dans les pays musulmans.

Haskalah : mot hébreu : sagesse, culture intellectuelle : courant rationaliste comparé volontiers au siècle des Lumières (Aufklärung) allemand, dont il est largement tributaire. L'adepte de la *haskalah* est le *maskil* (pl. *maskilim*).

Histadrouth : Organisation syndicale israélienne fondée en 1920. Elle s'appelle de son titre entier : **Histadrouth Hakelalith Chel Haovdim Haivrim Be Eretz Israël** (Fédération générale des travailleurs juifs en Israël). Elle regroupe également, toutefois, des ouvriers arabes.

Hovévé Zion : Les Amants de Sion, sociétés juives fondées en Russie dès 1880 et dont les membres envisageaient l'établissement en Eretz Israël.

Irgoun Zvai Leoumi (Organisation Militaire Nationale), née d'une scission de la **Haganah** dont les actions semblaient trop « modérées » aux activistes juifs. De l'**Irgoun** se détachent par la suite les groupes **Stern** et **L.E.H.I.**, encore plus extrémistes.

Isma'élisme : secte chi'ite extrémiste. Ses membres admettent, à l'opposé de la majorité des chi'ites, Isma'el comme septième et dernier imam.

Keren Kayemeth Le Israël (K.K.L.) : Fonds National Juif, créé en 1901, chargé de l'acquisition et, plus tard, de l'afforestation et de la fertilisation des sols ; s'occupe également du développement rural.

Kibboutz (pluriel **Kibboutzim**) : village où la production et la consommation sont organisées sur une base collective.

Kibboutz Galouyoth : terme hébreu : rassemblement des exilés.

Knesseth : mot hébreu : assemblée, le parlement israélien.

Ladino : judéo-espagnol ; langue parlée par les descendants des Juifs d'Espagne.

Ma'Avera (pluriel **Ma'Averoth**) : mot hébreu : passage, pont et, par la suite, camp de transit.

Majles : Concile. De la racine arabe « *Jalasa* » : s'asseoir. *El Majles, El Mahali* : le Conseil Municipal.

Manzoul : mot arabe dérivé de la racine « *nazala* » : descendre, s'installer. Désigne au début du siècle en Palestine des maisons d'hôte.

Mellah : mot arabe : quartier juif traditionnel marocain.

Meout : mot hébreu par lequel on désigne l'ensemble des populations non juives d'Israël.

Miflagah : mot hébreu : parti politique (forme contractée : *Miflegeth*).

Millet : système législatif ottoman assurant à chaque communauté religieuse une certaine autonomie interne.

Mizoug Galouyoth : terme hébreu : littéralement *mélange des exilés*, c'est-à-dire la fusion des communautés.

Mochav (pluriel **Mochavim**) : village où l'achat du matériel et la vente des produits sont organisés sur une base coopérative, mais où la production et la consommation sont organisées sur une base individuelle. Il faut distinguer les Mochavé Ovdim (Mochav de travailleurs), dans lesquels le système coopératif est bien rodé, des Mochavé Olim (Mochav d'immigrants), où l'application des mécanismes de la coopération connaît divers degrés.

Mochava (pluriel **Mochavoth**) : village juif (sans organisation collectiviste ou coopérative).

Moukhtar : « L'élu » ou plus exactement « celui qui est choisi ». Mot arabe dérivé de la racine *Khatara* qui signifie choisir ; le *Moukhtar* étant le maire du village palestinien.

Muruwa : mot arabe : virilité. Une des valeurs bédouines fondamentales.

Oleh (pluriel **Olim**) : mot hébreu : immigrant.

Oulpan : cours intensif d'hébreu.

Pacha : mot turc : *bacha* ou *bassa*, d'après l'arabe *bâcha*. Gouverneur d'une province de l'empire Ottoman.

Palmakh : abréviation de **Plougoth Makhats**, bataillons de choc. Corps d'élite de la *Haganah* organisé en 1941.

Poël (pluriel **Poalim**) (forme contractée *poalé*) : mot hébreu : ouvrier.

Pogrom : terme russe : dévastation, émeute ; attaque des quartiers juifs, autorisée ou ordonnée par les autorités tsaristes.

Ramadan : Jeûne musulman. Il a lieu du lever du soleil à son coucher, pendant 40 jours. C'est un des piliers de la foi musulmane.

Sabar (pluriel **Sabarim**) : mot hébreu : figue de barbarie ; désigne les Juifs nés en Israël (au féminin : **sabra**, pl. **sabaroth**).

Salât : prière. Les cinq prières (salât) quotidiennes sont des devoirs pieux des Musulmans.

Sandjak : *Sanjak* ou *sangiac*. Mot turc *Bannière*. Désignant une circonscription du pachalik en Turquie.

Sepharad (pluriel **Sepharadim**) : mot hébreu : désigne l'Espagne et, par extension, celui qui descend des Juifs chassés d'Espagne.

Shabbath : mot hébreu : samedi, jour de repos des Juifs.

Shahada : mot arabe : « témoignage ». Profession de foi chez les Musulmans. **« Je témoigne qu'il n'y a d'autres dieux qu'Allah et que Mohammed est son prophète ».**

Shari'ah : loi Islamique.

Shtetl : mot yiddich, d'origine allemande (**Stadt**) : petite ville. Désigne le quartier juif avec ses institutions communautaires d'Europe Orientale.

Solha : mot arabe : réconciliation.

Sultan ou **Soltan** : mot arabe dérivé du mot **Sultan** ou pouvoir, règne ; nom donné aux souverains de l'empire ottoman et aux princes des pays musulmans.

Sunnisme : Islam orthodoxe qui suit la **Sunna** (tradition) : faits et gestes du prophète.

Talmud : mot dérivé de la racine hébraïque : LMD signifiant apprendre. Vaste commentaire des livres législatifs de la Bible et de la tradition orale.

Thora : mot hébreu signifiant enseignement, science. Désigne les cinq premiers livres de la Bible, le Pentateuque.

Tichri : neuvième mois de l'année hébraïque.

Toshé : mot arabe : querelle.

Tsahal : abréviation de **Tsava Haganah Le'Israël** : armée de défense d'Israël.

Wali : mot arabe : Saint.

Yichouv : mot hébreu désignant la communauté juive établie en Palestine avant la création de l'Etat d'Israël.

Yiddich : judéo-allemand, langue parlée par les Juifs d'Europe centrale et orientale.

Zakât : aumône légale. Un des devoirs des Musulmans.

ORIENTATIONS BIBLIOGRAPHIQUES

POPULATION JUIVE

La littérature concernant Israël et le judaïsme est abondante. Cependant, les ouvrages les plus sérieux ont été publiés en anglais ou en hébreu. Depuis quelques années, l'édition française s'efforce de traduire les ouvrages essentiels. Nous devons au renouveau des études hébraïques et juives dans les pays francophones, la publication de travaux entrepris par des chercheurs de langue française.

Ces orientations bibliographiques ne signalent que quelques ouvrages récents, accessibles au grand public, permettant au lecteur d'approfondir ses connaissances du judaïsme et de l'Etat d'Israël.

1) GENERALITES : HISTOIRE ET VIE JUIVES

La Bible

CHOURAQUI (André), *Histoire du Judaïsme*, Paris, PUF, 1957, Collection «Que sais-je ?».

EBAN (Abba), *Mon Peuple*, Paris, Buchet Castel, 1970.

EISENBERG (Josy), *Une Histoire du Peuple Juif*, Paris, Fayard, 1974.

GUGENHEIM (E.), *Le Judaïsme dans la Vie Quotidienne*, Paris, Albin Michel, 1970.

2) SIONISME

BEGIN (Menahem), *La Révolte d'Israël*, Paris, Table Ronde, 1971.

BEN GOURION (David), *Mémoires, Israël avant Israël*, Paris, Grasset, 1971.

CHOURAQUI (André), *Théodore Herzl*, Paris, Club des Editeurs, 1960.

DAYAN (Moché), *Histoire de ma vie*, Paris, Fayard, 1976.

GINIEWSKI (Paul), *Le Sionisme d'Abraham à Dayan*, Bruxelles, Editions de la librairie encyclopédique, 1969.

HERZL (Théodore), *L'Etat juif*, Jérusalem, Rubin Mass, 1946 (traduction française).

HERZL (Théodore), *Altneuland*, Haïfa, Publishing Company, 1952 (édition française : Paris, Rieder, 1931).

LAQUEUR (Walter), *Histoire du Sionisme*, Paris, Calmann-Lévy, 1973.

LATOUR (Annie), *La Résurrection d'Israël*, Genève, Edition Service, 1975.

PINSKER (Léo), *Autoémancipation*, Jérusalem, Jerusalem Post Press, 1956 (Traduction française).

SHAZAR (Zalmann), *Etoiles du Matin*, Paris, Albin Michel, 1969.

SOUSTELLE (Jacques), *La Longue Marche d'Israël*, Paris, Fayard, 1968.

WEIZMANN (Haïm), *Naissance d'Israël*, Paris, Gallimard, 1957.

3) ETAT D'ISRAEL

ALEM (Jean-Pierre), *Terre d'Israël*, Paris, Seuil, 1973.

BENSIMON-DONATH (Doris), *Immigrants d'Afrique du Nord en Israël*, Paris, Anthropos, 1970.

BENSIMON-DONATH (Doris), *L'Education en Israël*, Paris, Anthropos, 1976.

BETTELHEIM (Bruno), *Les Enfants du Rêve*, Paris, Robert Laffont, 1969.

CATANE (Moché), *Qui est Juif ?*, Paris, Robert Laffont, 1972.

DARIN-DRABKIN (Haïm), *Le Kibboutz, une Société Différente*, Paris, Seuil, 1970.

DEROGY (Jacques), *La Loi du Retour*, Parsi, Fayard, 1970.

DESROCHE (Henri), *Opération Mochav*, Paris, Cujas, 1973.

EBAN (Abba), *Mon Pays*, Paris, Buchet Chastel, 1976.

EDMA, Encyclopédie du Monde Actuel, *Les Israéliens*, Charles-Henri Favrod, Le livre de poche, 1976.

MALRAUX (Clara), *Civilisation du Kibboutz*, Genève, Gonthier, 1964.

MALRAUX (Clara), *Venus des Quatre Coins de la Terre*, Paris, Julliard, 1971.

MEIR (Golda), *Ma Vie*, Paris, Robert Laffont, 1975.

MERHAV (Peretz), *La Gauche Israélienne*, Paris, Anthropos, 1973.

RIQUET (Michel), *Un Chrétien face à Israël*, Paris, Robert Laffont, 1975.

SITTON (Shlomo), *Israël, Immigration et Croissance*, Paris, Cujas, 1963.

SITTON (Shlomo), *L'Economie d'Israël*, Paris, P.E.P. - C.E.F., 1971.

4) CONFLIT ISRAELO-ARABE

ABDEL KADER (A.R.), *Le Conflit Judéo-Arabe*, Paris, Maspéro, 1961.

AVNERY (Uri), *Israël sans Sionisme*, Paris, Seuil, 1968.

ALEM (Jean-Pierre), *Juifs et Arabes - 3000 ans d'histoire*, Paris, Grasset, 1968.

BEN GOURION (David), *Les Arabes, les Palestiniens et Moi*, Paris, Presses du Temps Présent, 1974.

BESANÇON (Julien), *Bazak, la Guerre d'Israël*, Paris, Seuil, 1967.

CHOURAQUI (André), *Lettre à un ami arabe*, Paris, Mame, 1969.

DAYAN (Moché), *Journal de la Campagne du Sinaï*, 1956, Paris, Fayard, 1966.

DEROGY (Jacques), GURGAND (Noël), *Israël, la Mort en Face*, Paris, Robert Laffont, 1975.

ELKAÏM (Mony), *Panthères Noires d'Israël*, Paris, Maspéro, 1972.

ELON (Amos), *Les Israéliens, portrait d'un peuple*, Paris, Stock, 1972.

FRIEDMANN (Georges), *Fin du Peuple Juif ?*, Paris, Gallimard, Idées, 1965.

FRIEDLANDER (Saul), *Réflexions sur l'Avenir d'Israël*, Paris, Seuil, 1969.

GOLDMANN (Nahum), *Où va Israël ?*, Paris, Calmann-Lévy, 1975.

HARKABI (Y.), *Palestine et Israël*, Genève, Editions de l'Avenir, 1972.

HILLEL (Marc), *Israël en danger de paix*, Paris, Fayard, 1968.

KAPELIOUK (Amnon), *Israël, la Fin des Mythes*, Paris, Albin Michel, 1975.

KIMCHE (David), BAWLY (Dan), *Israël face aux Arabes*, Paris, Arthaud, 1968.

KIMCHE (John), *Le Second Réveil Arabe*, Paris, Robert Laffont, 1970.

KLATZMANN (Joseph), *Israël*, Paris, P.U.F., 1971.

KONOPNICKI (Maurice), *La Coopération en milieu rural israélien*, La Haye, Martinus Nijhoff, 1968.

LAPIERRE (Dominique), COLLIN (Larry), *O Jérusalem*, Paris, Laffont, 1971.

MARTIN (Pierre-Marie), *Le Conflit Israélo-Arabe*, Paris, Librairie Générale de Droit et de Jurisprudence, 1973.

MEMMI (Albert), *Juifs et Arabes*, Paris, Gallimard, 1974.

RODINSON (Maxime), *Israël et le Refus Arabe*, Paris, Seuil, 1968.

ROULEAU (Eric), HELD (Jean-François), LACOUTURE (Jean), *Israël et les Arabes*, Paris, Seuil, 1967.

SEGUEV (Samuel), *La Guerre des Six Jours*, Paris, Calmann-Lévy, 1967.

Le Septième Jour : dialogues des combattants de la guerre des six jours, Paris, Plon, 1972.

TEMPS MODERNES, *Le conflit Israélo-arabe* (numéro spécial 253bis, 1967).

5) LITTERATURE HEBRAIQUE MODERNE

AGNON (Samuel Joseph), *Contes de Jérusalem*, Paris, Albin Michel, 1959.

AMIR (Aaron), *Les Soldats du Matin*, Paris, Seuil.

HALKINE (Simon), *La Littérature Hébraïque Moderne*, Paris, P.U.F., 1958.

KENAN (Amos), *Holocauste II*, Paris, Flammarion, 1976.

OZ (Amos), *Ailleurs peut-être*, Paris, Calmann-Lévy, 1971.

OZ (Amos), *Mon Michaël*, Paris, Calmann-Lévy,

LAZAR (Nicolas), *Poètes israéliens aujourd'hui*, Paris, Albin Michel.

6) LES POPULATIONS NON JUIVES

BERQUE (Jacques), *Les Palestiniens et la crise Israélo-Arabe*, Paris, Ed. sociales, 1974.

CARRE (O.), *L'Idéologie Palestinienne de Résistance*, Paris, Armand Colin, 1972.

CHELHOD (Joseph), *Le droit dans la société bédouine*, Paris, Librairie Marcel Rivière et Cie, 1971.

COHEN (A.), *Arab border-villages in Israel*, Manchester, The University Press, 1965.

Documentation Française : *Les Arabes en Israël*, dossier réalisé par L.J. DUCLOS, 1973.

GRANQUIST (Hilma), *Marriage conditions in a Palestinian village*, Helsingfors, 1931, 2 vol.

GRANQUIST (Hilma), *Birth and Childhood among the Arabe studied in a Muhammadan village in Palestine*, Helsingfors, 1947.

GRANQUIST (Hilma), *Child problems among the Arabs studies in a Muhammadan village in Palestine*, Helsingfors, 1950.

GERIES (Sabri) et LOBEL (Eli), *Les Arabes en Israël*, Paris, Maspero, 1969.

HALTER (Clara), *Les Palestiniens du Silence*, Paris, Pierre Belfond, 1973.

HARARI (Y.), *The Arabs in Israel*, Guivat Haviva, 1973.

JAUSSEN (A.), *Coutumes Palestiniennes - Naplouse et son district*, Paris, Paul Gurthnes, 1927.

KRAJZMAN (Maurice), *La minorité Arabe en Israël*, Contribution à une étude socio-démographique, Bruxelles, Centre National des Hautes Etudes Juives, 1968.

LANDAU (Jacob), *The Arabs in Israel*, London, Oxford University Press, 1969.

LAURENTIN (René), *Renaissance des Eglises locales en Israël*, Paris, Le Seuil, 1973.

LAWRENCE (T.E.), *Les 7 piliers de la Sagesse*, Paris, Payot, 1973.

MARX (Emmanuel), *The Bedouins of the Neguev*, Manchester, The University Press, 1967.

PATAI (Raphael), *The Arab Mind*, Charles Scribner's Sons, New York, 1973.

REICHERT, *Historia da Palestina*. Editâra Herder. Editôra da Universidade de Saô Paulo. Saô Paulo, 1972.

RONDOT (Pierre), *Les Chrétiens d'Orient*, Paris, J. Peyronnet éd., 1955, t. IV.

RODINSON (Maxime), *Mahomet*, Paris, Le Seuil, 1961.

SCHWARTZ (Walter), *The Arabs in Israel*, London, Faber & Faber, 1959.

7) POPULATIONS NON JUIVES : articles

Les ouvrages sur les populations non juives d'Israël sont rares. De nombreux articles ont été écrits dans la revue israélienne *New Outlook* rédigée en anglais. On y trouve essentiellement des articles de :

FLAPAN (Simha) :
— *Planning for the Arab Village*. 6 (8) 1963.
— *Integrating the Arab Village*. 5 (3) 1962.
— *Planning Arab Agriculture*. 6 (9) 1963.

ROSENFELD (Henry) :
— *A cultural Programm for the Arab Villages*. N.O. 4 (3) 1961.
— *Wage, Labor and Status in an Arab Village*. N.O. 6 (5) 1963.
— *Social changes in an Arab village*. 2 (6) 1959.
— *The Arab Village Proletariate*. 5 (3) 1962.

WASCHITZ (Yosef) :
— *Both Culture and Changing*. 6 (4) 1973.
— *Tends towards minority integration*. 1 (1) 1957.
— *Arabs in Israel Politics*. 5 (3) 1962.
— *The Plight of a Bedouin*. 18 (7) 1975.
— *Commuters and Entrepreneurs*. 18 (7) 1975.

INDEX

Abbasides 197-8, 314
'Abd Allah 213
Abd el Malek 195, 197
Abdul Hamid 36, 37, 207
Abyssins 302
Achkénazes 28, 39, 44, 87, 124, 140, 149, 158, 170, 172, 362
Acre 45, 199, 234, 280-1, 305
Administration militaire 225 sq., 261-2, 293 sq.
Administrative organisation 78, 202-3, 223
Agence Juive 34, 46, 54-5, 58, 66, 74, 78, 80, 91, 103, 105, 183
Agoudath Israel 90-1, 110-112, 115, 118, 105-6, 273
agraires (mesures) 42, 55, 254, 256-7, 259-60
agraire (question) 40-43, 210, 214, 255-260, 282, 293-4, 324
agricoles (exploitations) 347 et cf. kibboutz-rochav
agricoles (productions) 259-261, 295, 345-6
agriculture 23, 40, 43, 44, 50, 76, 166-7, 238, 255, 260, 294, 344, 349
Ahad Ha'am 208
Ahdouth Ha'ayoda 43, 89, 91, 93, 97, 150, 155, 336-7, 339
Algérie 66-67
'Ali 194-196, 264
aliyah → immigration
Allemagne 41, 53, 67, 107, 121, 168, 215, 216 annexe 1
Alliance Israelite Universelle 44, 45, 122, 127
Alloni (C.) 100, 158
Amants de Sion → Hovévé Sion
anciens (role et statut) 224, 243, 257, 264, 272, 278, 325, 352
Anglicans 305
antisémitisme 32, 34, 35, 51, 56-57, 61, 66, 70, 77, 100-101, 147, 210
antisionisme 102, 210, 218, 339
Arabes (histoire) 26, 49, 60, 193 et sq.
arabe (langue) 126, 156, 181, 196, 208, 224-5, 296, 333, 352
arabes (organisations) 159, 215, 180
arabes (populations) 28, 176, 181, 208 sq., 220, 233 sq., 342, 356
arabes (terres) 40, 182, 261-62
arabisme 181, 197-98, 311, 364, 367
araméen (langue) 303 et annexe 4
archéologie 23, 24, 172
armée 141, 147-8, 177-8, 186-7
Arméniens 300, 307
arts plastiques 172
assimilation 32, 33, 35, 36, 121-124, 140
assistance technique 178
autoconsommation 255, 259, 265
autogestion 43, 50
Autriche 183 et annexe 1
Ayyoubides 201
'Azazneh 290, 291, 293

Babisme 327-8
badal 252, 268, 271
Bagdad 197
Baha'i 327-329
Bâle (congrès de) 33, 36, 42
Balfour (Déclaration) 38, 46-49, 209-11
Bar-Kokhba 24, 25, 27
Bar-Lev (ligne) 186-87
Bédouins 238, 283-297, 335

Beersheva 23, 291, 292, 294
Beguin (M.) 105, 107-108
beit 240
belle-mère 247-249, 268
belle fille 248, 268
Ben Gourion (D.) 40, 91-2, 94-100, 105, 151, 172, 227, 322
Ben Yehouda (E.) 44, 170
bey 203
Bible 23, 24, 33, 61, 150, 152-3, 156, 159, 161 et annexe 1
Bible (enseignement de la) 23, 353
Bir'am 310
Bidjari (el-) 154
Bonaparte 33, 205
Borokhov (B.) 88, 100
Buber (M.) 176
bund 87
Byzance 198, 299-300, 303

cacherouth 148 et glossaire
cadi 145, 146, 204, 236
calendrier 149, 161-163, 235
califat 194 sq., 203, 316
Capitulations 204-5
capitalisme d'Etat 167, 221
capitalisme (société) 53, 84, 94, 100, 107, 114
Capucci (affaire) 303
Catholiques latins 304-5, 308
Catholiques orientaux 302-4, 306
célibat 152, 272, 301
chaldéen (rite) 307
chameau 285, 294
chavouoth 199
chef 240, 241, 292, 295-6
Chi'isme 194-195, 198, 316
Chrétiens 33, 150-51, 198 sq., 206-210, 220, 232 sq., 282, 300-310
Christianisme 26, 299-309
Churchill (W.) 54, 57, 214
Chypre 37
cinéma 174
Circassiens 236
circoncision 25, 273, 318
Cisjordanie 99, 180-1, 271-2, 373-4
citadins 280-283, 238, 309
citoyenneté 47, 122, 227, 100
cohabitation 245, 248
collective (propriété) → propriété coll.
colonisation 40, 122-124, 205, 364
commerce 125, 131, 132, 166, 176, 179, 200, 204 sq., 207-264, 247, 296, 349-50
conflits sociaux 119, 138 et sq., 260
congrès sionistes 33, 36-38, 57
conseil municipal 140, 269, 283, 332
consommation (société de) 84, 138, 160, 169, 173.
constitutionnelle (loi) 146-47, 223
construction 42, 51, 74-75, 349-350
conversion 30, 31, 151, 153-54
coopératives 50, 90, 174, 345
Coptes 302, 304, 307
Coran 36, 236-37, 316, 319
cousins (mariage entre) 251-52
Croisés 148 et sq.
croissance démographique 51, 71-72, 166, 206, 237, 238, 262-3, 270, 280, 342-3, 372 (et voir immigration)
cuisine 124, 149, 162, 163
culture israélienne 79, 173, 374

Damas 196, 202, 206
Dayan (M.) 97-99, 115, 179, 183, 187

Darwish 227
déculturation 351-353
défense nationale 141, 168, 169, 183, 184
Degania 43
délinquance 64, 137
démographie 45, 75, 120, 220-21, 232, 237, 293, 320, 342-3, 371-2
développement économique et social 71, 73, 76-7, 166 sq., 266
développement (régions de) 75, 137, 141
dhimmi 30-31, 66, 102, 122, 196
Diaspora 24-25, 28-32, 39, 54, 61, 65-67, 70, 86-88, 119-124, 127, 144-145, 159, 168, 173, 181, 371, 375
discrimination 28, 32, 45, 137, 140, 145, 323, 343, 351
divorce 153, 253
diwan 243
diyya → prix du sang
Djinn 246, 288, 289
djizya 196
djahil 316-7
dot 245, 250-52, 278
Druzes 140, 195, 201, 202, 223, 228, 232 sq., 313-326, 351

eau 246, 278, 286, 294
Echkol (L.) 95, 97, 99
économie 40, 42-44, 50-52, 229, 253 sq., 264, 292, 167-68, 372
économie mixte 169
éducation 43, 146 sq., 141, 309, 353
effendi 214, 255
égalité 30, 43, 106, 223, 319, 374
Egypte 37, 66, 177-181, 183, 186, 201, 206, 212, 338
Eilath 179
élections 101, 111, 113, 118, 228, 269, 279, 283, 331 sq., 353
électorale (représentation) 100, 112-13, 116, 118, 136, 140, 218, 333, 339-341
élevage 264, 292, 294
élites 66, 169, 221, 228, 241, 269, 292, 296, 310, 325, 331-2
El Muktana 315
émancipation 30, 32, 88, 144, annexe 1
émigration 80-82, 215
émir 203, 316
emploi → socio-profess. struct.
endogamie et exogamie 142, 152, 156, 251 sq., 268, 285
enseignants 354
enseignement 127 sq., 141, 148, 264, 305, 309, 355
— primaire 127-29, 139, 147, 353
— secondaire 129, 133, 265, 277, 353
— supérieur 130, 141, 354-357
Eretz Israel 27, 36, 39, 60, 83, 89, 91, 107, 170
esclavage 22, 196, 285
ésotérisme 29, 315-318
Espagne 27-8, annexe 1
Etat 47, 61, 74, 95, 110-111, 147, 222
état civil 64, 152
état binational 101, 177, 216
Etat juif (projets de création) 25, 33-37, 47, 59, 106
Etat palestinien 101-103, 182, 187, 368-9, 376-77
ethnique (appartenance) 145, 152, 154, 202, 373
Ethiopie 154, 302
exode palestinien 220, 221, 256, 292, 309
exportations 167
expropriation 256, 282, 347

Fakhr El Din 202, 321
Falacha 154
famille étendue 240, 244 sq., 267-68, 271, 285

famille juive 120, 126-127, 131, 136-137, 152-53, 159, 161, 163
famille nucléaire 309, 342
faqir 289
Fatimides 198, 314, 316
Fayçal 46, 49, 210-213
fécondité 153, 287, 288
feddayin 177-186
fellah 285, 290, 293, 296
femme 36, 126, 152-54, 224, 241, 243, 246-253, 265, 286, 273-279, 281, 287, 310, 348, 352
féodale (société) 254, 255, 264, 266, 267, 273
fermage 42, 254-255
fête 121, 161-164, 173, 242, 273, 274
fiançailles 151, 154, 239 sq.
filiation 153, 274
fille 248, 249, 277, 278, 354
fils 245-48, 266-68
financiers (apports) 40, 42-43, 51, 54, 168, 212
Fonds National Juif → Keren Kayemeth
Foyer National Juif 36, 38, 46, 48, 55, 57, 89, 106, 210, 218
France 33, 34, 45-46, 121-122, 168, 179, 204-206, 212, annexe 1
Front Arabe 340
frères 245, 249, 267-68

Gahal 108-109
Galilée 75-76, 202-203, 232, 259-60, 297-99, 310-311
Gdoud Avoda 50
générations 159 sq., 171 sq., 224, 266, 272-73, 277, 325
Gouch Emonim 112
Gouvernement militaire 225-228
Grande-Bretagne 33, 37, 45-46, 179, 204, 206, 210 sq.
Guerre Mondiale (Première) 45, 105, 210
Guerre Mondiale (Seconde) 52, 56-57, 216
Grecs melchites 302, 306, 308
Grecs orthodoxes 301, 336, 339

Hachémites 154
habitat 31, 74, 238, 241-243, 245, 261-63, 271, 291, 313
Hadj 235
Haganah 56, 58, 83, 91, 98, 103, 105, 116, 177
Haïfa 45, 75-77, 203, 234, 280-1, 328-9
Hakem (El-) 262-3, 319
hamoula 239 sq., 267-70, 281, 290, 325, 331
Hamza 314
Hanoukka 162
Hapoul Hamizrahi 110-12
Hapoel Hatzair 88-9
haskalah 44
Hassidisme 29
hébreu (langue) 25, 29, 39, 44, 89, 115, 353
henné 274
héritage 245, 256, 259, 345
Hérouth 105, 108-9, 138, 157, 335-36
Herzl (T.) 34-37, 147, 170, 176, 178
Hess (M.) 33, 35
Hevrat Oudim 90
hiérarchie sociale 196, 203, 244-49, 240-41, 316, 325, 373
Histadrouth 50, 78, 89-91, 93, 96-7, 104, 107, 115, 138, 169, 336, 349
honneur 249, 278, 279, 281, 286-87, 316, 354
Hovévé Sion 34-5, 40-1
hospitalité 241, 287
Hussein 209-211
Husseini (El-) 214, 216, 217

Ibn Khaldoun 201, 287-88
Ibrahim'Ali 206, 208
identité culturelle 70, 111, 127, 144, 150-154, 157, 170
identité juive 127, 140 sq., 152, 157, 201-202, 266, 325, 362, 368, 374
idéologie pionnière 40, 43, 44, 50-53, 61, 79, 84, 94, 159, 170, 174, 366
Ikrit 310
imam 195, 203, 314, 315
immigration 39-82, 94, 113, 127 sq., 159-161, 151 sq., 210, 215, 311, 371
importations 168, 173
impôts 169, 254, 332
Indépendance (Déclaration d') 60, 146, 217, 220, 223
indépendance nationale 33, 37, 47, 170, 183, 369, 371
industrialisation 262, 279, 282, 348
industrie 43, 51-2, 76, 167-69, 348-49
inégalités sociales 127-43, 169, 341 sq., 351
influence juive 273, 274, 275, 277, 365
initiation 264-65, 325
innovation 270, 272, 352
insurrection arabe 160
intégration économique et sociale 52-55, 78-81, 126-127, 133, 141-43, 173, 323-25, 356
intégration politique 363, 366, 368-69
Intellectuels 28, 127, 287, 324, 334, 354-356, 362
Investissement 51, 167-68, 341, 373
Irak 66-7, 122, 125, 138
Iran 66-7
Irgoun Zvaï Leoumi 56-58, 105-8
irrigation 23, 167, 345, 261
Islam 26, 30-1, 145, 193 sq., 235, 284, 288
Ism'aéliens 195, 314-16 et glossaire
Israel Chelanou 187
israélo-arabes (guerres) :
— 1948 : 57, 177, 217, 220, 292
— 1956 : 98-9, 179
— 1967 : 97-9, 180, 259, 271, 319, 323, 363
— 1973 : 95, 99, 109, 183, 365

Jobotinsky (Z.) 105-6
Jaffa 44, 137, 281
Jerusalem 24, 75, 76, 162-64, 177, 186, 196, 198, 202, 237, 280-81, 299-301
Jerusalem (royaume de) 199
Jeunes Turcs 207, 208, 212
Jordanie 213, 364, 365
juive (histoire) 299 et Annexe 1
juives (populations) 25, 28, 220, 232, 342
juridictions 146, 226-27, 291, 309, 321-22
justice 146, 227, 321, 334

Kabbale 28-29
Karaïtes 155
Keren Kayemeth Le'Israel 43-44, 54, 110
khams 290
Khartoum 181
kibboutz 43-44, 50, 58, 76-77, 90, 93, 100, 110, 114, 116, 157, 167, 174, 262, 310, 333
Kibboutz Calouyoth 63, 65
knesseth 63, 64, 65, 96, 109, 111, 112, 117, 118, 140, 145, 147, 152, 333
Koenig (rapport) 343-44

lajna 241
Lavon (P.) 96, 98
laïcité 54, 145, 147, 149, 155, 158, 375
L.E.H.I. 58
lévirat 153, 250
Liban 45, 66, 304, 314, 321, 365
liberté d'expression 114, 122, 340-41, 365, 374
libertés publiques 146, 223, 226

liberté religieuse 145-47, 237, annexe 2
lignage 239, 251-52
Likoud 109, 157
Liste d'Etat 100
lieux saints 45-46, 197, 235-36, 299-302, 320, 328, annexe 2
Livres Blancs 54-58, 214, 216
littératures 29, 171, 172, 208, 209
logement 74-75, 131

Ma'arakh 97-98, 112, 140
ma'averoth 74, 165 et glossaire
M.A.F.D.A.L. 111-115, 117, 140, 151, 156-157
madjnoun 288
Maghrébins 66-7, 122-124, 137-39, 163
M.A.K.I. 93, 102-3, 227, 335, 338 et annexe 7
Mamelouks 201
mamzer 153
mandat britannique 38, 41, 46, 49-61, 90, 105, 146, 213, 225, 241, 291, 321
manzoul 241
M.A.P.A.I. 43, 89, 91, 93, 96, 100-101, 112, 115, 155, 157, 227, 332-338 et annexe 7
mariage 142, 152 sq., 223, 245-273, 277
mariages mixtes 36, 150-157, 315
mariage préférentiel 251, 268, 285
Maroc 66-67, 122-23, 125, 137-39
Maronites 304, 308
marxiste (inspiration) 33, 41, 87-89, 91, 93, 100, 103
mass-média 148, 173
Matzpen 102, 104, 160, 339
Meir (G.) 93-95, 155, 177, 183, 187
Melkites → Grecs melkites
M.E.R.I. 100
Mifleghet Ha'avoda Ha'israelith 98-101, 117
mère 227
militaires (zones sous contrôle) 225, 226, 293 sq.
millet 145, 146, 202, 204
Minorité (La) 176, 221, 311, 324, 331 sq., 341 sq.
Mizoug Galouyoth 65, 141, 143
M.I.Z.R.A.H.I. 110, 111, 147-48, 118
Mochav 50, 76, 90, 110, 114, 167, 262
modes de vie 157, 159 sq., 283-86, 291-297, 351-52
modernité 123, 127, 169, 170, 352
Mohammed'Ali 206
Moked 102
Monophysites 302, 306
Mortalité 237, 342
Mosquée 197-199, 276, 317
moukhtar 240
Mouvement Sioniste 34, 38, 47
mufti 203
musique 171
Musulmans 194-95, 220, 223, 232 sq., 235-283
mutations culturelles 52, 84, 171, 172, 173, 352, 374
mutations socio-économiques 84, 165 sq., 232, 265-67, 347-48

naissance (régulation des) 153, 238, 341
naqleh 252
Nasser (G.) 179, 340
natalité 120, 131, 237-38
nationalisation 42
nationalité 64, 150, 221, 222
nationalisme 30, 32, 368
— arabe 49, 213-15, 311, 322, 334, 363, 367
— israélien 32, 49, 103, 106-7, 208 sq., 334, 339, 367
— palestinien 207, 208, 363, 368
— turc 152

Néguev 23, 75-6, 256, 290-96
nomadisme 285-90
notables 140, 240, 241, 254, 269

Occidentaux (immigrants) 65-71, 74, 82, 119-122, 124, 126-143, 157-58, 169
O.L.P. 101-104, 180-188, 365, 368, 376
Omar 194-196
Ommeyades 196
oncle paternel 246
O.N.U. 38, 42, 47, 58, 177, 180-81, 186, 217, 367
Organisation Sioniste mondiale 34, 36, 38, 46, 47, 55, 60
Orientaux (immigrants) 39, 50, 53, 66-9, 73-6, 82, 102, 107, 111-12, 122-43, 157-59, 169-72
Orthodoxes 301-2, 306
'Othman 194
Ottomans 26, 36, 37, 41, 45, 61, 145-46, 202 sq., 240, 254, 291, 321
Ouganda 37
Oulema 203
Ouvriers 40, 89, 348-52

pacha 202-3
Paix 94-5, 101, 103, 117, 177-78, 187-89, 329, 376
Palestine (histoire) 26-27, 193 sq.
Palestiniens 182, 368, 369, 376-77
Palmakh 91, 116 et glossaire
Panthères Noires 102, 112, 140-41
Pâques 36, 157
parenté (systèmes de) 239, 244-251
Paris (conf. de la Paix de) 46, 48, 212
parlementaires 333
partage de la Palestine 42, 50, 60, 216, 217
Partis politiques 85-118, 138, 331-34, 343 et Annexe 7, dont :
— communistes 93, 102-3
— et listes arabes 112, 118, 218, 332-34, 336-46
— Parti Libéral 104-5
— Parti Libéral Indépendant 108-9, 156, 335-37
— Partis Religieux 110, 145, 158, 333, 335-37
patriarcale (autorité) 126, 127, 244, 247, 249, 267, 287, 299-301, 305-8
pèlerinages 27, 198, 199, 203, 299
Pérès (C.) 187
personne absente 82, 256
personne déplacée 58-9
Pessah 162
pétrole 23, 179, 182, 186, 187, 373
Pinsker (L.) 202-3
pionniers 40-45, 49-53
planification 75-8, 345
Poalé Agoudath Israel 110, 112, 115, 118, 335
Poalé Sion 87-9
pogrom 32, 35-6
politique extérieure 94-5, 114, 178-80, 183-89, 375-76
Pologne 41, 51, 67, annexe 1
polygamie 223, 252-53, 271
population active 40, 50, 76, 130, 132, 166, 167, 261-65, 350
Pourim 162
pouvoir politique 240, 241, 269, 283, 325, 331 sq.
Pouvoirs (séparation des) 145-47
prescriptions et prohibitions 30-1, 124, 148-53, 161-64, 250, 318, 328-29
Presse 44, 114-15, 335
prestations sociales 90, 351
primeurs 40, 167, 260-1, 346
prix du sang 243, 290
productivité 167, 243, 345

propriété 253-54
— collective 43, 254, 256, 345
— privée 42, 210, 245, 253, 259-60, 262, 347
— d'Etat 42, 254, 256
prosélytisme 299, 301, 304-5, 315, 329
Protestantisme 300, 305-6
puits 23, 246, 278, 294

Rabin (I.) 116-17   187, 374
rabbinat 23, 145-54
radio et télévision 148, 173, 265
R.A.F.I. 92, 97-9, 335, 337
R.A.K.A.H. 102-3, 112, 260, 283, 332, 335-336, 338-40
Ramadan 235, 276
razzia 286
reconnaissance d'Israel 177, 181, 182 et Annexes
réincarnation 318
relations entre arabes et juifs :
— en Diaspora 28-29, 65-71
— en Palestine 26, 30-1, 37, 46-9, 55, 176-77
— En Israel 92, 95, 99, 101-3, 106, 177, 187-88, 351
religieuse (législation) 111-13, 145-158, 364
religieuse (pratique) 144 sq., 148-50, 121, 157, 235-36
religion 144 sq., 151, 299-309, 314-17, 327
renaissance nationale 30, 33, 37, 38, 44, 45, 50, 61, 110, 170
réparations allemandes 168
répudiation 223, 249, 253
résistance juive 24-5, 57-8, 91, 108
résistance palestinienne 215-16, 259, 364-365
Résolution 271, 181 et Annexe 8
Résolution 242 : 181 et Annexe 8
Retour 30, 33, 64, 70, 150-52, 154
revendications sociales 138 sq.
revisionniste (mouvement) 105, 108
Révolution Française 30 et Annexe 1
Rhodes (armistice) 177
rites 30, 31, 288, 207-8, 317
Roch Hachana 161
Romain (empire) 24-5, Annexe 1
Rotschild (E. de) 40, 48
Ruraux 40, 42-4, 51, 76, 77, 238-79, 285, 293, 296, 324, 344-47
Russes orthodoxes 301
Russie 32, 40, 41, 207, 212 et Annexe 1

sabar 83-4, 113-14, 120, 128, 130, 131, 136, 141, 159-61, 179, 187, 366
sacré 288-90, 314 sq., 319
Saladin 199
salaires 131, 264, 273, 276, 295-96
Samaritains 156
sandjak 202
sanitaire (politique) 342
Sanhédrin 27
sheikh 204, 285, 292, 295-96, 317, 322, 353
scolarisation 126-31, 139-41, 147-48, 224, 277, 353
sectes 155, 156, 305-6, 316, 327
secteurs d'activité économique 51, 166-168, 349-50
sécurité nationale 64, 76, 95, 113, 152, 158, 160, 167, 179, 183, 225 sq., 310, 324, 332-33, 367
sédentarisation 291, 297
Sépharades 39, 44, 123-24, 158, 362
sépulture 31, 150, 250, 276, 288
Seldjoukides 198
service militaire 141, 148, 178, 323-24, 329
shabbath 121, 148-150

shari'ah 223, 235-37, 315
Shahada 195 et glossaire
sheikh 204, 285, 292, 295-96, 317, 322, 353
shtettl 121 et glossaire
S.I.A.H. 104, 140, 160
simhat thora 161
Sinaï 290-96
sionisme 32-37, 49, 207 sq., 288-90, 314 sq, 319
sionisme socialiste 49, 52-3, 67, 84, 86-94
sionisme révisionniste 105-6
Sionistes Généraux 104, 147, 148
Sneh (M.) 102-3
socialisme israélien 43, 93-104, 174
Société des Nations 38, 46
socio-professionnelles (structures) 88, 125, 131-36, 166, 176-77
solidarité 250, 266, 268, 271, 285, 364
solha 244
statut individuel 126-27, 226, 245, 256, 263-64, 272, 277-79, 281, 285, 310, 351-52
statut personnel 145, 150, 223, 321, 356
stéréotypes sociaux 136-37
Sunnisme 188-98
superstitions 236, 246, 288-90
synagogue 31, 149, 161-64
Sykes-Picot (accord) 45-6, 211
Syrkin (N.) 87
Syrie 49, 66, 177-78, 183-86, 206, 213, 314-15, 323
Talmud 27, 29

Tarabin 280-82, 293
Tel-Aviv 44, 75-7, 165, 234, 280, 281
technologie 168-69, 297, 373
territoire national 34-7, 47, 106
territoires occupés 99, 108-9, 112, 180-83, 271, 290, 324, 363-64, 372
tertiaire (secteur) 125, 131-33, 166, 174
théocratie 147, 155
Thora 27, 29, 30, 111, 149, 161, 162, 172
Ticha Be'Av 121, 164

Tiran 179, 180
Tiyaha 289-290, 293
Toshé 244
tolérance 147, 155, 198, 200, 300
Tawfik Toubi 102, 307
Travail 247, 248, 257, 265, 347-48
Travail juif 40, 43, 214, 229, 295, 324
travail arabe 46, 229, 262-64, 279, 282, 344, 348-49
transfert de population 369
tribu 24, 285 sq., 290-91
Turquie 205, 308

urbanisation 44, 51, 75-77, 242, 262, 273
U.R.S.S. 41, 59-60, 65, 67, 79-80, 100, 101, 133, 178-81, 186, 188
Uniates → Catholiques orientaux
Unitaires 314-15
unité nationale 60-61, 143, 362-66
universités 47, 130, 176, 202, 354-56

valeurs sociales 52, 232, 266, 284, 286-90, 219, 347, 352
veuvage 143, 153
vêtement 31, 124, 278, 284, 325
village 50, 238, 240, 257-58, 261, 263 sq., 270, 320-21, 335, 351
ville 232 sq., 238, 280-82, 335, 352
ville mixte 232, 234
virginité 278-79
virilité 286

Wadi-Salib 138-39
wali 236, 288, 290
waqf 254, 256
wasta 244
Weizmann (H.) 46, 49, 211, 215
Yéménites 44, 66-7, 122, 126, 131
yichouv 39-60, 143, 146
Yom Kippour 161, 183

Zahir 203
Zaïré Sion 88

COLLECTION « TEXTES »

VOUS SEREZ COMME DES DIEUX
(une interprétation radicale de l'Ancien Testament)
Erich Fromm

LE DOGME DU CHRIST ET AUTRES ESSAIS
Erich Fromm

LA MISSION DE SIGMUND FREUD
(une analyse de sa personnalité et de son influence)
Erich Fromm

TRENTE ANS AVEC FREUD
(suivi des lettres inédites de Freud à Reik)
Theodor Reik

LA CREATION DE LA FEMME
(essai sur le mythe d'Eve)
Theodor Reik

ECRITS SUR LA COCAINE
Sigmund Freud
Textes réunis et présentés par Robert Byck
Notes d'Anna Freud

LA PENSEE POLITIQUE ET SOCIALE DE SIGMUND FREUD
Paul Roazen

à paraître :

FREUD, SES DISCIPLES, SES DISSIDENTS
(une analyse du mouvement freudien et de son évolution)
Paul Roazen

LA CONNAISSANCE OBJECTIVE
Karl R. Popper

MARXISME — UTOPIE ET ANTI-UTOPIE
Leszek Kolakowski

L'ESPRIT REVOLUTIONNAIRE
Leszek Kolakowski

COLLECTION « DIALECTIQUES »
dirigée par Danielle Kaisergruber

LE STATUT MARXISTE DE LA PHILOSOPHIE
Georges Labica

METAPHORE ET CONCEPT
Claudine Normand

LIRE JARRY
Michel Arrivé

LE CAHIER BLEU
V.I. Lénine
Le marxisme quant à l'Etat
Introduction et notes de G. Labica
Traduit du russe par B. Lafite

à paraître :

NICOLAS BOUKHARINE
Textes inédits
Traduits du Russe par Hélène Souviron
Biographie historique de Jean Elleinstein

LE MARXISME ITALIEN
André Tosel

LINGUISTIQUE ET LITTERATURE
Danielle Kaisergruber

ANTHROPOLOGIE ET MARXISME
Marc Abeles

L'HISTOIRE AUTRE
Régine Robin

COLLECTION « L'HUMANITE COMPLEXE »

Conseiller de collection : Robert Jaulin

LES JEUNES ET LE MOUVEMENT COMMUNAUTAIRE
Hélène Colin et Michel Paradelle
Préface du Docteur Gérard Mendel

LA DECIVILISATION
POLITIQUE ET PRATIQUE DE L'ETHNOCIDE
Robert Jaulin et divers

LE SLOGAN
Olivier Reboul

MUTATION TSIGANE
(La révolution bohémienne)
Jean-Pierre Liégeois

COLLECTION « CREUSETS »

Synthèses sémiologiques
Dirigée par André Helbo

SEMIOLOGIE DE LA REPRESENTATION
Théâtre, télévision, bande dessinée
Textes présentés par André Helbo avec la collaboration de Jean Alter, René Berger, Pavel Campeanu, Régis Durand, Umberto Eco, Pierre Fresnault-Deruelle, Solomon Marcus et Pierre Schaeffer

MICHEL BUTOR,
VERS UNE LITTERATURE DU SIGNE
(précédé d'un dialogue avec Michel Butor)
André Helbo

STRUCTURES ELEMENTAIRES DE LA SIGNIFICATION
sous la direction de Frédéric Nef
avec la collaboration de Jean-François Bordron, Per-Aage Brandt, Georges Combet, Joseph Courtès, Alain de Libéra, A.J. Greimas et Claude Zilberberg

ESSAIS DE LA SEMIOTIQUE DU SUJET
Charles Bouazis

RHETORIQUE DE LA POESIE
Lecture linéaire, lecture tabulaire

Groupe MU
Jacques Dubois, Francis Edeline, Jean-Marie Klinkenberg, Philippe Minguet

HORS COLLECTION

TRAVAUX SUR LES SYSTEMES DE SIGNES
Y.M. Lotman, B.A. Ouspenski, et l'Université de Tartu

COLLECTION « PAYS ET POPULATIONS »
dirigée par Yves Suaudeau

L'AFGHANISTAN ET SES POPULATIONS
Jean-Charles Blanc

LA THAILANDE ET SES POPULATIONS
Michel Hoàng

L'ETHIOPIE ET SES POPULATIONS
Jacques Vanderlinden

L'ESPAGNE ET SES POPULATIONS
André Dessens

à paraître :

LE TCHAD ET SES POPULATIONS
Jean Chapelle

Achevé d'imprimer
sur les presses de
l'Imprimerie Vanbraekel
à Mouscron
en avril 1977

Maquette : Michel Waxman

Photo couverture : Norbert Distel

Dessins : Doughy

© 1976 by Editions Jean-Claude Lattès, Paris

Carte page 3 de couverture :
Copyright Institut Géographique National -
Extrait de la carte du Moyen-Orient dressée en 1969
éditée par l'I.G.N. Paris -

Autorisation n° 99 - 1711 du 6/4/76

Cartes intérieures : Ambassade d'Israël à Paris

Photos : Norbert Distel, Ambassades d'Israël Paris et Bruxelles